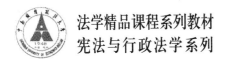

法学精品课程系列教材
宪法与行政法学系列

吴汉东 总主编

作者简介

刘嗣元 男，法学硕士，中南财经政法大学教授，硕士生导师。现任湖北省质量技术监督局副局长，兼任中国法学会宪法学研究会常务理事。主持国家社科基金项目和省部级项目多项，出版《国家赔偿法基本问题研究》、《宪法监督的理论与实践》、《宪法学》等著作与教材10余部，在《中国法学》等刊物上发表学术论文60余篇，多项研究成果获得省部级奖励。

石佑启 男，法学博士，广东外语外贸大学教授，中南财经政法大学博士生导师。现任广东外语外贸大学副校长。兼任中国法学会行政法学研究会常务理事，广东省行政法研究会副会长兼秘书长，湖北省行政法研究会副会长。被评为湖北省首届十大中青年法学家，入选教育部新世纪优秀人才支持计划。主持国家社科基金项目和省部级项目8项，出版《论公共行政与行政法学范式转换》、《私有财产权公法保护研究》、《论行政体制改革与行政法治》、《行政法与行政诉讼法》等著作与教材20余部，在《中国法学》等刊物上发表学术论文90余篇。科研成果获全国第二届法学教材与法学科研成果（著作类）二等奖等多项省部级奖励。

朱最新 男，法学博士；广东外语外贸大学法学院教授，硕士生导师。现任广东外语外贸大学法学院法律与经贸事务研究所主任，兼任中国法学会行政法学研究会理事，广东省法学会理事，广东省宪法学研究会常务理事，广东省行政法学研究会常务理事。主持多项省部级项目，出版《宪政视域下的行政权研究》、《涉外行政法原理与实务》、《行政诉讼法学》、《宪法学》等著作与教材10余部，在《武汉大学学报》、《法商研究》、《现代法学》等刊物上发表学术论文50余篇。

国家赔偿法要论

（第二版）

刘嗣元 石佑启 朱最新 编著

Guojia Peichangfa Yaolun

图书在版编目(CIP)数据

国家赔偿法要论/刘嗣元,石佑启,朱最新编著.—2版.—北京:北京大学出版社,2010.9
(法学精品课程系列教材)
ISBN 978-7-301-17643-6

Ⅰ.①国… Ⅱ.①刘… ②石… ③朱… Ⅲ.①国家赔偿法-中国-高等学校-教材 Ⅳ.①D922.11

中国版本图书馆 CIP 数据核字(2010)第 161274 号

书　　　名：	国家赔偿法要论(第二版)
著作责任者：	刘嗣元　石佑启　朱最新　编著
责 任 编 辑：	邓丽华
标 准 书 号：	ISBN 978-7-301-17643-6/D·2659
出 版 发 行：	北京大学出版社
地　　　址：	北京市海淀区成府路 205 号　100871
网　　　址：	http://www.pup.cn
电　　　话：	邮购部 62752015　发行部 62750672　编辑部 62752027
	出版部 62754962
电 子 邮 箱：	law@pup.pku.edu.cn
印 刷 者：	北京鑫海金澳胶印有限公司
经 销 者：	新华书店
	730 毫米×980 毫米　16 开本　21 印张　405 千字
	2005 年 6 月第 1 版
	2010 年 9 月第 2 版　2021 年 12 月第 6 次印刷
定　　　价：	31.00 元

未经许可,不得以任何方式复制或抄袭本书之部分或全部内容。
版权所有,侵权必究
举报电话:010-62752024　电子邮箱:fd@pup.pku.edu.cn

《法学精品课程系列教材》编委会名单

总主编 吴汉东

编委会（以姓氏拼音为序）

蔡　虹	曹新明	陈景良	陈小君	樊启荣
范忠信	方世荣	韩　轶	雷兴虎	李汉昌
李希慧	刘大洪	刘茂林	刘仁山	刘嗣元
刘　笋	刘　焯	吕忠梅	麻昌华	齐文远
乔新生	覃有土	石佑启	王广辉	吴汉东
吴志忠	夏　勇	徐涤宇	姚　莉	张德淼
张桂红	张继成	赵家仪	郑祝君	朱雪忠

总　　序

　　法学教育的目标和任务在于培养法律人才。提高培养质量,造就社会需要的高素质法律职业人才是法学教育的生命线。根据教育部关于高等学校教学质量与教学改革工程精品课程建设的精神和要求,结合中南财经政法大学精品课程建设的总体规划,在全面总结我国法学教育经验和分析法律人才社会需求的基础上,我校确立了以培养高素质法律人才为目的,以教材建设为核心,强化理论教学与实践教学的融会,稳步推进法学精品课程建设的方案。两年来,我校法学精品课程建设取得了阶段性的成果,已有民法、知识产权法等十余门课程被确定为国家、省、校三级精品课程,并在此基础上推出了《法学精品课程系列教材》。

　　《法学精品课程系列教材》是一套法学专业本科教材及其配套用书,涵盖了我校法学本科全程培养方案所列全部课程,由教材、案(事)例演习和教学参考资料三个层次的教材和教学用书构成,分为法理学、法律史学、宪法与行政法学、刑法学、民商法学、诉讼法学、经济法学、环境与资源法学、国际法学和法律职业实训等十个系列。

　　《法学精品课程系列教材》由我校一批具有良好学术素养和丰富教学经验的教授、副教授担纲撰写,同时根据需要约请法学界和实务部门的知名学者和专家加盟,主要以独著、合著的形式合力完成。《法学精品课程系列教材》遵循理论与实际相结合的原则,以法学理论的前沿性、法律知识的系统性、法律制度的针对性、法律运作的可操作性为编撰宗旨,以先进的教学内容和科学的课程体系的统一为追求,融法学教育的新理论、新方法和新手段于一体,力图打造成一套优秀的法学精品课程系列化教材。

　　《法学精品课程系列教材》是我校在推进法学教育创新,深化法学教学改革,加强教材建设方面的一次尝试,也是对以"一流教师队伍、一流教学内容、一流教学方法、一流教材、一流教学管理"等为特点的法学精品课程在教材建设方面的探索。

我相信《法学精品课程系列教材》的出版,能为广大读者研习法学理论、提高法学素养、掌握法律技能提供有效的帮助。同时,我衷心希望学界同仁和读者提出宝贵的批评和建议,以便这套教材不断修订完善,使之成为真正的法学精品课程教材!

是为序。

2005 年 3 月

目 录

总 论 编

第一章 国家赔偿法概述 ……………………………………………… (1)
    第一节 国家赔偿 ………………………………………………… (1)
    第二节 国家赔偿法 ……………………………………………… (8)
    本章需要继续探讨的问题 ………………………………………… (17)

第二章 国家赔偿制度的产生与发展 ………………………………… (22)
    第一节 西方国家赔偿制度的历史发展 ………………………… (22)
    第二节 中国国家赔偿制度的历史发展 ………………………… (31)
    第三节 国家赔偿法的发展趋势 ………………………………… (36)
    本章需要继续探讨的问题 ………………………………………… (38)

第三章 国家赔偿的归责原则与构成要件 …………………………… (41)
    第一节 国家赔偿的归责原则 …………………………………… (41)
    第二节 国家赔偿的构成要件 …………………………………… (54)
    本章需要继续探讨的问题 ………………………………………… (76)

第四章 国家赔偿的范围 ……………………………………………… (79)
    第一节 国家赔偿范围的确定 …………………………………… (79)
    第二节 国家赔偿的免责范围 …………………………………… (91)
    本章需要继续探讨的问题 ………………………………………… (95)

第五章 国家赔偿的方式、计算标准与费用 ………………………… (97)
    第一节 国家赔偿的方式 ………………………………………… (97)
    第二节 国家赔偿的计算标准 …………………………………… (104)
    第三节 国家赔偿的费用 ………………………………………… (114)
    本章需要继续探讨的问题 ………………………………………… (118)

第六章 国家赔偿的时效与国家赔偿法的效力 ……………………… (121)
    第一节 国家赔偿的时效 ………………………………………… (121)
    第二节 国家赔偿法的效力 ……………………………………… (124)
    本章需要继续探讨的问题 ………………………………………… (129)

第七章 国家追偿 ……………………………………………………… (131)
    第一节 国家追偿概述 …………………………………………… (131)

第二节　行政追偿 …………………………………………………… (137)
　　第三节　司法追偿 …………………………………………………… (145)
　　本章需要继续探讨的问题 …………………………………………… (147)

行政赔偿编

第八章　行政赔偿概述 ……………………………………………… (149)
　　第一节　行政赔偿的概念与意义 …………………………………… (149)
　　第二节　行政赔偿的归责原则和构成要件 ………………………… (157)
　　本章需要继续探讨的问题 …………………………………………… (169)

第九章　行政赔偿的范围 …………………………………………… (171)
　　第一节　行政赔偿范围概述 ………………………………………… (171)
　　第二节　侵害人身权的赔偿范围 …………………………………… (174)
　　第三节　侵害财产权的赔偿范围 …………………………………… (178)
　　第四节　行政赔偿的免责范围 ……………………………………… (184)
　　本章需要继续探讨的问题 …………………………………………… (186)

第十章　行政赔偿请求人与赔偿义务机关 ………………………… (195)
　　第一节　行政赔偿请求人 …………………………………………… (195)
　　第二节　行政赔偿义务机关 ………………………………………… (199)
　　本章需要继续探讨的问题 …………………………………………… (205)

第十一章　行政赔偿程序 …………………………………………… (210)
　　第一节　行政赔偿程序概述 ………………………………………… (210)
　　第二节　行政赔偿的行政程序 ……………………………………… (212)
　　第三节　行政赔偿的诉讼程序 ……………………………………… (220)
　　本章需要继续探讨的问题 …………………………………………… (229)

司法赔偿编

第十二章　司法赔偿概述 …………………………………………… (231)
　　第一节　司法赔偿的含义和特点 …………………………………… (231)
　　第二节　司法赔偿的产生和发展 …………………………………… (234)
　　第三节　司法赔偿的归责原则与构成要件 ………………………… (237)
　　本章需要继续探讨的问题 …………………………………………… (244)

第十三章　司法赔偿的范围 ………………………………………… (245)
　　第一节　刑事赔偿的范围 …………………………………………… (245)

第二节　民事、行政诉讼中的司法赔偿 …………………………(253)
　　第三节　司法赔偿的免责范围 ……………………………………(257)
　　本章需要继续探讨的问题 …………………………………………(261)
第十四章　司法赔偿请求人与赔偿义务机关 ……………………………(264)
　　第一节　司法赔偿请求人 …………………………………………(264)
　　第二节　司法赔偿义务机关 ………………………………………(267)
　　本章需要继续探讨的问题 …………………………………………(270)
第十五章　司法赔偿程序 …………………………………………………(272)
　　第一节　司法赔偿程序概述 ………………………………………(272)
　　第二节　司法赔偿的先行处理程序 ………………………………(275)
　　第三节　司法赔偿复议 ……………………………………………(280)
　　第四节　司法赔偿的决定程序 ……………………………………(282)
　　本章需要继续探讨的问题 …………………………………………(286)

附录一：《中华人民共和国国家赔偿法》及其新旧对照表 ……………(288)
　　中华人民共和国主席令 ……………………………………………(288)
　　全国人民代表大会常务委员会关于修改
　　　《中华人民共和国国家赔偿法》的决定 …………………………(288)
　　中华人民共和国国家赔偿法 ………………………………………(293)
　　《中华人民共和国国家赔偿法》新旧对照表 ………………………(299)
附录二：有关国家赔偿的行政法规和司法解释 …………………………(311)
　　国家赔偿费用管理办法 ……………………………………………(311)
　　最高人民法院关于审理行政赔偿案件若干问题的规定 …………(313)
　　最高人民法院赔偿委员会工作规则 ………………………………(317)
　　最高人民法院关于民事、行政诉讼中司法赔偿若干问题的解释 ……(319)
主要参考书目 ………………………………………………………………(322)
后记 …………………………………………………………………………(324)

Contents

The Generalization Part

Chapter 1   Overview of State Compensation Law ················ (1)

　Section 1   State Compensation ···························· (1)

　Section 2   State Compensation Law ······················· (8)

　Questions needed continued discussions in this chapter ············ (17)

Chapter 2   Origin and Development Tendency of State Compensation

　　　　　　Law ·· (22)

　Section 1   History and Development of State Compensation System
　　　　　　 in West Country ··································· (22)

　Section 2   History and Development of State Compensation System
　　　　　　 in China ··· (31)

　Section 3   Development Tendency of State Compensation Law ······ (36)

　Questions needed continued discussions in this chapter ············ (38)

Chapter 3   Principle of Culpability for State Compensation and Constitutive

　　　　　　Requirements of State Compensation ····················· (41)

　Section 1   Principle of Culpability for State Compensation ········ (41)

　Section 2   Constitutive Requirements of State Compensation ······ (54)

　Questions needed continued discussions in this chapter ············ (76)

Chapter 4   Scope of State Compensation ································ (79)

　Section 1   Determination of Scope of State Compensation ·········· (79)

　Section 2   Scope of Exemptions of State Compensation Law ········ (91)

　Questions needed continued discussions in this chapter ············ (95)

Chapter 5   Forms, Assessment and Charge of State Compensation ········ (97)

　Section 1   Forms of State Compensation ······················ (97)

　Section 2   Assessment of State Compensation Law ··············· (104)

　Section 3   Charge of State Compensation ····················· (114)

Questions needed continued discussions in this chapter ········ (118)

Chapter 6 Prescription System of State Compensation and Validity of State Compensation Law ············· (121)

 Section 1 Prescription System of State Compensation Law ········ (121)

 Section 2 Validity of State Compensation Law ············· (124)

 Questions needed continued discussions in this chapter ········ (129)

Chapter 7 State Recovery ························· (131)

 Section 1 Overview of State Recovery ··············· (131)

 Section 2 Administrative Recovery ················ (137)

 Section 3 Judicial Recovery ···················· (145)

 Questions needed continued discussions in this chapter ········ (147)

The Administrative Compensation Part

Chapter 8 Overview of Administrative Compensation ········ (149)

 Section 1 Concepts of Administrative Compensation ········ (149)

 Section 2 Principle of Culpability for Administrative Compensation and Constitutive Requirements of Administrative Compensation ······················ (157)

 Questions needed continued discussions in this chapter ········ (169)

Chapter 9 Scope of Administrative Compensation ·········· (171)

 Section 1 Overview of Scope of Administrative Compensation ··· (171)

 Section 2 Scope of Compensation of Violating Personal Right ··· (174)

 Section 3 Scope of Compensation of Violating Property Right ······ (178)

 Section 4 Scope of Exemptions of Administrative Compensation ······················ (184)

 Questions needed continued discussions in this chapter ········ (186)

Chapter 10 Claimants and Respondents in Proceedings of Administrative Compensation ············· (195)

 Section 1 Claimants in Proceedings of Administrative Compensation ······················ (195)

Section 2　Respondents in Proceedings of Administrative
　　　　　　　Compensation ··· (199)
　　Questions needed continued discussions in this chapter ············ (205)
Chapter 11　Proceedings of Administrative Compensation ············ (210)
　　Section 1　Overview of Proceedings of Administrative
　　　　　　　Compensation ··· (210)
　　Section 2　Administrative Procedure of Administrative
　　　　　　　Compensation ··· (212)
　　Section 3　Judicial Proceedings of Administrative
　　　　　　　Compensation ··· (220)
　　Questions needed continued discussions in this chapter ············ (229)

The Judicial Redress Part

Chapter 12　Overview of Judicial Redress ···························· (231)
　　Section 1　Meanings and Characteristics of Judicial Redress ······ (231)
　　Section 2　Origin and Development of Judicial Redress ············ (234)
　　Section 3　Principle of Culpability for Judicial Redress and
　　　　　　　Constitutive Requirements of Judicial Redress ·········· (237)
　　Questions needed continued discussions in this chapter ············ (244)
Chapter 13　Scope of Judicial Redress ································ (245)
　　Section 1　Scope of Judicial Redress ································ (245)
　　Section 2　Judicial Redress in Civil Litigation and Administrative
　　　　　　　Litigation ··· (253)
　　Section 3　Scope of Exemptions of Judicial Redress ················ (257)
　　Questions needed continued discussions in this chapter ············ (261)
**Chapter 14　Claimants and Respondents in Proceedings of
　　　　　　　Judicial Redress** ·· (264)
　　Section 1　Claimants in Proceedings of Judicial Redress ·········· (264)
　　Section 2　Respondents in Proceedings of Judicial Redress ········ (267)
　　Questions needed continued discussions in this chapter ············ (270)

Chapter 15　Proceedings of Judicial Redress ……………… （272）
　　Section 1　Overview of Judicial Redress ………………… （272）
　　Section 2　Advance Disposition of Judicial Redress …… （275）
　　Section 3　Judicial Redress Review ……………………… （280）
　　Section 4　Confirmation of Judicial Tort ………………… （282）
　　Questions needed continued discussions in this chapter …… （286）

Appendix one: The State Compensation Law of the People's Republic of China and its old and new table ……………………… （288）
Appendix two: The administrative regulations and judicial interpretations about the State compensation ……………………… （311）
Main References …………………………………………… （322）
Postscript …………………………………………………… （324）

总 论 编

第一章 国家赔偿法概述

内容提要

国家赔偿是指国家对国家机关及其工作人员行使职权过程中有法律规定的侵犯公民、法人和其他组织的合法权益并造成损害的,依法给予赔偿的活动。它不同于民事赔偿和国家补偿等。国家赔偿在性质上属于自己责任。国家赔偿法是有关国家赔偿的法律规范的总称,它包括宪法、国家赔偿法典、民法、诉讼法、行政法和判例法等中关于国家赔偿的各种法律规范。在我国,制定国家赔偿法是落实宪法的需要,有助于保护公民、法人及其他组织的合法权益,有助于监督和促进国家机关及其工作人员依法行使职权。

关键词

国家赔偿　国家补偿　国家赔偿法　国家赔偿法的渊源　国家赔偿法的性质　国家赔偿法的作用

第一节　国　家　赔　偿

一、国家赔偿的含义

关于"国家赔偿"一词,在各国立法中有不同的称谓,如"国家赔偿"、"国家损害赔偿"、"国家赔偿责任"、"国家责任"、"公务责任"等。因各国所采取的立法结构不同,它们之间的含义也存在一定的差别。在我国,根据《国家赔偿法》的规定,国家赔偿是指国家对国家机关及其工作人员行使职权过程中有法律规定的侵犯公民、法人和其他组织的合法权益并造成损害的,依法给予赔偿的活动。它包括以下几层意思:

(1)国家赔偿是由国家承担的法律责任。国家赔偿实质上是指国家赔偿责任,是国家对被侵权人承担的法律责任。虽然侵权行为是由不同的国家机关及其工作人员实施的,但是,承担责任的主体不是这些机关或工作人员,而是国家。可见,在国家赔偿中,侵权行为主体与赔偿责任主体是分离的:侵权行为主体是国家机关及其工作人员,而赔偿责任主体却是国家。不论国家机关及其工作人员行使职权的主观状态如何,只要给公民、法人及其他组织的合法权益造成实际损害的,国家就应当依法承担赔偿责任,而不由行使职权的国家机关及其工作人员自己对被侵权人承担赔偿责任。

(2) 国家赔偿是对国家机关及其工作人员的行为承担的责任。在这里,国家机关包括依照宪法和组织法设置的国家行政机关和司法机关。国家机关工作人员是指在上述机关中履行职务的公务人员。此外,还包括法律、法规授权的组织,受行政机关委托的组织和个人。凡上述机关、组织及个人行使职权给公民、法人及其他组织的合法权益造成损害,法律有规定的,国家便应当承担赔偿责任。

(3) 国家赔偿是对国家机关及其工作人员行使职权的行为承担的责任。行使职权的行为属于国家公务行为,是代表国家所为,行为的后果归属于国家,它不同于国家机关的民事行为,也不同于国家机关工作人员的个人行为。对国家机关及其工作人员的民事行为和个人行为,国家不承担赔偿责任。

(4) 国家赔偿一般是对违法行使职权的行为承担的赔偿责任。这里违法行使职权中的"违法",不仅包括违反法律的明文规定,而且包括违反法的基本原则和法的精神;不仅包括实体违法,而且包括程序违法;不仅包括作为行为违法,而且包括不作为行为违法;不仅包括法律行为违法,而且包括事实行为违法。对国家机关及其工作人员合法行使职权的行为造成的损失,国家一般不承担赔偿责任,而会引起国家补偿。

(5) 国家赔偿以公民、法人和其他组织的合法权益遭受实际损害为前提。赔偿是针对损害而言的,无损害也就无所谓赔偿,这里的损害必须是现实的实际存在的损害,而不是假想的可能存在的损害。且损害的是合法权益,而不包括非法权益。在我国,无论是国家赔偿的侵权行为范围还是国家承担赔偿责任的侵权损害范围都由法律明文规定,即哪些行为造成的哪些损害能获得国家赔偿都源于法律的规定。①

二、国家赔偿的特征

国家赔偿是国家对国家机关及其工作人员行使职权过程中有法律规定的侵犯公民、法人和其他组织合法权益造成的损害承担的赔偿责任,与其他形式的赔偿责任相比,具有以下特征:

---

① 薛刚凌主编:《国家赔偿法教程》,中国政法大学出版社1997年版,第4页。

(1) 国家承担赔偿责任，机关履行赔偿义务。国家赔偿的一个显著特点就是由国家承担赔偿责任，最终支付赔偿费用，由法律规定的赔偿义务机关代表国家履行赔偿义务。实施侵权行为的公务人员并不直接对受害人承担责任，履行赔偿义务。这与"谁侵权，谁赔偿"的民事赔偿不完全相同。从国外国家赔偿制度产生的过程看，最初国家对公务人员实施的侵权行为并不承担任何责任，在很长一段时间里，由公务人员个人承担责任，直到20世纪初，各国法律才确认由国家自己承担责任。但是，国家是抽象主体，不可能履行具体的赔偿义务，应由具体的国家机关代表国家履行赔偿义务，因此，形成了国家责任，机关赔偿的特殊形式。

(2) 赔偿范围有限性。国家赔偿是对国家机关及其工作人员行使职权造成的损害给予的赔偿，属于国家责任的一种形式。从赔偿范围来看，它不同于民事赔偿"有侵权必有赔偿"的原则，国家只对国家机关及其工作人员的一部分侵权行为承担赔偿责任。因此，国家赔偿的范围窄于民事赔偿，属于有限赔偿责任。例如，对国家立法机关的行为、军事机关的行为以及司法机关的部分行为，即使造成了损害，国家也并不承担赔偿责任。《中华人民共和国国家赔偿法》(以下简称《国家赔偿法》)①第二章、第三章分别规定了行政赔偿和刑事赔偿的范围，明确了国家不承担赔偿责任的各种情形。此外，按照赔偿法定的原则，诸如公有公共设施致人损害，法院作出的民事、行政错判，行政机关实施的抽象行政行为造成的损害，均不在赔偿范围之列，国家不予以赔偿。

(3) 赔偿方式和标准法定化。与民事赔偿有所不同，国家赔偿的方式和标准是法定的。我国《国家赔偿法》第四章规定了具体的赔偿方式和计算标准。国家赔偿以支付赔偿金为主要方式，以返还财产、恢复原状为辅助方式。根据侵权损害的对象和程度不同，又有不同的赔偿标准，赔偿数额还有最高限制。对于多数损害，国家并不按受害人的要求和实际损害给予赔偿，而是按照法定的方式和标准，以保障受害人生活和生存的需要为原则，给予适当的赔偿。例如，对于公民人身自由受到的损害，国家根据上年度职工的平均工资给予金钱赔偿，并不考虑受害人的实际工资水平和因此遭受的其他实际损失。吊销许可证和执照、责令停产停业的，国家只赔偿停产停业期间必要的经常性费用开支，而不赔偿生产经营者的实际利益和利润损失。对财产权造成其他损害的，国家只赔偿直接损失，对间接损失和可得利益损失不予赔偿。

(4) 赔偿程序特殊性。我国《国家赔偿法》规定了行政赔偿和刑事赔偿的程序。根据《国家赔偿法》的规定，国家赔偿程序的特殊性体现在：第一，赔偿请求

---

① 本书引用法条时所称我国《国家赔偿法》，除特别说明的以外，均指2010年修改之后的《中华人民共和国国家赔偿法》。

人要求赔偿,应当先向赔偿义务机关提出,即由赔偿义务机关先行处理。无论是行政赔偿,还是司法赔偿,都是如此。当然,对于行政赔偿而言,赔偿请求人也可以在申请行政复议或者提起行政诉讼时,一并提出赔偿请求。第二,刑事赔偿不经过诉讼程序,赔偿请求人只能通过非诉程序求偿。第三,赔偿请求人要求国家赔偿的,赔偿义务机关、复议机关和人民法院不得向赔偿请求人收取任何费用。对赔偿请求人取得的赔偿金不予征税。

三、国家赔偿与相关概念的区别

（一）国家赔偿与行政赔偿

从各国国家赔偿法规定的内容看,行政赔偿是国家赔偿的重要组成部分。在有些国家,行政赔偿与国家赔偿甚至是同一概念。如在美国,《联邦侵权赔偿法》所规定的侵权赔偿范围仅限于"联邦政府行政机关",在第 2671 条对联邦行政机关作了解释,"系指美国联邦政府所设置的各种行政单位、军事单位及主要执行与联邦行政机关相同公务的公司,但不包括与美国联邦政府有契约的承揽人"。日本国家赔偿法所针对的也主要是行政侵权行为。从各国立法方式看,至今尚无一个国家单独制定行政赔偿法,而大多都以行政赔偿为主要内容制定统一的国家赔偿法,目的是为了避免单独制定行政赔偿法所导致的重复和混乱。①在我国,国家赔偿包括行政赔偿和司法赔偿两个部分,国家赔偿与行政赔偿是属种关系。从本质上看,无论是行政赔偿,还是司法赔偿,都由国家承担最终的赔偿责任,赔偿费用由国家负担,由国家财政列支。

（二）国家赔偿与国家补偿

国家赔偿是国家对国家机关及其工作人员违法行使职权造成损害承担的赔偿责任。而国家补偿是国家对国家机关及其工作人员的合法行为造成的损失给予的补偿。二者的区别主要表现在:(1)产生的原因不同。国家赔偿是由违法行为引起的,而国家补偿是由合法行为（如征用等）引起的。(2) 性质不同。国家赔偿是国家对国家机关及其工作人员违法行使职权行为所承担的一种法律责任,其目的是恢复到合法行为所应有的状态,一般具有可非难性或可谴责性;而国家补偿是一种例外责任,其目的是为因公共利益而遭受特别损失的人提供补救,并不具有对国家职权行为的责难。(3) 救济的范围不同。国家赔偿的范围包括侵害人身权引起的赔偿,也包括侵害财产权引起的赔偿,具体范围由法律规定;国家补偿的范围尽管也包括对人身权造成的损害和对财产权造成的损害,但在具体范围上有所不同。在人身权损害上,国家补偿只涉及公民生命健康权的损害,而不包括人身自由权、名誉权、荣誉权的损害。在财产权损害上,只包括财

---

① 参见皮纯协、何寿生编著:《比较国家赔偿法》,中国法制出版社 1998 年版,第 66—67 页。

产被损坏、灭失的损害,而不包括诸如罚款、罚金、追缴、查封、扣押、冻结财产等造成的损害。(4)发生的时间不同。国家赔偿只发生在损害发生之后,即在国家机关及其工作人员没有违法行使职权造成损害时,不会产生国家赔偿责任;而国家补偿可以发生在损害发生之前,也可以发生在损害发生之后。在国家补偿中,对受害人何时补偿,取决于法律的规定和双方事先达成的协议。此外,国家赔偿与国家补偿的标准、方式等方面也有所不同。

(三)国家赔偿与民事赔偿

国家赔偿和民事赔偿都是基于侵权行为而产生的,且从渊源上考察,国家赔偿责任是从民事赔偿责任中分化出来、并逐渐发展成为不同于民事侵权赔偿责任的一种特殊赔偿责任。二者的区别主要有:(1)产生的原因不同。国家赔偿是因国家机关及工作人员行使职权行为侵犯公民、法人和其他组织合法权益引起的国家责任;而民事赔偿是发生在平等民事主体之间的侵权行为引起的民事责任。(2)承担赔偿责任的主体不同。在国家赔偿中,承担赔偿责任的主体是国家,即侵权行为主体与赔偿责任主体是相分离的;而在民事赔偿中,一般实行行为人对自己行为负责的原则,即由实施侵权行为的主体承担赔偿责任,侵权行为主体与赔偿责任主体是一致的。只有在特殊情况下,侵权行为主体与赔偿责任主体是相分离的,如法人的侵权赔偿责任、雇佣人的侵权赔偿责任、监护人的侵权赔偿责任等。在这些侵权赔偿责任中,实施侵权行为的可能是法人工作人员、受雇人或被监护人,但承担赔偿责任的则是法人、雇主或监护人。[1] (3)赔偿范围不同。国家赔偿的范围是有限的,实行有限赔偿原则。对于财产损害,国家只赔偿直接损失,而不赔偿间接损失;对于人身损害,国家只赔偿因人身损害所导致的财产损失,一般不赔偿精神损失,只有在致人精神损害造成严重后果的情况下,才支付相应的精神损害抚慰金。[2] 在民事赔偿中,实行全部赔偿原则。侵害人不仅要赔偿受害人的财产损害,还要赔偿受害人的精神损害;不仅要赔偿直接损失,还要赔偿间接损失。(4)赔偿程序不同。在国家赔偿中,存在着先行处理程序,即赔偿请求人要求赔偿,应先向赔偿义务机关提出;而在民事赔偿中,不存在先行处理程序,受害人可以与侵权人就赔偿事宜先行协商,也可以直接向法院起诉。(5)赔偿费用的来源不同。在国家赔偿中,赔偿费用是由国家支付的,而不是由赔偿义务机关支付的;在民事赔偿中,赔偿费用只能由实施侵权行为的人支付,其来源可以是公民个人所有的财产,也可以是法人和其他组织所有或经营管理的财产。(6)赔偿方式不同。国家赔偿以支付赔偿金为主要方式;而民

---

[1] 参见房绍坤、丁乐超、苗生明著:《国家赔偿法原理与实务》,北京大学出版社1998年版,第46页。
[2] 我国《国家赔偿法》第35条规定:"有本法第3条或者第17条规定情形之一,致人精神损害的,应当在侵权行为影响的范围内,为受害人消除影响,恢复名誉,赔礼道歉;造成严重后果的,应当支付相应的精神损害抚慰金。"

事赔偿既可以采取金钱赔偿的方式,也可以采取排除妨碍、消除危险、恢复名誉、赔礼道歉等多种方式。

当然,并非国家机关及其工作人员的所有行为引起的赔偿责任都是国家赔偿。国家机关及其工作人员以民事主体身份实施的侵权行为仍属于民事侵权,国家机关对此承担的责任亦是民事赔偿责任。例如,国家机关因违章建房侵占他人用地的行为是民事侵权行为,该机关须和其他民事主体一样承担民事赔偿责任。①

（四）国家赔偿与司法赔偿

司法赔偿属于国家赔偿的一部分,它与国家赔偿之间是种属关系。对于司法赔偿,各国一般规定以司法机关在刑事诉讼中的侵权行为为限,因此不少国家也将司法赔偿称为刑事赔偿或冤狱赔偿。我国的司法赔偿包括两类:一类是刑事司法赔偿,简称刑事赔偿,即国家对行使侦查、检察、审判、监狱管理职权的机关及其工作人员违法行使职权侵犯公民、法人及其他组织的合法权益造成损害的赔偿;另一类是民事、行政司法赔偿,即国家对人民法院在民事诉讼、行政诉讼过程中违法采取对妨害诉讼的强制措施、保全措施或者对判决、裁定及其他生效法律文书执行错误造成的损害所给予的赔偿。在这两类司法赔偿中,刑事赔偿是司法赔偿的主体部分,民事、行政司法赔偿适用刑事赔偿的程序。

（五）国家赔偿与公有公共设施致害赔偿

公有公共设施致害赔偿,是指因公有公共设施的设置、管理、使用有欠缺或瑕疵,造成公民人身、财产损害而引起的赔偿。在有些国家,公有公共设施致害赔偿属于国家赔偿的一部分,受国家赔偿法规范。如日本《国家赔偿法》第2条第（一）项规定:"因道路、河川或其他公共营造物之设置或管理有瑕疵,致使他人受损害时,国家或公共团体对此应负赔偿责任。"德国1981年《国家赔偿法》第1条规定,公权力主体对于因其技术性设施之故障所引起的权利损害亦负赔偿之责。我国《国家赔偿法》没有将公有公共设施致人损害的赔偿纳入国家赔偿的范围。我国立法机关认为,公有公共设施因设置、管理欠缺造成损害的赔偿问题与国家机关及其工作人员违法行使职权无关,它属于民事赔偿而非国家赔偿。有学者认为,在财产权明晰的体制下,公有公共设施致害问题始终应当得到重视。我国公有财产及设施的产权是明确的,但管理权、经营权却是模糊的,因此出现了公有设施致害无人负责的现象,诸如公路边的树木被风刮倒致人伤亡的例子很多,完全依照《民法通则》解决此类问题是困难的,所以应当由《国家赔偿法》一

---

① 肖峋著:《中华人民共和国国家赔偿法的理论与实用指南》,中国民主法制出版社1994年版,第262页以下;马怀德著:《国家赔偿法的理论与实务》,中国法制出版社1994年版,第43—48页。

并加以规范或解决。①

四、国家赔偿的性质

对国家赔偿性质的认识,存有不同的观点,主要包括代位责任说、自己责任说、竞合责任说、中间责任说、折衷说等,争论的焦点在于代位责任说与自己责任说之争。

(一)代位责任说

代位责任说认为,公务人员实施侵权行为造成损害的,由国家代为承担赔偿责任。就是说,国家承担的责任并不是自身的责任,而是代公务人员承担责任。从理论上讲,公务人员就其侵权行为所造成的损害应由自己承担责任,但因公务人员财力有限,为确保受害人能够得到实际赔偿,改由国家代替公务人员对受害人承担赔偿责任。日本学者田中二郎认为,国家赔偿责任实际上是代位责任,因为从形式上看,国家承担了赔偿责任后,即取得了对实施侵权行为的公务人员的求偿权;从实质上看,国家赔偿责任与民法上的雇佣人责任并不相同,因为国家并没有雇佣人的免责事由,所以也没有对公务人员选任监督的责任。日本学者根据日本《国家赔偿法》第1条第2款关于"公务员有故意或重大过失时,国家或公共团体对该公务员有求偿权"的规定,证明国家赔偿责任是代位责任。否则,国家没有求偿权。日本最高法院1953年11月10日的判决认为:"国家依日本《国家赔偿法》第1条的规定,对受害人负损害赔偿责任,须以公务员违法执行职务加害于他人时,有故意或重大过失为要件。由此可以看出,日本最高法院的判例所采取的是代位责任说。目前,代位责任说是日本占主导地位的学说。

(二)自己责任说

自己责任说认为,公务人员实施侵权行为造成损害的,国家应直接负赔偿责任,而不是代公务人员承担责任。日本有学者认为,从形式上看,日本《国家赔偿法》第1条并没有明文规定由国家代公务员承担赔偿责任,而是规定就公务员造成的损害应负赔偿责任;从实质上看,国家授予公务员执行职务的权限,该权限就有被公务员违法行使的可能,所以,国家应负危险责任。主张自己责任说的学者倾向于把国家视为法人,所以,国家公务员自然为法定代表人或雇员,由于国家的意志只能通过国家机关和公务员贯彻实施,国家本身并不直接实施具体行为。所以,履行国家职能的机关和公务员的行为是代表国家的,可以视之为国家行为。在这种情况下,作为法人的国家就应当对作为其所属人员的公务员的侵权行为负责。日本学者南博方认为:"国家授予公务员的权限本身,会有两种结果,即合法行使的可能性和违法行使而导致危害的危险性。国家既然将这种含

---

① 皮纯协、何寿生编著:《比较国家赔偿法》,中国法制出版社1998年版,第68页。

有违法行使的危险性的权限授予公务员,便应该为此承担赔偿责任。"①今村成和认为,日本《国家赔偿法》第1条所确立的国家赔偿责任与日本《民法典》第715条所规定的雇主赔偿责任是根本不同的。《国家赔偿法》的目的是要取消国家豁免,强制国家为其公务员的违法行为承担绝对的赔偿责任。从这个意义上讲,国家并不是为公务员的违法行为负代位赔偿责任,而是国家为公务员的行为承担直接的赔偿责任。日本东京法院1964年6月19日的判决认为,国家赔偿责任可以理解为不是代替公务员承担代位责任,而是规定了起因于公务员的行为而需要直接承担的自己的责任。在日本,自己责任说的影响在不断增强。②

在我国,绝大多数学者主张国家赔偿责任的性质为自己责任,且是一种以违法与否为条件的无过错责任。只要受害人的合法权益受到国家机关及其公务人员违法行使职权的侵害,且法律有规定,国家就必须承担赔偿责任,而不论公务人员主观上是否有过错。公务人员并不直接与受害人发生赔偿关系,公务人员的过错程度不影响国家赔偿责任的成立,不影响国家赔偿责任为"自己责任"的性质。国家对公务人员的追偿只意味着国家机关为了惩戒有责任的公务人员而使其支付部分或全部赔偿费用,支付赔偿费用与承担赔偿责任并不能划等号。我们同意绝大多数学者的观点,认为国家的职能要通过国家机关来履行,而国家机关的行为要通过国家公务人员具体实施,公务人员与国家机关之间是一种公务委托关系,公务人员代表国家机关执行公务,其行为的后果应归属于国家,国家对公务人员违法行使职权行为造成损害所负的赔偿责任是自己责任而不是代位责任。即使公务人员因故意或过失而违法行使职权,也不改变其行为属于公务行为的性质,公务人员并不直接对外承担责任,而只是对国家承担责任。这种责任属于国家机关的内部责任,与国家赔偿责任的性质没有关系。

第二节 国家赔偿法

一、国家赔偿法的概念

国家赔偿法的概念有广义、狭义之分。广义的国家赔偿法是指有关国家赔偿的法律规范的总称。它包括宪法、国家赔偿法典、民法、诉讼法、行政法和判例法等中关于国家赔偿的各种法律规范。狭义的国家赔偿法是指专门规定国家赔偿内容的法典。如美国的《联邦侵权赔偿法》,日本的《国家赔偿法》和《刑事补偿法》,英国的《王权诉讼法》,我国1994年5月12日第八届全国人民代表大会常

---

① 〔日〕南博方著:《日本行政法》,杨建顺、周作彩译,中国人民大学出版社1988年版,第102页。
② 参见房绍坤、丁乐超、苗生明著:《国家赔偿法原理与实务》,北京大学出版社1998年版,第50—51页。

务委员会第七次会议通过、2010年4月29日第十一届全国人民代表大会常务委员会第十四次会议修改的《中华人民共和国国家赔偿法》等。本书除特别标明外,均采用广义国家赔偿法概念。对于国家赔偿法的概念,可以从以下方面理解:

(1) 国家赔偿法是关于国家赔偿的法律规范。国家赔偿是国家对国家机关及其工作人员行使职权过程中有法律规定的侵犯公民、法人和其他组织合法权益造成的损害给予赔偿的活动,调整上述活动的法律规范就是国家赔偿法。在我国《国家赔偿法》颁布之前,调整国家赔偿活动的法律规范主要是《中华人民共和国民法通则》(以下简称《民法通则》)、《中华人民共和国行政诉讼法》(以下简称《行政诉讼法》)以及有关法律、法规、规章和司法解释。《国家赔偿法》的颁布实施,使得我国国家赔偿法律规范形成了比较完整的体系。

(2) 国家赔偿法是一定范围内法律规范的总称。国家赔偿一般是对国家机关及其工作人员违法行使职权造成损害的赔偿,因而,只有调整这类活动的法律规范才称为国家赔偿法。规范和调整国家公有公共设施致害赔偿的法律、有关国家作为民事主体承担赔偿责任的法律,以及规定国家补偿责任的法律均不属于国家赔偿法。

(3) 国家赔偿法是集实体规范与程序规范为一体的法律。国家赔偿法中既有调整国家与受害人之间权利和义务关系的实体规范,也有如何实现上述权利和义务关系的程序规范。实体规范是用来解决国家是否承担赔偿责任、赔偿多少的问题。例如,我国《国家赔偿法》关于赔偿的归责原则、赔偿范围、赔偿方式和赔偿的计算标准的规定均属于实体规范。关于请求赔偿的方式、步骤、顺序和时限的规定属于程序规范。

二、国家赔偿法的渊源

国家赔偿法的渊源是指国家赔偿法律规范的根本来源,或国家赔偿法的表现形式。明确国家赔偿法的渊源,对于人们正确适用国家赔偿法,认识国家赔偿法的法律地位以及明确国家赔偿法与其他法律之间的关系具有重要意义。由于各国国家赔偿法的立法体例不同,所以,各国国家赔偿法的渊源也有不同。如法国国家赔偿法以判例为主要渊源,英美国家以单独的国家赔偿法为主要渊源,德国则以民法特别法为主要渊源。[①] 一般来讲,国家赔偿法的渊源主要有:

(一) 宪法

宪法是国家的根本大法,是确立国家赔偿制度的基石,许多国家的宪法中都有关于国家赔偿的原则性规定。德国1919年的《魏玛宪法》首次以宪法的形式

[①] 应松年主编:《国家赔偿法研究》,法律出版社1995年版,第19页。

规定了国家赔偿。该法第 131 条规定:"公务员行使法律所委任的职权,对于第三者若违反职务上应尽的义务,其损害赔偿,原则上由任用该公务员的国家或公共团体承担。"此后,各国宪法纷纷效仿,《日本宪法》第 17 条、第 29 条,《意大利宪法》第 24 条,《德国基本法》第 14 条、第 15 条、第 19 条、第 34 条,《美国宪法》修正案第 5 条,《西班牙宪法》第 106 条等都对国家承担赔偿责任作了原则性规定。这些宪法的原则性规定成为各国制定国家赔偿法、冤狱赔偿法的依据。我国 1954 年《宪法》第 97 条和现行《宪法》第 41 条均规定了国家赔偿责任。现行《宪法》第 41 条规定:"由于国家机关和国家工作人员侵犯公民权利而受到损失的人,有依照法律规定取得赔偿的权利。"这条规定成为我国制定《国家赔偿法》的重要依据。我国《国家赔偿法》第 1 条规定:"为保障公民、法人和其他组织享有依法取得国家赔偿的权利,促进国家机关依法行使职权,根据宪法,制定本法。"

(二) 国家赔偿法等专门法典

在国家赔偿法律制度中,国家赔偿法、冤狱赔偿法等专门法典,是国家赔偿法的基本渊源。自 20 世纪中后期以来,国家赔偿的专门立法与日俱增,许多国家通过成文法的形式确立了国家赔偿制度。尽管各国国家赔偿法的构成存有差异,但基本内容大致相同,都规定了国家赔偿的主体、范围、程序及赔偿计算标准等内容。我国 1994 年 5 月 12 日第八届全国人民代表大会常务委员会第七次会议通过了《中华人民共和国国家赔偿法》。这是一部专门规定国家赔偿问题的法律,它具体规定了国家赔偿的范围、国家赔偿法律关系主体、赔偿程序、赔偿方式和计算标准等问题,是我国国家赔偿法律规范的主要组成部分。

(三) 民法

历史悠久、内容丰富的民法无疑是国家赔偿法的一个重要渊源。从国家赔偿法产生的历史看,民法发挥了相当重要的作用。首先,民法中"平等、有侵权必有责任"的观念是确立国家赔偿责任的主要依据。其次,民法中的侵权赔偿制度成为制定国家赔偿法的范本,特别是丰富实用的民事赔偿原则、赔偿范围、赔偿标准和方式成为各国国家赔偿立法的参照系。许多国家的国家赔偿法都规定,在国家赔偿法没有规定的情况下,适用民法的规定。如日本《国家赔偿法》第 4 条规定,国家赔偿责任除国家赔偿法的规定外,适用民法的规定。最后,民法确认和保护的人身权和财产权成为国家赔偿法所保护的主要对象。我国在《国家赔偿法》颁布实施前,《民法通则》一直是调整国家赔偿活动的主要法律规范,是受害人取得国家赔偿的重要依据。《民法通则》第 121 条规定:"国家机关或者国家机关工作人员在执行职务中,侵犯公民、法人的合法权益造成损害的,应当承担民事责任。"在《国家赔偿法》实施后,民法仍然是国家赔偿法的重要渊源,对国家赔偿法的若干问题的解决仍具有指导作用和借鉴意义,并可以作为补充、辅助性依据解决国家赔偿法以外的国家侵权赔偿问题。

（四）诉讼法

诉讼法是司法机关行使裁判权的程序依据，也是防止司法机关滥用、不当行使司法权，纠正冤案、救济无辜的法律保证。正因为如此，诉讼法成为国家赔偿法的重要渊源之一。诉讼法包括刑事诉讼法、民事诉讼法和行政诉讼法。从国外的情况看，很多国家的《刑事诉讼法》中对冤狱赔偿作了规定。如法国《刑事诉讼法》第626条规定："由再审之判决（或受理再审之上诉法院之判决），而发现犯人为无辜者，得经其请求而给予损害赔偿，以补偿其前次裁判所造成的损害。"意大利《刑事诉讼法》第643条第1项规定："在再审中被开释的人，如果未因故意或严重过失而造成司法错误，有权要求根据服刑或收容的时间以及处罚对其个人和家庭所造成的后果获得赔偿。"罗马尼亚、南斯拉夫的《刑事诉讼法》也有类似的规定。在我国，国家赔偿法不仅与刑事诉讼法有着密切的联系，而且与民事诉讼法、行政诉讼法也有着密切的联系。一方面，我国《国家赔偿法》规定了刑事赔偿；另一方面，《国家赔偿法》又规定了民事诉讼、行政诉讼中法院违法采取对妨害诉讼的强制措施、保全措施或者对判决、裁定及其他生效法律文书执行错误，造成损害的国家赔偿责任。特别需要指出的是，我国《行政诉讼法》第九章明确规定了国家对具体行政行为造成损害的赔偿责任，同时对赔偿程序也作出了明确的规定，成为我国第一部规定国家赔偿责任的诉讼法，对我国国家赔偿法律制度的建立起到了重要的推动作用。

（五）行政法

作为调整行政关系的法律规范，行政法也是国家赔偿法的渊源之一。由于行政法没有一部统一的法典，而是分散在法律、法规、规章中的行政法律规范的总和，所以，有关国家赔偿的行政法规范都是国家赔偿法的渊源。例如，我国《治安管理处罚法》第117条规定："公安机关及其人民警察违法行使职权，侵犯公民、法人和其他组织合法权益的，应当赔礼道歉；造成损害的，应当依法承担赔偿责任。"我国《行政处罚法》第60条规定，行政机关违法实施检查措施或执行措施，给公民人身或者财产造成损害、给法人或者其他组织造成损失的，应当依法予以赔偿。我国《行政许可法》第76条规定："行政机关违法实施行政许可，给当事人的合法权益造成损害的，应当依照国家赔偿法的规定给予赔偿。"国务院制定的《国家赔偿费用管理办法》，公安部制定的《关于公安机关贯彻实施〈中华人民共和国国家赔偿法〉有关问题的通知》，司法部制定的《司法行政机关行政赔偿、刑事赔偿办法》等行政法律规范均是国家赔偿法的渊源。此外，我国《海关法》、《税收征收管理法》、《森林法》、《草原法》等也从不同的角度，不同程度地规定了国家赔偿责任。就行政法与国家赔偿法的关系而言，二者有部分重合关系，行政法中的行政赔偿与国家赔偿法中的行政赔偿是同一的，但国家赔偿法中的司法赔偿和立法赔偿等内容与行政法无关。

（六）判例

法院判例是国家赔偿法的重要渊源之一。从国外国家赔偿法的发展史看，无论是普通法系国家，还是大陆法系国家，判例对国家赔偿制度的建立都发挥了重要的作用。法国是一个不崇尚判例法的国家，但国家侵权的特殊性及立法的滞后性决定了必须采用判例去解决国家侵权赔偿问题，法国1873年权限争议法庭对布郎戈案件的判决，首开现代国家赔偿的先河，标志着法国国家赔偿制度的建立。以判例法为主要渊源的英美法系国家，许多重要的判例成为国家赔偿立法的直接动因。例如，英国1946年法院关于"亚当斯诉内勒"一案的判决，促成了《王权诉讼法》的出台。[①] 美国"米勒诉霍顿案"因要求政府官员对未经法律授权的行为自负其责的判决引起争论，最终促成了《联邦侵权赔偿法》的出台。[②] 此外，德国、日本、印度等国的判例对各自国家赔偿制度的建立和发展也起到重要的作用。[③] 我国国家赔偿制度是通过立法建立的，但实施国家赔偿却离不开法院的判例。一个成功的判例，对适用法律、指导司法实践具有重要的作用，我国最高人民法院所公布的许多案件，实际上都起到了判例的作用。

（七）法律解释

法律解释是指有权机关就法律规范在具体适用过程中，为进一步明确界限或进一步补充内容，以及如何具体运用所作的说明和阐释。它也是国家赔偿法的渊源之一。根据全国人民代表大会常务委员会1981年通过的《关于加强法律解释工作的决议》，法律解释包括立法解释、司法解释、行政解释和地方解释。在《国家赔偿法》颁布之前，我国的国家赔偿活动主要是靠法律解释进行的。例如，1956年劳动部作出的《关于冤狱补助费开支问题的答复》，1963年劳动部作出的《关于被甄别平反人员的补发工资问题》，1986年中共中央组织部、中共中央统战部、最高人民法院、最高人民检察院、公安部、司法部发布的《关于抓紧复查处理政法机关经办的冤假错案的通知》均是有关国家赔偿的解释。《国家赔偿法》颁布实施以后，最高人民法院发布了一系列司法解释，以指导各级人民法院处理国家赔偿争议案件，如最高人民法院1997年出台了《关于审理行政赔偿案件若干问题的规定》，2000年出台了《关于民事、行政诉讼中司法赔偿若干问题的解释》，2003年公布了《关于审理人身赔偿损害案件适用法律若干问题的解释》。

---

① 原告亚当斯的两个小孩被国防部布置的地雷炸伤，亚当斯向法院起诉，要求国防部赔偿。国防部以享有豁免权为由不做被告，指定公务员工程师内勒做"拟制被告"，内勒声称自己同布雷毫无联系，原告最终败诉。此案连同其他几个类似案件，致使英国舆论哗然，最终促使国会于1947年通过了《王权诉讼法》。王名扬著：《英国行政法》，中国政法大学出版社1987年版，第236页。

② 〔美〕伯纳德·施瓦茨著：《行政法》，徐炳译，群众出版社1986年版，第517—525页。

③ 马怀德著：《国家赔偿法的理论与实务》，中国法制出版社1994年版，第50—52页。

最高人民检察院也发布了《人民检察院刑事赔偿工作办法》。这些司法解释对于有效适用《国家赔偿法》，正确处理国家赔偿案件具有重要的意义，是国家赔偿法的渊源。

（八）国际条约

随着各国人权事业的发展，有关国家赔偿的国际条约也不断地增多。这些条约成为缔约国国家赔偿法的重要渊源之一。有学者认为，国际条约在两种意义上成为国家赔偿法的渊源[①]：一是作为国际法上国家赔偿制度的依据。这方面的主要依据是《联合国国际法委员会章程》的所谓"国家责任条款"。对国家的国际不法行为造成的损害，采取恢复原状、补偿和抵偿三种方式予以充分赔偿。二是作为国内法国家赔偿制度设计的依据。主要是有关人权保护的国际文件中有关公民权利，尤其是赔偿请求权的规定。如我国参加的《公民权利和政治权利国际公约》第9条第5款规定的，任何遭受非法逮捕或者拘禁的受害者，有得到补偿的权利。

三、国家赔偿法的性质

国家赔偿法的性质是指国家赔偿法在某种法律体系中所处的位置。由于各国国家赔偿法产生的历史背景不同，加之各国法律传统的差异，因此，对国家赔偿法的性质有不同的认识。英美法系国家不强调公私法的划分，认为调整个人关系的侵权法同样适用于国家机关，国家赔偿法是普通侵权行为法的一部分；大陆法系国家认为国家机关行使公权力导致的赔偿责任不同于普通的民事责任，需要特殊的规范加以调整，这类规范的性质是公法。笔者认为我国没有公私法划分的传统，不宜对国家赔偿法作公法抑或私法的定性。国家赔偿法是宪法的实施法，是规范国家赔偿关系的基本法。概括起来，理论界关于国家赔偿法的性质有四种观点：

（一）私法说

私法是相对于公法而言的。如果以法律调整的社会关系内容为基础，可以将调整私人之间的关系的法律称为私法，将调整国家或社会公共团体为一方的关系的法律称为公法。私法说以将国家和私人立于同等地位为出发点，认为国家赔偿法属于私法，它所保护的是私权利，目的是让受到损害的私人得到救济，在赔偿时国家与私人形成平等、自愿的私法关系，立于同等的法律地位。日本有些学者持私法说的观点，认为国家赔偿请求权虽然依国家赔偿法行使，但却与公法上的损害补偿不同，与成为其原因的侵权行为的性质无关，完全属于私法上的请求权。从国家赔偿法的立法来看，英美法系国家多将国家赔偿法置于私法体

---

① 参见高家伟著：《国家赔偿法》，商务印书馆2004年版，第71页。

系之中。例如，美国《联邦侵权赔偿法》规定："美国联邦政府，依据本法关于侵权行为求偿之规定，应于同等方式与限度内，与私人一样承担民事责任。"英国《王权诉讼法》第2条规定，国家在侵权行为方面的责任，与"有责任能力的成年人相同"。当然，私法说并不否认国家赔偿法在某些方面的特殊性，认为国家赔偿法是民法的特别法，但本质上仍属于私法。①

（二）公法说

公法说从公权力作用与民法上私经济作用的性质不同出发，认为国家赔偿法系规定有关公权力致人损害而国家应负赔偿责任的法律，而民法系规定私经济作用的法律，二者截然不同。故国家赔偿法与民法之间不构成特别法与一般法的关系，而是相互独立的法律，国家赔偿法属于公法的范畴。② 这种观点以法国、德国、日本的一些学者为代表。日本学者杉村敏正认为："日本国家赔偿法第1条第1项规定，与日本民法第715条规定不同，它排除了雇佣人的免责条款，而且该法第2条第1项规定，与日本民法第717条规定也不一样，扩大了占有人赔偿责任的适用范围，比私法法规要广，并且尽量为受害人提供救济。因此，不可否认，国家赔偿法实际上是一种超乎调整私人相互间利害关系的特殊法律。"③从国家赔偿法的立法来看，大陆法系国家多将国家赔偿法置于公法体系之中。法国自1873年布郎戈案件确立国家赔偿制度以来，一直坚持行政赔偿责任应当适用不同于民事赔偿责任的特殊规则，且行政赔偿诉讼属于行政法院管辖。法国权限争议法庭在布郎戈案件中对此作了明确的阐释："国家由于其雇佣人员在公务中对私人所造成损害的责任，不可能受民法中对私人相互间关系所规定的原则所支配，这个责任既非普遍性的，也非绝对的，它有其本身的特有规则。"④在瑞士，公法人的侵权赔偿责任由公法调整，而不受民法调整。1958年瑞士《国家赔偿法》明确规定：联邦对公务员执行公务，行使公权力的行为，承担赔偿责任。其赔偿责任由公法确定，联邦法院以行政法院的身份行使管辖权。概括起来，公法说的理由主要有：首先，国家行为出于公益，诸如立法、司法、行政等职能为国家独有，私人不能行使，故国家行为产生的损害赔偿，应当适用特殊规则，不能适用私法；其次，私法上雇佣人赔偿责任以选任、监管受雇人已尽到相当注意为免责事由，而国家则不能以此为由逃避责任；最后，民法上赔偿责任的归

---

① 关于国家赔偿法性质的论述，参见肖峋：《中华人民共和国国家赔偿法的理论与实用指南》，中国民主法制出版社1994年版，第33—35页；应松年主编：《国家赔偿法研究》，法律出版社1995年版，第38—42页；马怀德著：《国家赔偿法的理论与实务》，中国法制出版社1994年版，第63—66页；房绍坤、丁乐超、苗生明著：《国家赔偿法原理与实务》，北京大学出版社1998年版，第33—34页。
② 参见房绍坤、丁乐超、苗生明著：《国家赔偿法原理与实务》，北京大学出版社1998年版，第33—40页。
③ 转引自皮纯协、何寿生编著：《比较国家赔偿法》，中国法制出版社1998年版，第55页。
④ 王名扬著：《法国行政法》，中国政法大学出版社1989年版，第690页。

责原则是过错原则,即有过错才有可能赔偿。而在国家赔偿领域,许多国家抛弃了过错原则,根据国家侵权的特点,提出了不同的归责原则,如法国的公务过错原则,瑞士的违法原则,德国的违反法定义务原则等;建立在这些原则基础上的国家赔偿法显然已不是私法了。

（三）折中说

鉴于公法说和私法说均难以圆满地解释国家赔偿法的性质,因此,有学者提出折衷说,认为国家赔偿法是兼容公法原则和私法原则的法律。一方面,国家赔偿法源于民法,在赔偿方式、赔偿标准、赔偿原则诸方面与民法有密切的联系,因而具有较强的私法性质。另一方面,国家赔偿法又不是民法的简单翻版,在很多方面形成了自己特有的规则,具有公法性质。所以,将国家赔偿法定性为公法或私法并不具有太大的意义。

（四）规范国家赔偿关系的基本法说

我国学术界并未全面接受公私法划分的理论,因而不必囿于公私法划分理论而将国家赔偿法定性为公法或私法。就我国国家赔偿法的立法和实践看,它属于规范国家赔偿关系的基本法,既包含部分民法规范,也包含部分行政法规范,还包括部分刑法和诉讼法规范,是集多种法律规范于一体的特殊法,也是集实体规范与程序规范于一体的综合法。它不是一个独立的法律部门,也不是某一法律部门的特别法,它是宪法的实施法,其地位和效力与一般法律相同。我们无须排斥在其他法律中确定国家赔偿内容,也不必顾及因此造成的不统一和分散,更无须囿于公私法划分理论而将其强行归入某一类部门法。[①]

四、国家赔偿法的作用

制定国家赔偿法,建立国家赔偿制度,是制约国家权力,防止权力滥用,保护公民、法人及其他组织合法权益的一种有效手段。我国《国家赔偿法》第1条规定:"为保障公民、法人和其他组织享有依法取得国家赔偿的权利,促进国家机关依法行使职权,根据宪法,制定本法。"该条规定明确指出了《国家赔偿法》的立法依据和宗旨。根据这一规定,国家赔偿法的作用主要体现在以下方面:

(1) 制定国家赔偿法是落实宪法的需要。我国1954年《宪法》规定:"中华人民共和国公民对于任何违法失职的国家机关工作人员,有向国家机关提出书面控告或口头控告的权利。由于国家机关工作人员侵犯公民权利而受到损害的人,有取得赔偿的权利。"1982年《宪法》重申了这项原则,同时提出了具体的立法要求。规定"由于国家机关和国家机关工作人员侵犯公民权利而受到损失的

[①] 参见应松年主编:《国家赔偿法研究》,法律出版社1995年版,第42页;马怀德著:《国家赔偿法的理论与实务》,中国法制出版社1994年版,第66页。

人,有依照法律取得赔偿的权利"。虽然《宪法》对国家赔偿作了原则规定,但由于缺少一部可供具体操作的法律,现实中很难落实宪法的这项原则。当国家机关违法行使职权,侵犯公民、法人或其他组织合法权益的事件发生时,受害人因缺少法律依据难以行使宪法赋予的国家赔偿请求权,国家机关也因缺少法律依据,难以承担赔偿责任。1986年颁布的《民法通则》和1989年颁布的《行政诉讼法》再一次规定了国家赔偿责任,使宪法原则进一步具体化。但是,要解决国家赔偿的具体范围、标准、程序等问题,还需要更为全面、更为具体的法律规定。1994年5月12日第八届全国人民代表大会常务委员会第七次会议通过了《中华人民共和国国家赔偿法》,这标志着我国国家赔偿制度的正式确立,从根本上结束了国家赔偿无法可依的状态,使得宪法所规定的国家赔偿原则转化为具体的制度,为国家赔偿活动提供了一个可操作的依据。2010年4月29日第十一届全国人民代表大会常务委员会第十四次会议通过的《关于修改〈中华人民共和国国家赔偿法〉的决定》则是对我国国家赔偿制度的进一步完善。

(2) 制定国家赔偿法有利于保护公民、法人和其他组织的合法权益。国家机关及其工作人员在执行公务、行使职权时,不可避免地要发生侵犯公民、法人或其他组织合法权益的现象,这是一个不容回避、不容否认的现实问题。问题的关键在于如何防止、减少这类侵权现象,对遭受损害的公民、法人及其他组织予以补救。这也是许多国家一直在探索的问题。我国国家机关及其工作人员行使职权时的违法侵权现象早已有之且时有发生,但因法制不健全,在很长一段时间里,受害人投诉无门、申冤无据,难以获得有效的赔偿,国家赔偿制度迟迟未能建立,这与我国国体不相适应,迫切需要立法建立国家赔偿制度。制定国家赔偿法,既可使公民、法人和其他组织已经遭受有关国家机关及其工作人员侵害的权益得到恢复和补救,也有助于减少和防止国家侵权行为的发生,从根本上保障人权。

(3) 制定国家赔偿法有利于监督和促进国家机关及其工作人员依法行使职权与履行职责。长期以来,由于缺少切实可行的监督机制,国家机关及其工作人员违法行使职权或不依法履行职责,侵犯公民、法人和其他组织合法权益的现象时有发生。行政机关失职、越权、滥用职权,司法机关乱抓人、乱捕人、枉法裁判等屡禁不止,即使被发现,也往往以纪律处分等方式草草了事,不作深究。长此以往,使得国家机关及其工作人员丧失责任心,缺乏使命感,难以公正有效地行使国家赋予的职权,也侵害了公民、法人和其他组织的合法权益,损害了政府形象,破坏了政府与公民之间的关系。国家赔偿制度的建立,意味着国家必须对国家机关及其工作人员违法行使职权给公民、法人和其他组织合法权益造成的损害承担责任,对有故意或重大过失的工作人员有权予以追偿。这样,有助于从根本上对国家机关及其工作人员起到监督的作用,防止和减少违法行使职权现象的发生,改进国家机关及其工作人员的工作作风,促使国家机关及其工作人员提高依法办事的能力和水平。

当然,国家赔偿法贵在实施,国家赔偿法的规定只有得到切实贯彻执行,才能发挥其效用。同时,国家赔偿制度不是万能的,不可能解决国家机关及其工作人员违法行使职权的所有问题,它只是众多监督与救济形式的一种,只有和其他监督、救济形式有效地结合起来,才能充分发挥其作用。

本章需要继续探讨的问题

国家赔偿的理论依据

(一)关于国家赔偿理论依据的不同学说[①]

国家赔偿制度的建立,既是各国抛弃"主权豁免理论"的结果,也是创立和发展国家赔偿理论的结果。在国家赔偿制度的建立和发展过程中,围绕着国家为何承担赔偿责任,即国家承担赔偿责任的理论依据是什么,产生了许多学说,如"国库理论说"、"国家责任说"、"特别牺牲说"、"公共负担平等说"、"法律拟制说"、"国家危险责任说"、"社会保险说"等。现对此作些介绍:

1. 国库理论说

国库理论说以"国家为私法上的人格"作为出发点,认为国家具有财产管理人的身份,可以成为法律上的主体,即将国家当做是私法上的特别法人。所以,该学说又称为私经济行政说和国库行政说。国库理论说认为,国家并非主权或统治权的主体,国家亦不具有任何超越私人的特殊地位,国家应以与私人完全相等的地位而存在。对于国家不法行为应课予与私法上不法行为同等的责任,应由统一的独立的法院管辖。这种学说的重点虽然强调国家私人化,但并未排斥责任构成条件的概念,故过失之有无,足以影响国家赔偿责任的成立。

2. 国家责任说

国家责任说认为,国库理论说以主权不负责的观念和将过失归属于国家的理论为出发点,认为国家行为负有与私人不法行为同等的责任,是不能自圆其说的,应当从国家主权的性质本身去寻求国家赔偿责任的根据。此说强调国家机

[①] 参见王盼主编:《国家赔偿法学》,中国政法大学出版社1994年版,第3—5页;马怀德著:《国家赔偿法的理论与实务》,法律出版社1994年版,第34—35页;张正钊主编:《国家赔偿制度研究》,中国人民大学出版社1996年版,第15—19页;皮纯协、冯军主编:《国家赔偿法释论》(修订本),中国法制出版社1996年版,第17—23页;薛刚凌主编:《国家赔偿法教程》,中国政法大学出版社1997年版,第12—13页;马怀德主编:《国家赔偿法学》,中国政法大学出版社2001年版,第13—14页;房绍坤、毕可志编著:《国家赔偿法学》,北京大学出版社2004年版,第85—86页;姜明安主编:《行政法与行政诉讼法》(第二版),北京大学出版社、高等教育出版社2005年版,第645—648页。

关具有国家强制权,人民仅有单纯服从的义务,而国家应负保证不为不法行为或担负责任的义务。故因国家权力行使的结果而损害人民的权利时,国家自应承担责任。国家责任说理论与公法上损失补偿理论基本相同,且对国家赔偿责任的根据,不重视责任的构成条件,即不以过失为要件,而以主权的性质为出发点,认为命令服从关系所生的损害,其责任应归属于国家。

3. 特别牺牲说

特别牺牲说认为,国家责任说所谓的国家对人民的一般保证义务观念,是没有任何根据的拟制,且非适用私法上的概念不可。而私法上的损害赔偿义务乃是以责难为中心观念,以过失为前提。但公法上的损害赔偿责任之基础与此完全不同。国家既然不能中止其活动,则人民必然会受到各种损害。这就要求人民要忍受各种可能的牺牲,但这些牺牲必须公平,才符合正义的要求。如果产生不公平的结果,则需要由国家予以补偿。特别牺牲说不以行为者的主观过错为构成要件,具有无过错责任理论的因素。

4. 公共负担平等说

通说认为,公共负担平等说来源于《人权宣言》第13条"个人公共负担平等"的思想,是法国国家赔偿法一个重要理论,是一种公法理论。该说认为,国家公务活动的目的是为了公民的公共利益,人民同等享受公务活动的利益结果,同时应由全体成员平等地分担费用。如果因公务作用致个人遭受损害,实际上是受害人在一般纳税负担以外的额外负担。这种额外负担不应由受害人自己承担,而应当平等地分配于全体社会成员,即由全体成员填补损害,这才符合公平与正义原则。其分配的方法就是国家以全体纳税人交纳的税金赔偿受害人的损害。可见,由国家赔偿受害人的损害,是公共负担平等的一种表现形式。

5. 法律拟制说

法律拟制说主张国家首先是法人,然后才是民族政治实体,在侵权责任问题上,国家和个人没有任何区别。国家作为法人应当像个人一样,对自己的侵权行为承担责任。[①] 英国、美国等国家的国家赔偿法正是这一理论的产物。美国《联邦侵权赔偿法》第2674条规定:"美国联邦政府,依据本法关于侵权行为求偿的规定,应以同等方式在同等限度内,与个人一样承担民事赔偿责任。"英国《王权诉讼法》第1条规定,王权与有责任能力的成年人一样承担侵权行为责任。事实上,拟人化理论具有较强的虚拟色彩和理想化成分,要求国家对立法、国防、外交等行为造成的损害都像个人一样承担侵权责任,不仅在理论上说不通,而且在实践中也做不到。

---

① 应松年主编:《国家赔偿法研究》,法律出版社1995年版,第57—59页;江必新著:《国家赔偿法原理》,中国人民公安大学出版社1994年版,第22—23页。

6. 国家危险责任说

国家危险责任说主张公务员因行使职权所形成的特别危险状态而使人民权利发生损害时,法律上不评价其原因行为的内容,而由国家承担赔偿责任。即无论公务员是否有过错,国家都应承担赔偿责任。所以,危险责任说又称行政危险说或无过失责任说。这是法国行政法院所独创的特殊的公法理论,德国受其影响也逐步形成了其危险责任理论。

7. 社会保险说

社会保险说将民间保险的理论加以引申,用以说明国家赔偿的实质,它将国家视为全社会的保险人,社会成员向国家纳税,等于向保险公司投保。由于国库收入主要来源于税收,因此,国家赔偿社会成员的损失就等于社会集资填补个人的意外损害,这就是所谓的社会保险,它充满了通过国家进行社会互助的精神。国家赔偿不再是一种责任形式,而是一种"我为人人,人人为我"的社会互助保险的方式。政府的职务侵权损害对受害人而言是一种意外灾害。当这种灾害不幸发生时,受害人即可向社会保险人也即国家索赔,国家对受害人如同保险公司向被保险人支付保险金一样。根据社会保险理论,国家赔偿当然是无须以国家工作人员在执行职务时有过错或者违法为基础的。

上述各种学说从不同角度论证了国家赔偿的理论依据,都有其产生与发展的土壤与合理性,有其存在的价值,它们在不同历史时期、不同的国家,以不同的程度发挥着各自的作用,各国都根据各自在某一发展阶段的实际情况选择某种学说作为自己的理论依据,并不断地加以修正和完善。但由于各国政治、经济、文化和法律传统等方面的差异,至今没有哪一种学说能够为各国立法和学者所完全接受。

(二) 我国学者的观点

我国学者对于国家赔偿的理论根据是什么,认识也有所不同。主要有:(1)认为讨论国家赔偿的理论基础不能不涉及国家的政治制度、司法制度和现有各种条件,也不能不对国家的身份地位作一个明晰的划分。并由此得出结论,我国国家赔偿理论既不同于法律拟制说,也不同于公平负担与强制命令说,而系以人民民主专政为基石,以循序渐进为方式,在区分不同性质国家行为前提下建立起来的"法律责任说"。即一切权力属于人民,国家应在人民立法的限度内,以法定方式行使权力,执行公务活动。凡违反法律,给人民造成非法损害或特别情形下以合法方式损害人民利益的,国家均应负责填补这些损失,赔偿方式及范围应依国家行为的性质而定。[①] (2)认为探讨国家赔偿的理论依据要从多方位去把握。首先,从国家的性质来说,现代民主国家基本的任务和目的之一就是要保障公民

---

① 参见马怀德著:《国家赔偿法的理论与实务》,中国法制出版社1994年版,第35—37页。

和其他相对人的基本权利,防止和排除来自任何一方的侵害,当然也包括国家本身的侵害。国家虽然是一个抽象的实体,但国家权力的运作则是靠具体的公务人员完成的,这些公务人员受国家的委托,以国家的名义从事各项管理活动,其行为的后果,包括职务行为的侵权后果及与职务行为有关的侵权后果都归属于国家。国家有责任排除侵害,给受害者予以补救。其次,从公平、正义的理念出发,在现代的法治与民主社会中,公民一律平等,平等地享有权利和机会,平等地承担义务和责任,国家活动的一切费用由全体公民以纳税的方式平等负担,国家因管理而给公民或其他相对人带来的损害意味着让受害人承担了额外负担。当然,这种额外负担由全社会分担才符合公平、正义的理念,如果让受害人个人承担,显然不公正。从这一角度考虑,由国家给予受害人救济,赔偿其所受的损失是非常必要的。再次,从保障国家管理秩序的畅通和维护社会的稳定方面看,国家赔偿是必不可少的。一方面,国家赔偿可以及时平息国家侵权而造成的压力,化解公民与国家机关之间的矛盾,消除不安定隐患;另一方面,国家赔偿可以减轻受害人因损失而造成的心理与经济上的压力,增进广大公民对国家的了解和信任,减少管理中的阻力,使管理秩序畅通。因而,国家赔偿不仅是对受害者合法权益的恢复,同时也有利于整个社会,是现代社会自我发展、自我修复的有效途径。[①] (3)认为中华人民共和国是人民民主专政的社会主义国家,人民是国家的主人,奉行的也是人民主权的原则,中华人民共和国公民在法律面前一律平等。当国家机关及其工作人员违法行使职权侵犯个别公民、法人和其他组织的合法权益,就破坏了法律面前人人平等原则,侵犯了公民的保障权利。因此,国家应对该公民、法人和其他组织承担赔偿责任,以填补其所遭受的损害,这是对平等的重建。可见,法律面前一律平等的原则是中国国家赔偿法的理论基础。[②] (4)认为我国建立国家赔偿制度与我国的国体、政体及国家职能是分不开的,而这一切都是以国家与人民之间的关系为出发点的,这就是国家赔偿的理论根据。首先,从国体上看,中华人民共和国的一切权力属于人民。人民依照法律规定,通过各种途径和形式,管理国家事务,管理经济和文化事业,管理社会事务。这是我国宪法所确立的基本原则,也是建立国家赔偿制度的政治基础。可见,在我国,国家与人民之间既不是一种权力服从关系,也不是一种契约关系。人民是国家的主人,人民的利益是国家一切活动的出发点和归宿,任何人在任何时候都不得侵犯人民的合法权益。如果国家机关及其工作人员在行使职权时,侵犯了人民的利益造成损害,就是破坏了人民作为国家主人翁的地位,国家理应予以保护。其次,从政体上看,我国的政体是人民代表大会制度。人民行使国家权力的

[①] 薛刚凌主编:《国家赔偿法教程》,中国政法大学出版社1997年版,第13—14页。
[②] 参见刘静仑著:《比较国家赔偿法》,群众出版社2001年版,第96页。

机关是全国人民代表大会和地方各级人民代表大会。一切国家机关和国家工作人员必须依靠人民的支持，经常保持同人民的密切联系，倾听人民的意见和建议，接受人民的监督，努力为人民服务。既然如此，国家机关及其工作人员在行使职权、提供服务时对人民造成损害，就应当承担责任。①

我们认为，建立国家赔偿责任制度的理论依据应当包括人权保障理论、法治理论以及公平、正义理论。(1) 人权保障理论。现代民主国家最根本的任务和目标之一，就是要尊重和保障人权，防止和排除来自任何方面的侵害，包括来自国家的侵害。国家是一个抽象的实体，国家权力的运作是通过具体的国家机关及其工作人员来完成的，这些国家机关及其工作人员受国家的委托，以国家的名义从事各项管理活动，其行为的后果归属于国家，如果国家机关及其工作人员违法行使职权的行为给公民的合法权益造成损害，国家就应承担赔偿责任。国家赔偿制度是与人权理论相伴而生、相互促进并相得益彰的，没有人权理论的产生和发展就没有国家赔偿制度的诞生和演进。我国的《国家赔偿法》是一部重要的人权保障立法，国家赔偿制度的建立，既是社会主义人权理论的成果，也是社会主义人权原则的重要保障。(2) 法治理论。法治的核心内容是法律面前人人平等。根据我国宪法的规定，一切国家机关都必须遵守宪法和法律，一切违反宪法和法律的行为，必须予以追究。任何组织或者个人都不得有超越宪法和法律的特权，一切违法的行为都要承担法律责任，这是法治原则的基本要求和具体体现。(3) 公平、正义理论。在现代民主与法治社会中，公民一律平等。公民平等地享有权利和机会，也平等地承担义务与责任。国家活动的一切费用由全体公民以纳税的方式平等负担。国家因管理活动给某一公民造成损害，就意味着让该公民承担了额外的负担。这种额外的负担由全社会分担才符合公平、正义的要求，如果让受害人个人承担，则显失公正。从这一角度考虑，由国家给予受害人救济、赔偿其所受的损害也是极其必要的。②

---

① 房绍坤、毕可志编著：《国家赔偿法学》，北京大学出版社2004年版，第88—89页。
② 参见姜明安主编：《行政法与行政诉讼法》(第二版)，北京大学出版社、高等教育出版社2005年版，第650页。

第二章　国家赔偿制度的产生与发展

内容提要

　　国家赔偿法并不是随着阶级、国家的产生而产生,而是社会发展到一定历史阶段的产物。在19世纪末期,国家主权豁免论受到了极大的挑战,法治主权观念正在兴起,少数国家在实践中开创了国家赔偿的先例,为国家赔偿制度的形成奠定了实践基础。20世纪中后期,国家赔偿制度以法典化的方式出现在许多国家的法律制度中,标志着完整意义的国家赔偿制度的形成。中国的国家赔偿制度尽管起步较晚,但发展较快,并成为公民权利的一种重要的救济制度。

关键词

　　中华人民共和国国家赔偿法　　美国联邦侵权赔偿法　　英国王权诉讼法　　法国国家赔偿法　　日本国家赔偿法　　德国国家赔偿法

第一节　西方国家赔偿制度的历史发展

一、西方国家赔偿制度历史演变的一般过程

　　要完整准确地理解国家赔偿制度,首先必须了解国家赔偿制度的历史演变。对于国家赔偿制度的历史演变过程,由于各个国家的发展历程以及政治、经济与文化背景存在差异,各国的具体表现均有所不同。但从总体上来说,国家赔偿制度的一般过程经历了三个阶段。①

　　（一）否定时期

　　人类社会初期的原始社会,没有国家、没有阶级、没有私有制、没有法律,因而也就不存在国家责任的问题。当人类社会进入阶级社会后,虽然有了国家、有了私有制,但法律建立在维护君权以及等级特权的基础上,法律对权利的确定都

---

　　①　也有不少学者分四阶段论述,如我国台湾地区叶百修先生。本书概括了国内三阶段论的理论成果,并结合四阶段论的相关内容进行整理而得,而将四阶段论的"发展时期"作为国家赔偿制度的发展趋势单节介绍。参见翁岳生编:《行政法》(下册),中国法制出版社2002年版,第1550—1558页;房绍坤、毕可志编著:《国家赔偿法学》,北京大学出版社2004年版,第4—6页;皮纯协等编著:《比较国家赔偿法》,中国法制出版社1998年版,第25—30页;石均正主编:《国家赔偿法教程》,中国人民公安大学出版社2003年版,第11—14页;周友军、马锦亮著:《国家赔偿法教程》,中国人民大学出版社2008年版,第14—17页。

带有一定的倾向性,正像恩格斯所指出的那样:"如果认为希腊人和野蛮人、自由民和奴隶、公民和被保护民、罗马的公民和罗马的臣民,都可以要求平等的政治地位,那么这在古代人看来必定是发了疯。"①奴隶社会、封建社会中的"臣民"虽然也拥有一定的权利,但在和君权的激烈对抗中显得相当脆弱,不可能处于对等的地位。君主的意志就是法律。这种不平等、不合理、不公正的制度豁免了君主以及国家行为的一切责任,而将责任的承担推向另一阶级。恩格斯在《家庭、私有制和国家的起源》一文中谈到统治阶级"几乎把一切权利赋予一个阶级,另一方面却几乎把一切义务赋予另一个阶级"。我国古籍中有这样的记载:"普天之下,莫非王土,率土之滨,莫非王臣","君叫臣死,臣不得不死"。"臣民"的权利随意被践踏。因而,在权利与义务的非一致性、权利与权力的非平衡状态下,社会根本不可能存在国家侵权损害赔偿的观念和制度。

资产阶级夺取政权,建立资本主义的民主制度后,虽然在法律上强调权利和义务的一致性,并在权力与权力之间建立起相互制约的互动机制,但国家赔偿法并没有随资本主义民主制度形成而形成。19世纪以前,也就是现代国家建立之前,可称为国家赔偿的全面否定时期②,也称国家无责任时期。西方资本主义国家由于受封建专制制度的影响,"国家绝对主权论"③、"过失责任主义"④等思想和观念占统治地位,认为"国家与人民间,系属权力服从关系,国家为统治者,享有绝对权力,而人民为被统治者,应服从其权力,其统治权之作用与私人间之行为异其性质。故国家不服从外部所课予其负担之义务,公务员执行职务,如违法侵害人民之权利者,须由该加害之公务员个人自负其责,国家不负赔偿责任"。⑤在英国,英王是大英帝国的主宰,是国家最高主权的代表,他的一切活动都是为人民造福,"国王不能为非"。因此法律上推定"国王无过错",即使某些政府官员侵犯了公民的合法权益,也被认为那不是国王的本意,应归责于具体实施侵害行为的个人,国家不能为此承担任何责任。如英国在1765年的一起案件中,国王的属下依命令闯入原告家里,搜走文稿,被法院判定"非法侵害"行为,并由搜查官员自负责任。在美国,奉行的是"国家主权豁免"原则,美国联邦最高法院在1884年"蓝福"案中明确指出,国家拥有至高无上的权力,未经国家同意,任何人皆不得向国家起诉。在法国,实行"绝对国家主权原则",认为国家享有最高的主

---

① 《马克思恩格斯选集》第3卷,人民出版社1975年版,第143页。
② 参见吴庚著:《行政法之理论与实用》,中国人民大学出版社2005年版,第441页。
③ 主权命令说的核心观点是,主权是在公民与臣民之上的最高权力,它不受法律的限制。参见刘春堂著:《国家赔偿法》,台湾三民书局1982年版,第3页。
④ 过失责任主义是18世纪民法的三大基本原则之一。这种思想认为,公务人员在执行职务之际,因故意过失而侵害他人权利,这仍然是该公务人员个人的行为,并非国家的行为,应当由公务人员自负其责,国家不承担任何责任。参见同上。
⑤ 城仲模著:《行政法之基础理论》,台湾三民书局1980年版,第552页。

权,而主权属于绝对权力,不承担法律责任,因而国家不负赔偿责任。在德国,1896年公布的《民法典》中规定:"官吏因故意或过失,违反对于第三人所应尽的职务时,对于该第三人因此所发生的损害负赔偿义务。"在日本明治维新时期,国家的一切权力归属于天皇,官吏对天皇负责,因此官吏违法行为所造成的损害不可能由国家赔偿。

(二)相对肯定时期

从历史渊源上考察,国家赔偿系发端于冤狱赔偿。早在18世纪末期,就有学者提出了冤狱赔偿的思想,有的国家还在立法中作了规定。如1786年意大利《赖奥普法典》规定,"因司法机关审判错误而受损害的人,依法均得申请国家赔偿"。1790年法国《刑事诉讼法(草案)》也曾规定国家冤狱赔偿条款。但由于"国家绝对主权论"的影响,这时候的冤狱赔偿尚未形成确定的法律制度,只是国家采取的权宜之计。①

19世纪中叶以后,由于"主权在民"、"天赋人权"、"社会契约"等资产阶级民主思想深入人心,人民的民主意识大大加强,"王权神圣不可侵犯"的训条被彻底废除。国王统治国家是基于人民的委托和社会契约,无论国家还是国家的统治者都无权随意侵犯公民的合法权益。因而,立法学逐渐抛弃了国家无责任理论而采相对肯定国家责任的态度。② 理论上,论证国家仅有限地承担赔偿责任的国家赔偿理论不断涌现,如德国学者提出的国库理论。此种理论认为,国家具有双重人格,这就是说,国家除了是公权力主体外,还是财产权主体,当国家作为财产权主体就被称为国库。③ 在行使公权力时,国家作为公权力主体不承担责任,而由公务人员负责;但在从事私法行为时,国家作为财产权主体应当承担私法上的责任。而在法国,学说将国家行为分为权力行为与管理行为二种。权力行为是指国家基于其统治权的作用而实施的行为,如征兵、课税、征收土地、拆除违建等,公务人员实施权力行为时,即使导致人民权利遭受损害,国家也不负赔偿责任。反之,如果公务人员实施的是非权力作用的管理行为,侵害了人民的权利,国家就应当依据民法上关于雇主与雇员,或法人与其代表机关等有关的规定,由国家代替公务人员负损害赔偿责任。④ 国家赔偿的实践是以法国为先的。1873年法国的"布朗戈(Blange)"案件,标志着法国率先承认并实行国家赔偿责任。在该案中,一名叫布朗戈的小孩在横过马路时,被一辆国营烟草工厂的货车撞伤,小孩家属请求国家赔偿。当时的法国普通法院认为此案应由普通法院管辖,适用民法原则;而行政法院则认为这一案件应由行政法院管辖,适用行政法原

---

① 房绍坤、毕可志编著:《国家赔偿法学》,北京大学出版社2004年版,第5页。
② 参见翁岳生编:《行政法》(下册),中国法制出版社2002年版,第1551页。
③ 参见郑秋洪:《国家赔偿责任之实证研究》,台湾中山大学2001年硕士学位论文,第19页。
④ 同上。

则。由于对此案的管辖发生争议,于是提交至"权限争议法庭"(当时法国司法系统中专门处理法院管辖争议的裁判机构,由最高普通法院和最高行政法院分别派出同等人数的法官组成),法庭在判词中指出:"国家由于公务中所使用的人,对于私人造成的损害赔偿责任,不受民法中对私人相互关系所规定的相互原则的支配。"这一裁定,否定了国家公务人员在执行公务中侵害公民合法权益时,适用民法原则和国家不负赔偿责任的惯例,确立了如下三项原则:(1)国家应当为其公务员的过错负责;(2)行政赔偿责任应当适用不同于民法的特别规则;(3)行政赔偿责任的诉讼属于行政法院管辖。由此,法国形成了一整套独具特色的国家赔偿法理论,并开创了国家赔偿理论的先河。于是,国家承担赔偿责任的观念逐渐在西方许多资本主义国家形成,并陆续在法律上予以规定。19 世纪末 20 世纪初,国家赔偿责任的发展表现出三方面的特点:(1)出现了法典化趋向。如德国在 1909 年颁布了《普鲁士国家责任法》,1910 年又颁布了《公职责任法》。(2)从宪法层面肯定了国家赔偿责任。如德国 1919 年《魏玛宪法》第 131 条规定,"官吏行使受委托之权时,对于第三者违反职务上的义务,其责任应由该官吏服役之国家及政治机关负责,不得起诉官吏"。奥地利 1920 年《联邦宪法》第 23 条也有类似规定。(3)国家赔偿责任得到完善。如法国这时的"个人过错"和"公务过错"的划分,为责任划分提供了准则。这一时期,各国还把国家权力分为公权力和私权力,对于公权力致使损害,因其具有统治性而不承担赔偿责任,同时,承担赔偿责任的前提是行政机关公务员的违法行为致使公民的权利受到损害。这种只对一定范围内并有条件地承担的赔偿责任,被认为是一种国家负有的相对赔偿责任。尽管只是相对赔偿责任,但从历史发展来看,这也是一种进步。

(三)全面肯定时期

"第一次世界大战以后,学说因认国家与人民之关系,已非从前之权力服从关系,而系基于社会契约所生之权利义务关系。故在学说、裁判以及立法例上均相继承认国家对公务员违法执行职务,不问是公法行为或私法行为所生之损害,均应负赔偿责任。"[1]同时,更认识到:(1)国家行使公权力虽无损害人民之本意,然其假手于机关成员从事各种活动,事实上难免使人民遭受损害;(2)国家对其行为若不负赔偿责任,则公务员执行职务时将毫无顾忌,为所欲为,实非修明政治之道;(3)由国家负赔偿责任,正可以减少公务员过失的发生,加重其责任感,足以提高政府的威信,加强人民的向心力;(4)以人民之税收赔偿人民的损害,符合"取之于民,用之于民"之旨;(5)国家为公法人,在法律上有意思能力及行为能力,系权利义务主体,因行使公权力致人损害的,自应负赔偿责任;(6)保障

---

[1] 翁岳生编:《行政法》(下册),中国法制出版社 2002 年版,第 1552 页。

人民权利为法治国家基本任务之一,负担损害赔偿系法治国家无可旁贷之责。①这时的西方,大多数国家都建立了国家赔偿制度,特别是随着"社会保险"思想的发达以及认为国家行政权力的行使会给社会和公民带来更大风险观念的形成,根据公平负担原则,许多国家制定和颁布了对国家赔偿责任进行专门规定的法律。这一时期是为全面肯定时期,国家赔偿责任在西方各国得到了全面的肯定和确认,国家赔偿还呈现出以下特点:(1)国家赔偿呈现法典化趋势。美国于1946年、英国于1947年、日本于1947年、奥地利于1948年、韩国于1967年、我国台湾地区于1980年、德国于1981年先后制定了正规化、程序化、法制化的国家赔偿法典。制定统一的国家赔偿法典已成为一种世界性的立法潮流。(2)国家赔偿对象得到扩大。各国国家赔偿制度都普遍地确立了国家对其执行公务的行为不分权力行为与非权力行为都应当承担损害赔偿责任的原则②,逐步缩小国家赔偿责任豁免的范围,除法律明文规定不予以赔偿的少数情况外,在行政活动中,没有不负赔偿责任的领域。(3)国家赔偿范围得以扩充。其中,侵权损害赔偿范围已从物质损害发展到精神损害,从直接损失发展到间接损失;侵权行为赔偿范围已从行政领域扩大到司法领域,甚至扩大到立法领域。(4)在行政主体赔偿责任与公务员赔偿责任方面,国家的赔偿责任越来越大,而公务员的赔偿责任只限于法定的情形之下才予以追偿。

二、西方主要国家赔偿制度的历史发展

国家赔偿制度的产生是人类社会发展的必然趋势。第二次世界大战以来,国家赔偿理论得到现代国家的普遍承认,但各国基于本国特殊国情,其具体制度设计却是千差万别。了解各国,尤其是西方主要国家赔偿制度的历史发展,无疑将为我们理解和完善我国的国家赔偿制度提供借鉴。③

(一)法国国家赔偿的历史发展

法国是资产阶级革命最彻底的国家,也是西方最早确立国家赔偿制度的国家。早在1799年法国就在一项法律中规定了行政机关对因实施公共建筑工程所致损害,应当予以赔偿。但此时国家赔偿作为一种制度还未建立。法国建立国家赔偿制度的标志,是1873年权限争议法庭对"布朗戈案件"的判决。该判决确立的是行政赔偿制度,其主要特点是:(1)行政主体赔偿责任的原则由判例产

---

① 参见曹竞辉著:《国家赔偿实用》,台湾五南图书出版公司1984年版,第27页。
② 参见张正钊主编:《国家赔偿制度研究》,中国人民大学出版社1996年版,第13页。
③ 以下内容参见薛刚凌主编:《国家赔偿法教程》,中国政法大学出版社1997年版,第21—25页;皮纯协、何寿生编著:《比较国家赔偿法》,中国法制出版社1998年版,第31—33页;高家伟著:《国家赔偿法》,商务印书馆2004年版,第38—48页;陈春龙著:《中国司法赔偿实务操作与理论探讨》,法律出版社2002年版,第32—37页。

生。(2)其领域局限于行政领域,不涉及立法和司法领域。(3)行政赔偿责任应当由行政法院适用不同于民法的特殊法规则处理,普通法院不得过问。(4)行政赔偿采取公务过错概念(即公务活动不完善,有缺陷),打破了民事赔偿个人过错概念的桎梏。此后,法国国家赔偿制度有了很大发展,赔偿领域从行政领域逐渐拓宽到立法、司法职能领域,国家赔偿范围及其归责原则也有了很大发展。

立法赔偿方面,国家对立法行为负赔偿责任,是法国最高行政法院对"小花牛奶公司案件"的判决中所确认的。1938年,生产人工奶制品的小花公司以1934年制定的禁止生产人工奶制品的法律侵犯其合法权益为由,向行政法院起诉,请求国家赔偿。最高行政法院认为,国家的法律不能为一部分公民的利益而牺牲特定少数人的利益,而且1934年的法律中没有禁止国家赔偿法的规定,因此根据公共负担平等的原则,判决国家赔偿该公司的损失。这一案例开创了立法赔偿的先例。随后的一个判例则明确确认了国家对合同以外的立法行为所致的损害给予赔偿的责任。1960年,立法赔偿责任又推及国家因签订国际条约而对一个或数个特定人造成的严重损害上。法国在强调国家承担立法赔偿责任的同时,也对其作了特别严格的限制,强调立法赔偿仅限于其行为所造成的特定性损害,而对不违反公共负担平等原则的普遍性的损害不承担赔偿责任。

司法赔偿方面,法国不仅规定冤狱赔偿,而且对其他司法侵权行为也规定了相应的国家赔偿责任。1895年在《刑事诉讼法》中规定了国家对再审改判无罪的被告承担赔偿责任。1956年法院判决国家对司法警察活动负赔偿责任。1970年的《刑事诉讼法》又将司法赔偿的范围扩大到刑事追诉的全过程,国家对于临时拘禁但无罪的人,对预审结果决定不起诉或起诉后无罪释放的人,如果他们受到了损害,承担赔偿责任。1972年法国制定的《建立执行法官和关于民事诉讼程序改革法》规定,国家对民事审判中的重公务过错和拒绝司法而产生的损害也承担赔偿责任。现行1992年《刑事诉讼法》的规定更加具体明确,其基本内容是:(1)任何人如能证明因无辜定罪受到损害,均有权要求赔偿。但本人对新证据未及时出示、新事实未及时了解负有部分或全部责任的除外。(2)赔偿金由国家开支并依法律规定发放。如因民事当事人、检举人、证人的错误致其受到损害的,赔偿金由这些人员作为审判费用缴纳。(3)应受害人要求,宣告无罪的判决或裁定应在原定罪地、犯罪地、住所地、出生地张贴,在官方公报上刊登,并在有关报纸上摘要发表。公布判决或裁定的费用由国库开支。[①] 至今,法国已建立了一套较完整的司法赔偿制度。

国家赔偿范围方面,侵权行为赔偿范围已从行政领域扩展到司法和立法领

---

① 参见高家伟著:《国家赔偿法》,工商出版社2000年版,第266页。

域，侵权损害赔偿范围也从物质损害的赔偿发展到精神损害赔偿。1964年的"公共工程部长诉Letisserand家属案件"中，最高行政法院判决赔偿死者近亲感情上的损害。此后，法国行政主体对物质损害和精神损害等一切损害承担赔偿责任。另外，法国对于国家不负赔偿责任的范围也有明确规定，如，国家对政府行为①不负赔偿责任。

国家赔偿归责原则方面，法国首先确立了公务员过错原则，此后，又确立了国家的无过错责任。在公法上通常只对有过错的执行公务的行为所产生的损害负赔偿责任，这种过错称为公务过错，是一种客观过错。它与民法上的主观过错不一样，在特殊情况下，只要行为与损害之间有因果关系，这时对执行公务的无过错行为所造成的损害，国家也承担赔偿责任。公务过错适用于除无过错责任之外的全部赔偿责任。无过错责任还包括危险责任，例如，法国行政法院于1919年判决国家对因弹药库爆炸而造成的损害承担赔偿责任。无过错责任只适用于某些特定事项，但它的范围也呈扩大趋势。

（二）德国国家赔偿的历史发展

德国是建立国家赔偿制度较早的国家，其国家赔偿范围经历了一个不断扩充的过程。1898年德国颁布的《再审宣告无罪人补偿法》规定，如果在再审程序中撤销了原判决，宣告被告无罪，或者减轻其刑而原判决之全部或一部已经执行者，被告有赔偿请求权。1900年施行的《德国民法典》规定，公共团体对其公务员执行职务致第三人的损害，承担该法典第893条所规定的法人对其法人代表所负的责任。1904年的《无辜羁押赔偿法》明确规定："刑事被告经审判程序，认为无犯罪事实而宣告无罪，或经法院判决，认为罪嫌不足，免于诉追者，得因羁押所受之损害，请求国家赔偿。"该法将赔偿的范围从再审程序扩大到整个审判程序。1910年的《国家责任法》明确规定，官吏在执行公务时因故意或过失致第三人损害，国家应代为承担《民法典》第893条的责任，从而确认了国家赔偿责任。1919年的《魏玛宪法》明确规定："官吏行使受委托之权时，对于第三者违反其职务上的义务，其责任应由该官吏所服役之国家及统治机关负担，不得起诉官吏。"1971年的《刑事追诉措施赔偿法》规定，对于司法机关采取的诉讼保全、没收、扣押以及搜查、暂时吊销驾驶执照、暂时营业禁止等直接对被告采取的措施，如果当事人已经释放，或者针对他的刑事诉讼已经终止，或者法院拒绝对他开庭审判，当事人由于受到上述刑事追诉措施而遭受的财产损失，由国库予以赔偿。该法在废除1898年法和1904年法的基础上，将司法赔偿责任扩大到非财产权损

---

① 政府行为是指政府与议会之间关系的行为和政府履行国际条约的行为，其责任只受议会监督，国家遇到严重威胁时总统履行宪法特别授权的行为也是政府行为。参见薛刚凌主编：《国家赔偿法教程》，中国政法大学出版社1997年版，第22页。

害赔偿。1981年的联邦德国颁布的《国家赔偿法》规定在法律规定的情况下，国家对立法、司法、行政领域里一切侵权行为承担赔偿责任。同时规定，自本法颁布时起，以前《德国民法典》、《国家责任法》等法律中一切有关条款均予以废止，从而以立法形式统一了国家赔偿责任。然而，联邦宪法法院在1982年判决这部法律为违宪立法，使该法至今未能生效。此外，德国有关国家赔偿的法律还有关于公用征收的赔偿，关于公权力主体对劳工、公务员、法官、军人、儿童及其他人发生意外事故的赔偿等众多的特别法。

（三）英国国家赔偿的历史发展

英国的法律传统中没有国家的概念，英王即是国家。而英国资产阶级革命的不彻底性，使得封建传统仍有较大市场，"国王不能为非"的传统理念得到长期固守。因而，在相当长的时期内，官吏侵犯人民权益的行为，国家不承担责任，而由公务员自行承担责任。19世纪后，随着行政权的扩张，国家豁免带来的问题日益严重，英国上议院于是开始停止豁免权的扩张，它声称，赋予国家机关公共管理职能本身并不意味着授予豁免权，只有国家的中央政府的有关机构享有国家豁免，然而这种界限很难划清。

1947年《王权诉讼法》的颁布实施，标志着英国放弃了国家豁免原则，确立了国家赔偿制度。《王权诉讼法》规定，"任何人对王权有控诉请求权"，"国王对其雇用人或代理人的侵权行为承担赔偿责任"，明确肯定了国家赔偿责任。依据英国相关法律规定，公务员在执行职务时的侵权行为由英王和实施侵权行为的行政人员负连带责任。

《王权诉讼法》在肯定国家赔偿责任的同时，又明确规定，"任何人当履行或准备履行其司法上应负之责任，或与司法上执行程序有关之责任，就其作为或不作为之行为"不能对君权提起诉讼。其理论依据是，法官虽然是英王的仆人，司法职务虽然也以英王的名义执行，但法官与行政官员不同，英王不能操纵或影响法官，因此国家对司法职务所造成的损害不负赔偿责任。对侵犯人身自由权的救济，一是通过法律确保在恰当条件下使人从监禁状态重新获得自由，二是按照普通法传统通过侵权之诉向受害人提供赔偿。因司法机关的错误判决造成的损害，可向内政大臣提起诉愿。内政大臣审查后可以采取两种方法处理：(1)指示上诉法院就此案进行部分或全部重审。(2)根据补充调查和举证后，提出一项建议，给予被误判的人一项授予自由的"原谅"或"宽恕"。这也就是说，被告并未犯罪，但其结果并非明白无误的平反昭雪，而是一项宽恕。错误判决按司法途径被推翻后，当事人并不能获得国家赔偿，而是可以申请一笔"特惠"支付。支付数额由刑事伤害赔偿委员会提出，内政大臣作出支付决定。但这种支付数额没有具体法律标准，因此，司法侵权救济得不到充分的法律保障。另外，在《王权诉讼法》中，还规定了许多国家不负赔偿责任的例外。可见，与其他国家相比，英国的国家赔偿制度是相当保守和落后的。

(四) 美国国家赔偿的历史发展

美国法律制度深受英国的影响。由于国家豁免学说的影响,公民受到政府侵害,只能请求国会"立法特惠"获取补偿,或由国会直接处理,或由侵权公务员个人赔偿。随着行政范围的扩张,行政侵权行为日益增多,公民请求国家承担赔偿责任的呼声高涨。美国法院在判例中逐渐淡化公务员个人的赔偿责任,联邦政府也逐渐放弃主权豁免特权。

1938年,美国联邦政府制定了对于人民受联邦法院错误判决之救济法。该法典规定,"对于因不公正判决有罪或拘押所受侵害或判决已全部或部分执行,因上诉或重新审理而认为对所判之罪不正确或事后认为无辜而获赦免者,允许其向国家请求赔偿。赔偿方式为支付金钱,但最高限额不得超过5000美元"。"根据被不公正地宣判为对美国犯有罪行并被监禁的人要求赔偿损失的请求,索赔法院对宣判有管辖权。"1946年美国公布了《联邦侵权赔偿法》,确认了联邦政府的赔偿责任。随着《联邦侵权赔偿法》的公布实施,美国的各州政府也开始放弃主权豁免原则,逐步确认自己的侵权赔偿责任。1948年吸收该法主要内容,制定了《联邦司法法》。《联邦司法法》的制定,确立了美国国家赔偿制度的基本原则,凡政府之任何人员于其职务范围内因过失、不法或不作为,致人民财产上之损害或损失,或人身上之伤害或死亡,联邦政府同公民一样,依据行为或不行为发生地之法律负有其被提起损害赔偿诉讼之责任。同时,《联邦司法法》还规定赔偿的范围和程序,也规定了许多免责条款,如政府机关的自由裁量行为所产生的损害,不属于政府责任的范围;官员在执行职务中故意殴打、非法拘禁、不法逮捕、恶意起诉、滥用程序的行为所产生的侵权责任不属于政府责任,等等。此外,在国家赔偿归责原则上,美国联邦政府始终坚持过错责任原则,而不承认危险责任,国家只对政府人员因过失、不法行为或不行为造成的损害负责,不承担无过失责任。

(五) 日本国家赔偿的历史发展

由于历史和战争因素,日本的法律制度受到普通法与大陆法的交叉影响,具有普通法与大陆法交融的特点。这一特点也反映在国家赔偿制度上。日本国家赔偿的历史发展主要分为两个阶段[①]:

1. 明治宪法下的国家赔偿

在明治宪法下,日本遵循着主权豁免的法理。在此法理影响下,日本的国家赔偿制度呈现出如下特色:(1) 明确否定行政损害赔偿责任。日本原《行政法院

[①] 参见〔日〕盐野宏著:《行政法》,杨建顺译,法律出版社1998年版,第446—449页;杨建顺编著:《日本行政法通论》,中国法制出版社1998年版,第620—623页。

法》第16条规定,"行政法院不受理要求损害赔偿的诉讼",明文拒绝受理因行使行政权造成损害而请求国家赔偿的诉讼,否定行政损害赔偿责任。(2)公权力活动以外的活动,要服从民法的不法行为法。根据日本《民法》上使用者责任规定,可以请求对私经济性行政活动造成的损害赔偿,进而请求对公共事业的实施及公务管理的瑕疵所造成的损害的赔偿也是可能的。但是,对行政权力造成的损害提出赔偿请求,以及对除公务管理以外的非权力性行政损害赔偿请求,都不予承认。(3)承认公务员个人的赔偿责任。根据判例,因执行公法上的职务而造成的损害,即使存在过错,公务员也不承担赔偿责任;如果是职务外行为或形式上属于职务行为而滥用职权侵害私权时,则作为私人行为处理,公务员个人要负赔偿责任。(4)在一定程度上承认司法赔偿。根据日本1930年颁布的《刑事补偿法》,在以下两种情况下国家要承担刑事补偿责任:一是在刑事诉讼法规定的普通程序、再审和非常上告程序中,作出了宣告被告无罪的判决,但被告正因前一个司法行为而受到拘禁;二是在根据恢复上诉权的规定而提起的上诉、再审和非常上告程序中,作出了宣告被告无罪的判决,但被告已因前一个判决而受到拘禁。

2.《日本国宪法》下的国家赔偿

1946年11月3日制定的《日本国宪法》第17条规定:"如果因为任何公共官员的违法行为而蒙受损失,每一个人都可以根据法律规定,对国家或公共团体提起赔偿诉讼。"这一规定,全面否定了主权豁免的法理和"国家无过错原则",确定了日本国家赔偿责任的宪法基础,其目的在于谋求对人权保护的实效性。为了具体实施这一规定,1947年,日本依据德国1910年公布的《国家责任法》,颁布了《国家赔偿法》。该法的主要内容是:(1)规定了基于公权力的行使的国家或公共团体的损害赔偿责任。(2)规定了对因供公共之用的设施之设置、管理瑕疵所造成的损害予以赔偿的责任。(3)规定了官营公费事业(事业的管理主体是国家,而费用负担者是地方公共团体的情况)的损害赔偿责任人。(4)规定了国家赔偿中有关《民法》适用的问题。(5)规定其他法律有特别规定的,依其规定。(6)规定了受害人是外国人时的对等原则。该法的制定实施,标志着日本国家赔偿制度在法制上的确立。

第二节 中国国家赔偿制度的历史发展

一、新中国建立前国家赔偿制度的历史发展

旧中国两千多年的封建专制统治,是一个家天下的国度。"普天之下,莫非王土,率土之滨,莫非王臣。"皇帝拥有至高无上的权力,国家的一切,包括所有的

臣民都是属于皇帝所有。因此,皇帝无论在法律上还是事实上都只享有权力而不履行任何法律义务。所有的臣民本身就为皇帝所有,皇帝对臣民造成损害,也就不存在赔偿的问题。但是如果皇帝和其他封建官吏对臣民造成的损害太大,冤狱太多,必然会引起广大臣民对皇帝和其他封建官吏的不满,从而动摇皇权的统治。为此,中国历代王朝对冤狱十分重视,普遍建立了监察机构,其职能之一就是"掌律令、审重狱、察冤枉"。在个别情况下,也会对冤狱进行赔偿,如复官、封爵、赐钱、赐地、赠谥号等。这种赔偿既没有法律依据,也没有法定程序,完全取决于皇帝的个人意志,所以不是现代意义上的冤狱赔偿制度,而是最高统治者出于政治需要对极少数受害人的一种"恩典",是皇帝施行"仁政"的体现,不能将其同近现代的国家赔偿制度相提并论。

1911年,孙中山领导的辛亥革命推翻了清政府统治,建立了资产阶级民主共和国——中华民国,为国家赔偿法律制度的建立奠定了政治基础。中华民国政府开始在某些法规中规定国家赔偿内容,如1930年的《土地法》、1932年的《行政诉讼法》、1933年的《警械使用条例》、1934年的《戒严法》、1944年的《国家总动员法》等。其中,1932年的《行政诉讼法》中规定,"行政诉讼得附带请求赔偿";1933年的《警械使用条例》规定,"警察人员非遇第4条各款情形之一,而使用警刀、枪械或其他经核定之器械者,由该管长官惩戒之。其因而伤人或致死者,除加害之警察人员依刑法处罚外,被害人由各该级政府先给予医药费或抚恤费。但出于故意之行为,各级政府得向行为人求偿";1934年《戒严法》第11条规定,"因戒严上不得已时,得破坏人民之不动产,但应当酌量补偿";1944年《国家总动员法》中第28条规定,"本法实行后,政府对人民因国家总动员所受之损失,得予以相当之赔偿或救济,并得设置赔偿委员会"。1946年国民代表大会通过的《中华民国宪法》第24条规定,"凡公务员违法侵害人民自由或权利者,除依法惩戒外,应负刑事及民事责任,被害人民就其所受损害,并可依法律向国家请求赔偿。"该规定正式从宪法层面承认了国家赔偿制度。[①]

二、新中国国家赔偿制度的历史发展

新中国国家赔偿制度的雏形源于新民主主义革命时期。这一时期,中国共产党领导人民在广大农村建立了革命根据地,创建了新民主主义的政治与法律制度,它们是新中国社会主义法制的前身和渊源;由于革命战争形势紧张,革命根据地政府没有专门的国家赔偿立法。但革命根据地政府非常重视人民合法权

---

① 我国台湾地区国家赔偿制度是中华民国国家赔偿制度的延续,1959年我国台湾地区公布了《冤狱赔偿法》,规定了赔偿请求权的范围和限制、赔偿程序、赔偿金的支付等内容,并于1966年、1967年和1983年作了修改。1980年我国台湾地区又公布了《国家赔偿法》,规定了赔偿范围、赔偿主体、赔偿方式、赔偿时效、赔偿程序、法律的适用等内容。

益的保护,因此也制定了一些相关的法律、法规和政策。如,1942年陕甘宁边区政府颁布的《陕甘宁边区保证人权财权条例》第1条规定,"本条例以保障边区人民之人权财权不受非法侵害为目的。"又如,《山东省人权保障条例》第10条规定:"凡各级政府公务人员违法侵害人民之自由或权利者,除依法惩办外,应负刑事及民事责任。被害人得就其所受损害依法请求赔偿。"中国人民解放军的"三大纪律、八项注意"中的"损坏东西要赔"也可以看做是新中国国家赔偿制度的历史渊源之一。

1949年新中国建立后,国家一切权力属于人民,从而为建立行政赔偿制度奠定了政治基础。1949年制定的《中国人民政治协商会议共同纲领》第49条规定,"人民和人民团体有权向人民监察机关或人民司法机关控告任何国家机关和任何公务人员的违法失职行为。"这表明我国已经实际承认国家担负赔偿责任的可能性。从立法上看,新中国最早规定国家赔偿内容的法律是1954年1月制定的《海港管理暂行条例》。该法第20条规定,"港务局如无任何法令根据,擅自下令禁止船舶离港,船舶得向港务局要求赔偿由于禁止离港所受之直接损失,并保留对港务局的起诉权。"同年9月我国第一部《宪法》颁布,其第97条原则规定,"由于国家机关工作人员侵犯公民权利而受到损失的,有取得赔偿的权利。"这就从宪法上确立了国家赔偿制度。

1957年以后,尤其是"文化大革命"期间,整个国家法制遭到破坏,公民的人身权利成了一纸空文,国家赔偿制度也被否定。1975年宪法、1978年宪法都没有规定有关国家赔偿的问题,其他法律、法规更没有国家赔偿的相关内容。"文化大革命"后,国家恢复和发展民主与法制,对于冤假错案,也是本着恢复名誉、职务、工作以及给予适当金钱赔偿的原则予以平反昭雪。这些都带有国家赔偿的性质,但不是真正意义上的国家赔偿。

1982年《宪法》第41条规定,"由于国家机关和国家工作人员侵犯公民权利而受到损失的人,有依照法律规定取得赔偿的权利",再次重申了国家赔偿原则。根据《宪法》的精神,1986年颁布的《民法通则》第121条明确规定,"国家机关或者国家机关工作人员在执行职务中,侵犯公民、法人的合法权益造成损害的,应当承担民事责任。"1988年最高人民法院《关于贯彻执行〈中华人民共和国民法通则〉若干问题的意见》第152条进一步明确规定,"国家机关工作人员在执行职务中,给公民、法人的合法权益造成损害的,国家应当承担赔偿责任"。这一规定是新中国国家赔偿制度产生的重要标志。此后,一些法律、法规中也有关于国家赔偿的内容,如《治安管理处罚条例》第42条、《海关法》第54条、《草原法》第18条、《森林法》第37条等。但由于这些法律只是原则性地规定公民对国家侵权损害享有赔偿请求权,而对赔偿范围、方式、主体、程序等重要问题没有规定,而且这些规定比较分散凌乱,其实施大多是根据法律原则和相关政策,其结果是公民的赔偿请求权难以得到具体实现。

1989年制定的《行政诉讼法》以专章形式对行政侵权赔偿责任作了概括性的规定。该法规定了行政赔偿责任主体、赔偿义务机关、承担赔偿责任的条件、请求赔偿的程序、行政追偿以及赔偿经费等问题,从而建立和健全了我国行政赔偿制度。

虽然《宪法》、《民法通则》、《行政诉讼法》、《治安管理处罚条例》、《海关法》、《草原法》、《森林法》等对国家赔偿作了进一步的规定,但这些规定并不完善:(1)这些法律规定非常原则,普遍缺乏可操作性;(2)这些法律规定之间相互不协调甚至自相矛盾;(3)这些法律规定都带有部门法的局限,不能构成一个体系。为了弥补我国法律的空白,保证行政诉讼法中规定的行政赔偿制度的实施,1989年第七届全国人大第二次会议制定《行政诉讼法》后,全国人大常委会法制工作委员会即组织有关法律专家组成了起草小组。该起草小组在总结实践经验的基础上,借鉴国外有关国家赔偿法的规定,历经数载,数易其稿,于1992年10月出台了《国家赔偿法(试拟稿)》,印发有关部门、各地方和法律专家征求意见,并进一步研究和修改,拟订了《国家赔偿法(草案)》。1993年10月22日全国人大常委会法制工作委员会副主任胡康生在全国人大常委会上对草案进行了说明,以后又协调和修改。1994年5月12日第八届全国人大常委会第七次会议通过《国家赔偿法》,1995年1月1日起实施。《国家赔偿法》的实施是新中国民主法制史上的里程碑,标志着国家赔偿制度的正式确立。《国家赔偿法》实施以来,在国家的法制化进程中发挥了积极作用。与此同时,国家赔偿法在实施中也存在一些问题,主要是:赔偿程序的规定比较原则,对赔偿义务机关约束不够,有的机关对应予赔偿的案件拖延不予赔偿,当事人的合法权益难以得到保障;有的地方赔偿经费保障不到位,赔偿金支付机制不尽合理;赔偿项目的规定难以适应变化了的情况。此外,刑事赔偿范围的规定不够明确,实施中存在分歧。这些问题不同程度地阻碍了赔偿请求人及时有效地获得国家赔偿。据立法机关介绍,在《国家赔偿法》修正案草案公布征求意见之前,全国人大代表共有2053人次提出了61件关于修改该法的议案和14件建议。[①] 2005年全国人大常委会法制工作委员会开始着手研究修改《国家赔偿法》的工作,先后多次召开座谈会、研讨会,并在全国10余个省市进行了大量的调研。2008年全国人大常委会法制工作委员会起草了《国家赔偿法修正案(草案)》。第十一届全国人大常委会先后于2008年10月第五次会议、2009年6月第九次会议、2009年10月第十一次会议、2010年4月第十四次会议对《国家赔偿法修正案》进行了四次审议。2010年

[①] 转引自江必新主编:《〈中华人民共和国国家赔偿法〉条文理解与适用》,人民法院出版社2010年版,序第1页。

4月第十四次会议通过了《国家赔偿法修正案》,并决定自2010年12月1日起施行。新《国家赔偿法》的亮点主要有:(1)承认国家赔偿归责原则多元化。国家赔偿归责原则是整个赔偿立法的基石,采用哪种原则直接影响赔偿的范围、赔偿的程序等问题。新《国家赔偿法》第2条第1款规定:"国家机关和国家机关工作人员行使职权,有本法规定的侵犯公民、法人和其他组织合法权益的情形,造成损害的,受害人有依照本法取得国家赔偿的权利。"与原《国家赔偿法》第2条相比较,去掉了"违法"二字。可以说,新《国家赔偿法》将过去的违法归责原则取消,从而在实质上承认了包括违法归责原则和结果归责原则在内的多元归责原则,顺应了时代的发展,对国家赔偿制度的发展将起到极大的推动作用。(2)拓宽了国家赔偿的范围。原《国家赔偿法》采用了违法归责原则,即只有国家机关或工作人员违法了,才能纳入国家赔偿范围,这就人为限制了国家赔偿的范围,造成了国家赔偿范围过窄。新《国家赔偿法》第2条删去了"违法行使职权"的前提,规定"有本法规定的侵犯公民、法人和其他组织合法权益的情形,造成损害的,受害人有依照本法取得国家赔偿的权利",并从两个方面完善了国家赔偿的范围:一是完善了国家机关及其工作人员行使职权造成公民身体伤害或者死亡的国家赔偿,二是完善了采取刑事拘留、逮捕措施侵犯人身权的国家赔偿。(3)注重对请求人的权利保护,较大程度上完善了国家赔偿程序。新《国家赔偿法》程序的完善,首先体现在赔偿程序的畅通。如,取消了刑事赔偿中的确认程序。新《国家赔偿法》规定,赔偿请求人向赔偿义务机关提出赔偿请求,赔偿义务机关应当在两个月内作出赔偿决定。如果没有按照法定期限作出赔偿决定或者当事人对赔偿决定有异议,可以向上一级国家机关提出复议。如果对复议结果不服,还可以向人民法院的赔偿委员会提出赔偿请求,这样从程序上保障了赔偿请求人的救济权利。其次,国家赔偿程序的操作性也更强了。如新《国家赔偿法》规定,赔偿义务机关收到赔偿申请书,应当出具加盖本行政机关专用印章并注明收讫日期的书面凭证;对申请材料不齐全的,应当当场或者在5日内一次性告知赔偿请求人需要补正的全部内容。又如,新《国家赔偿法》规定:被限制人身自由的人死亡或者丧失行为能力的,赔偿义务机关要对损害和行为是否存在因果关系承担举证责任。(4)明确精神损害赔偿。原《国家赔偿法》没有关于精神损害赔偿的规定。但新《国家赔偿法》规定,致人精神损害的,赔偿义务机关应当消除影响、恢复名誉、赔礼道歉;对造成严重后果的,应当支付相应的精神损害抚慰金。这将有利于保障公民、法人和其他组织的合法权益。(5)赔偿费用支付有保障。能不能真正拿到赔偿金,是赔偿请求人最为关心的问题。原《国家赔偿法》没有对赔偿费用的支付机制作出具体规定,赔偿金支付并没有法律保障。新《国家赔偿法》对赔偿费用的支付机制作了完善,规定国家赔偿的费用要列入各级财政预算。赔偿请求人凭生效的判决书、复议决定书、赔偿决定书或者调解书,向赔偿义务机关申请支付赔偿金。赔偿义务机关应当自收到支付赔偿金申请之日起7日内,依照预算管理权限向有关的财政部门提出支付申请。财政部门应当自收到支付申请之日起15日内支付赔偿金。相信经过这一修改,国家赔偿费用的支付会有真正的保障。这一切对于保护公民、法人和其他组织依法取得国家赔偿的权利,促使国家机关依法行使职权,化解社会矛盾,维护社会稳定,促进社会和谐具有非常重大的意义。

第三节 国家赔偿法的发展趋势

在国家赔偿法发展的历史进程中,我们可以看出它的发展轨迹,尽管世界各国经济文化条件千差万别,社会制度各异,但国家赔偿法呈现出大致相同的发展趋势。

一、结构形式的发展

众多国家都建立了各自的国家赔偿制度,其形式无外乎两种,即法典化和非法典化。20世纪中叶以前,许多国家对国家赔偿制度的确认通常采用探索的渐进方式,将国家赔偿制度的内容分散地确定在刑事、民事、行政法律以及散见于判例之中,有的国家以根本法作原则性规定,只有极少数国家采用法典的方式,但内容也不全面、不系统。20世纪中叶以后,主要发达国家相继采用法典的方式,发展中国家也效仿此类方式确立自己的国家赔偿制度。国家赔偿法在结构形式上的发展符合法律发展以及人权保障的大趋势,将国家赔偿责任具体化、严格化,同时也便于具体操作。

二、内容的拓展

(一) 国家赔偿制度由抽象到具体

制度是抽象的,但也是具体规则,在一种制度的初创阶段往往很抽象,因为需要人们在观念上有一定的准备。当人们对该问题有了一定的认识后,制度就要开始向更加具体的方向迈进。国家赔偿制度的发展也与其他的制度一样经历着由抽象到具体的过程。19世纪末和20世纪初,国家赔偿制度大多以抽象的宪法条文加以规定,而少具体化、细则化、系统化,造成了对权利救济的困难。1919年德国的《魏玛宪法》标志着公民权利由抽象向具体发展,并造就了发展的态势。20世纪中期,国家赔偿制度不再仅仅停留在宪法的原则性规定、刑事和民事法律的分别记载、判例的个别表现上,而将权利纳入一个运作的程序之中,从权利的设定入手直至权利的范围、权利救济以及救济中的具体环节,都以明确而富有操作性的规定体现出来。我国国家赔偿制度发展的历程也说明了这一发展趋势。1954年《宪法》虽然对于公民取得赔偿的权利作了规定,但由于没有其他法律的具体化,特别是没有国家赔偿法,导致在"文化大革命"期间这一权利形同虚设。1982年《宪法》通过后,我国根据现阶段经济发展状况和宪法对取得赔偿权的规定,制定了《国家赔偿法》,使宪法中设定的权利由抽象走向具体。

（二）国家赔偿的范围由窄向宽发展

国家赔偿范围的确定与一国的民主政治以及经济发展状况相联系,尽管其中有经济的因素,但经济并不完全起决定性的作用,经济发达的国家不一定就有国家赔偿制度,而经济落后的国家不一定就没有国家赔偿制度。这里存在着一个观念上的问题,即公民权利在国家政治生活中处于怎样的地位,是不是将公民权利与国家权力置于一种互动的状态。第二次世界大战结束后,民主、和平、人权成为国际政治中的三大主题,整个公民权利的范围呈现出扩大的趋势。在这种大趋势的影响下,国家赔偿的范围在深度和广度上得到了拓展：

（1）国家赔偿责任由过错责任向无过错责任发展。目前大多数国家采用的是过错责任,无过错责任只限于极少数国家,如法国、瑞士、意大利、比利时等,法国的无过错责任尤为引人注目,其无过错责任主要表现为危险责任。危险责任是指国家在一定条件下对某些设施、物品、器械等造成的损害,不问所有人或管理人主观上是否有过错而承担赔偿责任。法国行政法院在1919年3月28日审理的搬运炸弹案中认为：经常搬运弹药是出于军事需要,无任何过错,只是置毗邻居民于危险境地,在这种情况下发生的意外事故,即使国家无任何过错,也要负赔偿责任[①]。在理论上,这种危险责任是过错责任的扩大化或者说推定存在着过错责任。法国还依据公共负担平等原则对某些损害承担赔偿责任,如战争损害、自然灾害、公有设施造成的损害、反恐怖活动造成的损害等。美国、韩国、德国、日本在坚持过错责任的同时,也都规定了国家对某些无过错行为造成的损害承担赔偿责任。

（2）国家赔偿制度中立法赔偿的出现。立法赔偿是否应列入国家赔偿的范围,是中外法学界讨论的重要问题。众多国家由于受主权豁免论的影响,认为立法机关也就是民意机关,其行为是代表民意的行为,即使造成侵权损害也应免责。然而,有少数国家已突破这一观念,认为立法行为也属公共权力的行为,代表着国家,如果侵犯公民、法人固有宪法权利,国家应承担损害赔偿责任。法国在1936年的"小花公司案"、1976年的"对外关系部长诉比尔迦诸公案",都判决了国家对立法行为负赔偿责任。1973年原联邦德国的《国家赔偿法》(草案)规定了立法机关的行为经宪法法院确认为违法后,受害人于一定的情形下可以请求国家赔偿。尽管目前只有少数国家初步确立立法赔偿制度,但我们可以发现

---

① 参见罗豪才、应松年主编：《国家赔偿问题研究》,中国政法大学出版社1991年版,第121页。

国家赔偿制度的基本脉络和发展走向,即国家不仅在行政行为、司法行为方面要承担责任,而且在立法行为中也要依宪法运用权力,并承担侵权损害赔偿责任。毫无疑问,立法赔偿的出现拓宽了国家赔偿法的范围。

(3) 侵权损害的赔偿范围逐步扩大。国家侵权行为造成的损害一般有人身损害、财产损害两大方面。由于精神损害难以通过一定的金钱来量化,所以很多国家只确定国家对人身损害、财产损害负责赔偿。但是精神损害毕竟属于损害的一种,往往给受害人造成精神痛苦,国家对精神损害不予赔偿很显然违反社会正义。有许多国家也将精神损害列入国家赔偿的范围之中,如奥地利《国家赔偿法》第1条规定:"联邦、各邦、县市、乡镇及其他公法上团体、社会保险机构(简称官署)于该官署之成员执行法律故意或过失违法侵害他人的财产或人格权时,依民法之规定由官署负损害赔偿责任。"瑞士也将精神损害列入国家赔偿范围。

三、国家赔偿法由国内法向国际法渗透

在性质上,《国家赔偿法》属国内法的范畴,但随着国际往来的日益频繁,一个国家往往通过法律确立外国人在该国领域内有取得赔偿权,并在国家之间于赔偿方面建立对等的原则。这就造成了国家赔偿制度日益国际化的趋势。在国际社会中,有些国际性的公约开始确立造成损害的国际责任,如1972年《空间物体造成损害的国际责任公约》、1979年联合国的《关于国家责任的条约草案》等,都预示着国家侵权损害赔偿责任的观念在某种程度上被国际法吸收。

本章需要继续探讨的问题

一、关于《国家赔偿法》产生的条件

《国家赔偿法》的产生取决于国家的政治、经济、文化等各方面的条件,学术界在这个问题上的认识基本一致。我们认为,国家赔偿法是近现代民主政治发展的产物,在政治不民主的年代,既没有宪法,也没有作为宪法性法律的国家赔偿法。政治的民主在宏观范围内体现的是国家权力与公民权利的动态平衡,以保障公民权利为核心价值。国家赔偿法就是民主政治在现实中演进的产物,通过对国家权力的限制和对受损害的合法权利的救济,维护公民权利与国家权力的平衡。

当然,国家的经济发展状况也是国家赔偿法产生的物质条件,在一定的意义上决定了国家赔偿的深度和广度。一个国家尽管可以实现高度的民主政治,但由于经济发展水平相对落后,在国家赔偿的范围甚至整个制度的建构上,不得不作种种限制。我国国家赔偿制度发展的历程以及实现的程度说明了这一条件的

重要性。我国是一个发展中的国家,与发达的国家相比较,物质条件相对有限,因而,国家赔偿制度起步较晚,同时,在赔偿范围、赔偿标准等方面都受到制约。但随着社会生产力的发展和经济条件的改善,我国将在国家赔偿的深度和广度上不断扩大。

《国家赔偿法》是以一定的理论、思想的形成为铺垫的。在封建社会里,"君主主权"的思想是政治国家的基石,君主在国家生活中对广大的臣民而言,无所谓责任,君主即使给臣民造成一定的损害,也不存在法律意义上的赔偿。资本主义社会的初期,随着"君主主权"思想的崩溃和"主权在民"思想的兴起,资产阶级于政治以及法律制度中逐步接受了国家责任观念,国家在特定的情况下对自己的侵权行为承担赔偿责任。当社会进入20世纪以后,特别是到了20世纪中叶,国家责任论、人权保障论、社会公共负担平等的理论、危险责任理论、社会福利主义思想、政府有限主义思想得到了世界各国的重视,《国家赔偿法》以此为基础得到了壮大和发展。

二、关于我国《国家赔偿法》的发展趋势

我国《国家赔偿法》是在吸收近现代理论研究成果和借鉴他国有益经验的基础上形成的,自产生起,就用统一的法律文件将国家赔偿问题规定了下来,反映了社会主义民主政治和法制发展的进程。但国家赔偿法仍然是一定历史阶段的产物,建立在特定阶段经济发展水平的基础上,还存在需要不断完善和发展的问题。从社会转型时期民主政治的发展状况和建构和谐社会的目标来看,我国《国家赔偿法》体现了如下几个方面的发展趋势:

(1) 国家赔偿类型的多元化。我国《国家赔偿法》虽然只是明确规定了行政赔偿和司法赔偿两大部分,但并没有否定其他类型的赔偿,从《国家赔偿法》的立法宗旨和精神来看,还应当包括立法赔偿、军事赔偿以及公有公共设施致害的赔偿。从损害的种类来看,国家赔偿的范围不仅包括人身损害和财产损害,还包括精神损害。

(2) 国家赔偿标准由抚慰型向补偿型转变。国家赔偿的范围是一个关于广度的概念,而在范围中给予多少赔偿反映的则是一个深度问题。我国在确定国家赔偿标准时,是根据立法时的经济和社会发展状况来定位,由于考虑到国家赔偿制度发展的渐进性特点,同时也结合国家的财政实力,将国家赔偿的标准定位为抚慰型。随着国家经济实力的增强以及人们民主法制观念的转化,原来所确定的抚慰型模式不足以使受损害的合法权益得到充分的救济。因而,根据现阶段的实际情况将国家赔偿的标准模式由抚慰型转化为补偿型是客观需要和必然趋势①。

（3）国家赔偿程序更加科学化。现代法治强调了程序的地位和意义,若程序不能够体现公正,实体上的正义也就无从体现。在权利与救济的角度上讲,《国家赔偿法》就是一部权利救济法,没有救济以及救济的程序,受害人的赔偿权就是一句空话。由于历史以及观念上的原因,我国在制定《国家赔偿法》时于程序的设计上还存在着某些缺陷,实体上的正义还不能够充分实现。因而,我国《国家赔偿法》需要不断完善运作程序,使程序的正当性得到充分的显现。2010年《国家赔偿法》的修改进一步证明了我国《国家赔偿法》的这一发展趋势。

---

① 在国家赔偿的标准模式上有三种型态:惩罚型、补偿型和抚慰型。惩罚型模式是一种加重性赔偿,其赔偿数额足以弥补受害人所遭受的损失,同时还要求实施侵权行为的机关付出一定的惩罚性费用。抚慰型模式是一种象征性赔偿,所给予的赔偿费用低于受害人所遭受的损害。补偿型模式是一种根据损害的大小而给予相当的费用的一种模式。我国在制定国家赔偿法时采用的是抚慰型模式。

第三章 国家赔偿的归责原则与构成要件

内容提要

　　国家赔偿的归责原则是确定国家承担赔偿责任的依据。我国根据自己的实际情况确立了以违法责任原则为主,以结果责任原则为辅的归责原则。国家赔偿的构成要件是国家赔偿制度中的核心内容,是国家承担赔偿责任所应具备的前提条件,一般包括:侵权主体、职务过错、职务侵权行为、损害事实和因果关系。

关键词

　　归责原则　过错责任原则　无过错责任原则　危险责任原则　严格责任原则　公平责任原则　违法责任原则　结果责任原则　构成要件　侵权主体　职务过错　职务侵权行为　损害事实　因果关系

第一节　国家赔偿的归责原则

一、国家赔偿归责原则的含义

　　归责(imputation)是指行为和物件造成他人损害后应根据何种依据使侵权行为人或物件所有人、使用人承担损害赔偿责任。归责原则(critorion of liabity)实际上是归责的规则,是确定侵权行为承担责任的依据,贯穿于侵权行为法之中。[①] 国家对归责原则的确定反映了国家的价值取向。

　　国家赔偿法属于一种特殊的侵权行为法,以国家赔偿责任为核心内容,而国家赔偿责任的确定,首先应解决以何种依据确定国家对侵权损害负责,即归责原则问题。可以说归责原则是其他许多制度建立的基础。

　　国家赔偿的归责原则,是从民事侵权赔偿的归责原则发展而来,是指在法律上确定国家承担赔偿责任所依据的标准,即在损害事实发生后,以何种标准判断国家是否承担赔偿责任,是基于行为人的过错,已发生之损害结果,还是行为的违法性等。归责原则在国家赔偿法律制度中占有极为重要的地位,它既是国家赔偿法的基本原则,也是国家赔偿责任的依据。确立国家赔偿的归责原则,对于从法律价值上判断国家承担赔偿责任的依据和标准,对于确定国家责任的构成

[①] 参见王利明著:《侵权行为法归责原则研究》,中国政法大学出版社1997年版,第18页。

要件及免责条件,以及对于确定国家赔偿的范围、确定国家赔偿中的举证责任分配等,都有较重要的影响。① 从权利救济的角度而言,归责原则的设定还直接关系着受损害的权利是否能够得到有效的救济,如采用违法责任原则就有可能将一些自由裁量不当或滥用的职务行为致害排除在国家赔偿范围之外;采用过错责任原则就可能将一些无过错职务行为致害排除在国家赔偿范围之外,等等。

归责原则所要确定的是责任主体承担责任的依据,不同于侵权责任。侵权责任是指主体侵害他人权利或违反法定义务而依法应承担强制性的法律后果,它缘起于对绝对权利的侵害或预先存在的法定义务的违反。② 责任是归责的后果。归责原则是承担责任的依据,它不解决怎样承担责任的问题。

国家赔偿的归责原则也不同于国家对于损害的赔偿原则。损害的赔偿原则是在损害发生后,国家从客观损害的角度出发,确定具体赔偿的基本准则。损害的赔偿原则虽然也涉及具体责任的承担,但它是以归责原则为指导,以国家赔偿责任的构成为条件,将国家赔偿责任具体化,没有归责原则为指导,赔偿原则难以形成。

二、归责原则的类型

侵权行为法中的归责原则,由于受罗马法的影响,一直采用过错责任的原则。但单一的过错责任原则无法解决社会发展中出现的新问题,过错责任原则在某些范围内存在着局限性。多元化归责原则的出现是社会发展的必然要求。国家赔偿法的产生晚于民法以及其他法律,吸收了民法中的归责原则发展的成果。许多国家的国家赔偿法一开始就呈现出多元化的归责原则相结合的体系,但各个国家在归责原则体系的设置上,有不同的侧重点,比较有代表性的有:以法国为代表的采用过错责任为主、危险责任为辅的归责原则体系;以英、美、德、日为代表的过错责任原则体系;以瑞士为代表的违法责任原则体系。③ 也有极个别的国家采用单一的危险责任或结果责任的原则。

(一)过错责任原则

在侵权行为法的归责原则上一直贯穿着一个古老的法律原则——"无过错即无责任"(no liability without fault),它和"有过错即有责任"相对应而存在。过错责任最先为罗马法所创。早在公元前5世纪的《十二铜表法》中的第八表第10条就规定,"烧毁房屋或堆放在房屋附近的谷物堆的,如属故意,则捆绑而鞭打之,然后将其烧死,如为过失,则责令赔偿损失,如无力赔偿,则从轻处罚。"公

---

① 参见江必新主编:《〈中华人民共和国国家赔偿法〉条文理解与适用》,人民法院出版社2010年版,第39页。
② 参见王利明著:《侵权行为法归责原则研究》,中国政法大学出版社1997年版,第17—18页。
③ 参见皮纯协、冯军主编:《国家赔偿法释论》,中国法制出版社1996年版,第81页。

元前287年罗马平民会议通过的《阿奎利亚法》明确和比较全面地规定了过错责任的内容,将过错作为责任的依据,并以客观的标准确定过错,等等。该法律奠定了罗马法中过错责任的基础,对以后世界各国法律,特别是对归责原则产生着巨大的影响①。过错责任原则在侵权行为法中强调过错作为责任的构成要件,如果侵权行为人在主观上存在着故意或过失,并造成损害,侵权行为人应当承担责任。由于过错存在着故意和过失之分,过失也就成为归责的最后界点或根本要素,或者说承担责任的最外边缘。这样就实现了"无过错即无责任"的法则。

过错存在着程度的区分,罗马法将过错分为故意、重大过失和轻过失三种形态。过错的大小虽不影响归责原则的成立,但对责任的承担具有一定的意义。19世纪以后,法学界提出"过错与损害赔偿保持平衡"的观点,这种观点经过激烈的争论,最终还是为许多国家所接受。我国法律,特别是民法首先接受了这种观点,根据侵权行为人过错的大小判定承担民事责任的大小,在两者之间确定互动的比例关系。当受害人存在着过错时,加害人可以适当减轻民事责任或免除民事责任。我国国家赔偿法在国家追偿制度中采用根据过错大小确定追偿金额的原则,当侵权的国家机关或国家机关工作人员存在着故意或重大过失时,国家对其行使追偿权。

国家赔偿法中的过错责任是从民法中演绎而来的,在规范上是指"公务过错"。法国行政法院自Pelletier案件审理后,通过判决形成了公务过错的观点,使这种过错责任从民法中分离出来。目前,国家赔偿法中的过错责任主要就是指"公务过错责任",排除了"个人过错"而承担国家赔偿责任的情形,其功能主要在于设定了政府的行为模式和标准,使政府依据这种模式和标准行使职权,否则就要承担相应的责任。同时,它使从事公务活动的国家机关工作人员加深了对公务的认识,认清了自己的责任。

过错责任因历史的继承性和一定程度的合理性,为众多国家的国家赔偿法所吸收。美国在1946年制定的《联邦侵权赔偿法》中确立了过错责任,后来于1948年将该法律整理于《联邦司法法》之中,规定了凡政府之任何人员在其职务范围内因过失、不法行为或不作为,致人民财产的损害或损失、人身伤亡或死亡,美国联邦政府处于私人地位,承担赔偿责任。日本《国家赔偿法》第1条规定:"行使国家或公共团体公权力之公务员,就其执行职务,因故意或过失,违法损害他人者,应由国家或公共团体负赔偿责任。"韩国《国家赔偿法》第2条规定:"公务员执行职务,因故意或过失违反法令损害于他人者,国家或地方自治团体应赔偿其损害。"此外,奥地利、英国、匈牙利等都在有关法律中对此原则加以规定。

---

① 参见王利明著:《侵权行为法归责原则研究》,中国政法大学出版社1997年版,第43—44页。

（二）无过错责任原则

无过错责任原则是相对于过错责任原则而存在的另一种归责原则。在过错责任中,"有过错就有责任,无过错就无责任"是一种基本准则,这种准则不能全面适应现代社会的经济、科技等方面高速发展的要求。在现代社会中,国家公务活动于异常危险状态下,在不存在过错和违法时,也可能导致公民合法权益的损害。国家在确定承担赔偿责任的依据时,不得不考虑无过错情况时的责任问题。

无过错责任实质上是过错责任的延续,是为了弥补过错责任的不足而设立的,其特点主要体现在:

第一,从结果出发,实行客观归责。无过错责任主要从损害的结果出发,不管侵权行为人主观上是故意还是过失,只要是行为造成损害事实的发生,侵权行为人就要对损害结果承担责任。

第二,不能推定侵权行为人有过错。侵权行为人有无过错主要依据法律对其义务的设定,如果侵权行为人违反法定义务造成了损害,那么可以认定有过错,由此产生的责任是过错责任。无过错责任是法律难以对加害人的行为作否定评价而确定的责任形式。加害人实施这种行为是有益于国家和社会,是法律应当肯定和鼓励的,或法律没有明确规定,但却有利于社会进步和发展,因而不存在过错,也不能推定加害人有过错。但是由于损害是客观存在的,国家如果不予救济,有失社会公正。

第三,因果关系构成责任承担的先决条件。在过错责任中,过错是责任承担的先决条件,有过错就有责任,国家是否承担赔偿责任首先应考虑行为人有无过错。无过错责任先从结果出发,不考虑行为人有无过错,只需要判明行为或物件与损害结果之间是否有因果联系,如果有因果联系,国家就承担赔偿责任。

无过错责任原则并非绝对化和一般化,只存在于特定的情形中。法国国家赔偿制度中的"危险责任"实质上就是一种无过错责任。美国是一个坚持过错责任的国家,国家对无过错情况下造成的损害由法律设定的其他救济途径解决,其目的是为了保证政府在人民中的形象。然而,美国是一个联邦制的国家,各州的法律自成一体,现在各州普遍接受了无过错责任的观念。[①] 英国的侵权行为法也逐步地由严格责任向无过错责任发展,如1965年颁布的《原子能装置法》、1972年的《有毒废品安置法》就对无过错情况下的损害作了救济性规定。新西兰在1972年颁布的《事故赔偿法》规定了任何人在新西兰因事故造成人身伤亡,任何受该法保护的人在新西兰之外因事故造成人身伤亡,不必因人身伤亡而引起的损害赔偿权利在法院中提起诉讼,而由新西兰政府支付一定的赔偿金。但

---

① Peter. L. Strauss, *An Introduction to Administrative Justice in the United States*, Carclina Academic Press, 1989, pp. 274—275.

新西兰的《事故赔偿法》对财产损失和利润损失不负责赔偿。瑞士1959年的《联邦责任法》规定联邦对公务员执行职务时,不法加害他人权利者,不论该公务员有无过失,均应负赔偿责任。但瑞士的《铁路法》、《邮政法》以及《军事行动规程》则作了免责规定,免除了因不可抗力的事由以及战争条件下的国家赔偿。从各国的立法例来看,无过错责任是有限的,在作用和范围上,与过错责任不能相提并论。无过错责任"在性质上已经不具有一般法律责任的含义;因为任何法律责任是以过错为基础,从而体现法律责任对不法行为的制裁和教育作用"[①]。然而,无过错责任原则的意义在于其注重损害的客观性,体现着社会的公平和正义,即要求国家最大限度地保护受害人的合法权益,实现由国家承担受害人不幸的"分配正义"。

无过错责任作为归责原则正受到法学理论和法学实践的挑战。国外一些学者对无过错责任进行了批判,认为它的存在构成了对当代侵权行为法的威胁,使传统过错责任的理论受到冲击,使法律责任失去其价值,还使法律规范中的合法与非法、正义与非正义的界限变得混乱不堪。[②] 当然,这些批判只是对无过错责任的无限推广的忧虑。实际上无过错责任原则的存在并没有否定过错责任原则的价值,它只是作为一种辅助形式。一个国家只要有法律,在大多数的情形中会坚持过错责任的原则,用无过错责任原则作为过错责任原则的补充是社会发展的趋势,完全采取否定的态度也是不利于权利救济的。

(三) 危险责任原则

危险责任原则产生于19世纪末期,20世纪逐步被法国、德国、日本、瑞士等国所采用。危险责任又称为"高度危险活动责任"和"异常危险活动责任",在性质上应属无过错责任中的一种特殊形式。开始时,危险责任主要适用于民事损害赔偿方面,后来逐步地推广到其他领域。许多国家的国家赔偿法或其他法律也逐步地接受了这种归责原则,但各国一般根据本国国情将其限定在特定的领域中,如火车、汽车、电气、煤气、核能装置、航空航天等。

我国法律也使用高度危险责任的概念,如《民法通则》第123条规定:"从事高空、高压、易燃、易爆、剧毒、放射性、高速运输工具等对周围环境有高度危险的作业造成他人损害的,应当承担民事责任;如果能够证明损害是由受害人故意造成的,不承担民事责任。"该条所确定的危险责任只适用于民事方面,而对于公权力的运用因高度危险致害是否引入国家赔偿制度中,我国学术界有一定的争议。我国国家赔偿法否定了危险责任作为我国国家赔偿责任的归责原则。危险责任原则的适用有特定条件的限制,只有符合下列条件才能引起国家赔偿责任:

[①] 参见王利明著:《侵权行为法归责原则研究》,中国政法大学出版社1997年版,第128页。
[②] 同上书,第163页。

首先，作出高度危险的行为是合法的。国家机关或国家机关工作人员作出高度危险的行为必须是经法律许可，符合法律规定的一般条件，或法律对此行为并未否定。该行为既有利于国计民生，又有利于促进国家和社会的进步和发展，主观动机是良好的，不能推定这种行为有过错。如政府为了推动科学技术的发展，从事空间运载工具的研制和运用，由于火箭在太空中自动解体，其物件造成人身伤亡，政府虽无过错，但应对此承担赔偿责任。但是，如果作出高度危险的行为是违法的，则说明行为存在着过错，而不属于危险责任的范畴。

其次，损害的不可避免性。由于在现代科学技术的条件下，人们无法控制自然力量和某些物质属性，尽管尽到了高度注意的义务和完全按照规程操作，但还是造成损害的发生，对此损害不能以不可抗力作为免责事由而不承担损害赔偿责任。法律在危险责任中不能将不可抗力作为免责事由，否则就没有危险责任的概念。

最后，受害人并无故意。在危险责任中，唯一能免除加害人责任的是受害人存在着故意，采用危险责任的国家都接受了这个规则。但是，在受害人有过失的情况下造成损害的，各国法律并没有免除国家赔偿责任。

（四）严格责任原则

严格责任（strict liablity）是英美法中采用的一个概念，是指："当被告造成了对原告的某些明显的损害，应对此损害负责。"[①]严格责任与过错责任有明显区分，即不考虑侵权行为人主观上是故意还是过失，只要行为与结果存在着因果关系就应对损害承担赔偿责任。严格责任包括侵占、侵害、动物责任、极度和异常危险活动责任、妨碍等。它并不是一种绝对责任，也并非完全不考虑行为人的过错。行为人可以提出特定的抗辩事由和免责事由，如受害人存在过错、第三人的过错或由于自然原因造成损害等，可以减轻责任或免除责任。严格责任在英美法中逐步被无过错责任所取代。

严格责任介于过错责任和无过错责任之间，它保留了法律责任的教育和惩罚的功能，同时又弥补了受害人的损失，具有一定程度的适用性。

（五）公平责任原则

公平责任又称为衡平责任，是在审理侵权案件中，法官在加害人和受害人均无过错的情况下基于公平的观念，根据双方的财产状况和其他有关情况责令加害人对受害人的财产损害或其他损害承担一定的赔偿责任。公平责任体现了平衡、公正的思想，虽然其他的归责原则也在不同程度上体现着这种思想，但不是特别地明显。

公平责任是商品经济和科学技术发展的产物，最初产生于未成年人和精神

---

① 王利明著：《侵权行为法归责原则研究》，中国政法大学出版社1997年版，第146页。

病人的赔偿案件。古代法律制度中,未成年人和精神病人造成侵权损害通常是要承担责任的,即由未成年人和精神病人对受害人负责赔偿。19世纪以后,随着过错责任的发展,人们对这个问题提出了新的思考,认为未成年人或精神病人不具备意思能力,不能认定有过错,他们对造成的损害应不负责任。各国法律采取了两种不同的态度,有的确认不承担责任,有的确定应承担完全的责任。20世纪以后,各国法律从公平正义的角度出发授予法官对此类案件一定的自由裁量权,法官根据受害人的不幸,结合加害人的具体实际情况,责令加害人承担一定的责任,以体现"公平正义"。公平责任是一种法律责任,它将道德规范中的"公平"上升到法律责任领域。有的学者认为它属于一种无过错责任。[①] 公平责任并非等同于无过错责任,因为无过错责任虽不考虑过错,但过错仍然存在,而公平责任是在加害人没有任何过错的情况下,由法官确定其承担责任的一种形式。从传统的过错理论来看,似乎对加害人是不公平的。然而公平的价值判断要以全社会的价值观念为准则,特别是在损害已经客观存在的情况下,而这种损害是由加害人的行为所致,将责任转由加害人承担部分或全部是正当和合理的。在国家赔偿领域中,只有极少数国家采用公平责任的原则。公平责任原则适用的范围相对较小,如国家机关及其工作人员在紧急避险情况下造成他人损害的;个人为了集体利益和国家利益而蒙受特殊牺牲的;国家的立法活动造成公民、法人和其他组织权益损害的;等等。因而,它不能作为普遍适用的侵权行为的规则。[②]

公平责任原则在国家赔偿制度中大体有如下情形:(1)国家赔偿适用民法中的有关规定;(2)国家通过专门法律确定国家赔偿中的公平责任;(3)在国家赔偿判例中适用公平责任原则。公平责任原则和其他的归责原则相比较,其适用的范围相对有限,但它也是归责原则发展中的一个重要标志。

三、我国的选择

我国《国家赔偿法》第2条规定:"国家机关和国家机关工作人员行使职权,有本法规定的侵犯公民、法人和其他组织的合法权益的情形,造成损害的,受害人有依照本法取得国家赔偿的权利。"该条款是一个原则性规定,未直接指向归责原则,与修改前的规定有一定的差异。[③] 对照一下修改前后的《国家赔偿法》,我们不难发现两者都是在第2条确立了受害人有取得国家赔偿的权利,但在权利发生的根据上却有明显的不同。新的《国家赔偿法》删除了"违法"一词,意味

---

① 参见宋章:《谈谈〈民法通则〉中侵权损害三个责任原则的规定》,载《北京律师》1987年第1期。
② 参见房绍坤、武利中:《公平责任原则质疑》,载《西北政法学院学报》1988年第1期。
③ 我国修改前的《国家赔偿法》第2条规定:"国家机关和国家机关工作人员违法行使职权侵犯公民、法人和其他组织的合法权益造成损害的,受害人有依照本法取得国家赔偿的权利。"

着我国已经意识到违法责任原则在适用中的确存在着一些不容忽视的问题,到了非改不可的程度,需要建构新的归责原则或归责原则体系。按照修改后的《国家赔偿法》第 2 条和其他有关条款的规定,我们认为,我国国家赔偿的归责原则应是以违法责任原则为主,以结果责任原则为辅,呈现出一种新的体系结构。

(一) 以违法责任原则为主

违法责任原则强调的是以职务行为的违法性作为承担国家赔偿责任的根据。在这个意义上,受害人是否能够获得国家赔偿取决于对国家机关及其工作人员职务行为违法性的判断和认定,在此,"违法"就成为一个实实在在的关键词。违法责任原则侧重于对侵权主体行为的法律评价,将视点放在侵权主体的行为上,损害结果只是视点的延伸,在一定的意义起到了遏止违法行为发生的作用,不可否认的是,同时也忽视了对行为后果的关注和对受害人的权利救济。

我国《国家赔偿法》在制定及实施过程中,学术界对国家赔偿归责原则提出了不同的观点,着重表现为如下几个方面:

第一种观点:我国应当采用过错责任的归责原则。[①] 其理由主要有:过错责任的原则体现了法律传统的习惯;具有法律责任的一般功能;我国司法实践中早已确定国家机关及其工作人员在民事活动中的过错责任;采用过错责任的原则能合理地、有效地确定国家赔偿范围,等等。

第二种观点:我国应当采用无过错责任原则。无过错责任是一种结果责任,它能最大限度地将一切损害纳入赔偿的范围中,对于促进我国的福利国家建设,保护公民、法人和其他组织的合法权益是有裨益的。况且我国《宪法》第 41 条和《民法通则》中关于国家机关和国家机关工作人员的侵权行为责任并没有限定为过错责任和其他的责任形式。

第三种观点:我国应采用过错责任兼无过错责任的混合的归责原则。[②] 过错责任是一种基本的归责原则,但有其适用范围,不能囊括社会生活的方方面面,而无过错责任原则则解决了适用过错责任条件下无法解决的问题,拓宽了国家赔偿的范围。

第四种观点:我国应当采用违法和明显不当的归责原则。[③] 这种归责原则的适用既便于操作,又能扩大国家赔偿的范围,弥补单纯采用违法责任原则的不足,特别是在法律规定较原则的情况下,自由裁量权的幅度过大会直接影响相对人的合法权益。因而采用违法和明显不当的原则能限定自由裁量权,保护相对人的合法权益。

[①] 参见张辉:《建立我国行政损害赔偿制度的几个问题》,载《法律科学》1990 年第 1 期。
[②] 参见许崇德、皮纯协主编:《新中国行政法研究综述》,法律出版社 1991 年版,第 552—556 页。
[③] 罗豪才、袁曙宏:《论我国国家赔偿的原则》,载《中国法学》1991 年第 2 期。

第五种观点:我国应当采用违法责任原则。违法责任原则与我国法律、法规协调一致,适用此原则简明、操作性强,避免了过错责任原则适用中因对过错判断困难而带来的一系列问题。

第六种观点:我国应当采用违法责任和结果责任相结合的混合责任原则。① 与这种观点相类似的还有:我国国家赔偿法的归责原则应该从单一的违法原则走向违法原则为主,过错责任和结果责任为辅的多元归责体系。②

1. 选择违法责任原则的理由

上述每一种观点都从不同的角度对归责原则作了探讨。《国家赔偿法》对归责原则的确定直接关系到国家赔偿范围和国家对公民权利救济的价值取向。我国《国家赔偿法》在借鉴国外赔偿制度的有益经验的基础上,对归责原则进行了适当的调整,选择了以违法责任原则为主、以结果责任原则为辅的多元归责体系,体现了国家的价值取向,同时还考虑到国家赔偿法发展的渐进性特点。新的《国家赔偿法》仍然保留着违法责任原则,主要是基于如下几点理由:

第一,违法责任原则克服了过错责任中的不确定性,便于操作。过错责任原则虽然作为法律责任的基础,强调了过错对承担责任的意义,但在具体责任的确定上则具有弹性,人们难以把握实施侵权行时的主观状态。同时举证责任在侵权方,侵权方实施侵权行为时的主观状态依赖其举证,如采取行政拘留或者限制人身自由的强制措施期间,受害人死亡或丧失行为能力,赔偿请求人难以知晓其实施侵权行为时的主观状态。因此,过错责任也存在着难以全面保护受害人合法权益的情形。西方国家在坚持过错责任的同时,也不得不采用其他辅助性的归责原则来弥补其不足。违法责任原则提供了承担责任的具体依据,即不管实施侵权行为的行为人主观状态如何,只要违反法律规定的义务,就由国家承担赔偿责任。

第二,违法责任原则也体现了法律责任的一般功能。法律最根本的目的就是要在社会中建立秩序,规范权力的运行,保护公民权利。违法责任原则突出了法律规范在运作中的意义。国家机关及其工作人员的行为是以法律规范的明确界定为依据,并受法律规范约束,行为的合法性与违法性直接与国家赔偿责任相联系。这就促使国家机关及其工作人员在执法中尽量使自己的行为与法律规范保持一致,自觉约束自己的行为,尽到法律要求注意的程度。

第三,违法责任原则并未否定过错责任。违法是过错的一种表现,违法责任是过错责任的延伸,在一定意义上,违法责任与过错责任在内涵上相同,因为法

---

① 参见杨建顺:《国家赔偿法应该修改什么,如何修改》,载人大报刊复印资料《宪法学·行政法学》2008年第6期。
② 参见马怀德:《国家赔偿法修改需要一揽子的解决方案》,载《21世纪经济报道》2008年11月18日。

律规范包含着国家的价值取向,过错观念已融于法律规范之中。

第四,违法责任原则在适用中也产生了一定的法律效果,实践中所出现的问题尽管与该原则有关联,但最主要的是由于归责原则单一所致,如果能够以其他的归责原则为补充并建构多元的体系也是可行的。此外,我国的国家赔偿与补偿相分割,在《国家赔偿法》中因不便确立国家补偿的内容,所以仍然需要坚持违法责任原则。

2. 违法责任原则的特点

违法责任虽然以过错责任为其基础,但两者并不能等同,这主要取决于各自的特点。违法责任原则具有如下特点:

(1) 国家机关及其工作人员行为的违法性是国家承担赔偿责任的依据。我国法律坚持职权法定的原则,规定了国家机关及其工作人员行为的范围,"违法"意味着不符合法律所认可的行为准则,在本质上应认定为过错,这和传统的有过错就有责任的观念基本一致。在具体操作中,司法机关或有关机关只需要对照法律对某种义务的设定,就可以判断加害人是否违反法定的义务,而无需考察加害人行为时的主观状态。

(2) 违法责任原则排除了合法行为致害的国家赔偿责任。违法责任原则突出了法律在规范与教育方面的作用,将责任的范围限定在违法行为方面,便于实际操作。从这个意义上讲,一些合法行为以及其他有过错并不违法的行为,即使造成了特定的损害,受害人也不能够要求国家赔偿。当然,依据国家赔偿法获得救济只是救济的一个方面,受害人在其权利遭受损害的情况下还可以通过其他的途径获得救济。

(3) 违法责任原则将各种法律责任的承担及其免除联系起来。国家有众多的法律,各种法律确定了不同形式的法律责任和不尽相同的免责事由,只要法律体系中某一法律对一行为认定为合法,那么该行为就不会导致国家承担赔偿责任。在另一方面,只要某一法律对一行为设定了免责条款,那么这一行为同样也不会导致国家承担赔偿责任。

(4) 适用违法责任原则仍然强调违法行为与损害事实的因果关系。违法责任原则虽然确定职务行为的违法性是判定国家承担赔偿责任的依据,但并没有否定违法行为与损害事实之间的因果关系,如果仅有违法行为,而没有法律确定的损害事实,国家也不会承担赔偿责任。损害事实仍然是国家赔偿责任的构成要件之一。

3. 违法责任原则适用中应当关注的几个问题

违法责任原则不同于过错责任,也不同于结果责任,以法律确定的行为规范为依据,其中有合理的地方,但也有不足之处,在适用违法责任原则时应当关注以下几个问题:

(1) 适用违法责任原则必须以"良法"为基础。"良法"与"恶法"是相对应的概念,明确了"良法"的标准在一定程度上也可以对"恶法"作出大体的判断。有的学者认为,"良法"的标准可以概括为以下几个方面:在内容和形式方面,应符合科学性的要求;在价值取向方面,应符合公平正义的原则,代表广大人民的利益;在社会功能方面,应有利于社会进步,促进生产力的发展。① 违法责任原则是以"良法"为假设的前提,即先假定法律、法规和行政规章全部都是"良法",如果国家机关及其工作人员违反了"良法",受害人可以要求国家赔偿。但是,从另一个角度上讲,如果国家机关及其工作人员依据"恶法"行使职权造成他人损害,受害人则无法请求国家赔偿。我们的法律、法规和行政规章在总体上可以认定为"良法",但并不排除一些在实施中容易造成他人合法权益损害的瑕疵,同时,立法的质量提升也是一个不断进步的过程,因而,适用违法责任原则还必须以法律的正当性原则为指导。

(2) 适用违法责任原则必须对"违法"的概念作广义解释。何谓"违法"以及对其解释的宽窄如何直接涉及国家赔偿的范围和对受损害权利的救济。由于法律对国家机关及其工作人员行为规范的设置不可能全部具体化、个别化,在合法与违法之间往往存在着一定的空间,如果对"违法"解释得过于狭窄,那么公民、法人和其他组织在特定情况下遭受的损害就难以获得有效的救济。因而对"违法"的解释应站在权利救济的角度,将外延扩大到违法与合法之间的地带。有学者提出应将违反法律原则也纳入"违法"概念所包含的范围之中。认为国家机关及其工作人员虽未违背严格意义上的法律,但其行为却有悖于法律原则,应认定为"违法"。② 这种对"违法"的解释在当前法制还不很健全的状况下具有一定的意义,但却将违法解释得过于抽象,理论上具有可能性,但操作困难。

(3) 适用违法责任原则应以其他有关归责原则为辅。法律只是对于社会某一历史发展阶段的现象的静态规定,当某一新的情况出现后,法律又往往不能适应其要求。特别是 20 世纪中期以后,科学技术在世界范围内得到迅猛发展,法律中肯定的某些行为有时造成公民、法人和其他组织合法权益的损害,而根据归责原则又找不到承担责任的依据。很显然,这不利于对受损害的合法权益的救济,违反了社会的公平正义。为此,许多国家逐步采用公平责任、无过错责任、危险责任来弥补违法责任原则的不足。我国《国家赔偿法》主要采用违法责任原则,对其他的归责原则的适用作了严格的限定,同时排除了合法行为致害的国家赔偿责任,虽然现阶段具有一定程度的合理性、可行性,但随着社会的发展,公民权利救济观念的增强和权利保障的强化,应适当地采用其他的一种或几种归责

---

① 参见孙霞:《良法标准之我见》,载《江苏行政学院学报》2004 年第 3 期。
② 参见皮纯协、冯军主编:《国家赔偿法释论》(修订本),中国法制出版社 1996 年版,第 94 页。

原则,将其作为违法责任原则的补充。2010年,我国对《国家赔偿法》进行修改并以结果责任原则为补充就是对违法责任原则在适用中的完善。

(4) 适用违法责任原则必须限定自由裁量权的范围。国家机关及其工作人员行使职权拥有自由裁量权,无论是在行政执法还是在司法活动中都较普遍地存在,但自由裁量权的运用往往直接涉及权利的保护与救济,其中的"度"的选择会造成公民、法人和其他组织权利实现的不同结果。法律之所以设定自由裁量权,是因为法律的普适性和社会现实多样性、多变性的矛盾的存在,为了使国家机关及其工作人员能根据客观情况公正并合理地处理案件和特定事项,贯彻公平正义的价值观念,同时,也使相对人的合法权益能够得到维护,不得不明确其在职权法定的条件下有具有选择性的裁量权力。在现代法治社会中,自由裁量权不可能被消灭,也必须存在,对其只能在坚持合法性原则和合理性原则的条件下加以控制。片面地遏止,既不利于提高效率,又不利于对某些特定事项的合理判断和公正处理。我们对自由裁量权要看到其消极的一面,同时也要看到其积极的一面,不能因为其有可能被滥用就大谈彻底消灭之。当然,自由裁量权运用不当或滥用的确构成了对相对人权利的威胁,如果不加以控制也是一场灾难。这就需要充分利用法律的智慧,将自由裁量权纳入理性化的秩序中。我们通常所讲的滥用自由裁量权往往是违背客观事实,根据自己的好恶决断行为,与法律所设定的自由裁量的目标相违背。英国法官科克讲到:"如果我们说由某当局在其自由裁量之内做某事的时候,自由裁量权意味着,根据合理和公正的原则做某事,而不是根据个人意见做某事……根据法律做某事,而不是根据个人好恶做某事。自由裁量权不应是专断的、含糊不清的、捉摸不定的权力,而是法定的、有一定之规的权力。"[①]在适用违法责任原则的条件下,滥用自由裁量权容易造成相对人权益受损害而又得不到国家赔偿的情形。如《中华人民共和国产品质量法》第49条规定:"生产、销售不符合保障人体健康和人身、财产安全的国家标准、行业标准的产品的,责令停止生产、销售,没收违法生产、销售的产品,并处违法生产、销售产品货值金额等值以上3倍以下的罚款;有违法所得的,并处没收违法所得;情节严重的,吊销营业执照;构成犯罪的,依法追究刑事责任。"这一条款就涉及极为宽泛的自由裁量权:一是在对某些概念理解上的自由裁量权,如国家标准、行业标准的合理性评价;二是行政处罚上的自由裁量权,如果运用不当或滥用会给生产企业造成极大的影响。针对这种现象,国家应通过程序法限定自由裁量权的运用和范围,同时吸取过错责任原则的精髓,来弥补违法责任原则的不足。

---

① 〔美〕伯纳德·施瓦茨著:《行政法》,徐炳译,群众出版社1986年版,第568页。

(二) 以结果责任原则为辅

结果责任原则应该是古代民法中的一个概念,其基本思想就是客观责任,即只要有损害的结果,而这种结果不是由受害人自己的行为所造成的,就由加害人承担赔偿责任。古代民法之所以强调客观责任,是因为当时生产力落后,人们还没有意识到人的行为是主观意识支配的结果,所面对的是活生生的损害事实,对于损害事实后面隐藏的主观意志看不见、摸不着,因而,就无所谓故意与过失。① 随着社会的发展,民事法律中的归责原则在过错责任的引领下特别关注侵权行为背后的主观意志,发展了无过错责任、严格责任等,对结果责任只是从抽象意义角度进行考虑。我国《国家赔偿法》采用了结果责任原则并不是古代民事法律中结果责任原则的简单复苏,而是基于国家侵权行为的特点以及国家赔偿制度不断向前发展的需要,同时还考虑受损害的合法权益的救济。古代民事法律中的结果责任原则是在人们的智识非常有限的条件下产生的,尽管在范围上比较广泛,但也容易造成不公正的结果,不利于培植社会正义。我国《国家赔偿法》中的结果责任原则是基于社会的公平正义理念而形成,虽然在范围上具有有限性,但是能有利于对受损害合法权益的救济并在国家赔偿制度的发展上留下了广泛的空间。我国《国家赔偿法》对结果责任原则的适用提出了如下要求:

第一,范围的有限性。从理论上讲,结果责任原则应该是一个范围极为宽泛的概念,包含着无过错责任、严格责任、公平责任、危险责任等。我国《国家赔偿法》中的结果责任并未沿着过错或无过错这样的思路向前推移,而与违法责任原则相衔接,将范围局限于职务侵权行为所造成的损害,将其他的无过错行为以及公有公共设施造成的损害等排除在国家赔偿的范围之外。按照我国《国家赔偿法》的规定,结果责任原则主要适用于刑事赔偿方面。

第二,地位上的辅助性。在没有故意与过失划分的年代,结果责任原则处于统治地位,法律对于人们行为的规范和引导非常有限,一些重要的价值观念隐藏于朴素的裁量行为中。在近现代社会中,人们对行为的认识更加客观、公正,通过在行为与结果之间建立合理的、科学的责任机理培植起社会正义,体现出主流的价值观念。过错责任就在过错行为和损害结果之间搭建了责任追究与承担责任的桥梁,体现了有过错就有责任的思想,虽然违法责任原则避开了过错的概念,但其基本点还是在过错的问题上。我们可以认为,过错责任原则是近现代社会侵权行为法中占主导地位的归责原则。我们对结果责任原则的理解不能简单、机械,如在任何情况下不可抗力就是一种抗辩事由。结果责任原则提供给我们的是视野的转换和赔偿范围的拓宽,直接指向受损害的合法权益,但适用范围非常有限,只能作为违法责任原则的补充,其理由是:(1)归责原则的设置要体

---

① 参见彭俊良著:《民事责任论》,希望出版社2004年版,第234页。

现出法律的价值取向,体现出社会的公平正义,有利于社会秩序的建构以及公权力行为的正常运行;(2)我国国家赔偿制度是以违法责任原则为基点建立起来的,要彻底改变违法责任原则就必须要对《国家赔偿法》作根本性的修改;(3)结果责任原则的范围极为宽泛,其全面适用一方面不利于法律秩序的建构,另一方面也不利于对行为的规范和引导;(4)世界上还没有哪一个国家将结果责任原则作为占主导地位的归责原则。

第三,与违法责任原则的联接性。违法责任原则是以对行为合法性进行法律评价为价值取向的归责原则,其宗旨是要打破传统过错归责原则标准的非客观性,代之以一个客观可控的法律标准,并非以对受害人进行赔偿为宗旨。① 我们肯定地指出:单纯地采用违法责任原则的确在实践中留下了很多无法解决的问题,也不利于受损害的合法权益的救济,多元的归责体系是国家赔偿制度发展的趋势。多元的归责体系建构就涉及归责原则之间的匹配问题,不同的归责原则叠加在一起将会产生不同的结果。我国以违法责任为主线的国家赔偿制度体系需要从损害结果的维度来补充,如果仍然从侵权行为的角度来谋划,其结果是主线不明确、价值观念不清晰。例如在以违法责任原则为主的条件下,就不宜采用以过错责任原则为辅,因为违法责任原则就是以过错责任原则为基础,假设以过错责任原则为主,就可以考虑以无过错责任或严格责任、公平责任、危险责任为辅。结果责任原则是一个大概念,包含着非常丰富的内容,如果能够限定其适用范围,是可以作为一个重要的归责原则的,特别是在以违法责任原则为主的情况下,用它作为重要的补充就可以将对国家行为合法性的价值判断延伸到对损害结果赔偿的考量。

第四,内涵的延伸性。结果责任原则预留了一个极为广泛的空间,可供国家根据社会经济的发展、权利救济观念的延伸作适当的调整,尽管目前所能包容的东西较少,但可以在今后发展的过程中不断地添加。从立法技术上看,现行《国家赔偿法》对结果责任原则适用范围的确定具有一定程度的合理性。

第二节 国家赔偿的构成要件

国家赔偿责任是国家赔偿制度中的核心内容,是国家因国家机关及其工作人员在执行职务中侵犯公民、法人和其他组织的合法权益而承担的损害赔偿责任。在理论上,它属于一种"消极责任"(negative responsibility or liability),即因国家机关及其工作人员对义务的违反并造成损害的事实由国家承担的责任。

国家赔偿责任的构成指国家在怎样的情况下,具备怎样的条件,承担国家机

---

① 参见简海燕:《对我国国家赔偿违法归责原则的反思》,载《国家行政学院学报》2008年第3期。

关及其工作人员在执行职务中实施侵权行为而造成的损害赔偿责任。国家赔偿责任的构成以一定的归责原则为指导,并与国家的经济发展、政治民主相联系,其目的在于限定国家赔偿的范围和有效地保障公民获得赔偿权的实现。各国关于国家赔偿责任的构成不尽相同,但一般都包括主体范围、行为范围、损害事实以及主观过错等基本内容。从我国《国家赔偿法》的规定来看,国家赔偿责任的构成反映了我国的具体实际情况,具有中国特色。

一、侵权主体

对国家赔偿责任构成的研究,首先应判定主体范围,即确定侵权主体。侵权主体是指实施侵权行为能够引起国家承担赔偿责任的机关或个人。国家赔偿责任是一定范围的责任。"国家就其财力和政策而言,不可能对所有的人的侵权行为所造成的损害承担赔偿责任,而只能对它应当负责的人或在当时的社会观念看来必须负责任的人的损害行为承担赔偿责任。"[1]任何一个国家,即使是自称为社会福利国家的,都不可能做到将侵权行为的致害全部由国家负责赔偿。这除了涉及国家财政能力外,还有一个重要因素就是国家赔偿责任功能所应达到的法律效应和社会效应。

(一)关于侵权主体设定的比较分析

在有赔偿制度的国家,法律对侵权主体的设定尽管在外在形式方面有相类似之处,但在概念的内涵上则不尽一致。以归纳的逻辑思路为起点,我们将不同国家(地区)对侵权主体的设定分为如下几大类:

(1)以公务员为侵权主体。众多的国家(地区)规定了以公务员为侵权主体,如日本、法国、英国、韩国、瑞士以及我国的台湾地区等。日本《国家赔偿法》第1条规定:"行使国家或公共团体权力之公务员,就其执行职务,因故意或过失不法加害于他人者,国家或公共团体对此应负赔偿责任。"瑞士《联邦责任法》规定:"联邦对于公务员执行公务时,不法侵害他人权利者,不问该公务员有无过失,应负赔偿责任。"上述国家尽管以公务员为侵权主体,但一般没有在国家赔偿法中对公务员加以界定。我国台湾地区《国家赔偿法》规定:"本法所称公务员者,谓依法令从事于公务之人员。"日本在宪法中将公务员规定为在国家、地方公共团体以及公共企业等公共团体中从事公务的人员。韩国公务员的概念分为广义和狭义两种:广义的公务员是履行国家或地方自治团体职能的所有的人;狭义的公务员是指与国家或地方自治团体有公法关系的人。其他国家也在有关法律中对公务员作了解释。上述国家对公务员界定的不同,直接导致国家赔偿范围的差异。

---

[1] 江必新著:《国家赔偿法原理》,中国人民公安大学出版社1994年版,第47页。

（2）以政府雇员为侵权主体。美国在国家赔偿制度中将政府雇员确定为侵权主体，有别于其他国家。根据美国《联邦侵权赔偿法》的规定："'政府雇员'是指联邦行政机关之官员或受雇人、美国陆海军之成员，以及以官方身份，暂时地或永久地为美国联邦政府服务之人员，至于是否接受领报酬，在所不问。"很明显，美国《联邦侵权赔偿法》将联邦法院的法官排除在侵权主体的范围之外。

（3）以国家机关为侵权主体。目前，世界上只有少数国家单纯以国家机关为侵权主体，最为典型的是罗马尼亚。罗马尼亚《宪法》(1975)规定："由于国家机关的违法行为使其权利受侵害的人，可以依照法律规定的条件，请求主管机关宣告此项行为无效并赔偿损失。"

（4）以国家机关和公务人员为侵权主体。保加利亚在《宪法》(1971)中规定："国家对国家机关和负责人的非法指令或渎职行为而造成的损害负责。""公民因公务人员渎职违法而遭受损失时，有权依照法律规定的条件取得赔偿。"

（5）以执行公务的任何人为侵权主体。德国《基本法》规定："任何人于执行公务时，如违反其对于第三者应负之职务上的义务，原则上由其所服务之国家或公共团体负责。"

（6）以国家或其他公共实体及其主管官员、执行官员或代理人为侵权主体。葡萄牙《宪法》规定："国家或其他公共实体及其主管官员、执行官员或代理人，应对履行职能时的行为或者行为所造成的侵犯权利、自由与保障或妨害他人，承担民事责任。"

除上述列举的以外，其他国家也在宪法和有关法律中对侵权主体作了符合本国国情和法律制度的规定。原苏联将国家机关、社会团体及其公职人员为侵权主体；原南斯拉夫以国家机关、公共团体及工作人员为侵权主体；原民主德国以政府机关和行政机构的工作人员为侵权主体。我国是以国家机关及其工作人员为侵权主体。

尽管各国法律对侵权主体的设定不相一致，但不外乎三种模式：一元、二元和多元模式。一元模式主要以单一的国家机关或单一的个人为侵权主体，大多数国家倾向于后一种方式，认为国家的行为、国家机关行为最终要通过个人的行为来实现，在表象上，国家或国家机关没有实施侵权行为的可能性。因而侵权主体只能是个人，特别是在行政管理独任制的国家尤为明显。二元模式主要以国家机关和特定个人为侵权主体。在这种模式下，国家机关的行为和特定的个人行为一样，都有可能造成相对人权利的损害，仅以特定个人为侵权主体不能反映现代社会中公共权力运用的客观实际情况，如经合议而为的行为不能认定为几个特定的个人而为的行为，只能理解为整体行为。多元模式除了确定国家机关、特定个人为侵权主体外，还将某些组织或公共实体规定为侵权主体。原苏联在1977年《宪法》中就将社会团体作为侵权主体，这是由前苏联社会团体在国家生活中的地位所决定的。将某些组织或公共实体作为侵权主体是现代国家赔偿制度的发展趋势。因为现代社会中,独立个人要想参与国家政权或实现某种愿望必须借助集体力量,社会团体或公共实体的出现是客观要求。然而社会团体或公共实体只能反映部分人的利益要求,其行为既可能侵犯本团体或实体成员的利益,又可能侵犯团体之外其他人的利益。对团体或实体内部成员的损害填补可以通过内部程序救济,对团体或实体外部的他人权利的损害填补必须借助于国家的救济程序。特别是在社会团体掌握国家政权的情况下,团体的行为和国家行为合二为一,如果不将某些团体列入侵权主体的范围,显然不利于保护受害人的合法权益。

(二) 我国国家赔偿责任中的侵权主体

我国《国家赔偿法》依据我国宪法的确定,将侵权主体确定为国家机关和国家机关工作人员,即关于侵权主体设定的模式是二元结构,在这种结构中,因现阶段国家权力运用的实际需要,对结构的概念作了广义的解释,将某些运用国家权力的非国家机关及其工作人员也纳入了主体范围之中。

1. 国家机关

国家机关是运用国家权力的机关,在我国是指国家权力机关、国家行政机关、国家司法机关和国家军事机关。

(1) 国家权力机关。我国的国家权力机关为全国人民代表大会和地方各级人民代表大会。国家权力机关能否作为国家赔偿责任中的侵权主体,在我国法学界有一定的争论,主要表现为两种相反的观点:一种观点认为国家权力机关虽然行使的是国家权力,但其职权的运用具有抽象性、民意的表现性和普遍性,因而其责任是可以豁免的。"公民由于国家所制定的法律而受到损失,传统上国家不负赔偿责任。因为法律是国民的公意,民族主权的体现,行使主权的行为国家不负责任。"[1]另一种观点则相反,即认为国家权力机关可以作为国家赔偿责任中的侵权主体[2]。

我们同意后一种观点。权力机关的职务侵权行为所造成的损害赔偿,在我国司法实践中尚未见此类案件,但在理论上是可能的。作为国家法律的国家赔偿法应从法律的发展观出发,将权力机关纳入主体的范围之中,这是因为:

第一,在法律上,我国现行法律并未在侵权主体的范围中排除国家权力机关。《宪法》第 41 条第 3 款规定的是:由于国家机关和国家工作人员侵犯公民权利而受到损失的人,有依照法律规定取得赔偿的权利。《民法通则》第 121 条也规定了"国家机关或国家机关工作人员在执行职务中,侵犯公民、法人的合法权

---

[1] 参见王德祥主编:《国家赔偿法概论》,海洋出版社 1991 年版,第 48 页。
[2] 参见余能斌:《职务侵权损害民事责任的构成与限制》,载《法学研究》1987 年第 3 期。

益造成损害的,应当承担民事责任"。《国家赔偿法》第 2 条也作了类似的规定。很明显,我国各种法律所提到的国家机关包括国家权力机关。

第二,在理论上,"国家豁免论"已为世界各国所抛弃,公共负担平等的观念已为人们所普遍接受。法国早在《人权宣言》中确立了这样的原则:立法机关不得制定任何法律来损害或妨碍为宪法保障的那些自然权利和公民权利的行使。我国在理论上早以放弃"国家豁免论"的思想,肯定了国家权力机关是代表人民行使国家权力的机关,其行为应对人民负责。

第三,在权力和权利的关系上,国家权力机关行使的是公共权力,其权力运用的目的是为了保护公民的权利,同时也受到公民权利的抑制,当其侵权行为造成公民合法权益损害时,国家应对其行为承担赔偿责任。

第四,国家权力机关的某些职务行为也容易导致公民、法人或其他组织合法权益的损害。如全国人大常委会作出的不适当决定被全国人大改变或撤销,在改变或撤销前,有可能给部分的公民、法人或其他组织造成损害。全国人大设立的特别问题调查委员会在对特定事件调查的过程中,由于主观或客观的原因,没有根据事实而作出错误的决定,可能侵犯特定公民、法人或其他组织的合法权益。

基于上述理由,我们认为国家权力机关应作为国家赔偿责任中的侵权主体。

(2) 国家行政机关。国家行政机关是行使国家行政管理职能的机关,包括各级人民政府及其所属的工作部门。在国家赔偿制度中,国家行政机关违法行使职权侵犯公民、法人和其他组织的合法权益,造成损害的,国家承担赔偿责任。对此,理论上并无争议。我国《行政诉讼法》第 67 条、第 68 条也作了明确规定,但该法只是解决了具体行政行为造成损害的赔偿问题。

(3) 国家司法机关。在国家司法机关中,无论是人民法院还是人民检察院,都可以构成国家赔偿责任中的侵权主体。我国刑事赔偿制度的历程较之行政赔偿晚。在 1989 年《行政诉讼法》通过后,行政赔偿制度已逐步地付诸实践,而在国家赔偿制度中还没有司法赔偿。《国家赔偿法》对司法赔偿的规定,一方面完善了我国的国家赔偿制度,另一方面对国家司法机关适用法律提出了更高的要求。

(4) 国家军事机关。国家军事机关是否构成国家赔偿责任中的侵权主体,理论界对此有一定的分歧。有学者认为:"中央军事委员会是我国的军事机关。按照我国国家赔偿法的有关规定,军事机关不是国家赔偿法的侵权主体。"[①]另一种观点则相反。"国家军事机关及其工作人员违法行使军事职权侵犯公民、法人和其他组织的合法权益造成损害的,应由军队代表国家承担赔偿责任。"[②]我们认为,军事机关也可以构成国家赔偿责任中的侵权主体,因为,我国《宪法》、

---

① 王盼主编:《国家赔偿法学》,中国政法大学出版社 1994 年版,第 53 页。
② 莫颜强:《略论军事赔偿》,载《政法论坛》1996 年第 1 期。

《国家赔偿法》并没有豁免国家军事机关的侵权行为责任，国家军事机关也属国家机关的一种，其行使军事职权的行为同样是代表国家而为的行为，由国家对其侵权行为所造成的损害负责赔偿，体现了我国政权的性质，符合政权建设发展的要求。

2. 国家机关工作人员

在侵权主体中，国家机关工作人员是重要的构成单位。《国家赔偿法》中的国家机关工作人员是指在国家机关中能够行使法定职权的工作人员。在国家机关中，既有能行使法律所赋予职权的工作人员，也有其他的工勤人员。前者行使职权，代表国家，其行为具有国家属性；后者不能行使法律所规定的职权，其行为不具有国家属性。在理论上，明确两者的关系，对于国家承担赔偿责任具有一定的意义，尽管两者同处于一国家机关中，但国家对两者行为的后果表明了不同的态度，即国家只对行使职权的国家机关工作人员的侵权行为负责。有学者提出国家机关工作人员"即国家机关编制以内，有一定的级别、职称的在册人员"。[1]还有学者认为："国家机关工作人员泛指在国家机关工作的所有人员，包括干部、工勤人员、聘用人员。"[2]我们认为，对国家赔偿法中的国家机关工作人员的界定，不能以国家机关本身作为概念的外延，而要考虑到国家机关中特定人员与职权的关系，特定人员与外部的公民、法人或其他组织的关系，不能撇开内涵和外部关系来解释法律中的概念。国家机关工作人员的范围是特定的，不同于公务员。我国的公务员具有特定的范围，与其他国家的公务员在范围上有区别，如法国的公务员范围扩大到私法上的合同雇用人员、征用人员、事实上的公务员、志愿自动为行政主体工作的人员等。"在德国，行政法院对这个概念的解释一直是采取任意的态度，认为即使代表国家实施行为的个人并没有获得国家的正式任命，国家也应对其行为负责。"[3]许多国家就以公务员作为侵权主体。我国《国家赔偿法》并没有以公务员为侵权主体，因为"公务员"在概念的外延上相对狭小。我国《公务员法》将公务员界定为"依法履行公职、纳入国家行政编制、由国家财政负担工资福利的工作人员"。很显然，我国公务员不同于国家机关工作人员，只是国家机关工作人员中的一部分，在国家机关中还有一些能够依法履行公职务却并非公务员的人员，比如参照公务员管理的人员。

国家机关工作人员不同于许多法律中的国家工作人员的概念。如刑法中的国家工作人员是指在国家机关、企业、事业单位和其他依照法律从事公务的人员。在国家管理体制转型时期，行政本位的体制逐步被打破，国有企业、事业单位中的管理人员不再属于国家机关工作人员，也不能以行政级别来衡量，其侵权

---

[1] 林准、马原主编：《国家赔偿问题研究》，人民法院出版社1992年版，第64页。
[2] 王盼主编：《国家赔偿法学》，中国政法大学出版社1994年版，第54页。
[3] 皮纯协、冯军主编：《国家赔偿法释论》（修订本），中国法制出版社1996年版，第97页。

行为所造成的损害,国家不承担赔偿责任。

3. 法律、法规授权的组织

国家机关和国家机关工作人员可以作为国家赔偿法的侵权主体,但在特定情形下,侵权主体范围可以延伸于国家机关和国家机关工作人员的范围之外。这是由国家职能的多样性和适应性所决定的,因为法律、法规对国家机关及其职权的配置只是建立了静态的、阶段性规范,不能全面预测未来的发展方向,当社会中出现某一法律、法规未确定的现象时,静态的法律、法规往往显得无能为力。为了弥补这一缺陷,法律、法规中必须有授权性规范,授予国家机关之外的某些组织以一定的职权,准予其灵活地、具体地解决某些特定问题。这些组织基于法律、法规的授权,在行使职权时代表着国家,在性质上与一般的国家机关没有分别,因而其侵权行为所造成的损害,国家理应承担赔偿责任。如1987年国务院批准的《中华人民共和国计量法实施细则》第30条就确立了一个授权性规范,规定了"县级以上人民政府计量行政部门可以根据需要采取以下形式授权其他单位的计量检定机构和技术机构,在规定的范围内执行强制检定和其他检定、测试任务:(一) 授权专业性或区域性计量检定机构,作为法定计量检定机构;(二) 授权建立社会公用计量标准;(三) 授权某一部门或某一单位的计量检定机构对其内部使用的强制检定计量器具执行强制检定;(四) 授权有关技术机构,承担法律规定的其他检定、测试任务"。

4. 受国家机关委托的组织或个人

国家机关根据需要可以委托某些组织或个人行使指定职权。这些组织或个人基于委托关系,其行为是委托机关行为的延伸,具有国家属性,如果造成了侵权损害,国家应承担赔偿责任。但是,由于委托关系的限定,受委托的组织或个人只能在委托的范围内,根据委托的国家机关的意思表示行使职权,如果不是因委托的事项而发生的侵权损害,只能由受委托的组织或个人自己负责,国家不承担赔偿责任。

二、职务过错

职务过错是否作为国家赔偿责任的构成要件,因各国对归责原则的态度不同而有差异,如我国以违法责任为归责原则,那么在国家赔偿责任的构成方面则不强调职务过错。但是,过错仍然是责任的根本,我国并未否定职务过错在国家赔偿责任构成中的作用和意义。

(一)关于过错的主客观理论及分析

1. 主观过错理论

主观过错理论是以个人自由主义为基点,强调行为人对自己行为后果的认识。在哲学上,它是近代意志自由哲学的产物。洛克在《政府论》中指出:"人的自由和依照他自己的意志来行动的自由,是以他具有理性为基础,理性能教导他了解他用以支配自己行动的法律,并使他知道他对自己的自由意志听从到什么程度。"①康德从经验主义的理性哲学出发认为:理性是完全自由的,个人应对其行为的过失负责。他指出:"自由必须不被认为是无规律。自由不过是服从自然界的定律罢了,自由的原因必须遵照不变的规律发挥作用,但这些规律是自由原因所特有的。"②一个人自由的程度取决他的行动被理性或道德所决定的程度,如果完全受理性控制,就有完全的自由。行为过失的评价应从理性的角度出发。康德的思想对于19世纪的主观过错理论有重大的影响。黑格尔在《法哲学原理》中讲到:"行为只有作为意志的过错才能归责于我。"③意志的过错是过错的本质,只有当行为人意识到自己有过错时才承担责任。滥用意志自由,违反道德标准的意志是法律所应谴责的。以意志自由为基础的主观过错理论对于法学有重大的影响。苏联的阿尔加科夫认为:"过错是违法行为人的一定的心理状态。"马尔维也夫认为:"过错的特征,是违法行为人对自己的违法行为及其后果的一种心理态度。"④由于过错在主观上表现为道德的应受非难性和滥用意志自由的应受非难性,过错就是承担法律责任的前提和条件。有过错就有责任,无过错就无责任的原则就是社会道德和法律的必然要求。通过对违法行为人一定心理状态的判断来确定过错,就使法律责任具有一定的惩罚和教育功能。

以"意志自由"为基础的过错理论建立在唯心的基础上,假定了一个理性世界的存在,认为人之所以有过错是因为人在意志上有缺陷。判断行为人主观上的过错责任是法院的工作。然而,"主观过错说常常否定了人的社会性,把人的意志的活动孤立化、绝对化"⑤。仅仅从主观领域活动来考察过错是片面的,因为人的意志的活动要通过一定的行为表现出来。从孤立的主观状态来评价过错是不妥当的。⑥ 现在,大多数国家的民法和国家赔偿法已不再坚持主观过错理论,而采用客观过错理论。

2. 客观过错理论

客观过错理论把过错解释为对注意义务的违反。行为人的过错并不在于行为人主观上是否具有应受非难性,而在于其行为的应受非难性。"行为人的行为若不符合某种行为标准即为过错。"⑦客观过错理论主要受罗马法的影响。在罗马法中,过错是行为人违反了社会义务,不符合社会要求,也指行为人没有依法

---

① 〔英〕洛克著:《政府论》(下),瞿菊农、叶启芳译,商务印书馆1996年版,第39—40页。
② 〔德〕康德著:《道德行而上学读本》,沈叔平译,商务印书馆1996年版,第60页。
③ 〔德〕黑格尔著:《法哲学原理》,范扬、张企泰译,商务印书馆1982年版,第119页。
④ 参见林准、马原主编:《国家赔偿问题研究》,人民法院出版社1992年版,第79页。
⑤ 王利明著:《侵权行为法的归责原则研究》,中国政法大学出版社1997年版,第191页。
⑥ 同上。
⑦ 同上书,第193页。

或依照公共准则遵循其所应遵循的行为准则标准。法国学者萨瓦蒂厄认为：过错是对义务的违反，这种义务是加害人能够意识到和能够履行的。[①] 比利时的德帕热指出：过错是谨慎、明智之人所不会做的行为或行动，这种人随时都会考虑到给他人带来不幸结果的危险。[②] 我国的行政法学家王名扬教授认为"行政机关欠缺合理的注意，即有过失的存在，应对过失的侵害行为负责，称之为过失责任"。[③] 客观过错理论除了将过错解释为对注意义务的违反外，还解释为：不符合某种行为标准的行为和对权利的侵犯[④]，等等。客观过错理论主要受实证主义哲学思想的影响，否定了内在意志和外在行为之间的联系，认为对过错的确定和判断只能依据行为人客观的外在行为，对行为人主观状态的确定不具有可能性和必要性。"法官在确定行为人有无过错时，没有必要对每个人实施行为时的心理状态作出一种善或恶的道德评价。"[⑤]法官只需要对行为人的行为与应负的义务关系作一判断，就可以判定行为人是否有过错。

客观过错理论与主观过错理论相比较具有明显的优点。第一，它不拘泥于意志领域的狭小圈子，而把视野投向行为人的行为。第二，将过错理解为一种社会概念，因为过错不在于行为人主观上的感觉，而在于社会的评价和道德的评价。第三，便于法官的判断。客观过错理论对过错的解释扩大了责任的范围，适合现代社会大生产发展的需要，也与国家民主政治的发展相吻合。伯纳德·施瓦茨讲到："法律正在做的是，以社会责任的概念取代个人过失的思想。过失本身也由于过错责任的客观化而发生了变化。这意味着从日益扩大的侵权行为法领域中消除道德因素。尽管责任的确定在名义上仍然是根据传统的过失概念，然而越来越多地涉及的是，被告本身并无'真正'的过失。"[⑥]因而客观过错理论在法律中被广泛地采用。客观过错理论将违法与过错联系了起来，可以认为违法责任原则是客观过错理论在法律上的发展。"违法"或"违反法定的义务"都等同于过错。这种对过错的判定特别适合于国家机关或国家机关工作人员的侵权行为，只要国家机关或国家机关工作人员违反了法定的义务，就可以认定其行为有过错。

然而，客观过错理论也有其局限性。它割裂了意志与行为之间的内在联系，不能说明侵权行为内在的本质，在操作上将同一标准适用于不同类型的侵权主体，虽然扩大了责任的范围，但却不能体现"客观公正"和"事实上的平等"。伯纳德·施瓦茨讲到："法律平等只可能存在于这样一种情况下，即社会每一成员在

---

① 参见林准、马原主编：《国家赔偿问题研究》，人民法院出版社1992年版，第80页。
② 同上。
③ 王名扬著：《英国行政法》，中国政法大学出版社1987年版，第103页。
④ 参见王利明著：《侵权行为法的归责原则研究》，中国政法大学出版社1997年版，第197—198页。
⑤ 同上书，第200页。
⑥ 〔美〕伯纳德·施瓦茨著：《美国法律史》，王军等译，中国政法大学出版社1996年版，第204页。

事实上而非仅仅在形式上拥有使用其天赋的平等机会。由于每人社会的环境不同，与此相反，一部分人缺乏能力或能力受到阻碍，而同时他人的能力却高出一筹，或得天独厚，权利平等就成为一种'漂亮的然而是空虚的浮夸之词'。"① 因而，客观过错理论的适用必须结合特定侵权主体的具体实际情况，使责任的承担因侵权主体自身条件不同而有所差异。国家赔偿制度中，法律可以根据侵权主体的不同，确定免责或有限责任制度，使客观过错理论贴近实际。

（二）职务过错的含义及其适用

职务过错是一个主客观相统一的概念，在主观上，国家机关或国家机关工作人员没有尽到法律要求注意的程度，客观上产生违反义务行为，如警察在追捕逃犯的过程中，开枪射击误伤周围的群众，其过错表现为违反法律规定的义务，没有尽到法律要求注意的程度。它是客观过错理论在国家赔偿法中的表现。判定国家机关及其工作人员是否有过错，依赖主观过错理论很难以得到一个确切的答案，同时也往往给法官以较大的自由裁量权，特别是在国家监督机制相当脆弱的情况下，公民、法人和其他组织的合法权益会因法官判定加害人无过错而得不到保障。客观过错理论引入国家赔偿制度中后，判定国家机关及其工作人员是否有过错，可以根据法律对其义务设定来判断，考察其是否注意到自己应承担的义务或责任，是否达到法律要求注意的程度。违反与不违反义务的要求，注意到与没有注意到，依法律的规定可以作出结论。在法律不能完全提供一个明确的标准时，可以依据一个正常人是否"注意到"为标准。大陆法采用"良家父"的标准，英美法采用"理性之人"的标准。在不可抗力的情况下，侵权行为人已经尽到法律要求注意的程度，但损害还是发生，此时不能认定侵权行为人存在着职务过错。然而，侵权行为人由于自身条件的障碍，不能尽到要求注意的程度，不能作为职务过错的抗辩理由。

职务过错一般表现为国家机关工作人员的过错，但是职务过错并非完全与执行职务的国家机关工作人员的过错相一致，在特定情况下，即使执行职务的国家机关工作人员并无过错，也可以确定职务过错的成立。② 如执行职务的国家机关工作人员在执行职务时精神病突发而造成损害事实的发生，不能否定职务过错的成立。

在范围上，职务过错只是一般客观过错的一个组成部分，限定在特定的范围之中，只有当国家机关或国家机关工作人员在执行职务时违反义务、没有尽到应注意的程度，才能认定为职务过错。如果过错不是发生在执行职务时或与执行职务无关，即使侵权主体是国家机关或国家机关工作人员，都不能确定为职务

---

① 〔美〕伯纳德·施瓦茨著：《美国法律史》，王军等译，中国政法大学出版社1996年版，第252页。
② 参见林准、马原主编：《国家赔偿问题研究》，人民法院出版社1992年版，第84—85页。

过错。

三、职务侵权行为

行为范围是国家赔偿范围中最基本的内容。主体范围只是构建国家赔偿责任外围的框架,一定的侵权主体并不必然导致国家承担赔偿责任。"随着国家赔偿制度的发展,主体范围已经显得越来越不重要,主体范围在许多国家已被行为范围所吸收。"[①]行为范围所要揭示的是行为与责任之间的关系,即明确国家对侵权主体的哪些行为承担赔偿责任。各国国家赔偿法一般都接受"职务侵权行为"作为国家赔偿责任的行为界限,在界限以内,国家可能承担赔偿责任,界限以外的其他任何行为,国家不承担赔偿责任。

1. 职务行为判断的两种观念

职务侵权行为作为国家赔偿的构成要件,必须要明确何谓职务行为。职务行为的概念在理论上有一定的争议,主要表现为主观说和客观说。

(1) 主观说。主观说是以雇佣人或受雇人的意思为标准来判断是否执行职务。在主观说中又分两种情形:其一是以雇佣人的意思为标准,如果受雇人超出雇佣人所委托事项的范围,不能认定为执行职务,例如美国。其二是以受雇人的意思为标准,只要受雇人是为了雇佣人(国家或国家机关)的利益而为的行为,就属于执行职务的行为。主观说主要受传统民法的影响,将职务行为的判断建立在雇佣人或受雇人意思的基础上,举证责任完全在受害方,受害人无法知晓侵权行为人的意思,因而不利于保护受害人的合法权益。

(2) 客观说。这种理论强调职务行为的外在表现,以常理(社会通常认知的标准)为依据,不管行为人的主观态度如何,只要根据常理认为是执行职务或受害人确信是在执行职务,那便可以认定是执行职务。我国台湾地区学者认为:"所谓受雇人用执行职务不法侵害他人之权利,不仅指受雇人因执行其受命令,或委托之职务自体,或执行该职务所必要之行为,而不法侵害他人之权利者而言,即受雇人之行为,在客观上是认为与其执行职务有关,而不法侵害他人之权利者。就令其为自己利益所为亦应包括在内。"[②]许多国家采用客观说,不问行为人的意思如何,凡是职务行为的本身以及与职务行为有牵连的行为都可以认定为职务行为。

2. 职务侵权行为之解析

简而言之,职务侵权行为是执行职务中侵犯他人权利的行为。为了弄清职务侵权行为的含义,我们必须明确如下几个问题。

---

① 江必新著:《国家赔偿法原理》,中国人民公安大学出版社1994年版,第55页。
② 转引自林准、马原主编:《国家赔偿问题研究》,人民法院出版社1992年版,第97页。

(1) 职权与责任。职权在法律制度中是一个常见的概念,是权力和责任的结合体。我们对职权的理解,一是要明确其产生的根据。公法意义上的职权是基于法律、法规的授予,在本质上是人民对国家权力的让渡,与私法意义上的职权有着明显的分别。职权法定是现代公法中的一项重要原则,国家机关及其工作人员不能为自己创设谋取私利的职权,也不能超越法定的范围行使职权。二是要明确其结构。职权在构成上包含着权力和责任,在法律上是"权力和义务的统一"[1]。权力只是职权中的一个要素,用美国社会学家戴维·波普诺的话讲:"是对他人的行为实行控制和影响的能力,不管他人是否愿意接受这样的控制和影响。"[2]职权也不同于权利。权利是指"国家通过宪法和法律保障的,公民实现某种意愿或获得利益的可能性"[3]。权利的确定虽然明确了国家与公民的关系,但其实现并不具有国家属性,公民可以放弃权利。职权既是权力,又是责任,国家机关在任何情况下都不能放弃职权,放弃了职权就意味着抛弃了人民的意志。三是要明确其与职务的关系。职权是职务的前提,有了职权才有可能产生职务。我们通常所讲的职务行为也就代表国家行使职权的行为,其中的职务侧重于义务的履行。

(2) 侵权行为。侵权行为在法律中是一个常见的概念,但法律几乎没有对其作具体的解释。学术界以及实务中有三种代表性的观点:一是过错说,认为侵权行为就是一种过错行为;二是违反法定义务说,认为侵权行为是违反法律事先规定的义务的行为;三是责任说,认为侵权行为就是应负损害赔偿责任的行为。[4] 学者们对侵权行为的概念有多种界定。有的认为:"所谓侵权行为,就是当某人违法侵害他人的权利或利益给他人造成损害时,使加害者负担应该赔偿受害者损害的债务的制度。这种违法的利益侵害行为本身也叫做侵权行为。"[5]有的认为:"侵权行为者,因故意或过失不法侵害他人之权利或故意以违背善良风俗之方法,加害于他人之行为也。简而言之,为侵害他人权利或利益之违法行为也。"[6]还有的认为:"侵权行为是指行为人由于过错,或者在法律特别规定的场合无过错,违反法律规定的义务,以作为或不作为的方式,侵害他人人身权利和财产权利,依法应当承担损害赔偿等法律后果的行为。"[7]从学术界的各种观点来看,侵权行为具有两个典型的特征,即行为的违法性和受害权利的绝对性。这在民事法律领域中是没有疑问的。现在需要研究的是:职务侵权行为是否都具

---

[1] 谢邦宇著:《行为法学》,法律出版社1993年版,第224—225页。
[2] 〔美〕戴维·波普诺著:《社会学》,刘云德、王戈译,辽宁人民出版社1987年版,第399—400页。
[3] 魏定仁主编:《宪法学》,北京大学出版社1994年版,第165—166页。
[4] 参见彭俊良著:《民事责任论》,希望出版社2004年版,第132页。
[5] 于敏著:《日本侵权行为法》,法律出版社1998年版,第2页。
[6] 史尚宽:《债法总论》,台湾荣泰印书馆股份有限公司1978年版,第101页。
[7] 杨立新著:《侵权法论》(上册),吉林人民出版社1998年版,第12页。

有违法性的特征,有没有合法的侵权行为。我们认为,职务侵权行为与一般意义上的民事侵权行为有着一定的差异,职务侵权行为带有国家意志的属性,在某些特定的情况下,即使是依据法定的条件和程序行使职权也仍然有可能侵害他人的权利或利益,如"合法的错拘错捕",所以,对职务侵权行为的理解还应考虑造成损害结果的原因。

(3) 职务侵权行为。国家机关和国家机关工作人员虽为侵权主体,但其行为所造成的损害并不全由国家承担赔偿责任,国家只对职务侵权行为所造成的损害负责。职务侵权行为与一般的侵权行为不同,是在行使职权时致使他人的权利遭受损害的行为,具有三个典型的特征:第一是时间上具有延续性,即从执行职务开始到任务的完成,表现为"执行职务时";第二是在职责范围内,即法律对行使职权所要求的范围、方式、程序、幅度等有明确的规定,侵权主体的行为与其职责存在着关联性,如某公民以警察的身份入室查赌,给他人造成财产损害就不是一种职务行为;第三是使他人的权利遭受损害。如工商行政管理局对某一行政相对人实施罚款的行政处罚,违反法律、法规所规定的工商行政管理义务,在结果上使他人的财产权遭受损害。需要说明的是:国家机关及其工作人员违法行使职权侵害他人的一些不正当利益,有关相对人是不能请求国家赔偿的。因为,《国家赔偿法》的立法宗旨是为了保护公民、法人和其他组织的合法权益,促进国家机关依法行使职权,即使国家机关及其工作人员违法行使职权且有一定损害事实的发生,但是相对人的一些不正当利益是不受法律保护的,如果给予了国家赔偿,就会在社会中形成价值取向的误导。当然,国家机关及其工作人员的违法行为是应该依法处理的,但这不属于国家赔偿法所调整的范围。《国家赔偿法》所要保护的是法律上的权利以及正当的利益。

3. 职务侵权行为之表现

职务侵权行为在现象上主要表现为两大方面,作为违法或不作为违法,在特殊情况下还包括一些合法行为致害。作为是行使职权的积极行为,不作为是怠于行使职权的行为,兹分述如下:

(1) 行使职权中的违法行为。行使职权中的违法行为主要表现为:国家机关或国家机关工作人员行使职权的法律依据选择错误;行使职权的程序不当;行使职权的方式、方法不当;行使职权对象错误;超越职权范围;等等。这里面既包括故意滥用职权的行为,也包括过失的误用职权的行为,但无论是故意或过失,都属于职务侵权行为。需要说明的是,有的职务行为要依据行为发生的客观环境、时间、地点以及法律责任的范围综合分析。如勤务时间外行使职权的行为和管辖区域之外执行职务的行为不能认定是个人行为,因侵权而造成的损害,国家也应承担损害赔偿责任。

(2) 与行使职权有牵联关系并密不可分的行为。受害人所遭受的损害可以是因行使职权的行为而产生,也可以是因其他行为,只要损害发生在国家机关、国家机关工作人员行使职权的过程中,并与其职责相关联,那么就属于职务侵权行为所造成的损害。我们将行使职权的行为称为主行为,将与行使职权有牵连关系且密不可分的行为称为从行为,主行为和从行为如果违法,都可以称为职务违法行为。如国家税务工作人员在执行职务中,因与纳税人发生争执,将某纳税人非法拘禁起来,这就属于从行为违法。

(3) 怠于行使职权的行为。怠于行使职权的行为也称消极的行为或不作为。在国外法律制度中,一般都对此类行为作了规定。我国《国家赔偿法》也将这类行为吸纳进去,作为国家承担赔偿责任的依据之一。此类行为的确定,以法律确定国家机关、国家机关工作人员有作为义务为前提。法律上有作为的义务可归纳为:① 基于法律上的规定有作为的义务;② 基于服务关系有作为的义务;③ 基于公法上的契约关系有作为的义务;④ 因自身无责任之行为所产生危险有防止的义务;⑤ 因其有防止危险发生的机会而依公序良俗有防止的义务。[①]我国学者龚祥瑞教授在《行政法与行政诉讼法》中将公务员的义务总结为:法律、政策上所定的义务;上级命令、指令中的义务;职务要求的义务;职业操守上的义务。国家赔偿法上有作为的义务需为第三人(受到损害的人)的利益而设,其目的是为了保障第三人的利益,只有当第三人直接利益遭受损失的情况下,才能请求国家赔偿。如果有作为的义务是为了公共利益的话,第三人也没有遭受直接损害,则第三人不能因国家机关或国家机关工作人员不作为要求国家赔偿。长期以来,在我国法律概念中,由于受旧有的法律观念的束缚,仍然存在着"行使职权易承担责任,不行使职权则不承担责任"的观念,即"多一事不如少一事",导致了在立法以及司法实践中对不作为而引起的法律责任问题欠缺合理的注意,使受害人的合法权益得不到应有的保护。实际上,怠于执行职务的情形有很多:如消防部门接到火警电话后拖延时间致使损害扩大;公安机关接到受害人要求保护的请求后,没有保护或拖延保护,致使受害人人身伤亡、财产损失;法院执行错误经申请仍不回转或纠正;公证机关的错误公证经申请仍不撤销;等等。因此,在国家赔偿制度中,建立怠于执行职务的损害赔偿,对于国家机关、国家机关工作人员的勤政,以及保护公民、法人或其他组织的合法权益不仅有理论意义,而且还有现实意义。怠于行使职权的行为所引起的国家赔偿责任一般要具备三个条件:一是有作为的义务;二是有作为的能力和条件,即在客观环境下能够履行职责,如果是客观不能则不能归责;三是在权利救济合理范围内不及时采取有效的措施,如拒绝、迟延、不充分作为或者疏忽[②]。《国家赔偿法》对怠于行使职权

[①] 参见江必新著:《国家赔偿法原理》,中国人民公安大学出版社1994年版,第70页。
[②] 参见陈春龙著:《中国司法赔偿实务操作与理论探讨》,法律出版社2002年版,第337页。

(不作为)的国家赔偿责任也有所体现,如第 3 条和 17 条中规定了"……放纵他人以殴打、虐待等行为造成公民身体伤害或者死亡的。"

(4) 合法致害行为。一般来说,合法行为是国家和社会所认可的,即使给他人造成了损害,加害人在主观上应认定为是无过错的。在公平责任或结果责任的条件下,加害人和受害人均无过错,其中的损害赔偿责任就根据公平正义的基本原则来划分,由加害人适当地承担损害赔偿责任。职务行为不同于一般的侵权行为,附加着权力的承受者对职权的信赖,即使符合法律规定,在造成损害的情况下也应该产生一定的责任。《国家赔偿法》主要是基于违法行为致害而建立的国家赔偿制度,基本上排除了合法行为致害的国家赔偿责任,但是,为了保护无辜的受害者的合法权益,也规定了在特定情况下的国家赔偿责任,如合法的错捕等,对其他的合法行为致害则没有作出规定。

四、损害事实

损害事实是职务行为主体违法执行职务的后果,是国家赔偿责任构成的必要条件。在国家赔偿制度发展的历程中,国家赔偿法中的损害走过了与民法中的损害从相同到相异的道路。早期的国家赔偿制度受民法理论的影响颇深,其对损害的规定与民法中的规定无异,包括人身损害与财产损害,物质损害与精神损害,直接损害与间接损害。后来,随着人们对国家公权力认识的加深,发现国家公权力的致害具有一些不同于民事损害的特点,表现在损害是特定人异常的损害,损害的范围相当广泛等。

(一) 损害事实的性质

1. 现实性

损害的现实性是指损害已经发生并在现实中确实存在,而不是指想象之中或未来可能发生的损害。想象之中的损害不具有客观性,未来可能发生的损害不具有确定性和现实性,国家均不承担赔偿责任。

值得说明的是:损害事实本身的现实性并不代表国家只对现实存在的损害负责赔偿,国家在一定的条件下还可以或必须对将来发生的损害负责赔偿。有的国家将将来发生的损害分为必然的损害和或然的损害,因必然损害具有确定性,国家负责赔偿,而或然损害具有不确定性,国家不负责赔偿。如造成某一公民全部丧失劳动能力的,该公民的损害不只是现实的人身伤害,而涉及将来的生存以及其所抚养子女未来的生存问题,因而,国家赔偿必须将这些现实的以及将来的损害全部考虑进去。法国行政法院在 1947 年对法国电力公司案件的判决中指出:"如果将来的损害是可以立即估价的,则应当对其进行赔偿。因为它是对于现状的直接现实的延伸。"①法国的这一判例将将来的损害区分为可以立即估价的和不能立即估价的。还有的国家将将来发生的损害分为高概率损害和低概率损害、可以确定的损害和不可确定的损害、直接损失和间接损失等。

我国《国家赔偿法》在制定的过程中，关于对何种损害承担赔偿责任的问题有不同的意见：有的提出国家仅对直接损失负责赔偿，因间接损失难以确定，国家不负责赔偿；还有的提出国家不仅要赔偿直接损失，还要赔偿间接损失等。我国《国家赔偿法》采纳了前一种观点，但对前一种观点加以修正，即原则上只赔偿直接损失，而对必须赔偿的间接损失将由法律列举规定。

2. 特定性

损害的特定性是指损害只有符合法律规定的条件，国家才承担赔偿责任。就损害的程度而言，损害有一般损害和特别损害之分。特别损害是符合法律规定条件的损害，而一般损害是不符合法律规定的条件，没有达到法律规定的应予赔偿的那种损害的最低程度，如国家机关工作人员在执行公务中工作粗暴、恶语伤人，致使相对人精神暂时痛苦，就属于一般损害。国家对一般损害不负责赔偿。就受损害的对象而言，损害分为一个人或少数人的损害和一般人的普遍共有的损害。大范围内或举国上下人所共有的损害，国家不承担赔偿责任，如国家实施戒严的行为所造成的损害。就受损害的客体而言，有实体权利的损害和程序性权利损害之分，对于实体权利的损害，国家一般应承担赔偿责任，而程序权利的损害在大多数的情况下，国家不承担赔偿责任。国家赔偿法中的损害的特定性还表现为其他方面，本章在此不一一分析。

确定损害的特定性主要是为了限定范围，确定一个"度"的问题。世界各国没有一个国家实行无"度"的损害赔偿，而对"度"的选择反映了一个国家的经济状况以及国家对受损害利益的态度。由于"度"的选择与确定直接涉及公民权利的救济和国家财政承受能力，畸高畸低的"度"都会带来政治、经济的不稳定。

3. 非法性

损害事实的非法性是职务行为主体对法律保护的法律关系、法律秩序正常状态的破坏，或对法律保护合法权益施加不利的影响。在合法行为下，职务行为主体造成的损害事实，国家不承担赔偿责任。与此相联系的，职务行为主体造成非法利益损害，国家同样不承担赔偿责任。

（二）损害事实的分类

损害事实按不同的标准可以作不同的分类，如财产损害与人身损害、物质损害与精神损害、直接损害与间接损害、有形损害与无形损害、可能发生的损害与必然发生的损害等。在国家赔偿法中一般分财产权损害和人身权损害两大

---

① 参见江必新著：《国家赔偿法原理》，中国人民公安大学出版社1994年版，第133页。

部分。

1. 财产权损害

财产权损害在形态上表现为已有财产的毁损、灭失或减少和可得利益的丧失。财产权损害从直观上讲是一种可计算的损害,即能够以货币单位计量财产价值上的减少或灭失,有可供衡量的客观尺度。从《国家赔偿法》的规定来看,导致财产权损害的职务侵权行为有:行政行为中的违法罚款、吊销许可证和执照、责令停产停业、没收财物,违法征收、征用财产;司法行为中的违法对财产采取查封、扣押、冻结、追缴等措施,违法采取的保全措施或对判决、裁定和其他生效的法律文书执行错误所造成的财产损害等。

财产权损害中的"可得利益的丧失"是一种有法律根据的、合乎社会公认准则的一种利益的损失,受害者可得到的利益具有客观性和必然性,如银行利息、正常的营业利润、固定的劳动收入、投资所得的红利等,而那些仅凭主观推断的具有或然性的利益就不属于"可得利益"。"可得利益丧失"作为国家赔偿构成要件是有一定条件限制的,因为它不同于既得利益,受害人尚未实际取得。

2. 人身权损害

人身权损害是对公民生命健康权、人身自由权、人格权等的侵犯并由此而造成损害。公民拥有生命健康权、人身自由权、人格权,其不受侵犯性源于宪法和法律对基本权利的确认。侵犯人身自由权主要表现为对人身自由的非法限制或剥夺,如错误拘留、逮捕、判决及劳动改造等。侵犯生命健康权主要表现为职务侵权行为致使公民身体受到损害或者死亡。侵犯人格权主要表现为职务侵权行为致使公民遭受精神损害。

人身权损害的赔偿不同于财产权损害的赔偿,它难以通过一定的货币单位衡量,虽然损害是有形的,但有形的损害不能通过一个精确的量来确定。世界各国只能将人身权损害相对量化并借助货币以及其他的财产方式予以补偿,如非法拘留 5 天,国家不可能恢复或修复拘留期间被破坏的权利状态,只能通过金钱的方式予以补偿。

(三) 精神损害的国家赔偿问题

在法学中,精神损害是指侵害公民人身权,造成公民精神痛苦和精神利益丧失或减损。精神痛苦包含两个方面的内容:一是指侵害公民的身体而造成生理损害,使其在精神上产生痛苦;二是指侵害公民心理所造成的心理损害。当公民的人身权利遭受侵害时往往伴随的是人的情绪、感情、思维、意识等方面的损害,导致精神活动的障碍,使人产生愤怒、恐惧、焦虑、沮丧、悲伤、抑郁、绝望等不良情感。精神利益丧失或减损是指公民维护其人格利益、身份利益和其他财产利益的活动受到破坏,因而导致其人格利益、身份利益和财产利益受到损害①,精神损害具有下列特征:(1)精神损害的主体限于自然人。精神现象为自然人所特有,精神损害仅发生在自然人受不法侵害的情况。法人有一些人格权,但没有自然人所特有的生理、心理和精神现象,也就不存在精神损害问题。但是,法人的人格权受到损害时,法律也规定予以救济。这主要是为了维护法人的物质利益,而不是维护其精神利益。②(2)精神损害是一个具有法律意义的特定概念,不同于医学上的精神损害或者人们在日常生活中所谈论的一般精神方面的不快。(3)精神损害的实质是一种非财产性损害。(4)精神权利作为自然人的一项重要权利,是与财产权利相对应的人身权利中的重要组成部分。

关于精神损害与赔偿的关联性问题,学界已接受了精神损害赔偿的概念。从字面上讲,要准确地界定精神损害赔偿是比较困难的,因为赔偿一般是造成他人有形财产损害之后以财产方式弥补受害人的损失,使之恢复到侵害之前的状态或以等量的价值填补等量的损失,而精神损害本身表现为精神痛苦或精神利益的减损、灭失,是无形的,并不直接体现为财产上的减损,用金钱赔偿的方式来弥补受害人并非财产损失的精神损害,在形式逻辑上是相悖的。一般来说,只有财产损失才能进行精确的计算,精神损失是难以用精确的金钱额度进行衡量的,并且财产损失有可能恢复到被侵害之前的状态,但精神痛苦造成以后是不可能予以恢复的,即使侵害人赔偿了一定的金钱,也不会使受害人的痛苦经历消失,或者说不再痛苦。美国的贝勒斯指出:"损害赔偿不能提供完全或恰当的补偿,尤其是那些对于名誉及隐私的损害,以及因人身伤害而遭受的痛苦。"③在这样的意义上,对精神损害用金钱赔偿所起的作用是为了补偿、抚慰受害人受到伤害的心灵,或说是对受害人起到弥补其心理失衡的作用。有的学者用"精神损害抚慰金"的概念④,它比较准确地反映了对精神损害的救济。在瑞士、日本等国的立法中采取的也是抚慰金制度。精神损害抚慰金的概念反映了权利救济的实质及作用,较为科学。⑤但由于精神损害赔偿在一定程度上是对加害人的惩戒,考

---

① 参见杨立新著:《人身权法论》,中国检察出版社1996年版,第253页。
② 在学界,关于法人是否可以提出精神损害赔偿的问题有一定的争议。我们认为:法人是一种组织,不可能像自然人一样具有思维活动和心理状态。法人的人格权遭受损害,是不可能产生精神痛苦的,在法人的人格利益遭受侵害的情况下,主要是财产上的损失。最高人民法院在《关于确定民事侵权精神损害赔偿责任若干问题的解释》中就否定了法人有精神损害赔偿问题。
③ 〔美〕迈克尔·D.贝勒斯著:《法律的原则——一个规范的分析》,张文显等译,中国大百科全书出版社1996年版,第311页。
④ 参见何俊:《精神损害赔偿应注意把握的几个问题》,载《北京行政学院学报》2001年第6期。
⑤ 王泽鉴先生认为:慰抚金系于非财产上的损害,不能回复原状或回复原状显有困难时,对被害人支付金钱。就其本质也属于损害赔偿,与财产上损害之金钱赔偿并无不同,从而也具有损害赔偿所具有之基本机能。参见王泽鉴著:《民法学说与判例研究》(第二册),中国政法大学出版社2005年版,第222页。

虑到我国法律界对其几乎是约定俗成的称呼,只有在法律上对其严格界定,因而,在理论与实践上仍然是可以使用"赔偿"这一概念的。① 在实务上,我国最高人民法院的司法解释已使用这一概念。

最先开始对精神损害予以赔偿的应该是民事法律制度。《德国民法典》第823条规定:"因故意或过失不法侵害他人的生命、身体、健康、自由、所有权或其他权利者,对被害人负赔偿损害的义务。"第847条规定:"不法侵害他人的身体或健康,或侵夺他人自由者,被害人所受侵害虽非财产上的损失,亦得因受损害,请求赔偿相当的金额。"瑞士《债务法》第55条规定:"由他人之侵权行为,于人格关系上受到严重损害者,纵无财产损害之证明,裁判官亦得判定相当金额之赔偿。"第49条规定:"人格关系受到损害时,对其侵害情节及加害人过失重大者,得请求慰抚金。"我国最早明确精神损害赔偿的法律文件是《大清民律(草案)》和《中华民国民律(草案)》,其中《中华民国民律(草案)》第26条规定:"不法侵害他人之身体、名誉或自由,被害人于非财产之损害,亦得请求赔偿相当之金额。"我国台湾地区《民法》第18条规定:"人格权受侵害时,得请求法院除去其侵害;有受侵害之虞时,得请求防止之。前项情形,以法律特别规定者为限,得请求损害赔偿或慰抚金。"我国《民法通则》明确规定了精神损害赔偿问题,其中第120条规定:"公民的姓名权、肖像权、名誉权、荣誉权受到侵害的,有权要求停止侵害,恢复名誉,消除影响,赔礼道歉,并可以要求赔偿损失。""法人的名称权、名誉权、荣誉权受到侵害的,适用前款的规定。"

国家赔偿法上的精神损害赔偿是指公民因其人身权利受到职务行为的侵害,使其人格利益和身份利益丧失、减损或遭受精神痛苦,要求国家通过财产赔偿等方法进行救济和保护的法律制度。精神损害赔偿进入国家赔偿制度是20世纪中后期的一项重大成果,此前,国家赔偿制度只是关注物质损害现象。德国于1981年颁布的《国家赔偿法》明确地将精神损害作为了国家赔偿的内容,该法第2条第4款规定:"应予赔偿的损害包括所失利益以及依据第7条标准发生的非财产损害",该法第7条的规定为:"对于损伤身体的完整、健康、自由或者严重损害人格等非财产损害,应参照第2条第4款予以金钱赔偿。"在日本,国家承担赔偿责任的方式,除特别规定外,都适用民法之规定。这不仅因为日本将国家当做公法人来看待,更主要的是因为民法关于侵权赔偿责任的规定较国家赔偿法更完备,更容易保护受害人的权利。1994年,我国在制定《国家赔偿法》时没有明确将精神损害赔偿纳入其范围。也有学者认为,精神损害是无形的,客观上无法衡量,无法确定一个合理的赔偿幅度,精神损害可以通过其他的救济途径来

---

① 参见张新宝、王增勤:《精神损害赔偿的几个问题》,载《人民法院报》2000年9月23日。

解决。① 2010年《国家赔偿法》修正案中明确了精神损害的国家赔偿，修改后的《国家赔偿法》第35条规定："致人精神损害的，应当在侵权行为影响的范围内，为受害人消除影响，恢复名誉，赔礼道歉；造成严重后果的，应当支付相应的精神损害抚慰金。"《国家赔偿法》对精神损害赔偿的规定主要基于以下理由：

（1）民事立法及实践为国家赔偿法对精神损害赔偿作出规定奠定了立法以及实践基础。我国《民法通则》实施以后，最高人民法院也根据实际制定了一系列有关精神损害赔偿的司法解释，如1988年的《关于贯彻实施〈中华人民共和国民法通则〉若干问题的意见》、1993年的《关于审理名誉权案件若干问题的解答》、2001年的《关于确定民事侵权精神损害赔偿若干问题的解释》、2002年的《关于人民法院是否受理刑事案件被害人提起精神损害赔偿民事诉讼问题的批复》等，其中2001年的《关于确定民事侵权精神损害赔偿若干问题的解释》就对精神损害赔偿问题作了较系统的规定，如第1条规定了："自然人因下列人格权利遭受非法侵害，向人民法院起诉请求赔偿精神损失的，人民法院应当依法受理：（一）生命权、健康权、身体权；（二）姓名权、肖像权、名誉权、荣誉权；（三）人格尊严权、人身自由权。违反社会公共利益、社会公德侵害他人隐私或者其他人格利益，受害人以侵权为由向人民法院起诉请求赔偿精神损失的，人民法院应当依法予以受理。"国家赔偿法中的精神损害赔偿虽与民事方面有一些差别，但在基本原理上则大体相同。民事立法及实践为《国家赔偿法》确定精神损害赔偿打下了非常好的基础。

（2）精神损害虽属无形损害，但终归是特殊形式的损害。有损害就有赔偿是一个古老的法律原则，精神损害是损害的一个方面，对其承担赔偿责任符合人类法律、伦理道德规范的理性要求。《国家赔偿法》没有理由将其排除在外。

（3）国家机关或国家机关工作人员是行使公权力的主体，其职权运用的目的在于保障法律所确定的社会秩序，从而维护公民的合法权益，当职务侵权行为造成公民合法权益损害时，没有理由将部分损害排除在外，或者说只认定部分损害。《国家赔偿法》对损害范围的定位不能低于民事法律，因为现代民主政治要求公权力主体比一般的民事主体具有更高的注意力和自律性。

（4）在国家对人身权利损害和财产权利损害赔偿标准偏低的状况下，更应该考虑精神损害赔偿问题，只有这样才能使受害人的物质损害和精神损害两个方面都获得救济。

（5）国家可以针对精神损害的无形性和抽象性，建立一个可供操作的规范体系。西方国家在这方面已经有很好的经验可供借鉴。

---

① 参见皮纯协、冯军主编：《国家赔偿法释论》，中国法制出版社1996年版，第104页。

五、因果关系

在国家赔偿构成中,职务侵权行为是损害事实发生的原因,而损害事实则是职务侵权行为的后果,两者之间的关系就是一种因果关系。

因果关系在国家赔偿构成中具有极为重要的意义,构成了归责原则的条件和基础。它所要解决的是损害事实是何种行为所致,而这种行为是否就是职务侵权行为,将纷繁多变的客观联系抽象出或孤立出一些有紧密联系的范畴,从这些范畴中找到责任的依据。然而事物之间联系的多样性和多变性往往是人的意识无法用简单的逻辑关系来穷尽的,人们只能抓住事物之间联系的一根主线,即找到一个社会公众以及法律规则所能接受的居主导地位的关系。我们理顺了关系,就能明确责任,无论是一因一果、一因多果,还是多因一果、多因多果,总的规则是因在前,果在后。

为了探究行为与结果之间的内在联系,理论界针对多样、复杂的因果关系提出诸多学说,如条件说、原因说、相当因果关系说、必然因果关系说和法规目的说等。①

条件说认为凡是对结果发生具有原因力的事实均属原因。根据条件说的观点,造成损害事实的所有因素都具有同等的作用和意义,缺乏其中的任何一个因素都不可能造成损害事实的发生,因而因果关系的确定必须把具有原因力的事实作为原因。条件说扩大了责任的范围,混淆了原因和条件的关系,实务中难以确定实际应负责任的人和主要承担责任的人。

原因说认为损害事实的发生只能由某一原因或某几种原因造成,其余的均为条件。在原因说中又有:必然原因说、直接原因说、最近原因说、最重要原因说、决定原因说等。相对而言,原因说比条件说要合理一些,因为它抓住了事物之间联系的主要方面,从复杂的现象中找到问题症结,简化了关系。但原因说建立在理性抽象的基础上,原因和条件的区分虽然在理念的范畴中可以区分开来,但事实上则难以把握,同时,也往往缩小了责任的范围。

相当因果关系说认为行为与损害事实之间的因果关系建立在客观现实的基础上,不管谁是原因、谁是条件,如果有某一行为必须会有与该行为相应的损害事实,如果没有这一行为则不会产生该损害事实,据此可以推定其中的因果关系。相对因果关系说并未否定原因与结果之间的客观联系,而是通过对客观情况的观察,以事实为根据作出合乎实际的判断。较之前面两种学说,相对因果关系说便于操作。

必然因果关系说认为原因与结果之间存在本质的、内在的、具有规律性的联

---

① 参见彭俊良著:《民事责任论》,希望出版社 2004 年版,第 196—202 页。

系,一定的损害事实的发生是侵权行为所引起的必然结果,具有不可避免性,如果没有这一行为就不会发生损害事实。这种观点是我国法学界比较流行的观点,为众多学者所接受。

法规目的说认为对于行为与损害之间的关系着重在于探究相关法规的意义和目的,不在于它们之间的因果关系。曾世雄指出:"因果关系之学说甚多,却无一精确。以抽象不确定内容之标准为标准,徒增问题之复杂性,对于问题之解决并无助益。……因果关系如此虚化之结果,可以将无具体合理答案之因果关系争论置之不理,使问题回归就法论法之单纯层次。"①

客观现象是多样和复杂的,既有原因也有条件,既有原因也有结果,在不同的范畴中,原因可以转化为结果,结果也可以成为一个新的事实的原因。在实践中,职务侵权行为可能是部分或全部损害事实发生的原因,也可能与具体的损害没有联系,还可能成为损害发生的条件,因此,我们必须根据某一具体的职务侵权行为案件作出具体分析,在原则上把握如下几点:

(1) 因果关系的确定是否将国家赔偿限定在一个合理的范围。关于因果关系的各种学说都试图准确表述行为与结果的关系,追求一定的"准确度",但任何一种学说都无法准确地穷尽行为与结果之间联系的各种因素并表达其中的复杂关系,因此,确定因果关系不一定要采取某种固定的学说,或认为某一学说就是绝对正确的。

(2) 因果关系的确定是否注意到行为与结果联系的客观环境。行为与结果之间的因果关系只是事物之间联系的一个环节,仅就行为分析结果或仅就结果分析行为,都难以揭示行为与结果之间的内在联系。考察与确定因果关系还必须注意到行为与结果存在的客观环境,在客观环境中准确找到因与果的关系。

(3) 因果关系确定的相对性。国家赔偿中的因果关系不同于其他法律责任中的因果关系,不能绝对地强调因与果之间的内在的、必然的联系,因为对因果关系要求的程度越高,就越会限定权利救济的范围。这一点与刑事、民事等法律中的要求有差别。目前西方国家已放松了对因果关系的严格要求,不再追求直接的对应关系,以体现国家在权利救济上的立场。鉴于国家赔偿的特殊性,我们认为对侵权行为与损害结果之间因果关系的理解只能站在一种相对的维度上来把握,在一定情形下还可以考虑公共负担平等以及其他的基本原则,不能孤立地就因果关系而论因果关系。

---

① 曾世雄著:《损害赔偿法原理》,中国政法大学出版社 2001 年版,第 114 页。

本章需要继续探讨的问题

一、关于我国国家赔偿的归责原则

在制定和修改《国家赔偿法》的过程中,理论界关于我国应当采用何种归责原则问题有不同的观点,可以概括为一元论、二元论与多元论。一元论是以某一特定的原则为归责原则,如坚持以违法责任原则为唯一归责原则。二元论主张采用两种不同的归责原则,其中又分为两种情形:一种情形是以某一原则为主,另一种原则为辅;另一种情形是两种原则不分主辅,共同构成一个归责体系。多元论主张应根据不同的侵权损害适用不同的归责原则,如行政赔偿可以适用违法责任原则,司法赔偿可以适用结果责任原则,公有公共设施致害可以适用无过错责任原则,立法赔偿可以适用无过错责任原则。2010年,我国对《国家赔偿法》进行了修改,改变了归责原则的单一性,使之由一元走向二元,采用了以违法责任原则为主,以结果责任原则为辅的二元结构。我国之所以作出这样的选择,是由价值取向转换的合理需要和权利救济的现实需要所决定的。归责原则蕴涵着法律的价值,在对公权力行为规范和对私权利救济中起着导向作用。国家对归责原则的确定在很大的程度上与价值取向相关联,不同的价值取向会造成对归责原则的不同选择。在制定国家赔偿法时,我国主要是以控制公权力的运用为价值取向,选取了违法责任原则。[①]《国家赔偿法》在性质上应是权利救济法,侧重于对损害结果的判断和对受损害合法权益的救济,与责任追究制度在方向上不同。违法责任原则的适用尽管也取得了一定的成效,但也有许多不尽人意的地方,最明显的缺陷是不能从损害结果的角度来确定责任承担的依据。理论界和实际工作部门对此提出了许多颇有价值的观点,要求修改《国家赔偿法》,特别是其中的归责原则。实践中,也有一些符合法定的条件和程序的职务行为给他人造成损害后,受害人得不到赔偿的情形。《国家赔偿法》的修改反映了我国民主政治和法治的发展进程,其中对归责原则的修改顺应了民意,将价值取向从单一的控权目标调整到控权与权利救济相结合的轨道上,有利于对受损害的合法权益的救济。《国家赔偿法》对归责原则的改变毫无疑问是一个重大的进

[①] 在法律的价值层面上讲,违法责任原则是建立在法律具有正当性的基础上,即立法机关制定的法律都是良法,都是以保障公民权利为核心价值。一旦立法机关制定的法律在正当性上存在着缺失情形,违法责任原则就有可能变成侵犯公民、法人和其他组织合法权益的工具,与国家设立赔偿制度的目标相背离。我国的立法体制是多级立法,在现实生活中,还存在着"部门立法"的问题,在"部门立法"不能脱离部门利益的情况下,适用违法责任原则是不利于对受损害合法权益的保护的。在这个意义上讲,违法责任原则如果要得到真正和有效的适用,并成为对受损害合法权益救济的一条重要原则,就必须要提升立法质量,必须要使各种法律、法规以及其他规范性文件以保障公民权利为核心价值。

步,尽管所造就的赔偿范围还是十分有限,离人们的期望值还有一定的距离,但预示着一个发展的态势。我们不能期望通过一部法律、一个制度,一夜之间解决所有的问题,许多问题的解决是理性思维不断深化、法律制度不断成熟的结果。

二、社会团体是否可以作为我国国家赔偿责任中的侵权主体

社会团体是社会中的一部分人基于一定的目的,为实现一定的利益而成立的组织,其中有政治性社会团体,也有非政治性的社会团体。社会团体的形成在法律上源于宪法中所确定的结社自由权利,是该宪法权利实现的表现形式。在性质上,结社自由是公民的一项宪法权利,不同于国家权力,国家权力虽然是以公民权利为其基础,但与公民权利仍然是相对应的范畴。社会团体不属于国家机关的范畴,其权力也不属于国家权力,如果说这种权力具有公共属性的话,充其量只能认定为一种公共权力。当然,某些国家的社会团体基于政治、历史背景,演变为超脱一般公民权利范畴的力量,吸纳了国家权力。对于此类社会团体的侵权责任问题,则另当别论。在一般原理上,社会团体的侵权行为不会导致国家承担赔偿责任。世界上只有极少数国家将社会团体作为国家赔偿责任的侵权主体,如原苏联,而大多数国家采取了否定的态度。

我国在国家赔偿立法的过程中,理论界出现一种观点,即要求将党的各级组织及其工作人员作为国家赔偿的侵权主体。其理由主要是因为中国共产党是我国的执政党,是领导力量。社会中不少地方仍然存在党政不分、以党代政的现象,如果不将其纳入主体范围,不利于全面保护公民、法人和其他组织的合法权益。

我国《国家赔偿法》没有吸收这种观点。中国共产党的各级组织及其工作人员,其他的社会团体,如共青团、妇联、工会等,均不作为国家赔偿责任中的侵权主体。中国共产党作为社会团体中的一种,虽然在我国处于执政的地位,但其性质不同于国家机关,不能直接运用公共权力。《中国共产党党章》中明确规定:"党的领导主要是政治、思想和组织的领导。""各级党政机关中党的基层组织,不领导本单位的业务工作。""党也必须在宪法和法律范围内活动。"我国宪法在对国家权力的规范中并未明确党的组织就是运用国家权力的机构。由于历史上长期形成的党政不分、以党代政的问题还没有从根本上解决,现实生活中党的某些组织还管理着本属于国家机关管理的具体事务,党的组织和行政机关共同实施侵权行为的现象时有发生。在理论上,人们易产生一些误解,即认为中国共产党的组织实施了侵权行为,国家应承担一定的赔偿责任。[①] 马克思主义认为:"政

---

① 参见余能斌:《职务侵权损害民事责任的构成与限制》,载《法学研究》1997年第3期。

党是阶级和阶级斗争发展到一定历史阶段的产物,由阶级和阶层中的积极分子所组成,基于共同意志、为了共同利益、采取共同行动,以期取得和维持政权而建立的政治组织。"①政党不是国家机关的组成部分。列宁指出:"任何时候都不能把党的组织的职能同国家机关,即苏维埃的职能混淆起来。"尽管目前仍然存在着党政不分的现象,但不能认为党的组织及其工作人员可以作为国家赔偿责任中的侵权主体。随着我国政治体制改革的不断深入进行,党政不分、以党代政的现象终将会消失。

三、关于违法不作为的国家赔偿

法律行为包括两个方面,即作为和不作为,而法律责任既可以由违法的作为引起,也可以由违法的不作为引起。在理论研究中明确作为与不作为的法律责任对于权利的救济具有十分重要的意义。许多国家的国家赔偿法在国家赔偿范围中明确了违法不作为的国家赔偿责任,将不作为与作为同等看待。如美国《联邦侵权损害赔偿法》第1346条就规定了"过失"、"不法行为"、"不行为",致人民财产上的损失或人身上的伤害或死亡,受害人可以请求国家赔偿。我国《国家赔偿法》用列举和概括相结合的方式规定了行政赔偿和刑事赔偿的范围,没有明确违法不作为的国家赔偿责任。学术界对此进行了许多探讨,提出了一些很有价值的建设性意见。绝大多数学者认为在国家赔偿责任中应当包括不作为责任,这对于保障受损害的合法权益具有极为重要的意义。我们也同意这种观点,虽然我国的《国家赔偿法》没有明确规定违法不作为的国家赔偿责任,但是可以通过对赔偿范围中的概括式条款作扩大解释来弥补这一缺陷。

---

① 龚祥瑞著:《比较宪法与行政法》,法律出版社1985年版,第189页。

第四章 国家赔偿的范围

内容提要

国家赔偿范围的确定与一个国家的政治、经济、文化等因素相关联,但在同等的条件下,赔偿范围并不一定相同。确定国家赔偿范围应以保障受损害的合法权益受到救济为基本的原则,同时也应该考虑到国家的财政承受能力。国家赔偿的范围一般包括行政赔偿、司法赔偿和公有公共设施致害的赔偿。在当前国家赔偿制度发展的过程中,少数国家还出现了立法赔偿,这体现着国家赔偿制度的一个发展趋势。

关键词

国家赔偿范围　立法赔偿　行政赔偿　司法赔偿　军事赔偿　公有公共设施致害的国家赔偿　个人行为　相对人自己的行为　正当防卫　紧急避险　国家行为　意外事件　不可抗力　第三人过错

国家赔偿范围是指国家依法对国家机关和国家机关工作人员行使职权侵犯公民、法人和其他组织合法权益造成的损害承担责任的范围。研究国家赔偿范围所要解决的问题是:第一,国家对哪些主体所造成的损害承担责任;第二,国家对哪些损害承担责任。国家赔偿范围的确定与其归责原则和构成要件有着极为紧密的联系,但它们存在着一定的区分。国家赔偿的归责原则和构成要件是明确国家怎样承担赔偿责任,主要立足于微观上,而国家赔偿范围则从比较的宏观角度划定责任的区域。在一定的意义上讲,确定国家赔偿范围直接与民主政治、社会经济的发展相联系,也是衡量一个国家法治程度的标志。

第一节　国家赔偿范围的确定

国家赔偿范围是在一定的观念和原则的指导下确定的,而其观念和原则应该以保障公民权利为核心价值,经济的因素虽然具有重要的支撑意义,但并不完全起决定性作用。从整个世界来看,经济发达的国家不一定有国家赔偿制度,而经济落后的国家也不一定没有国家赔偿制度。

一、确定国家赔偿范围的原则

(一) 保证受损害的合法权益获得有效救济的原则

宪法和法律对于公民权利的确认实质上就是将公民与国家联系了起来,使本原意义上的"市民"成为国家的公民[①],并在两者之间建立动态平衡的关系。当公民的合法权益遭受国家机关和国家机关工作人员职务违法行为侵害时,毫无疑问应该从国家获得赔偿。"国家行为是代表整个社会的利益的,社会成员中一部分人不应当承担比其他人更多的负担,因此,如果国家行为造成对特定公民的损害,国家就应赔偿。"[②]一些国家在确立赔偿标准时实行的是惩罚型,即认为国家侵权行为不是一般的侵权行为,应与一般侵权行为所造成的损害有一定的差别,因为法律对国家机关和国家机关工作人员有更严格的要求,一旦有损害的发生,国家就应该给予充分的救济。我国是社会主义的国家,国家的一切权利属于人民,人民是国家的主人,当人民的权利遭受职务违法行为侵害时,国家应该给予充分的救济。

(二) 便于职权运用的原则

法律确定的职权是人民意志的体现,国家机关和国家机关工作人员依法运用职权是人民意志实现的形式。在确定国家赔偿范围时,不能过分扩大责任的范围,否则就会束缚职务行为的运用,同样不能达到实现人民意志的结果。责任的承担和免除是一定度的区分,其中度的定位应体现一定的价值取向,符合社会的公平和正义。

(三) 以国家的财政承受能力为依据的原则

国家赔偿主要是金钱赔偿,国家的财政承受能力在一定的程度上决定了赔偿的深度和广度。扩大责任的范围,缩小免责的范围虽然是受害人的愿望,但在总体上必须与国家经济的发展同步进行,在国家财政承受能力相对有限的情况下,国家只能根据有限的资源进行赔偿,即使将国家赔偿的范围定得过宽、过广,但由于财力的有限,受害人所得到的赔偿仍然会是有限的。我国的《国家赔偿法》对赔偿范围的确定是根据当时经济的发展和国家的财力来定位的,反映了一种务实的精神,但随着社会经济的发展和国家财力的增强,应逐步扩大国家赔偿的范围。

---

① 市民与公民是两个不同的概念,市民相对于市民社会,而公民则是相对于政治国家。这两个概念的产生是基于国家与社会的二元化、政治国家与市民社会分割的结果。市民与公民的分割是在一个相对意义范畴中进行,不具有绝对性,现实的社会中也没有绝对意义上的市民。当市民与政治国家相联系的时候就成为国家的公民,市民在政治国家享有的权利就是公民权。宪法和法律通过设定权利与义务将市民转化成为政治国家中的公民。

② J. F. Garner and L. N. Brown, *French Administrative Law*, Butterworths, 1983, p. 121.

二、国家赔偿范围的类型

国家赔偿范围可以从不同的角度作不同的划分,其中涉及划分的标准问题,标准不同,范围也将有所不同,如以损害结果为标准可以分为人身损害的赔偿、财产损害的赔偿、精神损害的赔偿,以侵害主体的类型为标准可以分为行政赔偿、司法赔偿、立法赔偿以及公有公共设施致害的赔偿。按照国家赔偿制度体系结构,我们以侵害主体的类型为依据将国家赔偿范围划分为如下几个方面:

(一)行政赔偿和司法赔偿

行政赔偿是国家依法对行政机关及其工作人员行使职权侵害公民、法人和其他组织的合法权益所造成的损害承担赔偿责任的一种制度。行政赔偿是国家赔偿的主要方面,这主要是由行政权的性质和特点所决定的。在现代社会,行政事务涉及社会生活的方方面面,往往直接体现了国家权力与公民权利的关系,国家建立赔偿制度主要是为了解决行政权力与公民权利的关系。作为完整意义上的国家赔偿制度是以行政赔偿为先导,尽管各国的国家赔偿范围不尽相同,但在行政赔偿的定位上是肯定和明确的,至于其他的赔偿制度则是在探索中逐步建立和完善的。行政赔偿的范围一般包括侵犯人身权的行政赔偿和侵犯财产权的行政赔偿两大部分。我国《国家赔偿法》规定了行政赔偿的具体范围,《国家赔偿法》第 3 条规定:"行政机关及其工作人员在行使行政职权时有下列侵犯人身权情形之一的,受害人有取得赔偿的权利:(1)违法拘留或者违法采取限制公民人身自由的行政强制措施的;(2)非法拘禁或者以其他方法非法剥夺公民人身自由的;(3)以殴打、虐待等行为或者唆使、放纵他人以殴打、虐待等行为造成公民身体伤害或者死亡的;(4)违法使用武器、警械造成公民身体伤害或者死亡的;(5)造成公民身体伤害或者死亡的其他违法行为。"第 4 条规定:"行政机关及其工作人员在行使行政职权时有下列侵犯财产权情形之一的,受害人有取得赔偿的权利:(1)违法实施罚款、吊销许可证和执照、责令停产停业、没收财物等行政处罚的;(2)违法对财产采取查封、扣押、冻结等行政强制措施的;(3)违法征收、征用财产的;(4)造成财产损害的其他违法行为。"

我国法学界关于军事赔偿的问题有两种不同的看法,一是认为军事赔偿属于行政赔偿的组成部分。在国外,军事赔偿一般是放在行政赔偿范围之中,没有独立制度存在。另一种观点则认为我国的宪政体制不同于其他的国家,军事权虽然是一种国家权力,但不同于行政权,军事机关与行政机关是一种平行的关系,因而只能建立独立的军事赔偿制度。我国《国家赔偿法》对于军事赔偿问题没有作出具体的规定。我们认为,军事权是一种国家权力,在运用的过程中所发生的侵权损害仍然是公权力致害,因而,国家应该对这种损害承担责任。在制度设计上,应该与行政赔偿有一定的差别,可以建立独立的军事赔偿制度。

司法赔偿是国家依法对司法机关及其工作人员行使职权侵害公民、法人和其他组织的合法权益所造成的损害承担赔偿责任的一种制度。关于司法赔偿的设定问题，不同的国家有不同的做法，最主要的分歧是在对司法权性质的认定上，对司法权性质的不同定位直接涉及司法赔偿制度的建立。部分国家认为司法权就是一种裁判权，司法机关就是一种裁判机关，即使裁判机关（法院）作出了错误的判决，也不存在国家赔偿问题，国家赔偿主要是行政赔偿。我国对于司法权性质的认定是很明确的，即认为司法权是国家权力，司法机关是国家机关。《宪法》第123条规定了人民法院是国家的审判机关，第129条规定了人民检察院是国家的法律监督机关。我国建立司法赔偿制度与我国对司法机关性质的定位是一致的。《国家赔偿法》专门规定了司法赔偿制度，其第17条、第18条、第38条对于司法赔偿的范围作了具体的规定，第17条规定："行使侦查、检察、审判职权的机关以及看守所、监狱管理机关及其工作人员在行使职权时有下列侵犯人身权情形之一的，受害人有取得赔偿的权利：(1) 违反刑事诉讼法的规定对公民采取拘留措施的，或者依照刑事诉讼法规定的条件和程序对公民采取拘留措施，但是拘留时间超过刑事诉讼法规定的时限，其后决定撤销案件、不起诉或者判决宣告无罪终止追究刑事责任的；(2) 对公民采取逮捕措施后，决定撤销案件、不起诉或者判决宣告无罪终止追究刑事责任的；(3) 依照审判监督程序再审改判无罪，原判刑罚已经执行的；(4) 刑讯逼供或者以殴打、虐待等行为或者唆使、放纵他人以殴打、虐待等行为造成公民身体伤害或者死亡的；(5) 违法使用武器、警械造成公民身体伤害或者死亡的。"第18条规定："行使侦查、检察、审判职权的机关以及看守所、监狱管理机关及其工作人员在行使职权时有下列侵犯财产权情形之一的，受害人有取得赔偿的权利：(1) 违法对财产采取查封、扣押、冻结、追缴等措施的；(2) 依照审判监督程序再审改判无罪，原判罚金、没收财产已经执行的。"第38条规定："人民法院在民事诉讼、行政诉讼过程中，违法采取对妨害诉讼的强制措施、保全措施或者对判决、裁定及其他生效法律文书执行错误，造成损害的，赔偿请求人要求赔偿的程序，适用本法刑事赔偿程序的规定。"

（二）立法赔偿

立法赔偿，是指国家对立法机关行使职权的行为所造成的损害的赔偿。[①] 国家赔偿法中是否应该确立立法赔偿是一个争议较大的问题。目前只有少数国家采用了立法赔偿。[②] 大多数国家认为立法机关是民意机关，其行为是民意的直接体现，具有抽象性和开拓性，尽管有可能造成特定主体的合法权益损害，但是没有必要由国家予以赔偿。我国尚未确立立法赔偿制度，但并不意味着我国放弃立法

[①] 参见张正钊主编：《国家赔偿制度研究》，中国人民大学出版社1996年版，第102页。
[②] 法国和德国在实践中采用判例的方式建立了立法赔偿制度。

赔偿。随着建构立法赔偿条件的日益成熟,我国国家赔偿制度中必然会吸纳立法赔偿。针对在建构立法赔偿中存在的各种观念,我们必须在理论上予以厘清。

1. 代表机关的意志与民意的问题。现代代议制度建立在主权在民原则的基础上,是保证人民行使国家权力的根本制度。代议制度的核心是代表机关,是由选民选举的代表组成,代表机关代表人民行使国家权力,体现民意。在理论上,代表机关的意志与人民的意志是一致的。然而,组成代表机关的代表是一个个有着自我意志和利益的人,要确保代表机关的意志与人民的意志相一致,就需要以一系列条件来确保代表或议员成为人民意志的表现者。这些条件主要是:(1)参加竞选的候选人提出明确的政治抉择;(2)选举的结果反映大多数人在社会政策问题上的意向;(3)代表或议员信守诺言;(4)代表或议员有较高的政治素质;(5)选民对代表或议员有监督措施。在上述条件不具备的情况下,代表或议员不一定成为人民意志的表现者,代表机关就不一定是民意机关,代表机关的意志也与民意不吻合,甚至发生分离。西方国家议会制发展的历程说明了这一点。如美国 1850 年的《逃亡奴隶追缉法》、1947 年的"塔夫脱—哈特莱法"、1948 年的"蒙特—尼克松法"等,就在一定程度上限制或剥夺了人民的权利和自由,与人民的意志相违背。美国 1954 年的《共产党活动管制法》(Communist Control Act of 1954)第 3 条规定:"美国共产党和它的继承者,不管其名称如何……都不得享有根据美国法律成立的合法团体所享有的任何权利、特权和豁免权。"这个法律就是限制人权、剥夺人权的法律。而且代表机关的意志与人民意志的完全一致只能在理想的状态中存在,代议制追求的只能是一种相对的一致。如果作为本源的人民意志与代表机关不一致时,就必须对代表机关的性质重新定位。只有代表机关在实质上表现人民意志的情况下,才能认为代表机关是民意机关,才存在其责任的豁免。代表机关与人民的意志相异时,它就不是真正的民意机关。这时,如果代表机关的行为侵犯了人民的合法权益,就没有理由豁免其责任,而应该确立立法赔偿,因为人民要求设立的代表机关应是能代表人民运用公共权力,保护自己合法权益的机关,而不是制造一个侵犯自己合法权益的机构。因此,代表机关责任的豁免只存在于其意志与人民意志完全吻合的情况下,此时代表机关就是民意机关,不可能发生侵犯人民合法权益的情形。除此之外,代表机关的侵权行为责任不能豁免。

2. 代表机关行为的限制。代表机关可能存在着表现民意和不表现民意的情形,作为国家权力主体的人民则要求对代表机关的行为必须加以限制。一般情况下,人民没有办法、没有条件直接限制代表机关的行为,人民只有借助于宪法,因为宪法是人民意志和利益的集中体现,虽然宪法也是由代表机关制定的,但代表机关不能通过宪法授予自己以特权,况且宪法最终还要由人民承认,不少国家在制定宪法时,将宪法草案交给全民公决,以期获得人民的赞同和认可。"一个合法的政治社会应基于人民的同意,这种同意应在人民为建立政治而达成的社会契约中反映出来。这种社会契约通常采用宪法形式,而宪法又会确定政制构架及其建制蓝图,通过立宪性契约,人们同意受统治。"① 宪法是保护公民权利,确认和控制公共权力的根本法律。代表机关虽然可以制定法律,但不得违背宪法,如果容许违宪的法律存在,那么民意就遭到了残踏。宪政国家都在宪法中明确规定了代表机关的立法权限,如美国宪法修正案第1条规定:"国会不得制定关于下列事项的法律:建立宗教和禁止信教自由;剥夺人民和平集会以及向政府申冤请愿的权利。"法国 1791 年宪法也规定:"享有立法权的立法机关不得制定任何法律来损害或妨害……为宪法所保障的那些自然权利和公民权利的行使。"其他国家虽未以禁止性规范限制立法权,但却以授权性规范界定了立法权的范围。我国宪法对全国人大、全国人大常委会立法权的规定就属于一种授权性规范。授权性规范的建立意味着没有授权的事项是民意没有认可或现阶段没有认可的,代表机关不能就此行使立法权。代表机关违背宪法实施行为,就意味着代表机关的意志与人民意志的背离,也就意味着代表机关应该为此承担责任。因此,对代表机关立法赔偿的基本原理是,违宪性是立法赔偿的前提,没有违宪审查就没有立法赔偿。

3. 代表、代表机关的行为与责任。代表的责任可以分为政治责任和非政治责任。政治责任是代表不能表达民意、没有根据人民意愿行使国家权力而对人民承担的责任。这种责任具有抽象性,必须具有具体的责任内容才有法律意义。非政治责任是代表的行为或不作为因不当或违法造成他人合法权益的损害所产生的责任。在政治责任中,代表的行为也可能造成公民、法人和其他组织合法权益的损害,但损害不具有现实性和直接性,故国家不对此类损害承担赔偿责任。国家赔偿责任的免除并不意味着代表一切责任的豁免,国家除了应健全和完善罢免制度外,还应在代表机关中建立内部的制约机制,使抽象的政治责任有具体的形式和内容,最终使代表成为真正对人民负责的代表。非政治责任是相对于政治责任而言的一种责任。其中包含着侵权损害赔偿责任。事实上,政治责任与非政治责任并非存在着严格的界限。其区分也只是就一定程度而言。代表的侵权损害赔偿责任又可分离为因职务侵权行为而引起的损害赔偿责任和因个人行为而引起的损害赔偿责任。前者在本源上由代表个人承担,与后者并无差别,但基于公共负担平等的学说和已建立起来的国家赔偿制度,责任由个人转向国家或社会,此种责任称为国家赔偿责任。后者的责任由代表个人承担,与一般公民无异。我们在此不加阐述。代表的职务侵权行为引起的国家赔偿责任与政治责任的区分主要在于损害的现实性和直接性,后果小于政治责任。国家在代表负有政治责任的情况下,为什么不对损害结果承担赔偿责任呢?这是因为此种

---

① 〔美〕路易斯·亨金著:《宪政.民主.对外事务》,邓正来译,三联书店 1996 年版,第 7 页。

责任是因人民的整体利益遭受损害所致,而国家又是全体人民的国家,由国家给全体人民负责赔偿等于说是人民自己给自己赔偿,在赔偿法律关系中是没有任何意义的。代表的职务侵权行为引起的损害赔偿是因特定社会主体遭受利益损失而产生,用社会的负担来填补个别或特殊的不幸是合理和正当的,与国家赔偿制度的一般理论相一致。

代表机关的职务行为是运用国家权力的行为,如立法行为、监督行为、选举行为、决定重大问题的行为等,这些行为基于民意带有国家属性。在职务行为中又分为作为与不作为。代表机关因违法或不当作为或不作为而产生的国家赔偿法责任主要表现在:第一,因不当运用权力而引起的法律责任。不当运用权力是违反法律规定的程序,超出法律规定的范围或作出与人民意志相违背的决策的行为,在特征上为积极的作为。第二,因无故放弃职权而引起的法律责任。在法律责任中,因作为而引起的责任比较明确,因为法律明确规定了作为的范围和程序,而不作为引起的责任比较复杂,难以把握,究其原因,一是因为法律对不作为责任规定得不具体,二是在观念上忽视了不作为责任。这就导致一种怪象的出现:行使权力易承担责任,不行使权力即无责任。代表机关的不作为往往表现在,应当解释宪法而没有解释;应当对法律、法规修改而没有修改,应当行使监督权而没有监督;应当对职权范围内某一特定事项作出决定而没有作出;应当弹劾某一高级官员而没有弹劾等等。代表机关的不作为所造成的损害在特征上虽然不具有直接性和显在性,但却具有普遍性和间接性,其结果是使国家权力结构体系紊乱,权力重心不合理地向其他社会组织(政党组织)、国家机关(主要是行政机关)倾斜,最后使代议制流于形式。代表机关的不作为在表面上是一个难以确定的问题。如应当对法律、法规进行修改而没有修改就涉及修改法律的时机和条件问题,时机未成熟,条件不具备就不能修改法律,但是如果法律明显不适应社会现实而代表机关仍不修改,就属于不作为。从法理上讲,此种行为责任是以代表机关有作为义务为条件,而宪法和法律又往往以高度概括的方式确定代表机关的作为义务,这就阻碍着对不作为的判断。解决此类问题需要宪法和法律对代表机关的职权、责任具体化,以便实践中明确责任的归属与承担。

4. 立法赔偿的归责原则。立法赔偿是适用国家赔偿法中的一般归责原则,还是确立新的归责原则,对此,理论界有不同的观点。一种观点认为,立法赔偿属于国家赔偿的组成部分,其归责原则应与国家赔偿的归责原则相同,另一种观点则相反。我们认为,立法赔偿虽然具有自身的特点,但其归责原则还是应当与国家赔偿法中一般的归责原则相一致,如果以过错责任原则或无过错责任原则来作为国家承担赔偿责任的依据,不能反映立法赔偿的具体情况。在建构立法赔偿的过程中,法律应当从整个法律体系结构出发确定其归责原则,即不管代表机关的主观状态如何,只要违反宪法和法律的规定并有损害结果的出现,国家应承担赔偿责任,因而可以适用违法(主要是违宪)责任的原则。

5. 我国建立立法赔偿制度的展望。我国立法包括代表机关立法和行政立法。我国的代表机关即国家权力机关,分为全国人民代表大会和地方各级人民代表大会。在代表机关中,全国人民代表大会及其常务委员会可以制定法律,是国家的立法机关;省、自治区、直辖市、省会所在地的市和经国务院批准的较大的市的人民代表大会及其常务委员会可以制定地方性法规;民族自治地方的代表机关可以制定自治条例和单行条例。行政立法主体包括国务院、国务院各部委、省级人民政府、较大的市的人民政府。因此,立法赔偿的主体范围应包括所有的国家权力机关和行政立法主体。

立法赔偿在本原上属于一种合理的法律制度,它使公民、法人和其他组织的合法权益置于一个更广泛的保护与救济的范围内。我们主张建立立法赔偿制度是因为:(1)建立立法赔偿制度是由我国的性质所决定的。我国是人民民主专政的社会主义国家,国家的一切权力属于人民,国家机关及其工作人员都以为人民服务为宗旨。国家权力机关及其工作人员的职务侵权行为损害公民、法人和其他组织的合法权益,由国家承担赔偿责任应属当然。(2)建立立法赔偿制度能增强国家权力机关及其工作人员的责任感。由于历史的原因以及宣传工作的误导,国家权力机关被认为只具有权力外在形式的机构,人民代表的当选被视为社会对某一公民的特殊评价即看成一种荣誉。权力机关,特别是代表的行为只属于权利范畴,忽视了权力机关以及代表的责任,淡化了责任观念。建立立法赔偿制度能增强权力机关及其工作人员的责任观,使其大胆地、积极地行使国家权力,杜绝怠于行使职务行为的出现。(3)国家权力机关的行为并非全属于探索性的行为,诸多行为具有执行性和操作性,也可能导致公民、法人和其他组织合法权益的损害。目前虽然没有这种侵权损害的案例,但并不能认为损害不可能发生。

当然,我国建立立法赔偿制度还有许多问题需要解决,如立法行为的含义、立法赔偿的范围、立法赔偿的归责原则、处理立法赔偿问题的机关、立法赔偿程序等,虽然在现阶段对其探讨具有超前性,但却有益于国家赔偿制度的发展与完善。

(三)公有公共设施致害的国家赔偿

1. 公有公共设施的含义与范围

公有公共设施致害是否由国家承担赔偿责任,国家对哪些公有公共设施致害负责赔偿,是理论界争论的焦点问题。第一个问题是前提条件,第二个问题是第一个问题的延伸。为了明确这两个问题,我们首先必须弄清公有公共设施的含义与范围。公有公共设施的概念源于我国台湾地区的《国家赔偿法》,该法规定:"公有公共设施因设置或管理上有欠缺,致人民生命、身体或财产受损害者,国家应负损害赔偿责任。"台湾地区学者在对该概念进行理解时,又将其分为两个部分,即"公有"和"公共设施"。学者张孝昭认为,"公有"有广狭义之分,狭义的公有指所有权属国家、地方自治团体或其他公法人所有。广义的公有是指用于公共目的的一切物体或物之设置。日本学者主张不论所有权的归属,只要是供公共目的使用的设施(营造物),均适用国家赔偿法。"公共设施"是指供公共使用的有体物或物之设备。① 在日本、韩国的国家赔偿法中使用的称谓是"公共营造物",它指国家或公共团体直接供公共目的而使用的有体物或物之所备。有的日本学者将其范围概括为:道路、河川、飞机场、港湾、桥梁、堤防、水道、下水道、官公厅舍、国立和公立学校及医院等供公共目的使用的有体物。②

我们认为,公有公共设施的概念在国家赔偿法中关键不在于"公有"和"私有"的界限的划分上,其实质内容是公有公共设施设置的目的,即供人使用,在其所处的特定法律关系中并不适用民事法律中的等价有偿的法律原则,即使是属于国家所有的设施,如不是用做公共使用的目的,也不能认定为公有公共设施。如我国全民所有制企业的财产主要属于国家所有,企业作为市场经济的主体,可以独立从事生产和经营活动,是独立的法人,其产品并非供公共使用,也不抛弃等价有偿的原则,因而不能认定全民所有制企业的一切设施都属于公有公共设施。相反,即使是私人所有的设施,如果是出于供公共使用的目的,服务于社会大众,那么也可以认定为公有公共设施。因此,在概念的内涵上,不应拘泥于"公有"或"私有"的划分。公有公共设施在含义上的定位就意味着范围的确定。世界各国都肯定公有公共设施中包括动产,如汽车、航空器、船舶等,而对不动产如:公路、铁路、街道、河川、堤路堰坝、港埠、桥梁、下水道、国家机关的办公大楼等则有不同的观点。日本学界一般认为:"自然公物",如河川、池沼、海面、港湾、海岸、湖泊,不应包括在"公共设施"的范围内。有的认为,自然公物本身不是设施,只要对"自然公物"附加人工设施,就属于"公共设施"。但日本有的判例也认为,"自然公物"包括在"公共设施"的范围之内。③ 我国有的学者认为:"公有公共设施的'设施',包含人工物(人为之工作物)、设置物、曾施以人工之自然加工物,也包括自然物。设施之中,唯有供公共使用、利用者,才可以称为公共设施。虽为设施但不供公共利用者,就不属于公共设施。"④这种解释应该说是抓住了问题的关键,但问题在于如何判定设施是否供公共利用。设施的公共利用性主要看其所有人或管理人在标的物(设施)上的目的是什么,如果以营利为目的而不允许公共使用的设施,就不能认为是公共设施。

2. 我国在公有公共设施致害赔偿问题上的选择

我国《国家赔偿法》主要以违法责任原则为归责原则,只确定职务违法行为

---

① 参见林准、马原主编:《国家赔偿问题研究》,人民法院出版社1992年版,第122页。
② 〔日〕南博方著:《日本行政法》,杨建顺、周作彩译,中国人民大学出版社1988年版,第105页。
③ 参见张正钊主编:《国家赔偿制度研究》,中国人民大学出版社1996年版,第163页。
④ 参见林准、马原主编:《国家赔偿问题研究》,人民法院出版社1992年版,第123页。

所造成损害的国家赔偿制度,没有规定公有公共设施致害的国家赔偿问题。全国人大常委会法制工作委员会《关于〈中华人民共和国国家赔偿法(草案)〉的说明》中指出:"关于邮电、医院等国有企业、事业单位,桥梁、道路等国有公共设施,因设置、管理欠缺发生的赔偿问题,不属于违法行使职权的问题,不纳入国家赔偿的范围。受害人可以依照民法通则等有关规定,向负责管理的企业、事业单位请求赔偿。"从我国《国家赔偿法》的立法意图以及具体规定来看,我国是将公有公共设施致害的赔偿制度放在民事法律调整的范畴中。

我国《民法通则》第 126 条规定:"建筑物或者其他设施以及建筑物上的搁置物、悬挂物发生倒塌、脱落、坠落造成他人损害的,它的所有人或者管理人应当承担民事责任,但能够证明自己没有过错的除外。"有的学者将法条所确定的责任称为工作物责任,使之与施工责任区分开来。[①] 当然,工作物和公有公共设施是有分别的两个概念,在范围、内涵等方面有诸多不同。但问题的关键不在于概念的分别,而在于我国没有将公有公共设施致害的赔偿问题从民事法律中分离出来,并使之成为国家赔偿制度的重要组成部分。

3. 国外的立法例

许多国家在国家赔偿法、其他有关法律和判例中确立了公共设施因自身瑕疵或管理上有欠缺造成损害的国家赔偿责任。这种责任的确立扩大了国家赔偿的范围,使受害人的损害能获得有效和充分的救济。

日本《国家赔偿法》第 2 条规定:"(一)因道路、河川或其他公共营造物之设置或管理有瑕疵,致他人受损害的,国家或公共团体,对此应负赔偿责任。(二)前项情形,如就损害之原因,别有应负责之人时,国家或公共团体,对之有求偿权。"这条规定所采用的归责原则是无过错责任的原则,即不问发生的原因是什么,只要是在客观上存在着瑕疵,国家或公共团体均应承担赔偿责任。由此看来,瑕疵的存在是国家承担赔偿责任的必要条件或核心环节。然而,日本对瑕疵的理解却有主观说和客观说两种观点。主观说认为,只有当公务员没有履行维护公有公共设施安全所必需的作为或不作为义务时,才产生瑕疵问题。这种观点实际上是坚持过错责任论,缩小赔偿范围,在日本学术界影响较小,同时判例中也很少采用。客观说认为,公共设施设置、管理的瑕疵是指其构造、性质等物的状态有缺陷,欠缺通常应有的安全性,其中设置的瑕疵是公共设施从设立的当初就欠缺原始的安全性,管理的瑕疵是公共设施在管理、使用过程中缺乏安全性,只要公共设施欠缺安全性而给利用者带来损害,国家或公共团体就应当承担赔偿责任。[②] 这种观点实际上是坚持无过错责任论,它在日本学术界影响较大,

---

① 刘士国著:《现代侵权损害赔偿研究》,法律出版社 1998 年版,第 276 页。
② 参见张正钊主编:《国家赔偿制度研究》,中国人民大学出版社 1996 年版,第 163—165 页。

法院的判例中采用得比较多。

日本《国家赔偿法》在责任的归属上规定了国家或公共团体可以行使追偿权,将国家的责任和应负责任之人的责任联系了起来。

韩国《国家赔偿法》第5条第1项规定:"因道路、河川及其他公共营运物之设置或管理之瑕疵,致他人之财产受损害时,国家或地方自治团体应赔偿损害。"韩国对公有公共设施的规定与日本大体相同。学术界对公共设施进行解释时,认为是一种公物,包括动产和不动产、人工公物和自然公物,如道路、水道、楼舍、医院、铁路等人工设施与河川、海滨等自然设施。公物致害,国家承担赔偿责任。非公物致害,国家不承担赔偿责任,其中的损害按民法的规定赔偿。韩国学术界在对公有公共设施致害的国家赔偿责任的定性问题上有两种观点:有的认为,其责任是一种无过错责任,在责任的确定上不问具体设置与管理公物的公务员是否存在着故意与过失;另外一些学者,如洪俊炫在其所著的《行政救济法》一书中认为,从物的安全性欠缺角度看,国家赔偿法的规定可理解为无过错责任,从设置管理上的"注意义务的违反"的角度看,亦可理解为过失责任和缓和的过失责任。

韩国《国家赔偿法》与日本一样,也规定了国家、地方自治团体可以行使追偿权。

德国在国家赔偿制度发展过程中,逐步加强了对国家赔偿责任的重视,虽然国家赔偿法在制定中夭折,但呈现出良好的发展态势。1973年前联邦德国的《国家赔偿法》(草案)中规定:"公权力主体对于因技术性设施之故障所生权利之侵害,亦负赔偿之责。"其中的"技术性设施"在法律条文中没有解释。1981年前联邦德国总统签署了《国家赔偿法》,但是1982年联邦宪法法院作出判决,宣告该法与联邦基本法相抵触而无效。至今,德国关于公有公共设施致害问题的赔偿仍适用民法中的有关规定。如"联邦邮政属于国家的特殊财产,当它对第三人造成损害时,国家如同任何私人组织一样,根据民法典第89条承担赔偿责任。这属于国家财产行为的赔偿责任,与公务员一般侵权行为的赔偿责任有所不同,但它也属于过错赔偿责任"[①]。然而在铁路方面,国家赔偿仅限于铁路警察的职务违法行为。

法国、美国、英国等在国家赔偿法中未明确规定公有公共设施致害的国家赔偿制度,但这些国家在实务中通过判例的形式弥补了成文法所存在的不足。英国的判例中有教育设施致害案件;医疗设施致人伤亡的案件;浴场、游乐场所及一般公共设施致人伤亡的案件。1961年英国的《高速公路法》规定,对于公路的瑕疵、管理者的过失、不作为等导致损害发生的,国家承担赔偿责任。法国在实务上对于公用事业建筑工程的异常损害或公共事业的存在所产生的异常的损

---

① 张正钊主编:《国家赔偿制度研究》,中国人民大学出版社1996年版,第309页。

害,国家承担赔偿责任。美国在这方面的判例表现为许多方面:如兴建公路有瑕疵,致人民权利受损;邮局进口楼梯未设栏杆,致人摔伤;管理人疏忽未在航行水道上燃灯,致航行者溺毙;联邦政府为浚掘河道,致河岸上码头下陷,码头上的货物因此受损,等等,这些设施的致害都会导致国家承担赔偿责任。

4. 我国建立公有公共设施致害的国家赔偿制度的理由

我国是否能效仿日本、韩国、德国等建立国家对公有公共设施致害予以赔偿的制度,这是理论界和立法部门长期以来一直考虑的问题,虽然《国家赔偿法》并未将公有公共设施致害列入国家赔偿范围,但理论界仍在不断地努力,并期盼通过修改法律来完成这一理论和现实上急待解决的问题。持否定说的学者认为,我国的邮政、铁路等公共事业正趋于企业化,不再具有行政职能,其设置或管理欠缺发生的赔偿问题,不属于违法行使职权的问题。对由此产生的赔偿责任的追究,应当依据民法或特别法(如邮政法、铁路法)进行,且该赔偿责任承担主体应是管理公共设施的企业,而不是国家。因此,国家赔偿法不应将公有公共设施致害列入国家赔偿范围。① 持肯定说的学者认为:"从中国对公有公共设施的设置与管理情况及发生损害后的实际赔偿情况来看,在中国把公有公共设施因设置或管理有欠缺,所造成的损害完全置于国家赔偿之外的做法不尽合理。"② 我们持肯定说的观点,这主要是因为:

第一,我国的公有公共设施,如河川、桥梁、公路、下水道、铁路等大多数都属于国家所有,并用于公用事业,如果不规定造成损害的国家赔偿责任,容易导致受损害的合法权益得不到有效的救济,特别是在公有公共设施的管理者、设置者没有赔偿能力的情况下。

第二,公有公共设施的设置和管理与国家、社会的职能相联系,表现着国家权力或公共权力在社会公用事业方面的运用,国家或社会负有保证其安全性的责任。如果从职务违法行为所引起损害应承担赔偿责任的观点来看,公有公共设施的致害正是特定的国家机关不作为所致。因此,在学术上,那种认为公有公共设施致害不属于违法行使职权的问题的观点是不正确的。

第三,在概念上,我国应不拘泥于"公有"与"私有"、"国家职能"与"非国家职能"的划分,公有公共设施只要供公共使用就具有物的社会利用性,要避免因所有制的不同而导致在赔偿范围上难以确定的情形,特别是在我国公有制经济占主导地位的条件下。

第四,建立公有公共设置致害的国家赔偿制度在功能上能引导社会公用事业的发展,体现公共负担平等的法律原则。因为公有公共设施的设置者或管理

---

① 参见皮纯协、冯军主编:《国家赔偿法释论》,中国法制出版社1996年版,第143页。
② 参见张正钊主编:《国家赔偿制度研究》,中国人民大学出版社1996年版,第106页。

者出于善良的、服务于公众的愿望建设或管理公共设施,虽然存在着"可以推定的过错",但却服务于社会公用事业,方便群众的生产和生活,其动机体现着"社会正义",如果法律在责任的归属上完全确定由设置者或管理者承担,显然是不合理的。

第五,建立公有公共设置致害的国家赔偿制度有利于增强设置者或管理者的责任观念。公有公共设施直接服务于社会,供公众使用,设置者或管理者有责任防止其因瑕疵造成公民、法人和其他组织合法权益的损害,如果是因其欠缺应有的安全性能和安全状态,而设置者或管理者在设计或管理等方面又存在着不完善的情形,那么设置或管理者应承担一定的责任。为了使受害人的合法权益能获得及时、有效的救济,国家应先赔偿受害人的损害,然后对责任者行使追偿权。这种制度在一定程度上能增强设置者或管理者在维护公有公共设置方面的责任观念。

第二节 国家赔偿的免责范围

国家赔偿责任的承担和免除是相对应的,所谓免责范围是指免除国家对某些行为的赔偿责任。事实上,国家赔偿责任就是一种有限责任,意指国家只对特定的行为所造成的损害负责赔偿,而特定行为之外的其他侵权损害则是免责的。

国家赔偿范围的确定只是初步划定一个大体的界限,但还不能具体指向某一类行为与行为的责任,要明确行为与责任的关系,还必须要了解一些免责的情形。

一、侵权行为与赔偿责任的豁免

侵权行为是侵权主体违法侵犯公民、法人或其他组织合法权益的行为。国家赔偿法对侵权行为的规定与国家赔偿的豁免联系在一起,否定了对一些侵权损害的国家赔偿责任。一般而论,国家对下列行为不承担赔偿责任。

(一) 个人行为

国家赔偿法中的个人行为是国家机关工作人员以普通公民的身份从事职务活动之外的行为。国家机关工作人员在不同的社会关系中将以不同的身份出现,所扮演的角色处于经常转换之中,以国家机关工作人员的身份执行职务只存在于特定的社会关系之中,特定社会关系发生改变后,其身份也就自然地随着改变,因而国家机关工作人员的行为存在着个人行为与职务行为之分。然而,国家机关工作人员的个人行为又不同于其他社会主体的个人行为,因为这种行为又具有国家赔偿法中侵权主体的外在特征,在实务中因行为与结果关系的复杂性、多变性往往难以认定这种个人行为。

个人行为的认定要把握三个关键性的因素:其一是国家机关工作人员执行职务时的身份;其二是国家机关工作人员是否在执行职务中;其三是国家机关工

作人员的行为与职责的关联性。个人行为不是基于法律、法规的授权,不具有国家意志的属性,一般来说属于私权利范畴。个人行为所造成的损害赔偿一般依私法来调整,国家不承担赔偿责任。

(二) 相对人自己的行为

相对人自己的行为致使损害发生,国家不承担赔偿责任。这是世界各国国家赔偿法所坚持的一项基本豁免原则。日本的《刑事补偿法》第3条规定了不予补偿的情形:本人以使侦查或审判陷入错误为目的,而故意作虚伪的供词,或制造其他有罪证据,以致被认为应该受到起诉、判决前的关押或拘禁和有罪判决的;通过一个审判对合罪所作的判决,虽有一部分受到无罪判决,但其他部分受到有罪判决的。德国《刑事追诉措施赔偿法》第6条规定了国家拒绝赔偿的情形:被告在关键问题上作伪证或者证词前后矛盾,或者对能减免罪责的情节缄口不言,并由此引起刑事追诉处分的,不论被告是否已就此认错;因被告处于无犯罪行为能力状态或因故无法开庭致使不能对犯罪事实进行判决,或致使终止审判程序的。我国《国家赔偿法》在第5条和第19条对相对人自己的行为致使损害发生规定了国家不承担赔偿责任。在现实生活中,某些特别的侵权案件存在着职务违法行为与相对人自己的行为交织在一起的情形,双方均存在着过错,虽然责任可以抵消一部分或全部,但仍需要明确哪些是责任承担的部分,哪些是免责的内容,不能因为相对人有一点过错而免除国家赔偿责任。

(三) 正当防卫

正当防卫是指对于正在进行不法侵害的公民采取造成一定损害的方法,以防止公共利益、本人或者他人的合法权益遭受损害的行为。在法律上,正当防卫是一种合法行为,合法行为的致害,国家不承担赔偿责任。需要强调的是实施正当防卫的行为必须是针对正在进行的不法侵害,如果对将来可能发生的损害而实施正当防卫,那么可以理解为违法行使职权的行为。同时,正当防卫的行为不能超过必要的限度,超过必要的限度加重了相对人损害的,仍属于职务违法行为的致害,不能免除国家赔偿责任。

(四) 紧急避险

紧急避险是指在法律保护的权益遇到危险时,不得已而采取损害一种较小的利益以保护较大的利益免遭损害的行为。紧急避险和正当防卫一样都属于合法行为,但紧急避险所损害的通常是合法权益。根据我国有关法律规定,紧急避险所造成的损害一般不承担侵权行为责任,受益者可以通过适当的方式予以补偿,如果国家机关或其工作人员在紧急避险时所维护的是国家利益,那么国家就应对受害人予以适当补偿。

紧急避险也要遵循一个规则,即行为不得超过必要的限度,如果超过必要的限度造成损害,国家应对加重的损害负赔偿责任。

（五）不能归因于国家机关或国家机关工作人员的行为

在侵权行为中,相对人所受的损害表面上与国家机关或国家机关工作人员的行为有一定的联系,但在本质上则不能归责于国家机关或国家机关工作人员;在主观上,国家机关工作人员没有过错,已尽到了相当的注意或已遵循"有理智的正常人"可以遵循的行为规则;在客观上国家机关工作人员的行为并没有违反法律规定。在此情形下,国家不承担赔偿责任。我国《国家赔偿法》在刑事赔偿部分规定,依照刑法第17条、第18条规定不负刑事责任的人被羁押的;依照《刑事诉讼法》第15条、第142条第2款规定不追究刑事责任的人被羁押的,国家不承担赔偿责任。如某人年满13周岁,正在实施犯罪行为,被公安机关当即发现并予以拘留,后经查明某人的年龄状况后,经批评教育予以释放。某人虽未达到刑事责任年龄而被羁押,但国家对其被羁押期间的损害不承担赔偿责任。因为刑事诉讼活动存在于一个过程中,国家机关或国家机关工作人员在刑事诉讼活动中并没有违反法律规定,已经尽到了"法律要求注意的程度",虽然造成他人的损害,但责任可以免除。

（六）国家行为

国家行为又称为主权行为,是国家以主权者的身份而从事的行为。有的学者将其称为政府行为。为了严格区分政府行为与政府机关的行为,我们在此使用国家行为的概念。国家行为具有特殊的性质,不受任何法院管辖。各国对国家行为的理解极不一致。德国将国家行为理解为:国会的决定、缔约、媾和等外交行为;统帅行为;大总统之自由行为等。日本的国家行为包括:众议院之解散;国务大臣之任免;预算之作成、议决;议员之除名;国会会期延长之决定等。法国将国家行为限定为:外交行为;因公共安全采取紧急措施;战争行为;议会对内阁不信任表决、议员之惩罚等。英国将国家行为限定为:议会特权行为;国王特权行为;国家之承认、宣战及媾和等。从各国国家行为的范围限定来看,国家对下列行为不承担赔偿责任:

（1）外交行为。它是国家行使外交权力的行为,包括本国与其他国家的谈判、缔约、建交、互访等活动。

（2）国防行为。它主要包括战争、战争动员、宣布和实施戒严等行为。

（3）政府与议会关系的行为。它包括召集和解散议会、不信任案的投票、提出法律草案、公布法律等。

除了上述三方面可以作为免责事由外,有的国家还将立法行为也作为国家行为,并对立法行为造成的损害不承担赔偿责任。

二、主观状态与赔偿责任的豁免

主观状态在本质上是实施侵权行为时的主观心态。许多国家深受罗马法中过错责任原则的影响,将过错责任原则作为国家赔偿责任的归责原则。这一归责原则排除了无过错情况下的国家赔偿责任。过错责任原则虽然提供了承担责任的依据,但豁免的范围过于广泛,不利于全面救济受损害的合法权益,坚持过错责任原则的国家也以其他的归责原则为补充,以求缩小豁免范围。

无论国家是以怎样的归责原则为指导,一般都确立了下列情形是免责或部分免责。

(一) 意外事件

意外事件是侵权主体在主观上没有故意或过失,由于不能预见的原因,在客观上造成损害结果的发生。在性质上,意外事件不属于职务违法行为而引起的损害,与法律授予国家机关、国家机关工作人员的职权并无直接的联系,故国家一般不承担赔偿责任。但在意外事件中,受害人的损害是客观存在的,并且与国家机关或国家机关工作人员的行为存在一定的联系,根据因果关系理论中的条件说就存在着因果关系,如果让受害人所遭受的不幸完全由受害人自己承担,很显然是不公平的。许多国家已放弃意外事件作为国家承担赔偿责任的阻却事由或者将其限制在一定的范围内。无过错责任、危险责任的归责原则就是对意外事件作为责任阻却事由的一种否定。基于权利保护的实际需要,我们认为应取消意外事件的责任豁免,将受害人因意外事件所遭受的不幸由社会分担,体现公共负担平等的原则。

(二) 不可抗力

不可抗力是指不能预见、不能克服、不能避免的外在力量,如地震、风暴、干旱、涝灾等。不可抗力在一切法律责任中都作为免责事由。我国《民法通则》第107条规定:"因不可抗力不能履行合同或者造成他人损害的,不承担民事责任,法律另有规定的除外。"在国家赔偿责任中,不可抗力完全可以作为一个阻却事由,适用绝对豁免的原则,它"可以澄清形式上是国家机关的行为,而实质上是不可抗力情况下的责任问题"[①]。

不可抗力作为一个免责事由应有范围的限定,不能将其含义作扩大解释,也不能依据过去的"不可抗力"来解释现代社会中的不可抗力。因为随着科学技术的发展和人类智慧的进步,不可抗力的范围在缩小,人们的抵御能力在增强。将不可抗力作违背其本意的解释不符合国家赔偿制度的基本精神。

(三) 第三人的过错

因第三人的过错造成损害发生的,国家不承担赔偿责任。这是国家赔偿责任免除的事由。法国在实务中分为两种情形:一是国家机关的行为通过第三人介入才能发生损害的,国家不承担赔偿责任;二是国家机关的行为和第三人的行

---

① 参见林准、马原主编:《国家赔偿问题研究》,人民法院出版社1992年版,第153页。

为共同造成损害,国家承担部分的责任。我国《国家赔偿法》虽未直接规定第三人的过错可以作为免责事由,但从该法律的原则和精神来判断,由于第三人的过错造成损害的,国家不承担赔偿责任。

国家赔偿责任的豁免是有限的。随着社会的发展和科学技术的进步,责任的范围相对扩大,而豁免的范围相对缩小,这是社会发展的必然。

本章需要继续探讨的问题

一、关于立法赔偿

立法赔偿在国家赔偿法学中是一个新的课题,学术界对其探讨得不多,从总体上来讲,还没有形成一个比较完整和成熟的理论体系。国外也只有极少数国家开始了这方面的实践,但也只是在判例中。大多数国家认为立法行为所造成的损害具有普遍性,不是对特定的个人所造成的损害,没有必要适用国家赔偿法,同时,立法机关是主权的行使者,应当享有主权豁免。

在我国,关于立法赔偿问题的探讨归纳起来主要有三种观点:其一是国家赔偿制度中不应当包括立法赔偿。我国的代表机关是人民意志表达的机关,代表着人民行使国家权力,不可能侵犯人民的利益,同时,所从事的是一种具有抽象性、普遍性的活动。其二是一种折中性观点,认为在现阶段,我国建立立法赔偿制度的条件还不成熟,整个国家赔偿制度还在探索中发展,社会转型时期的经济、文化等方面的条件还有很大的局限性,只有在转型时期的各项任务已经完成后,才可建构立法赔偿制度。其三是国家赔偿制度中应当包括立法赔偿。我国《宪法》第41条,《国家赔偿法》第2条都规定了公民有取得赔偿权,都没有限定取得赔偿权的范围,在尊重和保障人权已成为宪法的一项重要原则的今天,任何一项制度的建构应站在人权或公民权利的角度,而不能仅仅从政治国家的方面来考虑。我们认为:立法赔偿制度应该成为国家赔偿制度的重要组成部分,无论是在理论上,还是从现实需要的角度都可以作出合乎理性的说明。但一项制度的建构是需要以特定的理论为铺垫,在理论还不是很成熟的条件下,盲目地设计或建立一种制度往往存在着很大的缺陷,对权利的救济是不利的。因此,目前我们应当加强立法赔偿问题的理论研究工作,为该项制度的形成作一些理论上的准备。当然,立法赔偿涉及的问题比较多,如立法赔偿的理论基础、立法赔偿的范围、归责原则、构成要件、追偿条件、立法赔偿程序等,难度也比较大,研究立法赔偿任重而道远。

二、关于军事赔偿

军事赔偿是指军事机关及其组成人员在执行职务中的违法行为造成损害而

引起的国家赔偿。西方许多国家将军事赔偿作为国家赔偿的一部分。我国的《国家赔偿法》对军事赔偿问题没有作具体规定,其原因主要是因为军事的特殊性。在研究军事赔偿中,应当注意的是:其一,军事赔偿制度是否应当建立;其二,军事赔偿是否可以作为国家赔偿的一种类型。对于第一个问题,我们认为:我国应当建立军事赔偿制度,虽然军事行为具有特殊性,有时候表现为主权行为,如对抗外敌入侵等,但并不是所有的行为都是国家主权行为。我们也承认国家主权行为是合法行为,是可以免责的,但在主权行为之外还有其他的军事行为,当某种违法的军事行为给特定的公民、法人以及其他组织造成损害时,国家应当承担赔偿责任。建立军事赔偿制度是由我国的性质决定的。我国的军事机关是代表国家行使军事权的机关,军队也是人民的军队,保卫人民的合法权益是军队的职责,在长期的军事建设中,军队结成了与人民群众的良好关系,当军队的违法行为损害他人的合法权益时,没有理由豁免行为责任。对于第二个问题,我们认为:我国的军事体制不同于西方国家,军事机关在宪政体制中具有特殊的地位,不是行政机关的组成部分,因而,只能将军事赔偿作为国家赔偿中的一个独立的类型。①

三、关于公有公共设施致害的国家赔偿

公有公共设施致害的赔偿问题在法学研究中有一定的争论,涉及的问题较多,其中最关键的就是其是否应当纳入国家赔偿的范围。从我国《民法通则》以及《国家赔偿法》的规定来看,公有公共设施致害的赔偿问题是在民事法律调整的范围中。《国家赔偿法》只是明确国家对国家机关及其工作人员执行职务中的违法行为所造成损害的赔偿,体现的是违法责任原则。在这个根本性的问题上,我们认为现行的《国家赔偿法》将公有公共设施致害的赔偿排除在外欠缺合理性。在我国,生产资料公有制是经济制度的基础,公有公共设施一般是由国家行政机关的有关部门负责设置或管理,如果由于在设置或管理上存在着欠缺导致他人损害而由设置者或管理者承担责任的话,一方面不利于保护受害人的合法权益,另一方面也不利于社会公用事业的发展。对于公有公共设施致害的赔偿,我国只能选择结果责任原则,只要有损害的事实,且损害事实与设置及管理上的欠缺有因果关系,国家就应当承担赔偿责任。

---

① 在部分西方国家,军事机关是作为行政机关的组成部分,在建构国家赔偿制度时,国家将军事赔偿作为行政赔偿的一个组成部分。

第五章 国家赔偿的方式、计算标准与费用

内容提要

国家赔偿的方式,是指国家对国家机关及其工作人员职务侵权行为承担赔偿责任的各种形式。从各国国家赔偿立法来看,赔偿方式多为金钱赔偿和恢复原状两种。我国国家赔偿的方式主要有金钱赔偿、返还财产和恢复原状三种,每种赔偿方式有其相应的适用条件。纵观各国情况,国家赔偿的标准主要有惩罚性、补偿性和抚慰性三种类型;从《国家赔偿法》的规定来看,我国所确立的国家赔偿标准是抚慰性标准。《国家赔偿法》对人身权损害赔偿和财产权损害赔偿的计算标准作了具体规定。国家赔偿费用是指赔偿义务机关依照国家赔偿法的规定向赔偿请求人支付的费用。我国国家赔偿费用列入各级财政预算。赔偿请求人凭生效法律文书,向赔偿义务机关申请支付赔偿金。赔偿义务机关应在法定期限内向有关财政部门提出支付申请,财政部门应在法定期限内支付赔偿金。

关键词

国家赔偿方式　金钱赔偿　返还财产　恢复原状　国家赔偿标准　国家赔偿费用

第一节　国家赔偿的方式

一、国家赔偿方式概述

国家赔偿的方式,是指国家对国家机关及其工作人员职务侵权行为承担赔偿责任的各种形式。赔偿是对侵权行为造成损害的补救,由于损害的性质、情节、程度不同,赔偿的方式也有所不同。国家赔偿采用何种方式,对国家和受害人都至关重要,直接影响到国家公务的正常履行和受害人合法权益的保护,因此,有必要以法律形式予以规定。

从各国国家赔偿立法来看,赔偿方式多为金钱赔偿和恢复原状两种。但各国的具体规定有所不同:(1)有的国家采用以金钱赔偿为主,以恢复原状为辅的方式。例如,法国的国家赔偿已有一百多年的历史,并主要是依靠判例确立起来的,其赔偿的方式以金钱赔偿为主。但行政法院可以在判决行政主体负责赔偿时,指出如行政机关自愿恢复原状,不用支付赔偿金。日本《国家赔偿法》虽然没

有在条文中明确规定以金钱赔偿为原则,但从其规定来看,国家赔偿的方式是适用民法规定的侵权赔偿方式。而日本民法规定的侵权赔偿方式是以金钱赔偿为原则,以恢复原状为例外的。(2) 有的国家规定可以采用选择方式。如德国《国家赔偿法(草案)》规定:公权力主体对于受害人因侵权行为而受到的损害,应以金钱赔偿;公权力主体对受害人因侵权行为造成不利状态的,应予恢复原状。该法对选择赔偿方式作了三点规定:第一,如果恢复原状不足以除去损害的,必须采用金钱赔偿的方式;第二,恢复原状现实上不可能、不合法或不可期待的,国家没有恢复的义务;第三,受害人对违法状况的发生有责任的,在他分担相当的恢复原状费用时,才可请求恢复原状。美国的《联邦侵权赔偿法》对赔偿的形式,如金钱赔偿、恢复原状等具体形式没有作出明文规定。根据它所确定的根本原则(如最基本的精神在于国家赔偿责任在情形、形式和范围方面与私人侵权相等同),国家赔偿的具体形式取决于侵权行为地所在的州的侵权法律的内容。实质上其赔偿的形式属于可以任意选择的形式。① (3) 有的国家只规定了金钱赔偿的方式。如奥地利《国家赔偿法》第 1 条规定:"损害赔偿仅以金钱之方式为之。"综上可见,以金钱赔偿为主是各国的通例。

在我国国家赔偿法的立法过程中,对国家赔偿应采用何种方式,曾有过两种意见:一种认为,国家赔偿应以金钱赔偿为原则,以恢复原状为例外。就行政赔偿而言,如坚持以恢复原状为主的原则,行政机关将因此承担诸多不必要的工作,造成人力、物力的浪费,同时还会影响到行政机关正常的管理活动和行政效率;另一种观点认为,国家赔偿应当是全面赔偿,其目的在于恢复受损害人的合法权益,我国的传统和现有体制决定了恢复原状比金钱赔偿更适于填补受害人的损失,恢复受害人的合法权益,如恢复工作、职务、工资级别、户口、住房等往往比金钱赔偿更实际、更重要,因而采用恢复原状为主要赔偿方式更有利于保护受害人。在综合考虑了以上两种意见之后,《国家赔偿法》采用了以金钱赔偿为主、以返还财产和恢复原状为补充的方式。我国 1994 年《国家赔偿法》第 25 条规定:"国家赔偿以支付赔偿金为主要方式。能够返还财产或者恢复原状的,予以返还财产或者恢复原状。"根据这一规定,国家遇有损害赔偿时,一般给予金钱赔偿,只有以其他方式(如返还财产、恢复原状)更为简便易行,或只能以其他方式赔偿时,才采用其他方式。作出这样的规定,主要是基于以下考虑:

(1) 国家建立赔偿制度的目的在于切实保障公民、法人及其他组织的合法权益,即在其受到行政机关的侵害后能得到相应的补救。因此,原则上应当是"同等损害,同等赔偿"。采用以金钱赔偿为主,返还财产、恢复原状为辅的方式,能保证受害人得到与其所受损害相当的赔偿,避免由于方式单一造成的局限性,

---

① 参见皮纯协、何寿生编著:《比较国家赔偿法》,中国法制出版社 1998 年版,第 130—131 页。

使受害人从数量、质量、程度、类型上得到真正的补救。

(2)以金钱赔偿为主,以其他方式为辅的赔偿方式充分考虑了效率要求。行政机关代表国家承担着行政管理工作的任务,为保证公务的正常履行,赔偿方式应力求便捷易行,以避免行政机关陷入繁琐的个案纠缠之中而贻误公务。在国家赔偿中,采取金钱赔偿的方式,简便易行,一旦给付,国家机关便代表国家承担了赔偿责任,不必再为此分心了。受害一方也可迅速得到救济,免去持久的诉讼纠纷。

二、我国国家赔偿的主要方式

新《国家赔偿法》第32条规定:"国家赔偿以支付赔偿金为主要方式。能够返还财产或者恢复原状的,予以返还财产或者恢复原状。"根据《国家赔偿法》这一规定,我国国家赔偿的方式主要有金钱赔偿、返还财产和恢复原状三种。

(一)金钱赔偿

金钱赔偿,是指将受害人的损失计算成为金钱,以货币支付的形式,给予受害者适当额度的赔偿。《国家赔偿法》将金钱赔偿作为国家赔偿的主要方式。所谓以金钱赔偿为主,就是指除特别情形以外,绝大部分赔偿应通过货币支付的方式进行,只有在返还财产、恢复原状更为适当时,才可以采用返还财产或恢复原状的方式。之所以如此,主要是基于金钱赔偿具有以下优点:一是有很强的适应性。几乎各种情况的损害都可以适用。无论是对于人身自由、生命健康的损害,还是对财产的毁损灭失,都可以通过计算或估价进行适当的赔偿。二是在具体执行上也较为简便易行。无论损害情况如何复杂、损害结果如何严重,采用金钱赔偿都可以根据实际损失的价值,按照法定的计算标准给予受害人一定额度的赔偿。这同其他赔偿方式(特别是恢复原状)相比,在支付手段上显然方便快捷得多。如此,一方面可以使受害人的赔偿请求迅速得到满足,同时也便于国家机关进行赔偿,摆脱恢复原状所要做的大量复杂、繁琐的工作。

根据《国家赔偿法》的规定,金钱赔偿在以下情况下适用:(1)侵害公民人身自由权及生命健康权的;(2)查封、扣押、冻结财产,造成财产损坏或者灭失的,应当依照规定给予金钱赔偿;(3)应当返还的财产损坏,不能恢复原状的,按照损害程度给付相应的赔偿金;(4)应当返还的财产灭失的,给付相应的赔偿金;(5)财产已经拍卖或者变卖的,给付拍卖或者变卖所得的价款;变卖的价款明显低于财产价值的,应当支付相应的赔偿金;(6)吊销许可证和执照、责令停产停业的,赔偿停产停业期间必要的经常性费用开支;(7)返还执行的罚款或者罚金、追缴或者没收的金钱,解除冻结的存款或者汇款的,应当支付银行同期存款利息;(8)对财产权造成其他损害的,按照直接损失给予赔偿。

(二)恢复原状

恢复原状,是指负有赔偿义务的机关按照受害人的愿望和要求恢复损害发生之前的原本状态。例如,将损坏的财物重新修复、解除对财产的查封、扣押和冻结等。根据《国家赔偿法》规定,应当返还的财产损坏的,能够恢复原状的,恢复原状;查封、扣押、冻结财产的,解除对财产的查封、扣押、冻结。一般来说恢复原状与金钱赔偿同是各国国家赔偿常用的基本形式。从赔偿应当对受害人给予尽可能公正和充分的救济这一立场来说,恢复原状是较为充分地履行了赔偿的义务的。因此,在实践中,如果被损坏的财产是可以恢复原状的,优先适用恢复原状,这既有利于保护受害人的权益,又便于及时解决纠纷。

当然,恢复原状作为我国国家赔偿的一种辅助方式,它操作起来比较复杂,并非在任何情况下都可以适用。一般来说,恢复原状只有在符合下列条件的情况下才能适用:(1)须有恢复原状的可能。即受害人受到的财产损害是可以恢复的,才有可能采用恢复原状的赔偿方式。如果被损坏的财产没有修复的可能,则不能采用恢复原状的方式。(2)须有恢复原状的必要。被损坏的财产有无修复的必要,应从社会效益、经济效益、所有人的需要等诸因素综合考虑。如果修复财产从社会经济效益上讲是不合算的,或者所有人已不再需要,则不能采用恢复原状的赔偿方式。有学者认为,适用恢复原状的基本前提是:财物受到损害的程度较轻,主要部分没有损坏,基本功能没有受到大的影响,经过维修或者配换零部件即可发挥正常效能。① (3)不会造成违法后果。如果恢复原状的行为带有违法性,并可能造成违法后果,则不能适用恢复原状的赔偿方式。(4)须不影响正常的公务活动。恢复原状在具体操作上是比较复杂的,它要了解需恢复标的的原本状态及详细情况资料,为最终恢复提供样板。具体的恢复工作,在耗费人力、财力、物力上也会因标的本身的复杂程度而有差异。可见,恢复原状虽然从理论上看是一种较为完全充分的赔偿方式,体现为根本性救济,但从实践中看,由于种种客观因素的限制与条件的制约,其适用的范围是比较小的。如果采用恢复原状的赔偿方式会影响到赔偿义务机关公务活动的正常进行,就不应采用这种方式。例如,在行政机关因强行拆除某公民房屋被确定为违法应承担赔偿责任时,如采用恢复原状的方式,则行政机关不得不分出人力、物力组织建房,这势必会影响行政机关的正常公务活动。

此外,还有两个值得讨论的问题是:第一,采用恢复原状的赔偿方式是否需要受害人的请求?从国外多数国家的实践来看,大都坚持以请求权人的请求作为采取恢复原状方式赔偿的必要条件。《国家赔偿法》对此没有规定。有一种观点认为,恢复原状的适用须有受害人的请求。即当某一侵权损害案件已被有关

---

① 张步洪著:《国家赔偿法判解与应用》,中国法制出版社2000年版,第239页。

部门确认应予赔偿的时候,如果受害人认为自己所蒙受的损害应以恢复原状的方式赔偿时,受害人应在一定期限内尽早明确提出恢复原状的请求。这样,可以避免受害人故意拖延选择具体的赔偿方式,造成赔偿久拖不决,影响赔偿工作的正常展开,影响国家机关的正常工作。① 另一种观点认为,受害人的请求不是适用恢复原状方式的必要条件。《国家赔偿法》只是规定"能够"恢复原状的,予以恢复原状。《国家赔偿费用管理办法》第4条也规定:赔偿义务机关能够通过恢复原状实施国家赔偿的,应当恢复原状。可见,在国家赔偿案件中,采用何种赔偿方式不是取决于受害人的请求,而是由赔偿义务机关根据具体情况决定的。② 我们基本上同意第二种观点,并认为当受害人请求恢复原状,而赔偿义务机关不采用恢复原状的方式赔偿时,应向受害人说明理由。第二,恢复原状是否只适用于财产被损坏的情形?根据《国家赔偿法》的规定,恢复原状只适用于财产被损坏的情形,其他损害则不适用于恢复原状的赔偿方式。有学者认为,《国家赔偿法》的这种规定有可探讨的余地。例如,某人被违法判处有期徒刑5年,后依审判监督程序而改判无罪,但原判徒刑已执行3年,其城市户口已被注销,且已被开除公职。在这种情况下,如果只采用金钱赔偿的方式赔偿受害人的损失,则根本不能弥补受害人的损害。但如果采用恢复原状的赔偿方式,予以恢复城市户口、恢复其公职,并予以金钱赔偿。则受害人的损失可以得到弥补。因此,《国家赔偿法》的这种规定应予以修改,确定恢复原状方式的适用范围不仅应包括侵害财产权,而且应该包括侵害人身自由。这样规定,并不会增加国家的财政负担,却会对受害人有极大的救济作用。③

(三) 返还财产

返还财产是一种对财产所有权构成侵害后的赔偿方式。它是指赔偿义务机关将有关财产归还给对其享有所有权的受害人的赔偿形式,例如某国家机关被认定为非法没收财产,就应以返还财产的方式对受害人进行赔偿。《国家赔偿法》明确规定:"处罚款、罚金、追缴、没收财产或者违法征收、征用财产的,返还财产。"根据《国家赔偿费用管理办法》第5条的规定,国家机关及其工作人员违法行使职权,对公民、法人和其他组织处以罚款、罚金、追缴、没收财产或者违反国家规定征收财物、摊派费用,对其造成损害,需要返还财产的,依照下列规定返还:(1) 财产尚未上交财政的,由赔偿义务机关负责返还;(2) 财产已经上交财政的,由赔偿义务机关负责向同级财政机关申请返还。

返还财产是一种比较便捷易行的赔偿方式,它既可以使损害得到直接赔偿,

---

① 皮纯协、冯军主编:《国家赔偿法释论》,中国法制出版社1996年版,第210页。
② 房绍坤、丁乐超、苗生明著:《国家赔偿法原理与实务》,北京大学出版社1998年版,第254页。
③ 应松年主编:《国家赔偿法研究》,法律出版社1995年版,第228页。

有时还可以避免或减少精神损害。比如被非法没收的物品对受害人可能具有特殊的纪念意义,如不返还会给其带来精神上的痛苦。

返还财产的赔偿方式,也需在一定的条件下适用。一般地说:(1)原物存在。返还财产指的是返还原物。所以,只有原物存在,才能适用返还财产的赔偿方式。如果原物已经不复存在,则不能适用返还财产的赔偿方式,而只能适用金钱赔偿的方式。(2)比金钱赔偿更便捷。金钱赔偿是国家赔偿的主要方式,返还财产只是国家赔偿的辅助方式。所以,赔偿义务机关在进行赔偿时,如果适用金钱赔偿更为便捷,便应采用金钱赔偿的方式。只有在采用返还财产的方式比金钱赔偿更便捷时,才能采用返还财产的赔偿方式。例如,如果行政机关违反国家规定征收的财物还存在的话,则返还该财物比将财物折算成金钱再予以金钱赔偿要便捷得多,此时就可以采取返还财产的赔偿方式。但如果被征收的财物已被处理,若要返还该财物,行政机关就要花费时间和人力去寻回该财物,这就要比将该财物折算成金钱予以赔偿麻烦得多。此时,就不能采用返还财产的赔偿方式,而应采用金钱赔偿的方式。(3)不影响公务的正常进行。在决定是否采用返还财产的赔偿方式时,应考虑国家公务的需要。如果采用返还财产的赔偿方式,影响了赔偿义务机关公务活动的正常进行,就不应采用返还财产的赔偿方式,而应采用金钱赔偿的方式。例如,如果原物已用于公务活动,返还原物会影响公务活动的正常进行,则应给予金钱赔偿。

在上述三种赔偿方式上,赔偿义务机关一般都是以某一种具体的方式实施,或者是金钱赔偿,或者是恢复原状,或者是返还财产。但在某些情况下,单独采用某一种赔偿方式不足以弥补受害人的损失,便可能出现多种赔偿方式合并适用的情况。例如,某行政机关非法没收公民财产的,在以返还财产方式进行赔偿的同时,对于可能出现的损坏,应根据损坏的程度给付相应的赔偿金。

三、其他侵权责任方式

我国《国家赔偿法》除规定了金钱赔偿、返还财产和恢复原状三种赔偿方式外,还规定了其他侵权责任方式。《国家赔偿法》第35规定:"有本法第3条或者第17条规定情形之一,致人精神损害的,应当在侵权行为影响的范围内,为受害人消除影响,恢复名誉,赔礼道歉;造成严重后果的,应当支付相应的精神损害抚慰金。"可见,消除影响、恢复名誉、赔礼道歉这三种形式,不是作为赔偿责任存在的,只是作为国家承担侵权责任的方式。

在我国,公民、法人及其他组织的名誉权、荣誉权是受到法律保护的。所谓名誉权,是指公民、法人所享有的有关自己的能力、才干、品质、思想、信誉等方面的社会评价不受他人侵犯的一种人身权利。《民法通则》第101条规定:"公民、法人享有名誉权,公民的人格尊严受法律保护,禁止用侮辱、诽谤等方式损害公民、法人的名誉。"所谓荣誉权,是指国家、社会通过特定的机关或组织给予公民、法人的一种特殊的美名或称号。《民法通则》第 102 条规定:"公民、法人享有荣誉权,禁止非法剥夺公民、法人的荣誉称号。"根据《民法通则》第 120 条的规定,公民的名誉权、荣誉权受到侵害的,受害人有权要求停止侵害,恢复名誉,消除影响,赔礼道歉,并可以要求赔偿损失。在国家赔偿中,国家机关的侵权行为损害公民的名誉权和荣誉权一般并不是因侮辱、诽谤或非法剥夺造成的,而是因国家机关非法限制或剥夺公民的人身自由,侵犯了公民的人身权利,同时在一定范围内造成对公民的名誉权和荣誉权的损害。[1] 当国家机关及其工作人员违法行使职权侵犯公民的名誉权、荣誉权时,应当为其消除影响、恢复名誉、赔礼道歉。所谓消除影响,是指国家机关承担的在特定范围内消除因侵犯名誉权、荣誉权所产生的各种不良影响,以恢复受害人名誉和荣誉的责任方式。所谓恢复名誉,是指国家因国家侵权行为侵害了公民的名誉权或荣誉权,在影响所及的范围内将受害人的名誉恢复至未受侵害的状态的责任方式。所谓赔礼道歉,是指国家机关的侵权行为造成受害人名誉权、荣誉权损害时,通过公开的方式向受害人承认错误,表示歉意。

根据《国家赔偿法》的规定,具有下列情形之一,并造成公民名誉权、荣誉权损害的,赔偿义务机关应当为受害人消除影响、恢复名誉、赔礼道歉:

(1) 行政机关违法拘留或者违法采取限制公民人身自由的行政强制措施,侵犯受害人名誉权、荣誉权的;

(2) 行政机关非法拘禁或者以其他方法非法剥夺公民人身自由,侵犯受害人名誉权、荣誉权的;

(3) 行使侦查、检察、审判权的国家机关对没有犯罪事实或没有事实证明有犯罪重大嫌疑的人错误拘留,侵犯受害人名誉权、荣誉权的;

(4) 行使侦查、检察、审判权的国家机关对没有犯罪事实的人错误逮捕,侵犯受害人名誉权、荣誉权的;

(5) 依照审判监督程序再审改判无罪,原判刑罚已经执行完毕并致受害人名誉权、荣誉权损害的。

在适用上述侵权责任方式时,应注意下列问题:(1) 必须存在公民的名誉权、荣誉权受到损害的事实。没有公民名誉权、荣誉权受到损害的事实,就不能适用消除影响、恢复名誉、赔礼道歉的责任方式。(2) 该类责任方式适用范围的确定应以受害人所受损害的影响范围来确定。国家机关给受害人在什么范围内造成损害,就应在什么范围内消除影响、恢复名誉。(3) 适用该类责任方式所支付的费用应由实施侵权行为的国家机关承担。

---

[1] 参见房绍坤、毕可志编著:《国家赔偿法学》,北京大学出版社 2004 年版,第 293 页。

第二节 国家赔偿的计算标准

一、国家赔偿标准的确立

如何确定国家赔偿的标准,直接关系到受害人的合法权益受保护的程度,是一个较为复杂的问题。世界各国难以形成统一标准,各国根据其本国国情,确立了不同的赔偿标准。总体来说,可以将各国所确定的赔偿标准归纳为三种:

(1)惩罚性标准。惩罚性标准是指赔偿额大于受害人所受的损失,对侵害方具有惩罚性。即侵害方除应向受害人赔偿足以弥补受害人所受损害的费用外,还应支付一定的惩罚性费用。按照这一标准,国家赔偿的数额就等于损失额加上惩罚金额。这种标准下,国家赔偿的费用是比较高的,对受害人极为有利。这种标准大多是发达国家的国家赔偿法所采取的标准。

(2)补偿性标准。补偿性标准是指赔偿额以能够弥补受害人所受的实际损失为限,即侵害方按照受害人所受的实际损失进行赔偿,以示补偿。按照这一标准,国家赔偿的金额就等于受害人实际所受的损失额。

(3)抚慰性标准。抚慰性标准是指赔偿额以抚慰受害人为目的而不是赔偿受害人的全部损失,即侵害方不可能对受害人的全部损失作充分的赔偿,而只能在全部损失范围内尽可能赔偿受害人的损失,以示抚慰。按照这一标准,赔偿请求人得到的赔偿往往少于其实际受到的损失。

我国应采用哪种标准,在制定《国家赔偿法》的过程中,曾有不同的看法。有人认为,应当从根治违法侵权行为出发,把赔偿的标准定得高一些,确立惩罚性的标准;有人认为,国家赔偿要解决的问题,主要是通过赔偿来规范国家机关的行为,并将其重新纳入正轨,而不是对受害人给予完全充分的赔偿,加之初创国家赔偿制度,各方面经验不足,特别是在目前国家机关的执法、司法水平还不很高的情况下,采用惩罚性标准,国家机关很可能难以接受,这对国家机关执行职务,逐步提高执法、司法水平是不利的。因此,在国家赔偿制度初创时期,采用抚慰性标准是适当的。而补偿性标准由于目前条件下还存在很多侵权损害的确认、计算、统计上的具体问题,采用此标准也不适宜。还有人认为,国家赔偿应采用补偿性标准,对受害人的实际损失包括财产损害和精神损害、直接损失和间接损失都应予以赔偿。

从《国家赔偿法》的规定来看,国家赔偿计算标准确立的是抚慰性标准。这在《国家赔偿法》第 36 条第 6 项中体现得尤为明显:"吊销许可证和执照、责令停产停业的,赔偿停产停业期间必要的经常性费用开支。"如果要填补受害人的实际损失,除了赔偿停产停业期间必要的经常性费用支出外,还要赔偿正常生产或经营时所获得的利润。后者的赔偿金额往往比"必要的经常性费用"支出要大得多。我国有学者认为,确立抚慰性标准的原因有:(1)在现阶段,中国国家赔偿法所解决的主要问题是通过赔偿来规范国家机关及其工作人员的行为,并使之重新走上正确的轨道,而不是对受害人作完全充分的损害赔偿;(2)目前中国国家机关及其工作人员的执法、司法水平从总体上说还不够高,如果现在采取惩罚性赔偿原则确立国家赔偿标准的话,国家机关及其工作人员无论在能力上还是心理上都是难以承受的,不利于国家职能的发挥,也不利于提高国家执法、司法水平;(3)目前,中国的经济发展水平和财政负担能力与前些年相比虽已有很大的提高,但中国仍然是一个发展中国家,财政困难仍比较多,如果采用惩罚性赔偿原则确立国家赔偿标准的话,国家财政负担必更加沉重,不利于国家建设的进一步发展;(4)由于中国国家赔偿制度的发展起步较晚,又长期受到不应有的干扰,在目前情况下采用补偿性赔偿原则确立赔偿标准,无论对侵权损害的确认,还是在损害范围、损害程度的统计、计算方面都缺乏成功的经验可作参考,尚无法采用这一原则。[1]

我国采用抚慰性标准,遵循生存权保障原则,即只以保障公民、法人和其他组织的生活和生存的需要为限,而不对受害人进行充分的赔偿。在建立国家赔偿制度的初期,为与国家的经济实力和财政状况相适应,这样做,具有一定的合理性。依据抚慰性标准,我国对受害人所受财产损失只赔直接损失而不赔间接损失;对受害人人身权所受损害只赔人身自由和生命健康权所受损害及直接损失而不赔精神损害及间接损失,在生命健康权的损害赔偿方面还有最高额限制。与民事侵权法上的赔偿实际损失相比,国家赔偿的计算标准太低,事实上不足以切实保障公民的生存权。随着经济的发展和综合国力的提高,我国应修改国家赔偿法,采用补偿性原则,提高国家赔偿的计算标准,应考虑赔偿全部的直接损失和合理的间接损失,要使国家赔偿的标准与民事赔偿的标准一致,使受害人的损失能得到充分的赔偿。

另外,《国家赔偿法》第41条第1款规定:"赔偿请求人要求国家赔偿的,赔偿义务机关、复议机关和人民法院不得向赔偿请求人收取任何费用。"最高人民法院于1995年9月18日发布的《关于受理行政赔偿案件是否收取诉讼费用的批复》中指出:"根据《中华人民共和国国家赔偿法》第34条的规定,人民法院受理行政赔偿案件,不得向当事人收取诉讼费用。"请求国家赔偿不收取费用,这是国家赔偿案件与其他诉讼的一个重要区别,也是法律对受害人取得国家赔偿权的重要保障。《国家赔偿法》第41条第2款规定:"对赔偿请求人取得的赔偿金不予征税。"之所以实行赔偿金不征税原则,是因为赔偿金不是个人的正常收入,

---

[1] 张正钊主编:《国家赔偿制度研究》,中国人民大学出版社1996年版,第67—68页。

而是填补损害的费用,并且数量有限,征税不利于保护受害人的利益。①

二、人身权损害赔偿的计算标准

人身权的损害包括侵犯公民人身自由权和公民生命健康权两类,其损害赔偿计算标准分别为:

(一)人身自由权损害赔偿的计算标准

我国《国家赔偿法》第33条规定:"侵犯公民人身自由的,每日的赔偿金按照国家上年度职工日平均工资计算。"据此规定,侵犯公民人身自由的,按日支付赔偿金,每日的赔偿金按照国家上年度职工日平均工资计算。具体计算标准是公民应得到的赔偿金等于该公民因非法拘禁等而被限制了人身自由的天数乘以上年度职工的日平均工资。根据最高人民法院《关于人民法院执行〈中华人民共和国国家赔偿法〉几个问题的解释》第6条的规定,"侵犯公民人身自由的,每日的赔偿金按照国家上年度职工日平均工资计算"中规定的上年度,应为赔偿义务机关、复议机关或者人民法院赔偿委员会作出赔偿决定时的上年度;复议机关或者人民法院赔偿委员会决定维持原赔偿决定的,按作出原赔偿决定时的上年度执行。国家上年度职工日平均工资数额应当以职工年平均工资除以全年法定工作日数的方法计算。年平均工资以国家统计局公布的数字为准。

赔偿金的计算,是国家赔偿法的重要内容之一。我国《国家赔偿法》对侵害公民人身自由的赔偿采用随机标准,而不是规定一个最高赔偿限额或固定的标准,这样做的好处是:

(1)目前,我国正处在改革时期,工资、物价在相当长的时期内会不断地发生变化。如果确定一个固定的赔偿金额,将不适应未来不断发展变化的情况。

(2)我国幅员辽阔,不同地区之间经济发展不平衡,而且,不同的行业、岗位之间收入差别也很大,假如明确规定侵犯公民人身自由一天,赔偿人民币20元,对贫困地区或低收入行业的受害人,或许足以弥补其受到的损失,但对于经济发达的沿海地区或高收入者来说,却根本无法填补其所受到的损害。但是,《国家赔偿法》若是对此不作规定,将可能出现这样的情况,同样的损害在不同地区得到不同数额的赔偿,这对受害人来说有失公平。因此,《国家赔偿法》规定以国家职工日平均工资或年平均工资的倍数来计算侵害人身自由的赔偿金,这样做,便于操作,有利于在全国范围内统一实施。

如果国家机关及其工作人员在行使职权过程中作出非法拘禁等非法剥夺公民人身自由行为的,一方面侵犯了受害人的人身自由权,另一方面也会不同程度地侵害受害人的名誉权、荣誉权。在此情况下,国家机关除了要代表国家赔偿因

---

① 参见房绍坤、毕可志编著:《国家赔偿法学》,北京大学出版社2004年版,第300—301页。

侵犯公民人身自由权造成的损失外,还要在侵权行为影响所及的范围内为受害人消除影响,恢复名誉,赔礼道歉,造成严重后果的,应当支付相应的精神损害抚慰金。

(二)生命健康权损害赔偿的计算标准

生命健康权是公民依宪法享有的最基本的权利。国家保护公民的生命、健康,任何单位和个人都不能非法剥夺公民的生命和健康权。根据我国《国家赔偿法》的规定,侵犯公民生命健康权的赔偿按下列标准计算:

(1)造成身体损害的,应当赔偿医疗费、护理费以及因误工减少的收入。《国家赔偿法》第34条第1款第1项规定,"造成身体伤害的,应当支付医疗费、护理费,以及赔偿因误工减少的收入。减少的收入每日的赔偿金按照国家上年度职工日平均工资计算,最高额为国家上年度职工年平均工资的5倍"。身体伤害赔偿要注意以下问题:第一,这里的身体伤害仅指尚未造成残疾,即未丧失劳动能力的一般伤害,如果造成残疾,则不适用该赔偿标准。第二,身体伤害赔偿包括医疗费、护理费和因误工减少的收入。医疗费,是指受害人身体受到损害后恢复健康进行治疗所支出的费用。[①] 具体包括医药费、住院(住宿)费、营养费、交通费等。医药费应以受害人就诊医院开具的诊断证明和医药费的单据为凭,并确系治疗侵害人的侵害行为所致伤害的药费。住院(住宿)费是指为治疗目的而住院或住旅馆所花费的费用,其金额应根据实际支出确定。营养费是指必要的食疗、滋补身体所用的费用,不包括根据诊断不需要特殊增加营养而受害人自行支出的滋补费用。交通费是指受害人去医院诊治所花费的乘坐交通工具的费用,其金额可根据实际需要确定或以车票为凭证。护理费是指受害人生活不能自理时,由专人护理所用的费用,如亲属护理人的误工工资,雇人护理所需的佣金等。是否需要专人护理,应由医院决定。因误工减少的收入,是指受害人因受伤后不能工作而损失的收入。误工日期一般以医院开具的休假日期为依据,没有休假证明自行休假的,不作误工日计算。减少的收入每日赔偿金按国家上年度职工日平均工资计算,最高额为国家上年度职工年平均工资的5倍。对赔偿金额规定最高限额并非始于我国,世界上其他国家已有类似的做法,这主要是考虑到国家的财力状况。

(2)造成部分或全部丧失劳动能力的,应当支付医疗费以及残疾赔偿金。《国家赔偿法》第34条第1款第2项规定,"造成部分或者全部丧失劳动能力的,应当支付医疗费、护理费、残疾生活辅助具费、康复费等因残疾而增加的必要支出和继续治疗所必需的费用,以及残疾赔偿金。残疾赔偿金根据丧失劳动能力的程度,按照国家规定的伤残等级确定,最高不超过国家上年度职工年平均工资

[①] 中国法制出版社编:《国家赔偿法新解读》,中国法制出版社2008年版,第44页。

的20倍。造成全部丧失劳动能力的,对其扶养的无劳动能力的人,还应当支付生活费"。残疾损害赔偿要注意以下问题:第一,残疾损害是一种严重的身体伤害,以受害人部分或全部丧失劳动能力为标志。受害人如果没有丧失劳动能力,则不适用该赔偿标准。第二,丧失劳动能力的标准,根据《国家赔偿法》的规定,按照国家规定的伤残等级确定。第三,残疾损害赔偿包括医疗费、护理费、残疾生活辅助具费、康复费等因残疾而增加的必要支出和继续治疗所必需的费用,以及残疾赔偿金。残疾损害赔偿医疗费、护理费的标准与身体伤害赔偿无异。造成部分或者全部丧失劳动能力而产生的辅助器具费、康复费等因残疾而增加的必要支出和继续治疗所必需的费用属于国家赔偿的范畴,但法律没有确立具体的可操作的标准。残疾赔偿金,是指国家机关及其工作人员因违法行使职权侵犯公民健康权,致使公民部分或全部丧失劳动能力后,国家支付给受害人的赔偿金。根据《国家赔偿法》的规定,残疾赔偿金根据丧失劳动能力的程度,按照国家规定的伤残等级确定,最高不超过国家上年度职工年平均工资的20倍。残疾赔偿金与死亡赔偿金的不同之处在于,死亡赔偿金是给付受害人亲属的,接受死亡赔偿金的主要是受害人的继承人及与受害人有扶养关系的亲属。而残疾赔偿金是给付受害人本人的。第四,受害人全部丧失劳动能力的,对其扶养的无劳动能力的人,还应当支付生活费。残疾损害生活费的标准与生命权损害赔偿中抚养费的标准一样,参照当地最低生活保障标准执行。

(3)造成公民死亡的,应当支付死亡赔偿金、丧葬费。对死者生前扶养的无劳动能力的人,还应当支付生活费。从一些国家和地区的立法情况来看,对死亡的赔偿有如下几个特点:第一,对死亡赔偿大多规定最高限额,德国不超过7.5万马克;日本为2000万日元以内;韩国为受害者当时月工资的60倍以内;我国台湾地区最高额为100至200万新台币。第二,赔偿事项一般包括丧葬费、救治费、抚慰金、受抚养人的生活费。如德国,生命权损害赔偿标准包括三部分:丧葬费;抚养费,即死者生前依法负有抚养义务的人的抚养费,包括尚未生产的胎儿;劳务赔偿金,即死者生前依法在家务或工商业中有对第三人提供劳务的义务,如果死亡而不能提供劳务的,赔偿义务人要向该第三人赔偿因为失去劳务的损失。"有的国家还包括救治费,有证据证明因死亡造成的财产损失,胎儿赔偿请求权、感情赔偿、为死者以一定方式恢复名誉等"。① 第三,确定死亡的赔偿额,一般应考虑到受害人的年龄、健康状况、收入能力及其他情况。第四,如果能证明死亡给受害人带来的财产损失,国家也负责赔偿。

《国家赔偿法》第34条第1款第3项规定,"造成死亡的,应当支付死亡赔偿金、丧葬费,总额为国家上年度职工年平均工资的20倍。对死者生前扶养的无

---

① 陈春龙著:《中国司法赔偿实务操作与理论探讨》,法律出版社2002年版,第387页。

劳动能力的人,还应当支付生活费"。第34条第2款规定:"前款第2项、第3项规定的生活费的发放标准,参照当地最低生活保障标准执行。被扶养的人是未成年人的,生活费给付至18周岁止;其他无劳动能力的人,生活费给付至死亡止。"根据这一法律规定,侵犯公民生命权时,国家需要向受害人的近亲属支付:死亡赔偿金、丧葬费、扶养费:其一,死亡赔偿金。对于由谁作为死亡赔偿金的受领人,应当根据《国家赔偿法》第6条第2款关于"受害的公民死亡,其继承人和其他有扶养关系的亲属有权要求赔偿"的规定来确定,但这一规定显然过于模糊。实务中,应以死者的享有继承既得权的继承人作为死亡赔偿金的受领人,一般为第一顺序继承人,第一顺序继承人缺位时,为第二顺序继承人。[1] 同时,还应当适当考量近亲属与死者生前的情感关系、是否共同生活以致构成家庭生活共同体等因素。其二,丧葬费。考虑一般的人伦道德观念,对于丧葬费,我国法律规定应当按照实际的和合理的损失,予以全部赔偿。《国家赔偿法》并没有明确规定丧葬费的赔偿标准,而是规定"死亡赔偿金、丧葬费,总额为国家上年度职工年平均工资的20倍"。其三,扶养费。扶养费,是指国家因国家机关及其工作人员行使职权侵犯公民的生命健康权,致使其全部丧失劳动能力,对其所扶养的无劳动能力的人支付的维持生活的费用。"扶养"一词有广义与狭义之分。狭义仅指辈分相同人之间的关系。从《国家赔偿法》的相关规定看,在这里,"扶养"一词应从广义理解,包括晚辈对长辈的赡养、长辈对晚辈的抚养以及辈分相同人之间的扶养。因此,扶养费包括狭义的扶养费、抚养费和赡养费。根据我国《婚姻法》、《继承法》等法律的规定,公民应扶养的人主要包括:公民的直系亲属,即祖父母、外祖父母、父母、配偶,未满18岁的子女以及与公民已形成扶养关系的人。凡是被扶养人是未成年人的,生活费给付至18周岁;其他无劳动能力的人,生活费给付至死亡时止。发放扶养费的标准,参照当地最低生活保障标准执行。

《国家赔偿法》对于生命权损害赔偿标准并没有规定医疗费。实践中,不少死者并不是因国家的侵权行为导致立刻死亡,而是经过医院救治后死亡。这样,生命权损害案件时常会发生医疗费。根据我国《国家赔偿法》的精神和第34条的内在联系,我们认为,如果发生了医疗费,生命权损害赔偿标准应该包括死亡赔偿金、丧葬费、扶养费和医疗费。

三、财产权损害赔偿的计算标准

根据我国《国家赔偿法》第36条的规定,财产损害赔偿的计算标准如下:

---

[1] 张步洪著:《国家赔偿法判解与应用》,中国法制出版社2000年版,第233页。

（一）处罚款、罚金、追缴、没收财产或者违法征收、征用财产的赔偿

处罚款、罚金、追缴、没收财产或者违法征收、征用财产的，应当返还财产。这里所说的返还财产之"财产"，既可以是金钱，如非法罚没的款项；也可以是物，如非法没收的财产或征收的财物。如果应当返还的财产损坏的，能够恢复原状的应予恢复原状，不能恢复原状的，按照损坏程度给付相应的赔偿金；如果应当返还的财产灭失的，应当给付相应的赔偿金。

这里有一个值得讨论的问题是，返还金钱时，是否应当计算利息呢？对此，各国法律规定不一。有些国家规定返还金钱应当计算利息。如日本《刑事补偿法》第4条第5项规定："由于执行罚金或罚款而给予的补偿，应在已经征收的罚金或罚款额上，按照从征收的次日起至决定补偿之日止的日期，加上年息5厘的利率所得的数额交付补偿金。"第6项规定："由于执行没收而给予的补偿，如果没收财物尚未处理，应交还原物；没收财物已经处理的，应按与该物当时的价格相等的数额交付补偿金。另外，对征收的追征金，应在数额上按照从追征的次日起至决定补偿之日止的日期，加上年息5厘的利率所得的数额交付补偿金。"英国《王权诉讼法》第24条规定："如果高等法院裁决给政府或裁决政府应交付的费用，那么除法院另有命令外，应根据这些费用支付利息。"我国《国家赔偿法》没有规定返还金钱是否应支付利息，学者们对此存在不同的观点。有学者认为，返还金钱不计利息。[①] 有学者认为，因罚款、罚金及执行罚金违法而对受害人赔偿的，一般应于退回等量罚款、罚金及执行罚金的同时，负责利息损害的赔偿，国家可以规定一个固定的利息率，或根据各年利息率的平均值计算此项赔偿金。[②] 还有学者认为，由于法律没有规定返还金钱是否计算利息，给实际部门具体执行带来了困难，应由最高人民法院以司法解释加以规定。在最高人民法院作出规定之前，可以参照民事赔偿的有关规定。[③] 2010年修改后的《国家赔偿法》第36条第7项明确规定："返还执行的罚款或者罚金、追缴或者没收的金钱，解除冻结的存款或者汇款的，应当支付银行同期存款利息。"

（二）查封、扣压、冻结财产造成损失的赔偿

这三种侵权行为，造成的后果往往较为复杂，赔偿的计算标准也有所不同。首先，解除对财产的查封、扣押、冻结。其次，应当返还的财产损坏的，能够恢复原状的恢复原状，不能恢复原状的，应按照损害程度给付相应的赔偿金。再次，应当返还的财产灭失的，给付相应的赔偿金。灭失是指被损害的财产已不复存在。所谓"相应的赔偿"是指赔偿的数额应以物的价值计算，应当尽量按照有利

[①] 肖峋著：《中华人民共和国国家赔偿的理论与实用指南》，中国民主法制出版社1994年版，第243页。
[②] 马怀德著：《国家赔偿法的理论与实务》，中国法制出版社1994年版，第255页。
[③] 刘善春主编：《国家赔偿法条文释义与案例分析》，中国政法大学出版社1995年版，第63页。

于受害人的原则进行估价。如果以损坏当时的价格作为估价标准对受害人有利的,应按财产损坏当时的价格进行估价;如果以判决或决定赔偿之日的估价对受害人有利的,则应按判决或决定赔偿之日进行估价。

(三)财产已经拍卖、变卖的赔偿

拍卖,是指以公开竞价的形式,将特定物品或财产权利转让给最高应价者的买卖方式。我国《拍卖法》规定,行政机关和司法机关的拍卖活动应当按照《拍卖法》的规定进行。赔偿义务机关违法对财产予以没收或者查封、扣押、冻结后,如果对财产已经进行了拍卖,原物已经不存在或已为他人所有,恢复原状、返还财产已不可能,只能采取金钱赔偿的方式。根据我国《国家赔偿法》的规定,财产已经拍卖的,应给付拍卖所得价款。

变卖,是指强制出卖被申请执行人的财产,以所得价款清偿债务的措施。因变卖造成财产损害的赔偿,我国《国家赔偿法》规定,财产已经变卖的,给付变卖所得的价款。然而,现实中以低于财产价值进行变卖的现象不在少数。为维护受害人的合法财产权利,对于变卖价格明显低于市场价的,国家应该给予赔偿。《国家赔偿法》对此作出了明确规定:"变卖的价款明显低于财产价值的,应当支付相应的赔偿金。"

(四)吊销许可证和执照、责令停产停业的损害赔偿

行政机关及其工作人员违法吊销许可证和执照、责令停产停业的,也会对公民、法人及其他组织的财产权造成侵害。这种侵害并非直接指向财产,而是剥夺和限制受害人的行为能力,其后果往往是造成企业停产或法人消灭,导致受害人的财产损失。我国《国家赔偿法》规定,违法吊销许可证和执照、责令停产停业造成损害的,赔偿停产停业期间必要的经常性费用开支。所谓"必要的经常性费用开支"是指企业、商店、公民等停产停业期间用于维持其生存的基本开支,如水电费、房屋租金、职工基本工资等。其中职工基本工资是按国家统一规定的劳保工资的平均数来计算的。即不赔偿法人或其他组织在正常情况下,在此期间必定能获得的利益,也不赔偿停产停业期间的一切开支,而只是赔偿必要的经常性费用开支。

(五)对财产权造成其他损害的赔偿

根据我国《国家赔偿法》规定,对财产权造成其他损害的,按照直接损失给予赔偿。所谓"直接损失",是指因遭受不法侵害而使现有财产直接减少或消灭。《国家赔偿法》作出这样的规定,是为了防止出现法律没有规定的其他国家侵权行为造成公民、法人或其他组织财产权的损害而得不到赔偿的情况。根据这一规定,由于其他违法行为给公民、法人或其他组织的财产权造成其他损害的,国家只按照直接损失予以赔偿,而不赔偿间接损失或可得利益损失。

四、精神损害赔偿标准

我国 2010 年修订的《国家赔偿法》的亮点之一就是明确了精神损害赔偿。这是我国民主法制进步的表现，同时也有利于构建国家机关与民众之间的和谐关系。由于国家赔偿范围主要阐述的是国家赔偿的行为范围，而不是损害范围。因而，对国家赔偿中的精神损害赔偿问题统一在此作些阐述。

(一) 精神损害赔偿的构成要件

精神损害赔偿是指公民因其人身权利受到职务行为的侵害，使其人格利益和身份利益丧失、减损或遭受精神痛苦，要求国家通过财产赔偿等方法进行救济和保护的法律制度。根据国家赔偿构成要件的一般原理，精神损害赔偿的一般构成要件至少包括以下三个方面[①]：(1) 职务侵权行为。职务侵权行为，是指国家机关及其工作人员履行或者不履行其职责和义务的行为，包括法律、法规授权的组织及其工作人员违法行使公权力的行为。(2) 精神损害。国家承担精神损害赔偿责任的前提是职务侵权行为已经给行政相对人造成精神损害。没有造成精神损害，不得要求损害赔偿。(3) 因果关系。"国家赔偿中的因果关系，实质上是国家机关与受害人之间的权利义务关系。只要国家机关违背了对权利人所承担的特定义务并因此导致其损害，且权利人无法通过其他途径受偿的，我们就认为存在国家赔偿责任中的因果关系。""只有与损害结果有直接联系的原因，才是赔偿责任的因果关系中的原因。"[②] 这一分析同样适用于精神损害的国家赔偿领域。

《国家赔偿法》第 35 条规定："有本法第 3 条或者第 17 条规定情形之一，致人精神损害的，应当在侵权行为影响的范围内，为受害人消除影响，恢复名誉，赔礼道歉；造成严重后果的，应当支付相应的精神损害抚慰金。"根据这一规定，我国精神损害赔偿必须满足三个具体条件：(1) 必须是侵犯了自然人的人身权利，包括生命权、健康权，人身自由权，人格权等所造成的精神损害。对于侵犯财产权所造成的精神损害，国家赔偿义务机关不予赔偿。这主要是因为，一方面在相对人的财产权受到侵害时，其受损的主要是财产权，精神损害并不占据主要地位，而且也不是所有的相对人在财产权受到损害时都会造成精神损害。另一方面，对于因财产权受到损害时所造成的精神损害，可以在给予相对人物质损害赔偿的同时给予赔偿，而无必要单独请求精神损害赔偿，这也是提高效率、减少讼累的需要。[③] (2) 必须是法定职务侵权行为所造成的精神损害。按照《国家赔偿

---

① 参见马怀德、张红:《论国家侵权精神损害赔偿》，载《天津行政学院学报》2005 年第 1 期。
② 马怀德著:《行政法制度建构与判例研究》，中国政法大学出版社 2000 年版，第 201—203 页。
③ 参见马怀德、张红:《论国家侵权精神损害赔偿》，载《天津行政学院学报》2005 年第 1 期。

法》的规定,必须是《国家赔偿法》第 3 条或第 17 条规定的职务侵权行为所造成的精神损害才可能产生精神损害赔偿。(3)精神损害必须"造成严重后果"。由于精神损害不同于人身损害或财产损害,难以用金钱直接计量。精神损害是否"造成严重后果"可以从以下几方面加以考虑①:第一,一般认为,对生命权的侵害,已"超出了正常生活所能容忍的界限",必然属于精神损害赔偿范围。第二,对健康权的侵害,是否构成精神损害赔偿,主要取决于身体、健康被损害的程度。一般是以达到伤残标准作为构成严重精神损害的主要依据。原则上,只有达到伤残标准的,才能提起精神损害赔偿。至于没有达到伤残标准的精神损害是否构成严重后果,则应视具体情况而定。第三,对于人身自由权的侵害,是否造成精神损害赔偿,则应综合考虑侵害人的主观状态、侵害手段、场合、行为方式和受害人的精神状态等具体情节加以判断。第四,受害人所受精神损害能否通过其他责任方式加以弥补。如果精神损害能够通过消除影响、恢复名誉、赔礼道歉等责任方式加以弥补的,则不构成严重后果。

(二)精神损害赔偿数额的确定

在精神损害赔偿中,确定精神损害赔偿金的标准是长期困扰着理论界和实务界的一大难题。由于精神损害无法直接用金钱加以衡量,各国确定精神损害赔偿金时所使用的方法也不尽相同。归纳起来,主要有以下几种方法②:(1)酌定赔偿的方法,即法律不制定统一的赔偿标准,而是由法官根据具体案情自由裁量。这一方法由于没有统一的计算标准,导致对相似案情的精神损害赔偿数额往往相差悬殊。(2)固定赔偿方法,即制定固定的抚慰金赔偿表,就不同性质的精神损害规定抚慰金的最高赔偿限额和最低赔偿标准。现在英国对精神损害赔偿金就采取标准化的固定赔偿方法,将致残赔偿及各类伤害的赔偿金额,依通常的社会标准,根据法律政策修改的价目表估算金额。(3)最高限额赔偿方法,即对精神损害赔偿的数额限制最高标准,美国、瑞典、捷克等国均采此种方法。(4)医疗费比例赔偿方法,即精神损害的赔偿金额根据受害人医疗费的一定比例加以确定。如秘鲁《民法典》第 3 条规定,法官只能在受害人所必须花费的医疗费数额的半数和两倍之间来估算受害人的抚慰金。(5)日标准赔偿方法,即确定每日的赔偿标准,总额按日标准计算。如丹麦法律规定,致害人对躺在床上的病人每日给付抚慰金 25 丹麦克郎。

我国《国家赔偿法》中没有规定精神损害赔偿的标准,相关司法解释也没有作出明确规定。我们认为应该借鉴最高人民法院《关于确定民事侵权精神损害

---

① 参见江必新主编:《〈中华人民共和国国家赔偿法〉条文理解与适用》,人民法院出版社 2010 年版,第 334 页。

② 马怀德、张红:《论国家侵权精神损害赔偿》,载《天津行政学院学报》2005 年第 1 期。

赔偿责任若干问题的解释》第 10 条的规定①,同时考虑到我国国家赔偿的特殊性,综合考虑以下几方面的因素来确定②:(1)职务侵权行为的过错程度。侵权机关及其工作人员的过错程度越大,则其责任越重,相应的受害人应获得的赔偿越多。(2)职务侵权的具体情节,包括实施侵害的手段、场合、行为方式等。侵害的具体情节在相当大的程度上决定着对受害人造成精神损害的大小。一般而言,侵害的手段越恶劣、场合越公开、行为方式越粗暴,受害人所遭受的精神损害就越大,受害人应获得的赔偿也越多。(3)受害人精神损害的程度和后果。这是确定精神损害抚慰金的重要依据。精神损害的程度和后果可以参照上文所述的精神损害是否"造成严重后果"的考虑因素。(4)侵权机关事后采取弥补措施的有效程度。侵权机关事后采取的弥补措施越有效,则受害人遭受的精神损害可能会越小。(5)职务侵权行为的社会影响。一般来说,职务侵权行为的社会影响越大,受害人所遭受的精神损害就越大。(6)法律、行政法规对残疾赔偿金、死亡赔偿金等有明确规定的,适用法律、行政法规的规定。这是国家赔偿法定原则的要求所在。

第三节 国家赔偿的费用

一、国家赔偿费用的来源

国家赔偿费用是指赔偿义务机关依照国家赔偿法的规定向赔偿请求人支付的费用。实行国家赔偿,必须有相应的赔偿费用作保障。如果赔偿费用得不到保证,受害人的损失就得不到及时的救济,国家赔偿就会落空,国家赔偿法的目的就难于实现。所以,世界各国对国家赔偿费用都十分重视,都在立法中予以明确规定。

(一)国外赔偿费用来源

从国外赔偿制度来看,赔偿费用一般均由国库支出,为了保证受害人得到合理适当的救济,防止赔偿义务机关失职或滥施赔偿,各国和地区均采用了不同形式的赔偿费用支出管理方式③:

---

① 最高人民法院《关于确定民事侵权精神损害赔偿责任若干问题的解释》第 10 条规定,精神损害的赔偿数额根据以下因素确定:(1)侵权人的过错程度,法律另有规定的除外;(2)侵害的手段、场合、行为方式等具体情节;(3)侵权行为所造成的后果;(4)侵权人的获利情况;(5)侵权人承担责任的经济能力;(6)受诉法院所在地平均生活水平。法律、行政法规对残疾赔偿金、死亡赔偿金等有明确规定的,适用法律、行政法规的规定。

② 参见马怀德、张红:《论国家侵权精神损害赔偿》,载《天津行政学院学报》2005 年第 1 期;江必新主编:《〈中华人民共和国国家赔偿法〉条文理解与适用》,人民法院出版社 2010 年版,第 335 页;杨立新等:《精神损害赔偿》,人民法院出版社 2004 年版,第 89—91 页。

③ 参见皮纯协、冯军主编:《国家赔偿法释论》,法制出版社 1996 年版,第 226—227 页。

(1) 中央政府统筹编列赔偿预算。即所有国家赔偿费用,均由中央政府按年编列预算。采用这种方式的有法国、韩国、新加坡等国。在法国,国家从总预算中,每年拨给各部一部分预算,各部的预算中留有一部分机动使用的用于赔偿的经费。新加坡,在总检察署的行政经费上编列 30 万元预算,必要时还可动用政府预备金。如难以拨付或不足支付时,由律政部提请国会拨款支付。在这种方式下,通常由国家根据各项赔偿的大体情况,确定一个每年所需赔偿费用的基本数,在编列预算时,作为一项专项支出,列入预算收支科目,地方行政所支出的赔偿费用,则从中央财政拨付。这种方式的优点在于能够保证充分的赔偿经费,避免因地方财政吃紧而给请求权人造成赔偿的拖延,减轻个别机关所受的压力。其缺点在于,各级政府可能会因赔偿费用非自己所出,而掉以轻心,要么为体现政绩而减少应当赔偿的事项及数额,要么慷国家之慨,滥施赔偿。在此意义上,各级政府编列预算分别支出则优于中央统筹。

(2) 各级政府分别编列赔偿预算,各自就本机关造成的损害负赔偿责任。各级政府根据其行政、司法的具体状况,在每年编列预算时,把国家赔偿费用作为一项固定支出列入预算计划。我国台湾地区规定:行政赔偿费由各级政府编列预算支付。这一方式的优点在于,可以引起各级政府的充分重视,避免因不承担赔偿费用而丧失责任心。但其缺点是,地方各级政府经费往往已是捉襟见肘,特别是贫困落后的地区,靠国家财政补贴地区,由其编制赔偿预算并负担支出,容易使受害人的损失得不到切实的赔偿。

(3) 国家设立专项基金,国家与赔偿义务机关相结合共同负担赔偿费用。这种模式的特点是赔偿经费一般由各个政府机关自行负担,如超过某一确定数额才由国家承担。例如,美国法律规定:2500 美元以下的赔偿金由联邦政府机关自己负责,或从行政费中支出,或从活动基金中支出,超过此限的赔偿金,则由国会拨出专款,由财政部拨付。美国国会几十年前就拨出一笔专款用于赔偿,每年稍有增加,目前已达几百亿美元。仅 1983 年,依此项规定由财政部支付的赔偿金就达 1.36 亿美元。这种模式的优点在于,由各政府机关自己支付一定数额的赔偿金,可以增强其责任心,超过一定限度的赔偿由国家专项基金承担,又可以减轻机关压力,保证受害人得到有效的赔偿。

(4) 通过保险渠道支付赔偿费用。由于社会保险业的迅猛发展,许多国家在国家赔偿领域引入保险形式解决赔偿金的支付问题。国家赔偿领域的保险分为两种形式:一是公民个人向保险公司投保,一旦被国家机关损害,则可从保险公司取得赔偿金,保险公司又可向侵权的国家机关提出赔偿请求。如法国某些地区和部门就采用这种方式,当保险公司向受害人支付了赔偿金后,可向政府机关提出赔偿请求。二是政府向保险公司投保,一旦发生侵权损害,则由保险公司向受害人支付赔偿费用。在美国,有的地方政府向保险公司投保,由保险公司负责赔偿受害人的损失,但有些保险公司不给政府开设保险业务,原因是费用太高。

(二) 我国国家赔偿费用的来源

我国国家赔偿经费的来源采用了上述第二种方式。1989年颁布的《行政诉讼法》第69条规定:"赔偿费用,从各级财政列支。各级人民政府可以责令有责任的行政机关支付部分或者全部赔偿费用。具体办法由国务院规定。"1994年颁布的《国家赔偿法》第29条对国家赔偿经费来源也作了明确规定:"赔偿费用,列入各级财政预算,具体办法由国务院规定。"国务院于1995年1月25日发布了《国家赔偿费用管理办法》。根据该《办法》第6条的规定,国家赔偿费用,列入各级财产预算,由各级财政按照财政管理体制分级负担。各级政府根据地区的实际情况,确定一定数额的国家赔偿费用,列入本级财政预算,由各级财政机关负责管理。当年实际支付的赔偿费用超过年度预算的部分,在本级预算预备费中解决。即政府在每年度的国家预算中列出赔偿费用专项。鉴于我国财政实行的是中央和地方分列的体制,因此《国家赔偿法》实施后,凡属中央财政划拨经费的部门由中央财政作预算。地方政府的赔偿经费则由各级财政列入预算。具体的列支办法,由国务院制定具体的实施细则。

我国有关赔偿经费来源的规定,是在借鉴了国外一些成功经验的基础上,结合我国国情制定的,其优点在于:直接反映了国家赔偿的性质;有利于促进国家机关依法行使职权;同时,可保证受害人得到全面及时的赔偿。

二、国家赔偿费用的支付

《国家赔偿费用管理办法》规定,国家赔偿费用,是指赔偿义务机关依照国家赔偿法的规定,应当向赔偿请求人支付的费用。其使用范畴仅限于《国家赔偿法》规定标准和种类范围内的费用。赔偿义务机关支出的调查费、鉴定费、诉讼费等,以及违法超支的赔偿费用,都不在国家赔偿经费的支出范围之内。

根据《国家赔偿法》的规定,国家赔偿费用的支付一般应该遵循以下程序:

第一,赔偿请求人凭生效的判决书、复议决定书、赔偿决定书或者调解书,向赔偿义务机关申请支付赔偿金。

第二,赔偿义务机关应当自收到支付赔偿金申请之日起7日内,依照预算管理权限向有关的财政部门提出支付申请。赔偿义务机关申请支付国家赔偿费用应当根据具体情况,提供下列相应的有关文件或者文件副本:(1) 赔偿请求人请求赔偿的申请书;(2) 赔偿义务机关作出的赔偿决定;(3) 复议机关的复议决定书;(4) 人民法院的判决书、裁定书或者赔偿决定书;(5) 其他依法应当提供的文件或者文件副本。

第三,财政部门应当自收到支付申请之日起15日内支付赔偿金。赔偿请求人应当出具收据或其他凭证。

第四,追偿。赔偿义务机关赔偿损失后,应当依照《国家赔偿法》第16条和第31条的规定,向责任者追偿部分或者全部国家赔偿费用。追偿的国家赔偿费用应当上缴同级财政机关。

另外,在国家赔偿费用的支付中,有两个问题必须注意:(1)赔偿案件的免费问题。我国《国家赔偿法》第41条第1款规定:"赔偿请求人要求国家赔偿的,赔偿义务机关、复议机关和人民法院不得向赔偿请求人收取任何费用。"最高人民法院于1995年9月18日发布的《关于受理行政赔偿案件是否收取诉讼费用的批复》中指出:"根据《中华人民共和国国家赔偿法》第34条的规定,人民法院受理行政赔偿案件,不得向当事人收取诉讼费用。"请求国家赔偿不收取费用,这是国家赔偿与其他诉讼的一个重要区别,也是法律对受害人取得国家赔偿权的重要保障。需要注意的是,赔偿请求不收费仅针对赔偿请求人而言。对于被请求人,如果法律规定应当交纳费用的,应当依法交纳。(2)赔偿金的免税问题。《国家赔偿法》第41条第2款规定:"对赔偿请求人取得的赔偿金不予征税。"之所以实行赔偿金不征税原则,是因为赔偿金不是个人的正常收入,而是填补损害的费用,并且数量有限,征税不利于保护受害人的利益。①

三、国家赔偿费用的管理监督

监督是国家赔偿费用管理的重要一环,主要包括外部监督和内部监督。目前我国相关监督方式除了审计、监察等传统监督方式外,主要有以下几种方式:

(1)行政机关的监督。行政机关的监督包括财政部门的监督和政府法制机构的监督。对于财政部门的监督,《国家赔偿费用管理办法》规定,各级财政机关应当加强对国家赔偿费用的监督管理,建立健全国家赔偿费用的管理和核拨制度。如果赔偿义务机关有下列行为之一的,由财政机关依法追缴被侵占的国家赔偿费用:第一,虚报、冒领、骗取国家赔偿费用的;第二,挪用国家赔偿费用的;第三,未按照规定追偿国家赔偿费用的;第四,违反国家赔偿法的规定支付国家赔偿费用的。赔偿义务机关有上述所列行为之一的,对负有直接责任的主管人员和其他直接责任人员依法追究法律责任。对于政府法制机构的监督,《国家赔偿费用管理办法》没有作出明确规定。有的地方性法规,如《新疆维吾尔自治区实施国家赔偿费用管理办法若干规定》规定,"县(市)以上政府法制机构会同有关部门,进行国家赔偿费用管理的综合执法监督","各级政府法制机构应当加强对国家赔偿法和赔偿费用管理办法执行情况的综合执法监督,对违法的或不适当的行政行为提出处理意见或建议,提请本级政府或者有关部门依法处理"。

---

① 参见房绍坤、毕可志编著:《国家赔偿法学》,北京大学出版社2004年版,第300—301页。

(2) 司法机关、复议机关或人民法院赔偿委员会的监督。根据我国《国家赔偿法》的规定,在行政赔偿中,赔偿义务机关逾期不予赔偿或者赔偿请求人对赔偿数额有异议的,赔偿请求人可以自期间届满之日起 3 个月内向人民法院提起诉讼。在刑事赔偿中,赔偿义务机关逾期不予赔偿或者赔偿请求人对赔偿数额有异议的,赔偿请求人可以自期间届满之日起 30 日内向其上一级机关申请复议。赔偿义务机关是人民法院的,赔偿请求人可以向其上一级人民法院赔偿委员会申请作出赔偿决定。如果赔偿请求人不服复议决定的,可以在收到复议决定之日起 30 日内向复议机关所在地的同级人民法院赔偿委员会申请作出赔偿决定;复议机关逾期不作决定的,赔偿请求人可以自期间届满之日起 30 日内向复议机关所在地的同级人民法院赔偿委员会申请作出赔偿决定。

(3) 权力机关的监督。国家赔偿费用是列入国家各级财政支付的,当然应该接受各级权力机关的审议和监督。除此之外,有的地方性法规对权力机关监督国家赔偿费用的使用作了特殊的规定。如,《重庆市实施中华人民共和国国家赔偿法办法(2003 修正)》规定:"市和区、县(市)审计机关和监察机关应加强对国家赔偿的审计、监察,定期或不定期对本行政区域的国家赔偿工作进行专题审计或监察,发现有重大问题的,应及时向同级人民政府和人大常委会提出审计和监察报告","市和区、县(市)人大及其常委会应加强对本行政区域的国家赔偿工作的监督检查","市级机关年赔偿金额在 50 万元以上或个案赔偿金额在 10 万元以上的,应向市人大常委会作出专题报告。区、县(市)级机关年赔偿金额在 30 万元以上或个案赔偿金额在 5 万元以上的,应向同级人大常委会作出专题报告","市人民代表大会代表、市人大常委会组成人员对连续两年国家赔偿金额在 50 万元以上的市级机关负责人,区、县(市)人民代表大会代表、区、县(市)人大常委会组成人员对连续两年国家赔偿金额在 30 万元以上的区、县(市)级机关负责人,可依法提出质询案或罢免案,交本级人民代表大会或本级人大常委会审议或表决"。

本章需要继续探讨的问题

一、关于国家赔偿的标准

国家赔偿标准有惩罚性、补偿性、抚慰性三种类型。在我国,基于具体国情的考虑,国家赔偿法基本上采用抚慰性赔偿标准,缺乏惩罚性赔偿标准,坚持的立法原则是"生存权保障原则"。对人身权损害方面,依照现有规定,违法行使职权行为侵犯公民人身自由和生命健康权,只赔偿物质性损失,而不赔偿精神损失,在生命健康权损害赔偿方面还有最高额限制。

对于财产损失方面,现有立法规定,在原则上只赔偿直接损失,对于间接利益或可得利益损失,即受害人在正常情况下应该得到但因侵权未能得到的财产利益,一般不赔。如吊销许可证和执照、责令停产停业的,只赔偿停产停业期间必要的经常性费用开支。

有学者认为,这种规定与《国家赔偿法》的立法宗旨相违背,国家侵权自应由国家赔偿,不能将负担加在受害人身上。另外,从国家赔偿的功能来看,建立国家赔偿制度的目的,在于使人民的利益不受侵害,受害人的损害得到救济。故我国国家赔偿的范围应限于实际损害,即损害必须是实际发生的(直接损失),将来的损害为不可避免(必然可得利益的损失)的,也应视同已经发生的现实损害。因此,我国可考虑采用补偿性原则,提高国家赔偿的计算标准,与民事赔偿标准达到基本一致。在人身自由权和生命健康权损害赔偿的计算标准方面,应改变单纯以国家上年度职工年平均工资为计算标准的"一刀切"做法,在立法过程中充分考虑多种实际情况。建议在确定人身自由权损害的赔偿数额时,应当考虑关押时间、受害人本人的利益损失状况、受害人所处的地区特点、所从事的职业特点等诸多因素;造成身体健康权损害的,应当参照《民法通则》的规定,对受害人的实际损失予以赔偿。造成部分或全部劳动能力丧失的,残疾赔偿金应考虑受害人的年龄大小、健康状况、家庭因素等确定;造成财产权损害的,不仅应赔偿直接损失,还应赔偿间接损失。[①]

二、健全和完善国家赔偿费用预算管理的若干建议[②]

加强国家赔偿费用预算管理,从根本上解决国家赔偿费用的来源,是解决国家赔偿难的核心问题之一,也是直接影响到国家赔偿费用的相关法律规范能否得以执行的基本问题。对此,我国《国家赔偿法》规定:"……财政部门应当自收到支付申请之日起15日内支付赔偿金"。这就使我国现行的国家赔偿费用预算管理体制与法律制度面临修改和进一步完善的问题。关于如何修改和完善,现有几种观点:一是由国家机关行政经费中支出;二是由国家机关从预算外资金中支出;三是由国家机关向保险公司投保,然后由保险公司支付;四是由国家从罚没收入中支出,列入国家财政预算;五是建立国家赔偿基金。鉴于我国依法行政重心在基层,难点也在基层,市(县)政府处在政府工作的第一线,直接面向广大人民群众,需要直接处理各种具体现实的利益关系和社会矛盾,推进市(县)政府依法行政是建设法治政府的基础和关键的状况与要求,在考虑上述因素并与实

---

① 参见马怀德:《国家赔偿法的修改及完善》,中国法学会行政法研究会2004年年会论文。
② 刘仁频等:《国家赔偿费用预算管理若干问题续议》,资料来源于湖北法制信息网,http://www.hbzffz.gov.cn/hbfzb/preViewTextInfo.do?Id=5326&tId=2,2010年5月8日访问。

际相结合的基础上,建议:

（一）改变国家赔偿费用预算主体,形成中央和地方复合预算列支体制

按照由各级地方政府按财政体制分别承担的方法,过去的状况可能会"依然如故";由中央财政承担,一是不可能全部承担,二是与财权与事权相适应原则不统一。因此,两种方式独立采用,都会使国家赔偿费用的来源仍然得不到有效保证,而不利于保护受害人的权益。为了既便于赔偿请求人申请国家赔偿,又保证不因地方财政困难而影响受害人及时得到赔偿,建议在结合国家财政预算和国库管理改革情况基础上,一是可采取中央与地方相结合方式,建立新的国家赔偿费用预算体制,将国家赔偿费用列为中央和省级财政支出项目,由省级财政具体负责辖区内国家赔偿费用的预算及支出管理,中央按实际情况给予省级财政以适当补助,或由中央与省级财政按照一定的比例承担国家赔偿费用,省级以下财政,尤其是财力相对较弱的县、乡一级基层财政,不再承担国家赔偿费用;二是各级政府列预算,而针对目前地方政府确实财力贫乏的状况,无力负担国家赔偿费用的地区,由中央、省给予适当补助。

（二）确定统一的基数,将国家赔偿费用列入政府专项预算

鉴于国家赔偿费用支出的不可预见性和预算编制数额的不可预测性等不确定因素和全国执行不一的现状,建议将国家赔偿费用作为专项列入政府整体预算中,并按照实际发生状况采取财政直接列支的办法。而对国家赔偿费用预算的编制,可综合本级政府前三个预算年度的实际赔偿额的平均数为国家赔偿费用的预算基数,并适当考虑当年的增长因素的一定比例安排预算,如国家赔偿费用实际支出超出预算,对当年实际超出预算的部分,则在本级财政预备费中解决;对当年未支出结余的,结转下一年度,下一年度按本年度提取的额度与上年度结余的差额补足,以维持本年度的预算安排额。

（三）进一步健全和完善国家赔偿费用预算管理法律制度

以修订后的《国家赔偿法》为基础,结合国家关于公共财政和部门预算改革的要求,修改《国家赔偿费用管理办法》,从国家赔偿费用管理的体制、列支方法、程序、监督、救济和法律责任等方面,进一步完善和尽量细化调整国家赔偿费用预算管理的相关法律规范与配套制度,促使各级人民政府,不论是经济发达地区还是欠发达地区,都必须按照一定年度的实际赔偿额的平均数将国家赔偿费用列入各级财政预算或按照新的国家赔偿费用预算管理制度执行,以保障国家赔偿费用预算管理得到规范,国家赔偿费用有比较稳定的资金来源和保证国家赔偿费用在规定的期限内得以及时支付。

第六章　国家赔偿的时效与国家赔偿法的效力

内容提要

　　时效是指一定的事实状态经过一定的期限之后即发生一定法律后果的制度，它是国家赔偿中一项重要的制度，直接涉及权利的救济问题。国家赔偿法的效力是其适用范围，主要包括：时间效力、空间效力、对人的效力和涉外效力。

关键词

　　时效　时效的起算　时效的中止　国家赔偿法的效力　对人的效力　时间效力　空间效力　涉外效力　国家赔偿法的实效

第一节　国家赔偿的时效

一、时效的概念

　　时效制度起源于民法。所谓时效，是指一定的事实状态经过一定的期限以后即发生一定法律后果的制度。时效又分为取得时效和消失时效两种，凡是一定的事实状态经过一定时期的持续因而取得权利的，叫取得时效；凡一定的事实状态经过一定时期的持续因而丧失权利的，叫消失时效。时效制度的功能主要在于确定一定权利的得失，促进权利主体行使权利，义务主体履行义务，在法律制度中具有重要的意义。鉴于时效制度的确立容易导致权利丧失的问题，各种法律规范对时效的规定体现了严谨和务实的态度，一般都是根据法律规范的特点和现存的法律现实来确定。

　　国家赔偿的时效是指在国家赔偿制度中受害公民、法人和其他组织向有关国家机关请求赔偿的法定期间。时效如何确定，期限长短，不仅关系到受害人的合法权益是否得到充分、有效的救济，而且也关系到有关国家机关能否正确、及时地处理国家赔偿纠纷，提高办事效率，稳定社会关系和管理秩序。[①] 各国国家赔偿制度一般都规定了国家赔偿的时效。奥地利《国家赔偿法》第6条规定了被害人的赔偿请求权自知悉损害时逾期不行使而消失；损害情形为被害人所不知

---

　　① 江必新主编：《〈中华人民共和国国家赔偿法〉条文理解与适用》，人民法院出版社2010年版，第382页。

或损害的发生是犯罪的结果的,时效为自损害发生后10年。前联邦德国将赔偿时效分为一般请求时效和长期请求时效,一般请求时效为5年,长期请求时效为30年。尽管各国对国家赔偿时效的期间规定得不尽相同,但在运作中一般分为请求时效和诉讼时效,并将诉讼时效限定在请求时效的期间内。

我国国家赔偿制度结合我国的实际,并与其他法律规范中的时效制度相联系,将请求时效确定为两年。

二、时效的起算和期间

时效的起算在不同的法律中有不同的方法,主要由各种法律规范的内容和特点所决定。我国行政诉讼时效从公民、法人和其他组织知道具体行政行为作出之日起计算;民事诉讼时效是以当事人知道权利受到侵害为起点。在《国家赔偿法》修改之前,原《国家赔偿法》第32条规定:"赔偿请求人请求国家赔偿的时效为两年,自国家机关及其工作人员行使职权时的行为被依法确定为违法之日起计算,但被羁押期间不计算在内。"由于原《国家赔偿法》没有规定申请确认的时效,实践中的确认前置程序执行效果很差,修改后《国家赔偿法》取消了确认程序,对时效的起算作了新的规定。修改后的《国家赔偿法》第39条规定:"赔偿请求人请求国家赔偿的时效为两年,自其知道或者应当知道国家机关及其工作人员行使职权时的行为侵犯其人身权、财产权之日起计算,但被羁押等限制人身自由期间不计算在内。"据此规定,赔偿请求人请求国家赔偿的时效以"知道"或"应当知道"侵权行为作为起算点。

修改后的《国家赔偿法》第39条还规定:"在申请行政复议或者提起行政诉讼时一并提出赔偿请求的,适用行政复议法、行政诉讼法有关时效的规定。"这是指在申请行政复议和提起行政诉讼中附带提出行政赔偿请求的,适用特别法规定的时效。根据《行政复议法》第9条的规定,公民、法人或者其他组织认为具体行政行为侵犯其合法权益的,可以自知道该具体行政行为之日起60日内提出行政复议申请,如果申请人在申请复议时一并提出行政赔偿请求的,自然适用60日时效的规定。如果申请人对复议决定不服向人民法院提起行政诉讼并附带提出行政赔偿请求的,则适用《行政诉讼法》第38条和《行政复议法》第19条的规定,时效为15日。如果公民、法人或者其他组织对具体行政行为不服直接向人民法院提起行政诉讼并附带请求行政赔偿的,则适用《行政诉讼法》第39条"在知道具体行政行为之日起3个月内起诉"的规定,时效为3个月。

国家赔偿的时效除了因请求权而有请求时效外,还在操作规则中有特别时效即程序中的时效。如:

(1) 申请复议的时效。它是指赔偿请求人对刑事赔偿义务机关逾期不予赔偿或对赔偿数额有异议的,请求上一级机关重新审查并作出决定的时效。根据

《国家赔偿法》第 23 条、第 24 条的规定,赔偿义务机关应当自收到申请之日起两个月内,作出是否赔偿的决定。赔偿义务机关在规定期限内未作出是否赔偿的决定,赔偿请求人可以自期限届满之日起 30 日内向赔偿义务机关的上一级机关申请复议。赔偿请求人对赔偿的方式、项目、数额有异议的,或者赔偿义务机关作出不予赔偿决定的,赔偿请求人可以自赔偿义务机关作出赔偿或者不予赔偿决定之日起 30 日内,向赔偿义务机关的上一级机关申请复议。在时效的起算上是以"期间届满之日"和"赔偿义务机关作出赔偿或者不予赔偿决定之日"为起点,最长时间不得超过 30 天。

(2) 申请赔偿决定的时效。它是赔偿请求人申请人民法院赔偿委员会作出赔偿决定的时效。《国家赔偿法》第 25 条规定:"复议机关应当自收到申请之日起两个月内作出决定。赔偿请求人不服复议决定的,可以在收到复议决定之日起 30 日内向复议机关所在地的同级人民法院赔偿委员会申请作出赔偿决定;复议机关逾期不作决定的,赔偿请求人可以自期限届满之日起 30 日内向复议机关所在地的同级人民法院赔偿委员会申请作出赔偿决定。"《国家赔偿法》第 25 条规定的时效期间为 30 日。在时效的起算上分两种情形:其一是"收到复议决定之日起"开始计算,其二是"期限届满之日起"开始计算。根据《国家赔偿法》第 24 条第 3 款的规定,赔偿义务机关是人民法院的,赔偿请求人可以向上一级人民法院的赔偿委员会申请作出赔偿决定,时效期间也是 30 日。在时效的起算上也分两种情形:其一是"期限届满之日起"开始计算,其二是"赔偿义务机关作出赔偿或者不予赔偿决定之日起"开始计算。

(3) 行政赔偿诉讼时效。它是在行政赔偿诉讼中,赔偿请求人提出行政赔偿诉讼的时效。根据《国家赔偿法》第 13 条、第 14 条的规定,赔偿义务机关应当自收到申请之日起两个月内,作出是否赔偿的决定。赔偿义务机关在规定期限内未作出是否赔偿的决定,赔偿请求人可以自期限届满之日起 3 个月内,向人民法院提起诉讼。赔偿请求人对赔偿的方式、项目、数额有异议的,或者赔偿义务机关作出不予赔偿决定的,赔偿请求人可以自赔偿义务机关作出赔偿或者不予赔偿决定之日起 3 个月内,向人民法院提起诉讼。在时效的起算上分两种情形:其一是"期限届满之日起"开始计算,其二是"赔偿义务机关作出赔偿或者不予赔偿决定之日起"开始计算。

三、时效的中止

在正常的情况下,时效随时间的移转而计算。但是时效制度只是对一般情况的设定,当出现某种特殊情况时,时效的运行必须中止,因为受害人在此情况下无法行使请求权,如不中止,必将会影响受害人的实体权利。各国的国家赔偿法都确立了时效中止的制度。时效中止制度是程序性权利的救济制度,是法定的客观事由出现后暂时停止时效的计算,一旦客观事由消失后,时效继续计算的一种制度。我国《国家赔偿法》第39条第2款规定:"赔偿请求人在赔偿请求时效的最后6个月内,因不可抗力或者其他障碍不能行使请求权的,时效中止。从中止时效的原因消除之日起,赔偿请求时效期间继续计算。"根据这一规定,时效中止的条件主要有:(1)不能行使请求权的障碍发生在请求时效的最后6个月内。(2)必须出现不可抗力的事由或其他障碍。不可抗力的事由主要是基于客观现象,如自然灾害、战争等,不能控制、不能避免,权利请求人无法正常地行使权利。其他障碍是指足以阻碍赔偿请求人行使请求权的困难局面,如赔偿请求人为无行为能力人、限制行为能力人而又没有法定代理人代为行使权利,以及赔偿请求人失去人身自由不能行使权利等情况。只有符合上述条件,才能确定时效中止。规定时效中止事由发生或者继续存在于时效期间最后6个月内,始能发生时效中止的后果,这既有利于保障赔偿请求人的合法权益,也有利于督促赔偿请求人及时行使权利,避免法律关系的复杂化,从而也符合设立消灭时效制度的目的。需要强调的是,如果在最后6个月前发生法定中止事由,该中止时效计算的障碍一直持续到最后6个月内仍然存在的,则如同在最后6个月内发生中止时效计算的事由一样。[①]

第二节 国家赔偿法的效力

从法律的形式上讲,国家赔偿法的效力是指国家赔偿法的适用范围,主要分为对人的效力、时间效力、空间效力,但是形式上的效力必须转化为实质上的效力才有意义,否则国家赔偿法就只能是一张写着赔偿权利的纸。我们在法学研究中,对法的效力问题的关注不能仅仅停留在它的形式方面,还应当包括实质方面,从一定的意义上说,实质上的效力是关键所在。实质上的效力就是指实效。

一、法律形式上的效力

(一)对人的效力

对人的效力是国家赔偿法对该法律关系主体的效力。法律的主体不仅包括自然人,而且还包括法人及其他组织。由于国家机关法人资格的固定性和无须确认的特点,它也是当然的主体。

自然人在国家赔偿法律中称为公民,即具有某一国家国籍的人。我国公民是具有中华人民共和国国籍的人。国家赔偿法的立法宗旨就是为了保护公民的

[①] 参见江必新主编:《〈中华人民共和国国家赔偿法〉条文理解与适用》,人民法院出版社2010年版,第386—387页。

合法权益,其中最主要的是我国公民,在特定的情况下也给予我国领土上的外国人以保护。国家赔偿法对公民的适用也就是效力的体现。法人最先是民事法律关系的主体,具有民事权利能力和民事行为能力,依法能独立享有民事权利和承担民事义务。国家赔偿法产生后,法人也是国家赔偿法律关系的主体,当法人遭受公共权力的侵害而受损失时,与自然人一样,拥有要求国家赔偿的权利。在社会中有的组织尽管不具备法人资格,如没有法人资格的企业法人的分支机构,但它们的合法权益同一般法人一样都受到我国国家赔偿法的保护。

国家赔偿法作为宪法性法律既具有保护力,又具有约束力,确定了法律关系主体行为的界限,即界限范围内受法律保护,范围之外受法律限制,如当赔偿义务机关不履行赔偿义务时,权利请求人可以请求人民法院强制执行;权利请求人的要求超出国家赔偿的范围和标准时,国家司法机关对超出的部分不予以保护。当然,在国家赔偿法律关系中作为义务主体的往往是一定的国家机关(赔偿义务机关),国家赔偿法首先对国家机关具有约束力,因为国家赔偿是以国家机关和国家机关工作人员违法行为的存在为条件,只有先对违法行为予以限制才能保护合法权益。

(二) 时间效力

时间效力就是国家赔偿法适用的时间范围,即该法律生效和失效的时间以及对其颁布实施以前的事件和行为有无溯及力的问题。

我国《国家赔偿法》是在1994年5月12日由第八届全国人大常委会第七次会议通过,并于当时公布,但公布之日并非法律生效之时。《国家赔偿法》专门确定了该法律生效的时间,即1995年1月1日起实施。在效力的时间范围上确定了1995年1月1日以后的一切国家赔偿案件都适用《国家赔偿法》。

《国家赔偿法》对于该法对1995年1月1日以前的国家赔偿案件是否具有效力的问题作了否定的回答。最高人民法院在《关于〈中华人民共和国国家赔偿法〉的溯及力和人民法院赔偿委员会受案范围问题的批复》中指出:"国家赔偿法不溯及既往。即国家机关及其工作人员行使职权时侵犯公民、法人和其他组织的合法权益的行为,发生在1994年12月31日以前的依照以前的有关规定处理。发生在1995年1月1日以后并依法确认的,适用《国家赔偿法》予以赔偿,属于1994年12月31日以前应予赔偿的部分适用当时的规定予以赔偿;当时没有规定的,参照《国家赔偿法》的规定予以赔偿。"

(三) 空间效力

空间效力是《国家赔偿法》适用的空间范围,即在哪些领域内具有效力。根据国家主权的有限性原则,任何法律都只能在主权范围内发挥效力,超出主权范围将会对他国主权产生侵权的后果。就我国《国家赔偿法》的空间效力而言,凡在我国陆地、水域及其底土和上空以及驻外使馆和在领域外的本国船舶和飞机内的国家赔偿案件,都适用我国的《国家赔偿法》。在我国主权范围内,《国家赔偿法》的适用也受到"一国两制"原则的限制,根据目前已制定并生效的《香港特别行政区基本法》、《澳门特别行政区基本法》,《国家赔偿法》只能在普通行政区域内包括民族区域自治地方实施,不能适用于特别行政区。这主要是因为我国为了解决历史遗留问题,将普通法和特别法结合起来,并非否定《国家赔偿法》在全国的效力。

《国家赔偿法》的空间效力和对人的效力往往联系在一起,虽然《国家赔偿法》对我国公民、法人和其他组织具有法律效力,但如果我国公民、法人和其他组织在国外受到他国国家机关或其公务员的侵害,是否根据我国的《国家赔偿法》要求赔偿?解决这个问题只能根据主权原则和法律效力的属地主义原则。我国公民、法人和其他组织在他国并受到该国国家机关及其公务员的侵害,一般适用行为发生地法律,不适用我国《国家赔偿法》。如果我国公民、法人和其他组织在国外受到我国有关国家机关,如使领馆、国家安全机关及其工作人员等的侵害而遭受损失时,则适用我国的《国家赔偿法》。因为使领馆及其工作人员行为的本身就是主权的延伸,国家机关工作人员在国外的职务行为也是主权行为或称国家公共权力的行为。

(四) 涉外效力

《国家赔偿法》也具有涉外效力,是在特定情形下对非本国的受害主体发生的法律效力。认定国家赔偿法的涉外效力以及解决某些涉外案件是主权国家主权范围内的事务,但国家也要参照并吸收某些国际惯例或规则作为解决国家赔偿案件的依据。我国《国家赔偿法》第40条规定:"外国人、外国企业和组织在中华人民共和国领域内要求中华人民共和国国家赔偿的,适用本法。外国人、外国企业和组织的所属国对中华人民共和国公民、法人和其他组织要求该国国家赔偿的权利不予保护或者限制的,中华人民共和国与该外国人、外国企业和组织的所属国实行对等原则。"这一规定就确立了涉外效力的原则。

(1) 主权原则。主权原则是我国处理国际关系的一项基本准则,贯穿于各种具体的法律之中。在国家赔偿制度中表现为:第一,外国人、外国企业和组织在中华人民共和国领域内要求我国赔偿的,只能适用我国的国家赔偿法,依据其他国家的法律要求我国赔偿的,我国不会接受,也和国际惯例相抵触。第二,外国人、外国企业和组织在我国领域内要求赔偿的,如需要委托律师,只能委托我国的律师。

(2) 对等的原则。对等的原则是主权原则的一种延伸,是平等的主权者之间对于某一事项或某些事项采取相同态度的原则。我国《国家赔偿法》第40条第2款就确立了处理涉外案件的对等原则。对等原则在赔偿制度中表现为:

第一,权利设定的对等性。《国家赔偿法》虽然是国内法,主要确立本国公民、法人和其他组织取得赔偿权,体现了社会福利主义,但也涉及他国公民、法人和组织在本国取得赔偿权的问题。外国人(包括法人和其他组织)是否和本国公民一样享有同等的取得赔偿的权利,还要依赖于外国人所在国对本国人(包括法人和其他组织)在该国是否给予同样的权利,因为国家与国家之间是平等的国际法主体之间的关系,不对等的权利设定是不尊重国家主权的表现。我国《国家赔偿法》也确立了对等原则,以外国人所在国的法律对该项权利的设定为条件。

第二,权利限制的对等性。法律对外国人取得赔偿权的设定是为外国人的合法权益提供一定程度的保护,也有利于国家之间的往来,由于保护与限制在涵义上是辩证统一关系,因而存在着"量"的界限问题。国家赔偿法对其中权利的"量"的设定与限制,也是以他国法律中对权利的设定与限制为条件,即他国做到什么程度,本国也就做到什么程度。

第三,权利状态变更的对等性。国家对权利设定的状态并不是永恒和固定不变的,如果一国对权利状态进行了法律上的变更,而另一国仍然坚持原来的态度,那么两国之间的权利状态是不对等的,无论是权利的设定、限制还是取消;无论是量的变化,还是质的变更,都必须保持着对等性。

主权原则和对等原则是国家处理涉外赔偿案件的基本准则,国家赔偿法的效力要通过坚持这两项原则来贯彻。坚持这两项原则不仅有利于保护外国人在本国的合法权益,也为本国公民、法人和其他组织在外国享有同等的权利奠定了法律基础。

二、实效

法治社会是以权利与公共权力均衡、和谐为标准,而均衡、和谐的状态只能存在于现实的秩序之中。国家要走向法治社会必须强调法的实效,将制度层面上的法律通过法的运作行为产生法律效果,建构起法律秩序。国家赔偿制度作为法律制度的重要组成部分也存在着实效的问题,而实效是该项制度实现的结果。

国家赔偿法的实效实质上就是"静态法"现象走向"动态法"现象的结果。在这个过程中,国家赔偿法先是从制度层面上以静态的规范方式表现出来,使人们能够明晰该项法律规范所包含的内容,没有这种静态,人们不知何谓国家赔偿法。然而,国家赔偿法通过一定的行为,我们通常称之为"实施",使该项法律的各项规定变为现实。在哲学上,这个过程正好和辩证唯物主义的实践—认识—再实践—再认识的认识规律相吻合。国家赔偿法的产生建立在实践的基础上,它的运用就是一种回到实践的过程,然后在实践中产生法的效果,并由此产生观念、价值准则和理性认识,体现了四个基本要素,即制度—行为—结果—认识。国家赔偿法对权利和义务的设定只是可能性的假定,但可能性并不代表现实性,黑格尔讲到:"可能性只是现实性的单纯的内在性……"①也就是说,国家赔偿法中的权利和义务并不代表人们实际享有和履行。权利的可能性要转化为现实性,还必须有法律行为,法律行为就在可能性与现实性(结果)之间搭起了一座桥梁,从可能性走向现实性(结果)就是法的实现的过程。前苏联法学家雅维茨在研究法的实现时指出:"在哲学上,法律规范只是关于它们涉及的那些人的实际行为的抽象可能性和义务。权利在各种不同程度中集中了这种可能性,严格地说,是可能性转化为现实性最初的必要的阶段,法的实施作为它的完成的过程,标志着可能(应该)转化为现实(真实)。"②

国家赔偿法的实效还必须同该法律的实施区分开来。学术理论界比较重视法的实施问题,在一定程度上疏忽了法的实效,即重视法律制度、法律行为,而忽视实施后的效果分析。在整个过程中,国家赔偿法的形成是起点,而其实施体现了转化的行为(可能性转化为现实性),实施后的结果才是终点,用实施的行为来代替实施后的结果只能造成求表而不及里的结果。

研究国家赔偿法的实效不仅有理论意义,而且还有现实意义:

第一,在方法论上,克服了注释法学的局限性。我国法学理论在注释法学中取得了长足的进展。注释法学的发展加深了人们对法律制度的认识和了解,但注释法学对制度的分析往往停留在"应然"的领域中。它容易造成一种错觉,似乎制度的确认就等于一种现实状态。实际上,制度和现实状态是不能等同的两种现象,前者是静态的规范,后者则是由一系列具体权利和义务关系组成的状态,制度中的规定并不全部转化为现实中的具体权利和义务关系。我们通过对国家赔偿法的实效的认识,能带动法学研究视点的转移,由制度层面上的研究到行为研究,然后由行为研究到效率(实效或结果)的研究,使整个法学研究的视点处于一种动态的过程中。

第二,在权利上,推动了法定权利走向现实权利。国家赔偿法是围绕着取得赔偿权而展开的法律或制度。取得赔偿权无论是在宪法的规定中,还是在国家赔偿法的具体确认上,都只能认为是一种法定权利,但法定权利只是权利存在的一种形态,并不等于现实权利,法定权利要走向现实权利才有意义。"衡量一种法定权利和义务体系是否合理和真实性,不能依据立法者以法的形式确定了多少权利和义务,而是应该考察这些权利和义务有多少能够转化为实在的权利和义务。法定权利和义务只是暗示着一种可能性和必要性,并不等于权利人和义务人已真正享有了某种权利或履行了某种义务。"③研究国家赔偿法的实效恰好

---

① 〔德〕黑格尔著:《小逻辑》,贺麟译,商务印书馆1986年版,第301页。
② 〔苏联〕雅维茨著:《法的一般理论》,朱景文译,辽宁人民出版社1986年版,第170—171页。
③ 徐显明主编:《公民权利和义务通论》,群众出版社1991年版,第49页。

能将法律中的取得赔偿权和现实中人们的实际享有衔接起来,通过固定两者之间的关系,使国家、社会、组织以及公民个人自觉与不自觉地为消除两者之间的差距而努力,推动了法定权利走向现实。

第三,在法的价值上,能促使国家赔偿法的潜在价值转化为显在价值。国家赔偿法的价值是由潜在价值和显在价值构成的价值体系,潜在价值停留在可能性的规范之中,只是预示着将来可能实现的价值量。但潜在价值终归是潜在的,在它还没有实现之前,其价值量难以为人们所感受,即使人们从规范中知道其若干价值量,但也只是对将来获得价值的一种推测。潜在价值要转化为显在价值,这是法的价值规律的一般要求,除非这个法律根本就没有打算转化为现实的权利和义务关系。研究国家赔偿法的实效,并揭示潜在价值和显在价值的关系,对于推动价值的转化,在观念中突出显在价值的地位,使国家赔偿法在价值上的意义充分显现有重要作用。

当然,国家赔偿法的实效存在着"度"的认识问题,在什么情况下有实效,在什么情况下还没有实效,取决于权利主体是否能真正地享有权利、义务主体是否能真正地履行义务。由于国家赔偿法在实施的过程中受到各种因素的影响,特别是起基础作用的物质条件的决定作用,该法律的实效只能是一定阶段的、一定条件的。

本章需要继续探讨的问题

一、关于国家赔偿时效的功能问题

时效在概念上可以分为取得时效和消灭时效。法律对时效制度的规定是为了在日益复杂的社会关系中,使确定的权利义务关系迅速在现实中缔结,使权利人实现其权利,义务人履行其义务。《国家赔偿法》与其他的法律一样,也设定了时效制度,其主要的功能是为了增强权利人对权利保护的意识,促使赔偿请求人及时地行使权利,同时,也敦促赔偿义务机关自觉地履行赔偿义务,维护社会秩序的稳定。

二、关于《国家赔偿法》的溯及力问题

法律是否具有溯及力取决于国家的政治、经济、文化、社会等各方面的情况,不同的法律有不同的要求。《国家赔偿法》是一种有关权利救济的法律,只是反映一定历史阶段的社会现实,不可能对历史发展过程中所有的有关权利救济现象作出规定。我国《国家赔偿法》是在1994年制定,1995年1月1日产生法律效力,在这个时间之前的国家机关及其工作人员行使职权时侵犯公民、法人和其

他组织的合法权益的行为,只能依据当时的规定处理。在这个意义上说,《国家赔偿法》没有溯及力。我国《国家赔偿法》关于溯及力的规定具有合理性,既考虑到我国的现实情况,同时也反映了国家对权利救济的态度和立场。在权利的救济中,我们虽然要强调救济的全面性和广泛性,但也不能将救济制度无限制地向过去推移。有的观点认为:我国是社会主义性质的国家,自新中国成立以后就推行社会主义的法制,社会主义法制应当具有统一性,在权利的救济问题上应当具有连续性,对于新中国成立以后直到《国家赔偿法》的产生前的一切因公权力行为违法所造成的损害,国家都应当予以救济,都应当参照国家赔偿法来进行赔偿。这种观点尽管具有一定程度的合理性,但没有完全考虑到我国的实际情况,在《国家赔偿法》产生前,我国也没有放弃对权利的救济,虽然当时的救济在范围以及标准上与现在不能相比较,但救济制度还是存在,如果将国家赔偿法的效力延伸于这个时期,很显然是不切合实际的。

三、关于《国家赔偿法》的实效

国家赔偿法的效力与其实效是两个不同的概念,效力只是确定一个范围的问题,而其实效则是效力的一种现实状态。我们在理论研究中不能将效力与实效等同起来。我国《国家赔偿法》要具有实效取决于一定的政治、经济、思想和法制条件,并克服在实施过程中的障碍,使其核心价值在现实生活中能够得到充分的体现,具体来说有如下几个方面:第一是矫正观念,树立法律的权威,培养公民的权利救济意识;第二是加强《国家赔偿法》的实施,强调法律的运作行为,建立法律与法律之间、法律与法规之间、法规与法规之间的协调运行机制;第三是制定《国家赔偿法实施细则》,将该法律中比较抽象的内容进一步具体化。

第七章 国家追偿

内容提要

国家追偿是国家赔偿制度必要的延伸,它将国家的侵权行为责任与国家机关及其工作人员的责任联系成为一个整体。国家追偿是指赔偿义务机关在代表国家承担了赔偿责任之后,依法责令实施侵权行为的个人承担部分或者全部赔偿费用的法律制度。国家追偿是一种具有惩戒性质的法律责任,这种责任主要是通过金钱给付的方式实现的。在我国,国家追偿包括行政追偿和司法追偿两个部分,无论是行政追偿还是司法追偿都应具备相应的条件,并按一定的程序进行。国家行使追偿权时,应当确定合理的追偿金额。

关键词

国家追偿　行政追偿　司法追偿　追偿条件　追偿程序　追偿金额

国家赔偿法除了要明确国家赔偿责任外,还应建立相应的制约机制,使国家赔偿制度处于一种良性的运行状态之中。国家追偿就是一种有效的制约机制,它能在国家承担了赔偿责任后,依法追究有过错的公务人员的法律责任,使实施违法行为的公务人员受到惩戒。建立国家追偿制度,一方面可以加强对国家公务人员的监督,抑制其违法侵权行为,促使其正确合法地行使职权;另一方面可以追回部分国家赔偿费用,减轻国家财政负担。

第一节　国家追偿概述

一、国家追偿的概念

国家追偿是指国家对赔偿请求人承担赔偿责任后,依法责令对损害的发生具有故意或者重大过失的国家公务人员或者受委托的组织与个人承担部分或者全部赔偿费用的法律制度。

国家追偿是国家赔偿制度的重要组成部分,没有国家赔偿也就无所谓国家追偿,但国家追偿制度又有较大的独立性,国家赔偿和国家追偿两者在主体、范围、程序等方面都存有差别。首先,国家赔偿是国家与遭受侵害的公民、法人或者其他组织之间的法律关系,是国家向公民承担的法律责任,是对公民的救济和对国家的违法侵权行为的否定和谴责;而国家追偿是公务人员向国家承担的法律责任,是对公务人员违法行为的否定和谴责,是国家的一种内部自我管理措施。其次,国家赔偿的范围由法律作出明确规定,而国家追偿的范围由赔偿义务机关在赔偿范围的基础上根据公务人员的过错进行具体裁量。再次,国家赔偿的程序分为行政赔偿程序和司法赔偿程序,行政赔偿程序进一步分为单独提出赔偿请求的程序和一并提出赔偿请求的程序,法律对此作了比较明确的规定;而国家追偿的程序与受害人没有利害关系,法律没有作出明确的规定。

国家追偿并不是与国家赔偿制度同时产生的,而是国家赔偿制度发展到一定阶段的产物,在"国家无责任"学说盛行的时代,官吏侵害人民利益,被认为是完全的个人行为,与国家无关,国家不负任何责任。国家既然不负赔偿之责,追偿就没有存在的理由和前提。随着人民主权理论的兴起和主权豁免理论的衰落,国家逐渐拟人化,被视为公法人,具有独立的法律人格,应当与一般的公民一样受到法律的约束,在其行为违法时应当承担法律责任。出于保护公民合法权益的需要,雇主与雇员之间的代理关系原理被移植到国家与其工作人员之间的关系上,国家与其工作人员的关系被视为雇主和雇员的关系,工作人员在行使职权过程中实施违法行为的,应当由作为雇主的国家向受害人承担代位责任,国家追偿制度也就随之产生。[①]

综观各国和地区的法治实践,目前仅有少数国家和地区完全以国家责任取代公务员的个人责任——只要符合国家赔偿责任的构成要件,即由国家完全负责,禁止向公务员追偿。例如,美国《联邦侵权法》明确禁止政府向公务员追偿。美国最高法院在美国诉吉尔曼案的判决中也认为,政府无权要求有过失的公务员对侵权损害承担责任。其理由是:(1) 承认求偿权是与国家赔偿制度相悖的;(2) 不承认求偿权并不等于放纵公务员,因为公务员要受公务员惩戒法和刑法的约束。[②] 而其他许多国家和地区均以成文法或判例法确立了国家追偿制度。如日本《国家赔偿法》第1条第2款规定:"公务员有故意和重大过失时,国家或公共团体对该公务员有请求权。"奥地利《国家赔偿法》第3条第1款规定:"依本法为赔偿的官署可以向因故意或重大过失行为所引起损害和赔偿的机关行使请求权。"韩国《国家赔偿法》第2条规定:公务员执行公务,因故意或过失违反法令致使他人受损害,发生损害赔偿责任时,国家或地方自治团体对该公务员有求偿权。在法国,1951年的拉虑爱拉案正式确立了国家追诉有过错公务员的原则。[③] 在德国,国家在对公务员的过错行为向第三人给付损害赔偿后,可以对公

---

① 马怀德主编:《国家赔偿法学》,中国政法大学出版社2001年版,第268—269页。
② 参见张正钊主编:《国家赔偿制度研究》,中国人民大学出版社1996年版,第256页。
③ 同上书,第285页。

务员行使追偿权,但追偿请求权一般情况下只限于故意或重大过失。在我国台湾地区,其"国家赔偿法"第2条、第4条规定,公务员有故意或重大过失时,赔偿义务机关对其有求偿权。我国《行政诉讼法》第68条第2款规定:"行政机关赔偿损失后,应当责令有故意或重大过失的行政机关工作人员承担部分或者全部赔偿费用。"《国家赔偿法》第16条第1款规定:"赔偿义务机关赔偿损失后,应当责令有故意或者重大过失的工作人员或者受委托的组织或者个人承担部分或者全部赔偿费用。"《国家赔偿法》第31条第1款规定:"赔偿义务机关赔偿损失后,应当向有下列情形之一的工作人员追偿部分或者全部赔偿费用:(一)有本法第17条第4项、第5项规定情形的;(二)在处理案件中有贪污受贿,徇私舞弊,枉法裁判行为的。"这就是我国的国家追偿制度。

建立国家追偿制度是十分必要的,它符合国家赔偿的发展规律。一方面,它有利于保证受害人实现赔偿请求权。在权利的救济上,由国家给受害人以救济比侵权者自己承担赔偿责任更为有效。美国学者伯纳德·施瓦茨认为:"从受害的原告角度看,普通法上的政府官员责任由政府风险责任所取代是最理想的发展趋势,因为这样做实际上能使所有案件都得到补偿。"[1]国家赔偿责任制度从而成为权利救济的必需,如果纯粹依私法的观点由侵权者自行对其行为的后果负责,那么就很难保证受害人的权利获得有效的救济。另一方面,它又能给公务人员和受委托实施公务活动的组织或个人形成一定压力,促使其正确合法地行使职权。国家在赔偿了受害人的损失后,不依法进行追偿,则国家机关工作人员违法滥用职权的行为就无法得到有效控制,对公民、法人及其他组织合法权益的保护也十分不利。"当政府必须赔偿因其官员的行为而造成的损害时,即可根据担保人代偿债务后取代债权人的理论,要求政府官员对有关政府部门负个人责任。"[2]这在一定意义上是国家赔偿责任的延续,是国家赔偿制度走向成熟的标志之一。

二、国家追偿的性质

从法律关系的角度来看,国家追偿是国家和公务人员之间基于赔偿而产生的一种特殊的法律关系,即国家追偿法律关系。对国家来说,国家追偿首先是一种权力,即国家追偿权,同时也是一种法定职责,在具备法定的追偿条件时,必须行使该权力,这是国家向纳税人负责的表现。对公务人员来说,国家追偿是一种法律责任。国家追偿是对公务人员过错和违法行为的否定和谴责,是公务人员

---

[1] 伯纳德·施瓦茨在这里所讲的补偿并不是我国法律中的补偿,笔者认为应该是指赔偿的意思。〔美〕伯纳德·施瓦茨著:《行政法》,徐炳译,群众出版社1986年版,第532页。
[2] 同上书,第532页。

对其违法行为承担的否定性法律后果。

关于国家追偿的性质,世界各国的认识不尽相同,主要有以下几种观点:(1) 不当得利返还请求权说。该说认为,公务人员在执行职务中致人损害,本应由公务人员自己承担赔偿责任,但为使受害人能迅速获得赔偿,先由国家代公务人员承担赔偿责任。在国家支付了赔偿金后,公务人员对受害人便不负赔偿责任。就是说,公务人员无法律原因而受到应支付赔偿金而不必支出之消极利益致国家受损害,公务人员依不当得利原理理应返还其利益。可见,追偿权是基于不当得利的法律关系而产生的,属于不当得利返还请求权的性质。这种学说是基于国家赔偿责任为代位责任说的理论而得出的结论,所以,又称代位责任说。(2) 债务不履行赔偿请求权说。该说认为,公务人员系代国家执行职务行使公权力,其行为在本质上属于国家之行为,故公务人员若有不法行为侵害人民的自由或权利,则本质上,其损害系国家行为所致,应由国家承担赔偿责任。但公务人员应遵守对国家的义务,如公务人员违反了对国家的义务而有违法行为,即有债务不履行,不为完全给付之情事发生,国家自得依债务不履行之法理请求公务员赔偿其损害。故国家追偿权应属于债务不履行赔偿请求权。这种学说是基于国家赔偿责任为自己责任说的理论而得出的结论,所以,又称为自己责任说。(3) 第三人代位求偿权说。该说认为,公务人员不法侵害人民的自由或权利,对受害人本有赔偿其损害的义务,但国家与赔偿义务的产生具有利害关系,国家以就债的履行有利害关系的第三人的身份承担赔偿责任,因而取得代位追偿的权利。国家有权按照其赔偿的范围,就受害人作为债权人的权利,以自己的名义代位行使追偿权。从这一点上看,国家追偿权属于第三人代位求偿权。这种学说以国家赔偿为代位责任说为立论基础。①

在我国法学界,学者们对追偿权性质的认识,主要有以下几种观点:第一种观点认为,国家追偿在本质上是一种行政责任。从我国有关法律规定的精神看,追偿制度更接近于国家对公务人员的一种惩戒。这种惩戒与行政处分不完全一样,它采取了一种金钱给付的形式。追偿是国家机关内部,公务员对国家和国家机关承担责任,是公务员因不履行法定义务所承担的责任。② 第二种观点认为,追偿权产生独立的追偿责任,这种责任的基础是国家与被追偿者之间的特别权力关系。追偿责任依赖于国家赔偿责任而存在,是公务员的个人责任,这种责任在法律上不具备民事责任的性质,也不是行政处分,它是一种独立的责任。我国《国家赔偿法》对追偿的数额没有规定确定的标准,因而追偿责任不具有惩罚性,不是一种惩戒责任。所以,追偿责任不归属于其他法律责任形式,追偿制度也因

---

① 马怀德主编:《国家赔偿法学》,中国政法大学出版社 2001 年版,第 271 页。
② 应松年主编:《国家赔偿法研究》,法律出版社 1995 年版,第 140 页。

之而成为法律上的一项独立制度。① 第三种观点认为,追偿权是国家基于特别权力关系对公务员实施制裁的一种形式,主要通过金钱给付的方式实施。换言之,当公务员违法行使职权侵害他人时,国家对公务员的行为理应纠正。国家通过特定方式予以制裁,金钱赔偿最为便当。因而被常用,同时也可以采用其他纪律处分措施以实现制裁目的。②

我们认为,国家追偿对国家来讲,是一种权力,即国家追偿权;对被追偿人来讲,是一种责任,是一种具有惩戒性的行政法律责任,这种责任主要是通过金钱给付的方式实现的。可从下列方面理解这种责任:第一,国家只对有故意或重大过失的公务人员行使追偿权,不对具有一般过失或根本没有过失的公务人员行使追偿权,这就说明,国家要使有故意或重大过失的公务人员承担不利的法律后果,以示惩戒。第二,国家行使追偿权,虽然有弥补国家损害的目的,但根本的目的并不在此。与其说这种权力是弥补损害,还不如说是实施纪律处分,给予惩戒。第三,《国家赔偿法》规定的是赔偿义务机关"责令"工作人员承担被追偿责任,这也就意味着公务人员的行为是应受到国家谴责和制裁的行为。

国家追偿、行政处分和刑事责任是三种不同的相互独立的责任形式,不能互相替代。根据《国家赔偿法》第 16 条的规定,赔偿义务机关赔偿损失后,应当向有故意或者重大过失的工作人员或者受委托的组织或者个人行使追偿权。对有故意或重大过失的责任人员,有关机关应当依法给予处分;构成犯罪的,应当依法追究刑事责任。《国家赔偿法》第 31 条规定:"赔偿义务机关赔偿后,应当向有下列情形之一的工作人员追偿部分或者全部赔偿费用:(一)有本法第 17 条第 4 项、第 5 项规定情形的;(二)在处理案件中有贪污受贿,徇私舞弊,枉法裁判行为的。对有前款规定情形的责任人员,有关机关应当依法给予处分;构成犯罪的,应当依法追究刑事责任。"

三、国家追偿的金额

国家追偿的金额是追偿制度中的核心内容,事关国家机关、国家机关工作人员的切身利益,追偿的金额是否恰当,直接影响国家机关内部管理制度的效用和国家机关工作人员积极性的发挥。我国《国家赔偿法》只确立了一个抽象的原则,即要求被追偿人偿还部分或全部国家赔偿费用,给了追偿人以较大的自由裁量权,虽然追偿金额不能超过赔偿金额,但在赔偿金额所限定的范围内有较大弹性的选择空间,极易出现畸重畸轻的情形。如果将追偿的数额确定得偏低,不利于监督被追偿人依法行使职权与履行职责,不足以惩戒;如果将追偿的数额确

---

① 皮纯协、冯军主编:《国家赔偿法释论》,中国法制出版社 1996 年版,第 189 页。
② 马怀德著:《国家赔偿法的理论与实务》,中国法制出版社 1994 年版,第 129 页。

定得过高,也容易造成被追偿人的心理压力和在特定情况下的无力负担,不利于其执行公务。鉴于国家赔偿法对追偿数额的弹性规定,我们认为,实务中应坚持下列原则:

(1) 追偿金额的确定与被追偿人的主观过错相适应的原则。追偿权是一种具有惩戒性质的公权力,其行使必须考虑到被追偿人主观过错的大小。追偿人在确定追偿金额时应将被追偿人在实施侵权行为时的主观过错结合起来,针对不同的过错程度,确定不同的追偿金额。如对于故意实施违法侵权行为的,则可责令其偿还全部或大部分国家赔偿费用;对于因重大过失而实施违法侵权行为的,则可根据过失的严重程度偿还一定比例的国家赔偿费用。具体而言,追偿应当以故意或重大过失为限,故意或重大过失本身就有程度的不同,而且,故意或重大过失之中还可以区分出不同程度的过错。一般情况下,故意之中的直接故意比间接故意程度重些,故意比重大过失程度重些。重大过失之中还可以根据具体情节区分程度不同的几种情况,如疏忽大意的过失和过于自信的过失等。一般来说,过错重,追偿金额就应大些;过错轻,追偿金额就应小些。这样做,既合理又符合建立追偿制度的宗旨。

(2) 追偿金额以赔偿义务机关依法实际支付的赔偿金为限的原则。这包括以下几层意思:一是对于国家赔偿的范围与计算标准问题,在国家赔偿法中有明确规定,按照赔偿法定原则的要求,赔偿义务机关支付给受害人的赔偿金不得超过法定的最高计算标准。如果因赔偿义务机关自己的过错超过了法定的赔偿标准向受害人多支付了赔偿金的,对超额部分无权向国家机关工作人员追偿,对超额支付部分,财政部门也不向赔偿义务机关拨付赔偿费用,而由赔偿义务机关自己承担。二是在法定的计算标准内,赔偿义务机关可以和赔偿请求人就赔偿金的支付问题进行协商,如果赔偿请求人部分放弃赔偿请求权,且赔偿义务机关也减少支付的,减少部分不能向国家机关工作人员进行追偿;如果赔偿请求人全部放弃赔偿请求权,且赔偿义务机关全部未支付的,就不能向国家机关工作人员追偿。三是在国家赔偿案件处理过程中,赔偿义务机关所支付的办案经费等应从该机关的行政经费中支付,不能列入向国家机关工作人员追偿的范围。

(3) 追偿金额与被追偿人的实际承受能力相结合的原则。国家追偿作为一项法律制度,首先体现的是法律责任的承担,即违法者要对自己的违法行为承担法律责任。追偿可以对公务人员滥用权力的行为、疏忽和懈怠行为起控制、教育和预防作用,但责令公务人员履行金钱给付义务时应考虑其经济承受能力。目前,我国公务人员的工资收入普遍较低,尤其是那些参加工作时间不长的公务人员,一旦进行追偿、特别是较大数额的追偿,其事实上难以支付。同时,逐年逐月偿付也将旷日持久,甚至终身负债也不能偿清。因此,我们认为,将实际经济承受能力作为追偿的参考标准是恰当的。这样做,一来可以避免因公务人员不能偿付而使追偿无法实施,导致追偿制度落空;二来可以减轻或消除因过重的追偿给公务人员造成难以承受的经济负担和精神压力,避免产生负面影响。因此,在公务人员的实际经济承受能力较差且公务人员本人提出申请的情况下,可以适当减轻或免除其追偿责任。当然,这并不意味着公务人员就不承担任何法律责任,国家机关可依法对公务人员给予处分,构成犯罪的,依法追究其刑事责任。至于实际经济承受能力的标准,可以根据公务人员的个人实际收入(包括工资以外的其他收入)、家庭经济状况和实际负担等方面加以确定。

(4) 追偿金额的确定与侵权行为所造成的社会影响相联系的原则。被追偿人的侵权行为所造成的社会影响直接损害着国家政权的威信,造成国家权力与公民权利的紧张对峙。在确定追偿金额时,应将侵权行为所造成的社会影响作为一个参照因素,对于那些影响极大的可以选择一个较大的追偿金额,同时对受损害的合法权益辅之以其他的救济措施,以矫正因侵权行为而在社会中所造成的不良影响。

追偿金额的确定是采用弹性的模式,还是采用固定的模式,世界各国有不同的做法。原苏联的立法规定,求偿范围不得超过被求偿人 3 个月的工资。[1] 原捷克斯洛伐克的立法规定,除非过错系故意,求偿额原则上不超过已赔偿额的 1/6,以 1000 克郎为最高限额。[2] 匈牙利法律规定,有过错的侵权人每月必须付出平均收入的 15% 来补偿其雇主为损害所付的赔偿,雇主可以根据过错的程度、社会危害性以及被追偿人的地位等减少数额或完全放弃追偿。当然弹性的模式并非没有任何限制,它将追偿金额限制在赔偿金额的范围内;固定性的模式也有弹性,即在有限的范围内追偿人可以确定适当的追偿金额。

我国国家赔偿法选择了弹性的模式,是根据现阶段的具体情况确定的。但是由于此种模式伸缩性较大,必须要有具体的操作规则与之相配套。在现行的法律体系中,国家可以根据国家赔偿法的规定制定实施细则。

第二节 行政追偿

一、行政追偿的概念

行政追偿,是指国家向行政赔偿请求人支付赔偿费用以后,依法责令有故意或重大过失的公务人员、受委托组织和个人承担部分或全部赔偿费用的法律制度。这一概念包含了以下几层含义:(1) 行政追偿的主体是国家,但具体的追偿事务是由行政赔偿义务机关来实施的;(2) 行政追偿的对象是对损害的造成有

---

[1] 周汉华、何峻著:《外国国家赔偿制度比较》,警官教育出版社 1992 年版,第 233 页。
[2] 应松年主编:《行政法专题讲座》,东方出版社 1992 年版,第 344 页。

故意或重大过失的行政机关工作人员，法律法规授权组织的工作人员，以及受委托执行公务的组织或个人；(3) 行政追偿以行政赔偿为前提，赔偿义务机关只有在赔偿了受害人的损失后，才能对有故意或重大过失的行政机关工作人员、法律法规授权组织的工作人员、受委托的组织或个人行使追偿权；(4) 行政追偿采用支付赔偿费用的方式，其程序与行政赔偿的程序不同，且主要是一种内部程序。

二、行政追偿的形式

关于追偿的形式，纵观世界各国的情况，主要有两种：(1) 公务员向受害人赔偿损失，然后请求国家予以补偿，即"先赔后补"的方式。英国曾经采用过这种形式。这种"先赔后补"式的追偿，要求公务员在请求国家补偿时，必须证明其在行使职权时不具有主观过错，或者公务员个人不是故意侵权及怀有恶意的侵权，国家才予以补偿。但是，由于公务员个人财力有限，无法承担起应有的赔偿责任，加之公务员个人证明个人无过失和行政有过错也很困难。因此，这种追偿方式已经很少使用了。(2) 国家先向受害人赔偿，而后再责令致害公务员支付赔偿费用，即"先赔后追"的方式。这种方式的优点在于，使受害人的损失能得到及时的赔偿，避免了因公务员个人财力的薄弱而使受害人无法取得赔偿的问题，有利于有效保护公民的合法权益；而且对有故意或者重大过失的公务员行使追偿权，可以监督其依法行政，使公务员既不滥用权力，增强责任心，善尽职守，又不遇事畏缩不前，顾虑重重，鼓励公务员敢于合法公正地行使职权，恪尽职责；同时，追偿还可以减轻国家财力上的负担。目前，世界上许多国家都采用这种"先赔后追"的追偿形式。如奥地利《国家赔偿法》第 3 条规定："依本法为赔偿之官署得向该故意或重大过失的行为所引起损害与赔偿机关行使求偿权。"这里"机关"指实施致害行为的行政组织和公务员或受行政组织雇佣之人员，"求偿权"即是追偿权。日本《国家赔偿法》第 1 条第 2 项规定："公务员有故意或者重大过失时，国家或公共团体对该公务员有求偿权。"韩国《国家赔偿法》第 2 条第 2 项规定："因公务员执行职务造成损害，国家或地方公共团体赔偿后，如果公务员有故意或重大过失时，国家或地方自治团体对该公务员有求偿权。"

从我国《行政诉讼法》和《国家赔偿法》的规定来看，我国采用的是"先赔后追"的方式。行政机关工作人员或受委托的组织和个人违法行使行政职权侵犯了公民、法人和其他组织的合法权益造成损害的，行政机关在代表国家赔偿了受害人的损失后，再责令有故意或者重大过失的行政机关工作人员或者受委托的组织或者个人承担部分或者全部赔偿费用。

三、追偿人与被追偿人

（一）追偿人

根据我国《国家赔偿法》的规定，行政追偿人为行政赔偿义务机关。主要包括以下几种情形：

（1）因行政机关的工作人员违法行使职权，侵犯公民、法人和其他组织的合法权益造成损害，引起赔偿的，该工作人员所在的行政机关为追偿人；

（2）法律、法规授权组织的工作人员违法行使职权，侵犯公民、法人和其他组织的合法权益造成损害，引起赔偿的，该组织是追偿人；

（3）受行政机关委托的组织或个人违法行使行政职权，造成公民、法人和其他组织的合法权益损害，引起赔偿的，委托的行政机关是追偿人。

（4）作为追偿人的行政机关被撤销的，继续行使其职权的行政机关为追偿人；没有继续行使其职权的行政机关的，撤销该机关的行政机关为追偿人。

（二）被追偿人

被追偿人是指在行使行政职权过程中，有故意或重大过失，实施加害行为的行政机关工作人员或法律、法规授权组织的工作人员，或者受行政机关委托的组织和个人。具体有以下情况：

（1）行政机关工作人员行使行政职权造成侵权损害赔偿的，该工作人员是被追偿人。这里有几种特殊情况需要注意：一是在数人共同实施侵权行为的情况下，该数人均为被追偿人。在具体追偿时，应根据各行为人在加害行为中的地位、作用以及过错的大小，分别确定被追偿的责任，分别追偿各被追偿人应当承担的份额[①]；二是经过行政机关召开会议并集体作出决定造成损害赔偿的，所有参加会议投赞成票的人是被追偿人。

（2）法律、法规授权组织的工作人员行使行政职权造成侵权损害赔偿的，该工作人员是被追偿人。

（3）受行政机关委托的组织或个人行使行政职权造成侵权损害赔偿的，该受委托的组织或个人是被追偿人。如果损害是由受委托组织的工作人员的过错导致的，则受委托组织被行政机关追偿后，有权再向有过错的工作人员追偿。

四、行政追偿的条件

我国《国家赔偿法》第16条规定："赔偿义务机关赔偿损失后，应当责令有故意或者重大过失的工作人员或者受委托的组织或者个人承担部分或者全部赔偿

[①] 追偿责任不是连带责任，赔偿义务机关不能向一个或一部分被追偿人追偿全部被追偿人应偿还的赔偿金额，而只能分别向各个被追偿人追偿其应当承担的份额。

费用。"据此规定,行政机关行使追偿权必须具备两个条件:

(1) 赔偿义务机关已经向赔偿请求人赔偿了损失。追偿本身的性质就决定了只有在国家承担了赔偿责任的前提下才产生追偿问题,这是行使追偿权的前提条件。赔偿义务机关在根据行政赔偿决定书、协议书或人民法院作出的已经发生法律效力的判决、裁定或调解书,履行行政赔偿义务后,行使追偿权的时机才算成熟。值得注意的是,"赔偿了损失"不仅包括支付赔偿金情形,而且还包括可能的返还财产、恢复原状等情形。由于追偿权的内容为偿还赔偿金额,因此,追偿一般以赔偿义务机关已支付赔偿金为基础。但是,赔偿义务机关采用返还财产、恢复原状或其他赔偿方式的,也可以行使追偿权,追偿范围以实施该项赔偿方式实际支出的费用为限。

(2) 行政公务人员及受委托的组织或个人实施侵权行为时主观上有故意或重大过失。所谓故意,简而言之,就是"明知故犯",是指致害人实施加害行为时,明知自己的行为违法并将造成公民、法人和其他组织合法权益的损害,仍希望或放任这种损害结果的发生的主观态度。故意的特征比较明显,其与过失有着性质上的差别,比较容易判断。而对"重大过失"的认定存在一定的困难。我国台湾地区学者以欠缺注意的程度为依据,认为是指显然欠缺普通人应有之注意者。① 有人认为按照一般人预见能力的要求,行为人应当预见自己的行为可能发生不良后果而没有预见的②,或者行为人已经预见到自己行为的不良后果而轻信不会发生的③,是重大过失,这类观点是以行为人是否预见到行为的后果为出发点的。前述两类观点都有一定合理性,但不便于掌握,因为何为"普通人应有之注意"随意性比较大,而行为人是否预见到,更多的是依靠行为人自述来判定。而有学者认为,法律在某种情况下对一行为人应当注意和能够注意的程度有较高的要求时,如果行为人不仅没有遵守法律对他的较高要求,甚至连人们都应当注意,并能注意的一般标准也未达到,就是重大过失。④ 此观点将"重大过失"的判断诉诸法律要求,更为合理和利于掌握。我们认为,重大过失是相对于一般过失而言的,其要旨是"常识性错误",即行政机关工作人员或受委托的组织和个人,不但没有注意到其身份或职务上的特别要求,而且未能预见和避免普通公民均能预见或避免的事情,即未达到法律对一个公民的起码要求,这就构成了重大过失。它具体表现为公务人员主观上严重不负责任,在行使职权时未尽应有的谨慎要求以及与职务规范相适应的注意义务。将追偿权的行使限制在"故意和重大过失"范围内,排除"一般过失",是有理由的。由于行政自由裁量权的

---

① 林准、马原主编:《国家赔偿问题研究》,人民法院出版社 1992 年版,第 256 页。
② 余能斌、马俊驹主编:《现代民法学》,武汉大学出版社 1995 年版,第 674 页。
③ 魏振瀛等:《论构成民事责任条件中的过错》,载《中国法学》1986 年第 5 期。
④ 佟柔主编:《民法原理》,法律出版社 1987 年版,第 244 页。

存在,行政职权的行使本身就存在着可能造成侵害的危险性。不能苛责行政机关工作人员凡事皆能尽高度之注意,作正确、恰当之判断,不出半点差错,而应该允许其在一定限度内出现差错而不负任何责任。只有这样,才能保护其恪尽职守、戮力从公之信心。

只有同时具备上述两项条件,行政赔偿义务机关才能行使追偿权。根据《国家赔偿法》第16条的规定,赔偿义务机关应当责令有故意或重大过失的工作人员或受委托的组织和个人承担部分或全部赔偿责任。这里使用了"应当"一词,说明了赔偿义务机关必须行使追偿权,而不得放弃。这样做,一方面可以避免或减少国家的损失,另一方面也可以起到对行政机关工作人员的教育作用。但这并不是说,国家不考虑行政机关工作人员的经济负担情况。如果行政机关工作人员确属经济困难的,国家也可以减少直至免除其被追偿的责任。

此外,还有一个值得探讨的问题是,如果行政机关工作人员在执行上级的决定和命令时,造成了行政相对人合法权益的损害,并导致国家赔偿责任发生,那么对该工作人员应否行使追偿权呢?对此,学者们的看法不一。有学者认为,一般情况下,公务员按上级命令、批示办事,下级服从上级,个人服从组织,因此造成的损害,公务员不承担责任。但如果公务员明知上级或领导的命令、批示违法,且有条件不执行或变通执行,但却没有提出异议,仍照样执行的,应视为"故意",予以追偿;或者按照职务素质要求,应当发现上级或领导的命令、批示违法,却未发现,甚至连一般常人也能注意到有问题,但他仍未注意,照样执行,应认定有"重大过失",应予追偿。[①] 也有学者认为,由于执行上级违法的命令而引起的国家赔偿,执行命令的公务员不应承担责任,国家不能对其行使追偿权,而应向作出命令的"上级"追偿。具体来说,如果上级命令是由个人作出的,则向个人追偿,如果是由合议制机关作出的,应向投票赞成该命令的人员追偿。[②] 还有学者认为,执行人的故意和过失应视上级机关留给他的自由裁量余地大小而定。如上级命令是一个羁束性严格命令,不执行或不照原样执行有失职违法风险时,他必须执行,就其执行该命令的行为,不应承担任何责任,国家也不宜追偿。如上级命令有一定自由裁量余地,而执行人只有在滥用或超越自由裁量权的情况下才存在故意和重大过失问题,因为执行人的故意或重大过失造成损害的,国家对该公务员应保留追偿权。[③] 我们认为,应视具体情形区别对待:(1) 如执行人员明知上级命令或者决定错误,自己也有条件不执行或变通执行,但考虑到其他因素仍然予以执行,致使他人合法权益受到损害,并引起国家赔偿,则应确定该公

---

① 应松年主编:《国家赔偿法研究》,法律出版社1995年版,第143页。
② 皮纯协、冯军主编:《国家赔偿法释论》,中国法制出版社1996年版,第155页。
③ 马怀德著:《国家赔偿法的理论与实务》,中国法制出版社1994年版,第133页。

务人员有故意,应承担被追偿的责任;(2) 如执行人员应当理解或发现上级命令错误而没有理解或发现,从而执行上级的错误命令造成了国家赔偿,或者普通人能发现的错误而执行人员没有发现或虽已发现而未在执行前或执行中向上级陈述自己意见的,则应当认定为执行人员的重大过失,应承担被追偿的责任;(3) 如执行人员在执行公务时,发现上级的决定或者命令有错误,并向上级提出改正或者撤销该决定或者命令的意见而上级不改变该决定或者命令,或者要求立即执行的,执行人员因此执行了该决定或者命令并造成损害,则应当认定为是上级的过错,执行人员不承担被追偿的责任;若执行人员执行的是明显违法的决定或者命令,则认定该执行人员有过错,应承担被追偿的责任。[1]

五、行政追偿的程序

行政追偿的程序是指行政追偿主体行使追偿权时应经历的一个正当的过程,这个过程主要由方式、步骤、顺序和时限等构成。建立统一的行政追偿程序,既有利于保障行政追偿制度的有效实施,又有利于保障被追偿人的合法权益。我国《国家赔偿法》对行政追偿的程序没有作出规定,综观世界各国的立法,追偿程序主要有[2]:(1) 通过内部程序追偿。国家机关承担赔偿责任之后,由国家机关基于其与公务员之间的特别权力关系进行追偿。(2) 通过独立的诉讼程序追偿。在行政机关履行了赔偿义务之后作出追偿决定,如果被追偿人不自觉履行追偿义务,赔偿义务机关有权向法院提起追偿诉讼。(3) 通过协商、诉讼程序追偿。在行政机关承担了行政赔偿义务之后,可与被追偿人进行协商,如协商不成或达成协议后被追偿人拒不履行协议,赔偿义务机关可向法院提起追偿诉讼。(4) 通过附带诉讼的方式追偿。在请求人提起的行政赔偿诉讼中,如果赔偿义务机关认为公务人员应当承担部分或全部的赔偿责任,可以提起追偿诉讼,法院可以将追偿诉讼和已经提起的行政赔偿诉讼并案处理。上述四种程序各有利弊。借鉴国外的有关规定,结合我国的实际情况,可将我国行政追偿的程序设计为:

(一) 立案

行政追偿程序要通过对追偿案件的确立才能启动。确立追偿案件一般来源于以下三种途径:一是行政赔偿义务机关在处理行政赔偿案件时发现有应予追偿的事实,提出追偿意见,报单位的负责人批准,予以立案;二是行政复议机关在

---

[1] 这样理解与我国《公务员法》第54条的规定相一致。我国《公务员法》第54条规定:"公务员执行公务时,认为上级的决定或者命令有错误的,可以向上级提出改正或者撤销该决定或者命令的意见,上级不改变该决定或者命令,或者要求立即执行的,公务员应当执行该决定或者命令,执行的后果由上级负责,公务员不承担责任;但是,公务员执行明显违法的决定或者命令的,应当依法承担相应的责任。"

[2] 江必新著:《国家赔偿法原理》,中国人民公安大学出版社1994年版,第176页。

审理行政复议案件过程中,一并解决行政赔偿问题时,发现有应予追偿的事实,向行政赔偿义务机关提出追偿意见,赔偿义务机关认为应当追偿的,即予以立案;三是人民法院在审理行政诉讼案件过程中,一并解决行政赔偿问题时,发现有应予追偿的事实,以司法建议的形式提出追偿意见,行政赔偿义务机关认为应当追偿的,即予以立案。立案时应制作有关的法律文书,如立案报告表、审批表等。

(二) 调查取证

立案后,应确定专人负责办理,并开始调查取证工作。调查核实证据工作主要针对有关追偿意见中提出的事实进行。重点是核实有关公务人员在实施行政侵权行为时,有无故意或重大过失,对所造成损失的过错范围,过错的起因以及该公务人员的经济承受能力等。调查收集的所有证据都必须入卷保存。

(三) 告知与申辩

调查完毕后,案件承办人员应通过口头或者书面的形式告知被追偿人有关追偿的事实和理由等,并规定一个合理的期限,给予被追偿人发表自己意见和抗辩的机会,认真听取被追偿人的陈述和辩解,保证被追偿人的申辩权得以实现。

(四) 协商与作出追偿决定

听取被追偿人的陈述和辩解以后,应由案件承办人员提出书面审查意见,连同所有证据材料一起提交给行政赔偿义务机关的负责人。行政赔偿义务机关负责人必要时可以召集法制、监察、人事、财务等有关部门集体讨论,确定是否应予追偿、追偿额度和追偿方式等问题。行政赔偿义务机关可就追偿问题(如追偿金额、履行期限、缴纳方式及其他有关事项)与被追偿人进行协商,在协商过程中双方充分交换意见,利于行政赔偿义务机关更为深入地了解被追偿人的主观状态和经济状况,从而科学、合理地确定追偿的数额;利于化解被追偿人的抵触情绪,利于执行,并对被追偿人起到教育的作用。① 协商不成的,行政赔偿义务机关应当及时作出追偿决定。行政追偿决定应以书面形式出现,即应制作行政追偿决定书,加盖行政赔偿义务机关的印章,并将行政追偿决定书送达被追偿人。行政追偿决定书应载明追偿的事实、理由、法律依据,追偿的金额、缴纳方式、期限以及被追偿人不服追偿决定时的救济途径及期限等内容。行政赔偿义务机关还应

---

① 当然,行政赔偿义务机关能否就追偿问题与被追偿人进行协商,学界有不同看法。有学者持反对态度,认为追偿的金额只能由行政机关来确定。理由是:第一,追偿权不是民事权利,而是一种公权力,赔偿义务机关与其工作人员之间不具有平等的地位,因而双方也就不具有协商的基础。第二,追偿是赔偿义务机关的职责,对赔偿义务机关来说,对具有故意或重大过失的工作人员进行追偿,不仅仅是一种权力,也是一种义务。在权力行使中,没有商量的余地。第三,对于被追偿人来说,追偿是一种惩戒性的法律责任,被追偿不能与赔偿义务机关讨价还价。鉴于以上原因,在追偿中赔偿义务机关与其工作人员之间不可就追偿事宜进行协商。参见马怀德主编:《国家赔偿法学》,中国政法大学出版社2001年版,第278页。

将处理结果及时告知提出追偿意见的有关机关,如行政复议机关和人民法院等。

(五) 执行

根据被追偿费用的多少以及被追偿人的实际经济承受能力,执行可采取一次性执行或分期执行的方式进行,由被追偿人自动交纳或由单位在其工资中按月扣缴。执行应当严格掌握,一般只限于执行被追偿人的个人收入,不执行其他家庭成员的财产和收入。

(六) 救济

从行政行为的角度看,行政追偿是一种内部行政行为,其主要目的在于对有故意或重大过失的公务人员予以惩戒,是一种具有惩戒性质的行政法律责任,它在很大程度上会影响被追偿人的利益,为保护被追偿人的权益不受非法侵犯,要设置救济程序。从理论上说,不服追偿的救济程序包括行政救济程序和司法救济程序。对能否适用司法救济程序,学者们有不同见解。有的从特别权力关系理论出发,认为不必要;有的借鉴外国立法例,主张为保障追偿制度的公平合理,应允许被追偿人享有向法院起诉的权利。[①]

我国《国家赔偿法》没有规定被追偿人可以通过复议或诉讼获得救济。《行政诉讼法》和《行政复议法》则将行政追偿争议排除在受案范围之外。《行政诉讼法》第12条规定,"行政机关对行政机关工作人员的奖惩、任免等决定"不是人民法院的受案范围。《行政复议法》第8条第1款规定:"不服行政机关作出的行政处分或其他人事处理决定的,依照有关法律、行政法规的规定提出申诉。"目前,被追偿人不服追偿决定,只能通过申诉的途径寻求救济,具体可参照《公务员法》第90条、第91条[②]的规定进行,即被追偿人在收到行政追偿决定书后30日内向作出追偿决定的机关的上一级行政机关提出申诉,说明不应被追偿或追偿数额不当的理由,并提供相应的证据。上一级行政机关应当自受理申诉之日起60日内作出处理决定;案情复杂的,可以适当延长,但是延长时间不得超过30日。今后,可以逐渐将行政追偿纳入行政复议和行政诉讼的范围,并赋予被追偿人选择救济途径的权利。

---

① 参见林准、马原主编:《国家赔偿问题研究》,人民法院出版社1992年版,第264页。
② 我国《公务员法》第90条规定:"公务员对涉及本人的下列人事处理不服的,可以自知道该人事处理之日起30日内向原处理机关申请复核;对复核结果不服的,可以自接到复核决定之日起15日内,按照规定向同级公务员主管部门或者作出该人事处理的机关的上一级机关提出申诉;也可以不经复核,自知道该人事处理之日起30日内直接提出申诉:(一)处分;(二)辞退或者取消录用;(三)降职;(四)定期考核定为不称职;(五)免职;(六)申请辞职、提前退休未予批准;(七)未按规定确定或者扣减工资、福利、保险待遇;(八)法律、法规规定可以申诉的其他情形。对省以下机关作出的申诉处理决定不服的,可以向作出处理决定的上一级机关提出再申诉。行政机关公务员对处分不服向行政监察机关申诉的,按照《中华人民共和国行政监察法》的规定办理。"第91条规定:"原处理机关应当自接到复核申请书后的30日内作出复核决定。受理公务员申诉的机关应当自受理之日起60日内作出处理决定;案情复杂的,可以适当延长,但是延长时间不得超过30日。复核、申诉期间不停止人事处理的执行。"

第三节 司法追偿

一、司法追偿的概念

司法追偿,是指国家对司法赔偿请求人赔偿损失后,依法责令有特定过错的司法工作人员承担部分或全部赔偿费用的法律制度。司法追偿在运作之中不同于行政追偿,具有自己的特征,主要体现在:

(1)追偿对象的特定性。根据我国《国家赔偿法》第17条的规定,司法追偿的对象一般是指实施侵权行为的侦查、检察、审判、看守、监狱管理机关的工作人员,又称司法工作人员。由于司法机关工作人员行使职权的专门性,其他机关及其工作人员不能行使司法权,司法机关也不能将其职权委托给其他的机关或个人行使,因而追偿的对象是特定的。在我国现行的政治体制中,司法权和行政权是彼此分离的权力结构体系,虽然财政部门是国家赔偿费用的监督机关,可以提请本级政府责令赔偿义务机关自行承担国家赔偿费用,但由于司法权不受行政权控制,因而政府不能责令法院、检察院承担国家赔偿费用。在这个意义上,司法机关就不作为司法追偿的对象。

(2)司法工作人员过错的法定性。"故意或重大过失"构成行政追偿的必要条件,但在司法追偿中,我国《国家赔偿法》则没有将此作为司法追偿的条件,只确定了对某些特定的过错行为实行追偿。这就使司法追偿的范围窄于行政追偿。《国家赔偿法》对司法追偿中过错的特别限定,对司法追偿的条件作出如此明确的规定,反映了司法权运用的特点,即司法机关及其工作人员所面临的情况比较复杂,需要让司法工作人员具有较大的独立性,充分发挥其主观能动性,法律赋予了其较大的裁量权,认定司法工作人员主观上是否存在故意或重大过失比较困难,而且追偿的范围不能过宽,否则很容易挫伤司法人员的积极性。因此,世界上大多数国家对司法追偿都持比对行政追偿更谨慎的态度。

二、司法追偿的条件

根据我国《国家赔偿法》第31条的规定,司法追偿的条件为:

(1)司法赔偿义务机关已经代表国家履行了赔偿责任。即司法赔偿义务机关已经向受害人支付了赔偿费用后,才能行使司法追偿权。

(2)司法工作人员有《国家赔偿法》第31条所列举的应予追偿的情形。《国家赔偿法》第31条规定:"赔偿义务机关赔偿损失后,应当向有下列情形之一的工作人员追偿部分或者全部赔偿费用:(一)有本法第17条第4项、第5项规定情形的;(二)在处理案件中有贪污受贿,徇私舞弊,枉法裁判行为的。对有前款规定情形的责任人员,有关机关应当依法给予处分;构成犯罪的,应当依法追究刑事责任。"据此规定,司法工作人员实施的应受追偿的行为包括:(1)在执行职务过程中刑讯逼供或者以殴打、虐待等行为或者唆使、放纵他人以殴打、虐待等行为造成公民身体伤害或者死亡的;(2)在执行职务过程中违法使用武器或者警械造成公民身体伤害或者死亡的;(3)在执行职务过程中贪污受贿、徇私舞弊、枉法裁判的。除此之外,国家不得向司法工作人员行使追偿权。

三、追偿人与被追偿人

根据我国《国家赔偿法》第 31 条的规定,司法追偿人为司法赔偿义务机关。司法赔偿义务机关依照不同情况分别是公安机关(包括国家安全机关和军队的保卫部门)、检察机关、审判机关、看守所和监狱管理部门。各赔偿义务机关只能对自己所属的工作人员行使追偿权。

被追偿人为行使侦查、检察、审判、看守、监狱管理职权的司法工作人员,当其具备《国家赔偿法》第 31 条所列举的国家应予追偿的情形之一的,即成为被追偿人。

四、司法追偿程序

司法追偿程序,是指司法赔偿义务机关行使追偿权、作出追偿决定的方式、步骤、顺序和时限的总称。司法追偿程序对于保障和监督司法赔偿义务机关依法正确、及时地行使国家追偿权,切实保护被追偿人的合法权益等具有重要的意义和作用。我国《国家赔偿法》对司法追偿的程序没有作出具体的规定。借鉴国外对追偿程序的有关规定,根据我国的实际,我们认为,我国司法追偿应当经历下列步骤:

(1) 立案。司法赔偿义务机关在履行赔偿责任之后,对符合追偿范围和条件的工作人员,应当在规定的期限内启动追偿程序。作为追偿程序开始的标志,司法赔偿义务机关应当办理立案手续。在决定是否立案时,赔偿义务机关应当对追偿的条件作初步的审查,经审查认为符合司法追偿的范围和条件的,应当按照司法赔偿义务机关的内部工作制度,经主管领导批准,办理立案手续,同时确定办案人员。

(2) 调查收集证据。司法赔偿义务机关应当调查有关司法追偿范围和条件的事实,收集必要的证据。为此,司法赔偿义务机关可以询问证人,询问被追偿人,向有关的单位和个人调取证据材料。司法赔偿义务机关应当全面调查收集证据,无论其是否有利于被追偿人。被追偿人认为某个证据需要调查的,可以向赔偿义务机关提出申请,但赔偿义务机关不受其申请的约束。

(3) 陈述与申辩。基于公正原则,在法律上应赋予被追偿人知情权,即知晓赔偿义务机关对自己进行追偿的有关事实、理由及法律依据等的权利。与此相适应,还应规定赔偿义务机关通过积极作为来实现被追偿人知情权的义务,即告知义务。司法赔偿义务机关在作出追偿决定之前,应当恰当履行告知义务,并依法认真听取被追偿人的陈述和申辩。如果在作出追偿决定前,司法赔偿义务机关没有履行告知义务,或者没有依法听取被追偿人的陈述和申辩,所作出的追偿决定无效。当然,被追偿人主动放弃陈述和申辩的除外。

(4) 作出决定与送达。听取被追偿人的陈述和申辩以后,应由办案人员提出书面审查和处理意见,连同所有证据材料一起提交给司法赔偿义务机关的负责人。司法赔偿义务机关可就追偿问题(如追偿金额、履行期限、缴纳方式及其他有关事项)与被追偿人进行协商,协商不成的,司法赔偿义务机关应当及时作出追偿决定。追偿决定应以书面形式出现,即应制作司法追偿决定书,加盖司法赔偿义务机关的印章,并将司法追偿决定书送达被追偿人。司法追偿决定书应载明追偿的事实、理由、法律依据,追偿的金额、缴纳方式、期限以及被追偿人不服追偿决定时的救济途径等内容,以方便被追偿人申诉和上级机关监督。

(5) 执行。被追偿人无正当理由不按照追偿决定规定的期限和方式履行追偿义务的,司法赔偿义务机关可以依法采取执行措施。有学者认为,公安机关、人民检察院和监狱管理机关的采取强制性措施的权力具有特定的适用范围和条件,不能适用于追偿决定的执行,在被追偿人无正当理由拒不履行追偿决定的情况下,应当申请人民法院执行。人民法院作出追偿决定的,可以自行依法强制执行。[1]

(6) 申诉。被追偿人对追偿决定不服的,可以向司法赔偿义务机关的上一级机关申诉,但申诉期间追偿决定不停止执行。

本章需要继续探讨的问题

一、关于国家追偿的时效

世界各国或地区的赔偿立法一般都规定了追偿权应在自支付赔偿金或恢复原状之日起多少日内行使,逾期不得追偿。这种时效规定,一方面可以督促行政赔偿义务机关在规定的期限内行使追偿权,履行追偿职责,让追偿制度落到实处;另一方面也使被追偿的行政公务人员承担追偿责任时,在时间期限上具有可预见性,以稳定公务人员的情绪,避免公务人员因无期限担心承担追偿责任,而增加其精神负担,使其一直处于心绪不稳的状态之中,影响其正常执行公务。

---

[1] 参见马怀德主编:《国家赔偿法学》,中国政法大学出版社 2001 年版,第 281—282 页。

我国《国家赔偿法》对行政追偿的时效没有规定。《国家赔偿法》(试拟稿)曾提出追偿的时效为1年,自赔偿义务机关向赔偿请求人赔偿损失之日起计算。后经修改,删除了这一规定,因此,在我国,国家追偿权不发生因时效届满而消灭的问题。但我们认为,这种做法不尽合理,因为,没有追偿时效的规定,对行政机关和行政公务人员双方都是不利的。它既不利于促使行政机关积极履行追偿职责,也会影响行政公务人员的工作积极性和工作效率。奥地利《国家赔偿法》规定:"本法第3条的偿还请求权自官署向受害人表示承认或自损害赔偿义务的判决确定时6个月消灭时效。"我国台湾地区的《国家赔偿法》规定,国家对公务员、公共设施所生损害应负责任之人及受委托团体或个人之求偿权,则自支付赔偿金或回复原状之日起,因2年间不行使而消灭。参照我国《行政处罚法》关于2年的处罚时效的规定和《国家赔偿法》中赔偿请求权人请求赔偿的2年的时效规定,借鉴我国台湾地区的做法,我们建议将对公务人员追偿的时效规定为2年为宜。

二、赔偿义务机关作为追偿人是否可行

由赔偿义务机关作为追偿人,代表国家向有过错的公务人员行使追偿权是否可行?特别是当加害行为人是赔偿义务机关的负责人时,赔偿义务机关行使追偿权是否可行?有学者认为,赔偿义务机关行使追偿权的困难是多方面的,比如特殊场合下对加害行为主体的确定问题,重大过失的标准问题,缺乏对追偿人的职权和职责以及被追偿人的权利和义务的详细规定,等等。但是最大的挑战来自于追偿人与被追偿人的特殊关系(人事隶属关系),特别是当被追偿人为赔偿义务机关的首长时。为了逃避追偿,被追偿人可能利用其在赔偿义务机关中的地位和影响,而赔偿义务机关为了照顾有关人员的情面,也可能包庇被追偿人而大事化小、小事化了。除了过于放纵的情况外,还可能出现过于严苛的情况。如出于利益纷争和打击压制的需要,就可能造成"替罪羊"或"冤大头"。[①] 为了防止出现这些状况,我们认为,可实行职能分离制度,即赔偿义务机关只享有追偿建议权,而不享有追偿决定权,将追偿决定权赋予赔偿义务机关的上级机关或相对独立的第三方。这样做,在一定程度上能够保证追偿活动的公平与公正,也可以使追偿权的行使落到实处。

---

① 参见刘劲刚、苏彦来:《行政追偿程序研究》,载《黑龙江省政法管理干部学院学报》2000年第1期。

行政赔偿编

第八章 行政赔偿概述

内容提要

行政赔偿,是指国家行政机关及其工作人员、法律法规授权的组织及其工作人员、受行政机关委托的组织或个人违法行使行政职权或不依法履行职责,侵犯公民、法人或其他组织的合法权益并造成损害,由国家承担赔偿责任的制度,它是国家赔偿的一个重要组成部分。建立行政赔偿制度有利于保护公民、法人和其他组织的合法权益,有利于监督和促进行政机关及其工作人员依法行使职权,有利于社会的稳定和发展。行政赔偿的归责原则是据以确定行政赔偿责任为何由国家承担的根据或准则,是行政赔偿构成要件的基础和前提,我国采用违法原则作为行政赔偿的归责原则;行政赔偿的构成要件是指行政机关代表国家承担行政赔偿责任所应具备的条件,是归责原则的具体体现,包括主体要件、行为要件、结果要件、因果关系要件等。

关键词

行政赔偿　行政补偿　行政赔偿归责原则　违法原则　行政赔偿构成要件

第一节　行政赔偿的概念与意义

一、行政赔偿的含义

所谓行政赔偿,是指国家行政机关及其工作人员、法律法规授权的组织及其工作人员、受行政机关委托的组织或个人违法行使行政职权或不依法履行职责,侵犯公民、法人或其他组织的合法权益并造成损害,由国家承担赔偿责任的制度。它包含下列几层意思:

(1) 行政赔偿是对行政侵权行为造成的损害所给予的赔偿。

行政侵权行为是指行政机关及其工作人员、法律法规授权的组织及其工作人员、受行政机关委托的组织或个人在行政管理过程中违法行使职权或不依法履行职责侵犯公民、法人和其他组织的合法权益的行为。行政机关及其工作人员的侵权行为有行政侵权行为和民事侵权行为等不同形式。行政机关及其工作人员的民事侵权行为所引起的是民事赔偿,而不是行政赔偿。只有行政机关及其工作人员的行政侵权行为才会引起行政赔偿。行政侵权行为是行政赔偿的前提,行政赔偿是行政侵权行为所产生的法律后果。

(2) 行政赔偿中的侵权行为主体是行政机关及其工作人员、法律法规授权的组织及其工作人员和受行政机关委托的组织或个人。

行政机关作为国家机关的一种,它代表国家行使行政权,当其在行使职权或履行职责的过程中违法侵权时,自然成为侵权行为主体。行政机关的工作人员属于国家公务人员,和国家之间存在职务委托关系,行政机关工作人员代表其所在的行政机关进行管理活动,因而,当行政机关工作人员在行使职权过程中侵权的,或以执行职务为名侵权的,视为行政侵权行为主体。在有些国家,将行政侵权行为主体限于公务员,而不及于行政机关。其理由是行政机关的行为都是靠公务员完成的,因此,行政机关不可能侵权,侵权者只可能为行政机关的公务员。我国《国家赔偿法》规定行政侵权行为主体为国家行政机关及其工作人员,这样规定便于受害人行使赔偿请求权。因为当某一侵权行为为某行政机关所为(包括作为与不作为),但不知实施该行为的公务员具体为谁时,可以直接确认该行政机关为侵权行为的主体。行政职权除了由行政机关及其工作人员行使外,法律法规授权的组织及其工作人员依据法律法规的授权也在行使着行政职权,且行政机关还会委托有关的组织或个人行使行政职权,从事行政管理活动,因此,法律法规授权的组织及其工作人员,以及受行政机关委托的组织或个人也可以成为侵权行为主体。

(3) 行政赔偿的请求人是其合法权益受到行政侵权行为损害的公民、法人和其他组织。

首先,行政赔偿的请求人是作为行政相对一方的公民、法人和其他组织。这并不局限于行政机关的具体行政行为所指向的对象,凡是合法权益受到行政机关及其工作人员的违法行使职权行为侵害的人都可以请求赔偿。其次,行政赔偿的请求人必须是受到损害的人,无损害就谈不上赔偿。在行政赔偿中,损害是指人身、财产及精神所受到的损害,如某公民被行政机关违法给予罚款或违法采取强制措施等。可导致行政赔偿的损害必须是现实的、已确定的损害,将来可能发生的损害不能引起行政赔偿。最后,公民、法人和其他组织受到损害的必须是其合法权益。非法权益不受法律保护,对非法权益受到的损害,公民、法人和其他组织不能要求赔偿。

（4）行政赔偿的主体是国家，但行政赔偿的义务机关为致害的行政机关或法律法规授权的组织。

国家作为行政赔偿的主体是由国家与行政侵权行为主体（行政机关及其工作人员、法律法规授权的组织及其工作人员、受行政机关委托的组织或个人）之间的关系所决定的。行政机关及其工作人员是代表国家，以国家的名义行使职权，进行行政管理活动，因而无论是合法的行为还是违法的行为，其后果都归属于国家，违法侵权造成的损害要由国家承担赔偿责任。国家作为赔偿主体，主要表现在赔偿费用由国库支出，列入各级财政预算。但是具体的赔偿事务如收集证据，出庭应诉，与受害人和解以及支付赔偿金等工作要由行政赔偿义务机关来完成。行政赔偿义务机关一般为致害的行政机关或法律法规授权的组织。

二、行政赔偿与相关概念的区别

为了更好地掌握行政赔偿的概念与特征，有必要把它与相关的概念加以比较分析，以明确其界限。

（一）行政赔偿与行政诉讼

行政诉讼是指公民、法人或其他组织认为行政机关的具体行政行为违法侵犯其合法权益，向人民法院提出诉讼请求，由人民法院依法进行审理并作出裁判的活动。行政赔偿与行政诉讼都是对行政相对人的救济，都包含着对行政活动的监督，但两者不能相互替代，在行政救济制度上起着相互补充的作用。行政赔偿与行政诉讼既有联系又有区别，其联系表现在：

（1）行政赔偿常常与行政诉讼一起共同构成对行政相对人的完整救济。当行政机关及其工作人员的具体行政行为违法侵害到公民、法人或其他组织的合法权益并造成实际损害时，仅有行政诉讼是不够的，行政诉讼可以确认行政机关的具体行政行为违法并予以撤销，但公民、法人或其他组织受到的损害只有通过行政赔偿才能得到切实补救。当然，仅有行政赔偿而没有行政诉讼等制度对行政机关的具体行政行为合法与否的评判，行政赔偿可能就失去前提。因此，行政赔偿与行政诉讼通常是结合在一起的，行政诉讼在先，行政赔偿在后。

（2）行政赔偿诉讼主要适用行政诉讼的程序。受害人提起行政赔偿诉讼，无论是与行政诉讼一并提起还是单独提起，基本上都适用行政诉讼的程序。行政赔偿诉讼适用何种程序，我国《国家赔偿法》没有作出明确规定，但从我国《行政诉讼法》的规定来看，行政侵权赔偿责任是作为《行政诉讼法》的一章来规定的，并规定了一些例外程序。由此可见，行政赔偿诉讼适用行政诉讼法规定的程序。行政赔偿诉讼之所以采用行政诉讼程序是因为两者关系密切，在很多情况下，行政赔偿诉讼以行政诉讼为前提。当然，行政赔偿毕竟不同于行政诉讼，因此，在程序上又有许多例外。如，在行政赔偿诉讼中，可以适用调解；而在行政诉讼中,不得适用调解。

行政赔偿与行政诉讼虽然存在许多联系,但二者属于两种不同的救济制度,其区别主要表现在:

(1) 两者的标的和性质不同。行政诉讼的标的是行政机关的具体行政行为,诉讼是围绕着具体行政行为的合法性展开的,合法的具体行政行为予以维持,违法的具体行政行为予以撤销,不履行职责的判决履行,行政处罚显失公正的予以变更,等等。因而,从本质上说,行政诉讼是一种纠正违法之诉,通过纠正违法的具体行政行为来达到对行政相对人一方的救济,它解决的是行政机关的具体行政行为的效力是否存在,是否对相对人具有拘束力;而行政赔偿的标的是侵权损害事实,围绕着这一内容展开,如损害是否发生,是否由行政机关及其工作人员的违法行使职权的行为引起,侵犯的是否为相对人的合法权益,损害的大小等等,从而决定是否应该给予赔偿,赔偿多少。因而,从本质上说,行政赔偿是一种损害救济途径,通过支付赔偿金等方式,使受害的行政相对人一方的合法权益得到补救和恢复。

(2) 两者的受案范围不同。我国《行政诉讼法》与《国家赔偿法》对行政诉讼和行政赔偿的范围分别作了规定。由这些规定可以看出,行政赔偿的范围要宽于行政诉讼的范围,行政诉讼的范围只限于具体行政行为,而行政赔偿的范围既包括具体行政行为,还包括行政事实行为、行政机关对其工作人员的行政处分行为、法律规定由行政机关最终裁决的行为等。具体地说:第一,具体行政行为违法并给行政相对人的合法权益造成实际损害,且法律规定应予赔偿的,同时属于行政诉讼和行政赔偿的范围。第二,具体行政行为违法侵害行政相对人的合法权益但没有造成实际损害,或者不属于法定的损害赔偿范围的,行政相对人只能提起行政诉讼,不能请求行政赔偿。第三,有些具体行政行为不能提起行政诉讼,但受害人可以请求行政赔偿,如行政机关工作人员对行政机关给予的违法行政处分给其合法权益造成实际损害的,不能提起行政诉讼,但可以请求行政赔偿;又如,法律规定由行政机关最终裁决的具体行政行为,相对人不得提起行政诉讼,但不排除对其请求行政赔偿。第四,行政机关及其工作人员的事实行为侵害行政相对人的合法权益并造成实际损害的,属于行政赔偿的范围,受害人可以直接请求行政赔偿,但无须提起行政诉讼。

(3) 两者适用的程序不同。行政赔偿虽然在总体上适用行政诉讼程序,但有一些例外。这主要表现在:第一,单独提起行政赔偿诉讼实行行政处理前置原则,即单独请求行政赔偿时,赔偿请求人要先向赔偿义务机关提出,赔偿义务机关在两个月内不予赔偿,或者赔偿请求人对赔偿数额有异议的,才可自期间届满之日起3个月内向人民法院提起行政赔偿诉讼。第二,行政诉讼不适用调解,而行政赔偿诉讼可以适用调解。第三,举证责任分配不同,在行政诉讼中,对具体行政行为合法性的问题由被告负举证责任,被告行政机关必须提供作出具体行政行为的证据和所依据的规范性文件,否则将承担败诉的法律后果;而行政赔偿诉讼则不完全采用该规则,根据我国《国家赔偿法》第15条的规定,人民法院审理行政赔偿案件,赔偿请求人和赔偿义务机关对自己提出的主张,应当提供证据。赔偿义务机关采取行政拘留或者限制人身自由的强制措施期间,被限制人身自由的人死亡或者丧失行为能力的,赔偿义务机关的行为与被限制人身自由的人的死亡或者丧失行为能力是否存在因果关系,赔偿义务机关应当提供证据。

(4) 收集证据的规则不同。在行政诉讼中,被告及其律师不得自行向原告和证人调查和收集证据,但在行政赔偿诉讼中,赔偿义务机关可以收集证据。即其可以收集损害大小的证据,第三人过错和受害人自己过错的证据。

(二) 行政赔偿与司法赔偿

行政赔偿与司法赔偿都属于国家赔偿的组成部分,二者存有相同之处,但也存在一些区别,主要表现在:

(1) 侵权行为的性质不同。行政赔偿中的侵权行为是行使行政权的行为,即行政行为;司法赔偿中的侵权行为是行使司法权的行为,即司法行为。

(2) 侵权行为的主体不同。行政侵权行为的主体是行政机关及其工作人员、法律法规授权的组织及其工作人员和受行政机关委托的组织和个人;而司法侵权行为的主体是行使侦查、检察、审判职权的机关以及看守所、监狱管理机关及其工作人员,具体包括公安机关、国家安全机关、检察机关、审判机关、看守所、监狱管理机关、军队的保卫部门及在上述机关工作的人员。

(3) 赔偿的范围不同。行政赔偿的范围在《国家赔偿法》第3条和第4条中明确规定,而司法赔偿的范围在《国家赔偿法》第17条、第18条和第38条中有明确规定。

(4) 归责原则不尽相同。行政赔偿采取违法归责原则,以行政机关及其工作人员的致害行为违法为前提;而司法赔偿则在适用违法归责原则的同时,兼采结果责任原则。如一审人民法院判决被告无罪,即使人民检察院对该被告的逮捕行为在实体上和程序上都不违法,国家对该无辜公民仍应予以赔偿。

(5) 赔偿义务机关不同。行政赔偿与司法赔偿的主体都是国家,但二者的赔偿义务机关不同。行政赔偿的赔偿义务机关是行政机关和法律、法规授权的组织,而司法赔偿的赔偿义务机关是行使侦查、检察、审判、看守、监狱管理职权的机关。

(6) 赔偿的程序不同。行政赔偿程序分为单独提出赔偿请求的程序和一并提出赔偿请求的程序。单独提出赔偿请求的程序实行行政处理前置的原则,行政赔偿争议通过行政程序不能解决的,才可以通过行政赔偿诉讼途径解决。司法赔偿程序没有单独提出赔偿请求和一并提出赔偿请求的划分,司法赔偿请求人要求赔偿,应当先向赔偿义务机关提出。司法赔偿义务机关应当自收到申请之日起两个月内,作出是否赔偿的决定;赔偿义务机关在规定期限内未作出是否赔偿的决定,赔偿请求人可以自期限届满之日起 30 日内向赔偿义务机关的上一级机关申请复议。赔偿请求人对赔偿的方式、项目、数额有异议的,或者赔偿义务机关作出不予赔偿决定的,赔偿请求人可以自赔偿义务机关作出赔偿或者不予赔偿决定之日起 30 日内,向赔偿义务机关的上一级机关申请复议。复议机关应当自收到申请书之日起两个月内作出决定。赔偿请求人不服复议决定的,可以在收到复议决定之日起 30 日内向复议机关所在地的同级人民法院赔偿委员会申请作出赔偿决定;复议机关逾期不作决定的,赔偿请求人可以自期限届满之日起 30 日内向复议机关所在地的同级人民法院赔偿委员会申请作出赔偿决定。赔偿义务机关是人民法院的,其在收到赔偿申请之日起两个月内未作出是否赔偿的决定,赔偿请求人可以自期限届满之日起 30 日内向其上一级人民法院赔偿委员会申请作出赔偿决定;赔偿请求人对赔偿的方式、项目、数额有异议的,或者赔偿义务机关作出不予赔偿决定的,赔偿请求人可以自赔偿义务机关作出赔偿或者不予赔偿决定之日起 30 日内,向其上一级人民法院赔偿委员会申请作出赔偿决定。可见,司法赔偿自始至终都是通过非诉讼途径来解决的。

(7) 追偿的条件不同。无论是在行政赔偿中还是在司法赔偿中都实行追偿制度,赔偿义务机关在履行了赔偿义务后,可以责令有责任的公务人员承担部分或全部赔偿费用。但是,国家赔偿法对两者的追偿条件分别作了不同的规定。行政追偿的条件是行政工作人员或受委托的组织与个人在行使职权的过程中有故意或者重大过失,采用的是主观标准。司法追偿的条件是行使侦查、检察、审判职权以及看守、监狱管理职权的机关的工作人员有下列情形之一的,即(1) 刑讯逼供或者以殴打、虐待等行为或者唆使、放纵他人以殴打、虐待等行为造成公民身体伤害或者死亡的;(2) 违法使用武器、警械造成公民身体伤害或者死亡的;(3) 在处理案件中有贪污受贿,徇私舞弊,枉法裁判行为的。即司法追偿采用的是客观标准,且相比之下,司法追偿的范围比行政追偿的范围要窄。

(三) 行政赔偿与行政补偿

行政补偿是指行政机关及其工作人员在行使职权的过程中,因其合法行为给相对人造成特别的损失,行政机关代表国家对相对人依法予以补救的制度。行政赔偿和行政补偿虽然都是对行政机关及其工作人员在行使职权过程中给行政相对人的合法权益造成损害的补救,但两者存在较大差别,主要表现在:

(1) 发生的前提不同。行政赔偿由行政机关及其工作人员的违法行为引起,即以违法为前提;而行政补偿则由行政机关及其工作人员的合法行为引起,不以违法为前提。

(2) 性质不同。行政赔偿是行政机关代表国家对其违法行为承担的一种法律责任,其目的是恢复到合法行为所应有的状态;而行政补偿则是一种例外责任,以法律规定为限,其目的是为因公共利益而遭受特别损失的行政相对人提供补救,以体现公平负担的精神。

(3) 补救的范围不同。在我国,行政赔偿虽然不适用民事赔偿的等价原则,只赔偿直接损失,而且主要是物质损失,但仍比补偿的范围要宽。行政补偿一般以直接现实的损失为限,而且在许多情况下,法律规定的补偿额往往小于直接损失额。

(4) 发生的时间不同。行政赔偿发生在损害产生之后,公民、法人和其他组织只能就现实的已经发生的损害请求赔偿,不能对可能发生的损害请求赔偿;而行政补偿有的是在实际损害发生之前进行,有的在实际损失发生之后进行。

(5) 救济的方式不同。行政赔偿以支付赔偿金为主要方式,以返还财产和恢复原状为辅;行政补偿的方式则具有多样性,除了支付赔偿、返还财产、恢复原状的方式外,还有移民安置、给予医疗或抚恤、实物补偿、办理农转非、提供优惠照顾等。

(6) 经费的来源不同。行政赔偿费用纳入各级财政预算,由各级财政按照财政管理体制分级负担,并由各级财政机关负责管理。此外,根据《国家赔偿法》的规定,赔偿义务机关赔偿损失后,要向有故意或重大过失的工作人员或者受委托的组织或个人追偿部分或全部费用。而行政补偿费用,根据法律的规定,既有由国库支付的,又有由行政机关以外的受益组织或个人给付的。

(四) 行政赔偿与民事赔偿

行政赔偿是从民事赔偿发展而来的,两者之间有许多相通的地方。例如,两者都是对受损权益的恢复和补救,但由于各国在行政赔偿具体制度的设计上各不相同,因而,行政赔偿与民事赔偿的关系比较复杂。例如在美国,行政赔偿无论在归责原则还是在诉讼程序及赔偿范围等方面都与民事赔偿相同;而在法国,行政赔偿与民事赔偿有很大区别,行政赔偿是独立的法律制度,其法律原则由判例产生,不适用民事赔偿的规定。

在我国,行政赔偿也是独立于民事赔偿的自成体系的法律制度,和民事赔偿有很大区别,具体表现在:

(1) 赔偿的主体不同。行政赔偿的主体是国家,即国家是赔偿责任的承担者,但具体的赔偿义务是由法定赔偿义务机关(致害的行政机关或法律法规授权的组织)履行。而民事赔偿是由行政机关作为一般民事活动的主体承担赔偿责任,履行赔偿义务。在这里,赔偿主体与赔偿义务人是一致的。

(2) 产生的原因不同。行政赔偿发生在行政机关及其工作人员行使行政职权的过程中,是由行政侵权行为引起的;而民事赔偿则是由行政机关的民事侵权行为引起的,发生在行政机关作为民事主体进行的民事活动过程中,与公权力的行使无关。

(3) 归责原则不同。行政赔偿的归责原则主要是违法原则,行政赔偿以行政机关及其工作人员的职务行为违法为前提。而民事赔偿的归责原则主要是过错原则,即以行为人主观上的过错作为承担民事赔偿责任的基本前提。此外,在民事赔偿中还确立了无过错原则和公平责任原则作为过错原则的补充。

(4) 适用的程序不同。行政赔偿的程序较为复杂,与民事赔偿程序相比,有两点显著区别:第一,在单独提起行政赔偿诉讼之前,赔偿请求人应先向赔偿义务机关提出赔偿请求,即实行赔偿义务机关决定前置原则,不经该决定程序,法院不予受理案件。而在民事赔偿中,受害人可以直接向法院提起赔偿请求,无需经过任何前置程序。第二,证据规则不同。在行政赔偿诉讼中,赔偿请求人和赔偿义务机关对自己提出的主张,应当提供证据。但如果赔偿义务机关采取行政拘留或者限制人身自由的强制措施期间,被限制人身自由的人死亡或者丧失行为能力的,赔偿义务机关的行为与被限制人身自由的人的死亡或者丧失行为能力是否存在因果关系,应由赔偿义务机关提供证据。而在民事赔偿诉讼中则实行"谁主张,谁举证"的证据规则。

(5) 赔偿的范围不同。行政赔偿中对物质损害的赔偿以直接损失为限,不包括间接损失或可得利益损失;而民事赔偿中对物质损害的赔偿不以直接损失为限,还包括间接损失或可得利益损失。

(6) 赔偿的方式不同。行政赔偿的方式以支付赔偿金为主,以返还财产、恢复原状为辅;而民事赔偿的方式很多,有停止侵害,返还原物,恢复原状,金钱赔偿,修理、重作、更换等。

三、建立行政赔偿制度的意义

我国的各级政府是人民的政府,政府及其工作部门的工作人员,是人民的公仆,其代表人民依法行使行政权力,管理国家的各项行政事务,应以为人民提供优质、高效的服务作为其行为的出发点和归宿。为了防止行政机关及其工作人员违背人民的意志任意行事,体现人民意志的国家法律在赋予行政机关享有的行政权的同时,设定了权力的范围,创制了权力行使的规则,如果行政机关及其工作人员在行使行政权过程中,超越了法定的权限范围,或者违反了权力行使的规则,就可能构成对公民、法人和其他组织合法权益的侵害,因此,就应承担相应的法律责任。在现实生活中,由国家行政机关及其工作人员行使行政职权而造成的损害事实几乎是不可避免的。这是因为:一方面,行政权力本身不断扩张,从而使行政机关及其工作人员在行使职权时造成损害的可能性大大增加;另一方面,由于各级行政机关工作人员的政治素质和业务素质不同,加之受到各种主客观因素的影响,其滥用权力的现象是不可避免的,这势必会给行政相对人的合

法权益造成损害。对这些损害,国家必须负赔偿责任,这是法治国家的基本要求。具体地说,建立行政赔偿制度的意义主要表现在:

(1) 有利于保护公民、法人和其他组织的合法权益。从行政赔偿的直接后果看,是使行政相对人的合法权益能得到有效保护,使其被损害的合法权益可以通过赔偿机制得到补救和恢复。我国《宪法》和《行政诉讼法》都规定了公民的合法权益受到国家机关及其工作人员违法行使职权行为的侵害,有取得国家赔偿的权利。《国家赔偿法》又规定了行政赔偿的范围、标准、方式和程序,使宪法和行政诉讼法所确立的公民的赔偿请求权,从抽象的原则转化为具体的法律规定,为公民行使赔偿请求权提供了法律依据。当公民、法人和其他组织的合法权益受到行政机关及其工作人员违法行使职权行为的侵害,就可以依照《行政诉讼法》和《国家赔偿法》的规定,请求行政赔偿,从而使公民一方受损害的合法权益得到切实补救。

(2) 有利于监督和促进行政机关及其工作人员依法行使职权。行政机关及其工作人员代表国家行使行政权,这种权力与人民群众的利益息息相关。为了防止这种权力的滥用,避免行政相对人的合法权益受到损害,国家法律规定了行政机关及其工作人员行使权力的范围、条件、方式和程序等,各级行政机关及其工作人员必须在法定的职权范围内行使职权,履行职责,不得失职、越权,也不得滥用职权。我国《行政诉讼法》和《国家赔偿法》颁布后,正式建立了国家赔偿制度。据此便把行政机关违法行使职权的行为与承担赔偿责任的法律后果联系起来,且行政机关在代表国家承担了赔偿责任后,可以向有故意或重大过失的工作人员行使追偿权,这有利于实现对行政机关及其工作人员行使职权的监督和制约,促使其依法行政,推进行政法治。

(3) 有利于社会的稳定和发展。如果行政相对人的合法权益受到行政机关及其工作人员违法行使职权的侵害后,无法通过有效的法律途径和程序,依法得到正确、及时的解决,就会给社会带来许多不安定的因素,留下许多隐患,同时,也会损害行政机关的威信,影响正常的行政秩序。而建立行政赔偿制度,依法解决行政相对人与行政机关之间产生的行政赔偿争议,避免、减少和消除行政相对人因损害得不到补救而产生的不满情绪和引起的一些社会冲突,增进行政机关和行政相对人之间的相互理解和信任,融洽相互之间的关系,有利于行政管理目标的实现,有利于维护社会的稳定和促进社会的发展。

第二节 行政赔偿的归责原则和构成要件

在行政赔偿中,归责原则与构成要件既有联系,又有区别,两者都致力于解决国家对行政机关及其工作人员的哪些致害行为应承担赔偿责任。归责原则是抽象的、普遍的法律规则，不仅对赔偿责任的构成起决定作用，同时对举证责任的分配、减免责任的范围等有普遍的指导意义；而构成要件是归责原则的具体化，它为审判人员和其他裁判人员解决行政赔偿纠纷提供了直接的操作规则，其目的旨在实现归责原则的价值和功能。

一、归责原则

（一）归责原则的涵义与功能

归责就是指责任的归属，即应由谁承担责任。行政赔偿的归责原则是据以确定行政赔偿责任由国家承担的根据或准则，体现了行政赔偿的基本价值取向。归责原则在行政赔偿中处于核心地位，具有下列功能[①]：

(1) 归责原则体现了行政赔偿的价值取向。行政赔偿要达到什么样的目标，可以在归责原则中反映出来，归责原则承载着行政赔偿的价值目标，是连接赔偿目的与具体制度的桥梁。如采用违法归责原则，意味着行政赔偿不仅要救济受害人，而且旨在为行政机关的活动设定标准，行政机关及其工作人员必须在法定范围内活动，违法致害的行为要导致赔偿的后果。若采用无过错原则，则意味着在行政管理活动中，不管行政机关有无过错，只要给行政相对人的合法权益造成了损害，就要承担赔偿责任，这一归责原则不是建立在制裁的基础上，而以补偿为主要目的。

(2) 归责原则是构成要件的基础和前提，对构成要件起决定作用。构成要件以归责原则为核心，是归责原则的具体化。不同的归责原则决定了构成要件的不同内容，如采用过错原则意味着以行为人的主观过错或客观过错为构成要件；若采用违法原则就必须以致害人的行为违法为构成要件。

(3) 归责原则决定了可引起行政赔偿的行为范围。致害行为能否引起行政赔偿是由多种因素决定的，如行为性质、损害结果等。其中，致害行为应当具备何种可责难性才导致赔偿，这一标准是由归责原则确定的。如采用违法归责原则，意味着行政机关及其工作人员的违法行为导致行政相对人合法权益损害的，可引起赔偿；合法行为导致行政相对人合法权益损害的，只引起补偿而不引起赔偿。

总之，归责原则对赔偿纠纷的解决具有指导意义，是处理行政赔偿纠纷所应遵循的基本准则，因而，科学地设定归责原则具有重要意义。

（二）归责原则的设定

我国的行政赔偿采用何种归责原则，面临多种选择，一方面，行政赔偿发源于民事赔偿，民事赔偿中的归责原则具有重要的参考价值，提供了一个参照系；

[①] 参见薛刚凌主编：《国家赔偿法教程》，中国政法大学出版社1997年版，第42—43页。

另一方面,西方许多国家都建立了行政赔偿制度,且由于历史文化及法律传统等方面的原因,归责原则体系结构上存在较大差异,但这对我国行政赔偿归责原则的设定也具有一定的借鉴和参考作用。一般来说,一国行政赔偿归责原则的确立往往受到该国民主政治的发展进程、国家财政的承受能力等多种因素的制约。我国在制定《国家赔偿法》的过程中,人们曾围绕归责原则这一核心问题提出过多种不同的方案,有人主张采用过错原则,也有人主张采用违法原则,甚至采用无过错原则;有人主张单一归责原则,也有人主张采用多元化归责原则体系,还有人主张采用过错违法双重归责原则。① 立法者在反复权衡、比较各种归责原则的利弊、优劣的基础上,选择了"违法原则"作为归责原则,其直接表现就是1994年《国家赔偿法》第2条的规定,即"国家机关和国家机关工作人员违法行使职权侵犯公民、法人和其他组织的合法权益造成损害的,受害人有依照本法取得国家赔偿的权利"。而2010年修订后的《国家赔偿法》对此作了修改,修订后的《国家赔偿法》第2条规定:"国家机关和国家机关工作人员行使职权,有本法规定的侵犯公民、法人和其他组织合法权益的情形,造成损害的,受害人有依照本法取得国家赔偿的权利。"在文字表述上改变了修订前的《国家赔偿法》第2条"违法行使职权侵犯……"的提法。由此体现出,我国国家赔偿的归责原则已由原来法律规定的单一的违法归责原则,向以违法原则为主,以无过错责任原则或结果责任原则为补充的多元化归责原则体系转变。这样的修改思路反映出立法机关正视实践中存在的关于"违法"归责原则理解之争议,力求在法律修订中,以最为准确和精炼的文字表述体现法律的价值判断。但此种表述方式,如不加以限定,显然存在风险,有可能引发另一种误解,即只要是国家机关和国家机关工作人员行使职权,侵犯公民、法人和其他组织合法权益造成损害的,国家就应予以赔偿。换句话说,如不加以限制,就会产生合法、违法情形造成损害的均要给予国家赔偿的理解。而依照侵权赔偿之一般原理,只有违法或过错情形所致损害才适用赔偿,合法情形导致损害的应适用补偿,如合法的行政征收征用行为造成相对人财产损失的只能适用补偿而不应适用赔偿。修订后的《国家赔偿法》第2条之表述,以"有本法规定的……情形"作为限定,排除了合法行为导致损害的情形。② 根据此,我们认为,行政赔偿的归责原则还是违法原则。一般认为,采用违法原则作为行政赔偿的归责原则,主要是基于下列考虑:(1) 违法原则与《宪法》、《行政复议法》、《行政诉讼法》的规定相协调,与法治原则、依法行政原则所强调的职权法定、依程序行政等要求相一致;(2) 违法原则简单明了,易于接

---

① 参见江必新著:《国家赔偿法原理》,中国人民公安大学出版社1994年版,第115—116页。
② 参见江必新主编:《〈中华人民共和国国家赔偿法〉条文理解与适用》,人民法院出版社2010年版,第46页。

受,可操作性强;(3)违法原则避免了主观过错原则对主观方面认定的困难,便利于受害人及时获得国家赔偿;(4)违法原则以执行职务违法作为承担赔偿责任的前提,排除了对合法行为造成的损害给予赔偿的可能性,有效地区分了行政赔偿和行政补偿两种不同性质的责任形式。

(三)对违法原则的界定

我国国家赔偿法采用的归责原则是违法原则,但违法的含义究竟何指,尚无法律明确规定和解释。学术界的认识也不统一,主要有两种不同的观点:一种观点认为违法是指国家机关和国家机关工作人员行使职权时作出的行为违反法律、法规的规定①,即严格意义上的违法。有学者指出,从我国《行政诉讼法》第54条规定的精神看,违法应指违反严格意义上的法律,这里的法律包括宪法、法律、行政法规与规章、地方性法规与规章以及其他规范性文件和我国承认或参加的国际公约、条约等。违法的种类可以是适用法律法规错误、违反法定程序、超越职权、滥用职权或者不履行或拖延履行法定职责等。违法的形式可以是作为,也可以是不作为,唯不作为必须以存在法定作为义务为前提。② 另一种观点认为违法包含下列含义:违反明确的法律规范,干涉他人权益;违反诚信原则、尊重人权原则及公序良俗原则,干涉他人权益;滥用或超越行使自由裁量权,提供错误信息、错误的指导及许可或批准,造成他人权益损害;没有履行对特定人的法定义务或尽到合理注意。③ 这里所解释的违法即为广义上的违法。我们倾向于第二种观点,认为:(1)这里违法的"法",既包括实体法,也包括程序法;既包括法律、法规和规章以及其他具有普遍约束力的规范性文件,也包括法的基本原则和精神。(2)违法既包括作为行为违法,也包括不作为行为违法;既包括法律行为违法,也包括事实行为违法。只有这样理解,才能最大限度地保护行政相对人的合法权益,才能严格地规范行政机关及其工作人员的行为,才能真正弘扬法治理念和人权保障精神。对"违法"作广义解释的具体理由是:第一,在行政机关的管理活动中,事实行为很多,法律不可能对所有的事实行为进行规定,设立统一的标准。若采用严格的违法概念,将不利于对受害人进行法律保护与救济。第二,目前法制尚不健全,某些领域尚无法可依,若对"违法"理解过严,将会使相当一部分受害人得不到法律救济。④

---

① 肖峋著:《中华人民共和国国家赔偿法的理论与实用指南》,中国民主法制出版社1994年版,第90页。
② 皮纯协、冯军主编:《国家赔偿法释论》,中国法制出版社1996年版,第76页。
③ 应松年主编:《国家赔偿法研究》,法律出版社1995年版,第84页。
④ 参见姜明安主编:《行政法与行政诉讼法》(第二版),北京大学出版社、高等教育出版社2005年版,第655页。

二、构成要件

行政赔偿的构成要件是指行政机关代表国家承担行政赔偿责任所应具备的条件。即只有在符合一定条件的前提下，行政机关才代表国家承担行政赔偿责任。行政赔偿的构成要件与归责原则既有联系又有区别。归责原则是构成要件的前提和基础，它反映了国家赔偿的价值取向，具有普遍指导意义，对国家赔偿的致害行为范围的确定、举证责任的分担以及赔偿程序的设计有很大的决定作用，是判断赔偿责任的"最后界点"。但是，单凭归责原则，是无法全面地判断出行政机关实施的行为是否构成侵权赔偿责任的。"这就需要有较之归责原则更加具体和明确的责任构成要件。"[①]行政赔偿责任的构成要件是归责原则的具体体现，它主要包括主体要件、行为要件、结果要件、因果关系要件等，现就此作些分析：

（一）主体要件

行政赔偿责任的行为主体要件所要解决的是谁的行为引起行政赔偿责任的问题，即行政侵权行为的主体是谁。从民法角度而言，公民、法人及其他组织等民事主体都可以成为侵权行为主体。但在行政赔偿中，侵权行为的主体是有严格限制的，只有国家行政机关及其工作人员、法律法规授权的组织及其工作人员、受行政机关委托的组织（简称受委托组织）或个人才能成为侵权行为的主体，其他公民、法人或其他组织不能成为行政侵权行为的主体。

国家行政机关是指依法享有行政权，进行行政管理活动的各级政府及其所属的部门或机构。具体包括：第一，国务院及其组成部门，包括国务院、国务院的各部、各委员会、中国人民银行和审计署等；第二，国务院的直属机构、办事机构，它们由国务院自行设立，列入国务院编制序列；第三，部委归口的国家局；第四，地方各级人民政府；第五，县级以上地方各级人民政府的工作部门；第六，派出机关及派出机构，前者是一级人民政府的派出机关，如行政公署、区公所和街道办事处；后者是政府工作部门派出的机构，如公安派出所、工商所、税务所等；第七，非常设机构，包括为行政管理的需要而临时成立的机构以及为协调管理而成立的各种办公室、领导小组，此外还包括联合执法机构等。原则上，只要是行政机关，无论是常设机构，还是非常设机构，无论是依法设置，还是违法设置，都可以成为行政侵权行为主体。行政机关作为行政侵权主体还有几个问题需要注意：第一，行政机关内部机构侵权的，视为所属行政机关侵权，因为任何行政机关都负有监督其内部机构的职责，内部机构侵权当然视为该行政机关侵权；第二，各级地方人民政府及其职能部门在没有法律依据的情况下自行设立的行政机构侵

---

① 王利民著：《侵权行为法归责原则研究》，中国政法大学出版社1992年版，第353页。

权的,视为设立该机构的政府或机关侵权;第三,两个以上的行政机关共同行使职权造成损害的,共同致害的行政机关是共同的行政侵权行为主体。

法律、法规授权的组织是指依照法律、法规的授权以自己的名义行使行政管理职能的社会组织,它具有行政主体资格,国家对其行使职权时造成的损害承担赔偿责任。法律、法规授权的组织包括以下几种类型:(1)法律、法规授权的社会公权力组织,如行业协会、基层群众性自治组织、工青妇一类社会团体等;(2)法律、法规授权的国有企事业单位,如烟草专卖公司、盐业公司、电力公司、高等学校、科研院所等;(3)私法人或民办非法人组织,如民营企业、民间社团组织等;(4)行政机关的内设机构、派出机构等。①

受委托组织是指受行政机关的委托行使一定行政职能的非国家行政机关的组织。在我国,委托行政有两种类型:一种是行政机关按照法律、法规的规定在必要时,将自己享有的职权委托有关组织行使;另一种是在没有法律规定情况下将自己的职权委托其他组织行使。在委托行政中受委托组织以委托行政机关的名义行使职权,其行为的后果归属于委托的行政机关。虽然受委托组织的行为后果由委托的行政机关承担,但受委托组织可成为行政侵权行为主体。受委托组织的类型与法律、法规授权组织的类型大致相同。

行政机关工作人员是指任职于国家行政机关,行使国家行政权,执行国家公务的人员,也称为国家公务员。行政机关的侵权行为大多为其工作人员直接所为,因而国家行政机关工作人员作为侵权行为主体是没有疑义的。但关于侵权人员的范围,各国的规定存在较大的差异,有的国家规定较严。例如,在英国,按照英国《王权诉讼法》的规定,实施侵权行为而又由国家承担责任的官员限于以下三种情况:第一,由英国直接或间接任命的官员;第二,依照制定法和普通法规定行使权力而该权力又被视为是国王合法授予的;第三,作为国王仆人或代理人违反普通法义务的。② 对于与国家有临时雇佣关系或委托关系的人能否成为侵权主体没有明确规定。而在另一些国家,如法国、美国,对侵权人员的理解较为广泛,不要求侵权主体具有正式公务员身份或必须是领取国家薪金的雇员,而是以他在客观上是否执行公务为标准,只要是基于法律授权或行政机关委托从事公务者均可成为侵权主体。从我国《国家赔偿法》的有关规定来看,行政侵权人员的范围包括国家行政机关的工作人员、法律法规授权组织的工作人员、受行政机关委托的人员。此外,还应包括事实上执行公务的人员或自愿协助执行公务的人员。

---

① 参见姜明安主编:《行政法与行政诉讼法》(第二版),北京大学出版社、高等教育出版社 2005 年版,第 137 页。
② 马怀德著:《国家赔偿法的理论与实务》,中国法制出版社 1994 年版,第 82 页。

(二) 行为要件

行政赔偿责任的行为要件所要解决的是行政侵权主体的哪些行为可以引起行政赔偿责任的问题,即界定行政侵权主体的行为范围。一般说来,只有行政侵权主体违法行使职权的行为才能引起行政赔偿责任。它包括以下两个方面的内容:

(1) 行政侵权主体的行为必须是执行职务的行为。行政机关及其工作人员执行职务的行为,又可称为行使职权或履行职责的行为,是产生行政赔偿责任的根本条件。没有行政机关及其工作人员执行职务的行为,就不可能产生行政赔偿责任。但如何判断行政机关及其工作人员的行为是执行职务的行为呢?对此,有主观说和客观说两种主张。主观说认为,是否为"执行职务的行为"应以行为人的主观意识为标准来判断。如果行为人在主观上认识到其行为为执行职务,则该行为为执行职务的行为。反之,客观上虽有执行职务的特征,但行为人无执行职务的主观意识,则不构成执行职务的行为。英国和美国倾向于采取主观说,即以雇佣人的意思为判断标准,执行职务的范围也仅限于雇佣人命令受雇人办理的事项范围。在美国,执行职务的活动限于"进行不超出职责界限的活动"。例如,如果雇佣人仅告诉受雇人执行职务的地点,而未告诉其具体前往路线,结果受雇人在途中发生车祸,这种情况就属于执行职务范围。反之,如果雇佣人明确告诉受雇人执行职务的地点及路线,而受雇人却自己另行选择前往路线而致人伤亡,这就不属于执行职务的范围。在英国,执行职务的行为应当是违反对特定人的法定义务或受雇人对雇佣人的义务的行为。例如,在 G. v. G 案中,被告所辖之铁路工友,误认为原告未购买车票而将其拘留,由于铁路对未购买车票的旅客,照例有拘留的习惯,因此,法院认为这种行为属于执行职务。而在 E. v. L 案中,被告的工友误认为原告有盗窃嫌疑而将其逮捕,这种行为则超出了铁路日常的业务范围,因此,法院认为其不属于执行职务。[①] 客观说认为,是否为"执行职务行为"应以行为的外在表现为标准来判断。即从行为的外在表现形式看,只要具有利用职务的形式,便构成执行职务。如执行命令或受委托执行职务的行为、执行职务所必要的行为、客观上足以认为其与执行职务有关的行为等,都属于执行职务的行为。日本、法国、瑞士、德国及我国台湾地区都倾向于采用客观说。在日本,客观说被称为"外界标准理论",也称"外表理论"。按照这种理论,执行职务是指在客观上、外形上可视为社会观念所称的"职务范围",无论行为人的主观意思如何,凡职务行为或与职务有关的行为均属之。法国和瑞士也同样采用了这种外表理论,只要受害人有可信的理由相信国家公务人员是在履行职务,国家就必须负责赔偿。

---

① 曹競辉著:《国家赔偿法之理论与实务》,台湾新文丰出版公司1981年版,第228、229、43页。

在我国,绝大多数学者都主张,在认定执行职务的问题上,应当采取客观说,即一切与执行职务有关的行为,无论是否在自己的业务范围内,是否在自己管辖区内,只要公务员造成损害结果的行为具有行使职权的外在形式,就应认定为公务行为。我们认为,客观说排除了行为人的主观因素,从外观上将侵害行为与执行职务行为联系起来,从而扩大了违法行使职权的领域,更加有利于保护受害人的合法权益。因而,客观说是可取的。对于采取客观说认定执行职务行为,学者们提出了许多具体的标准。如有学者认为,应当以时间、地点、目的、行为方式为标准[①];有学者认为,应当以时间、职责权限、名义、实质意义为标准[②];还有学者认为,判断一个行为是否属于行使职权的行为,不仅应考虑行为的时间、空间及行为时的名义,而且还应考虑侵权行为与职权之间的相互关系,只有将这些条件结合起来考虑,才能够有效地判断某一行为是否属于执行职务的行为。[③]虽然各种区分标准不尽相同,但都倾向于采用多元标准而非单一标准,因为执行职务的行为与非执行职务的行为常常涉及诸多因素,需要综合分析才能定性。具体来说,分析一个行为是否属于执行职务的行为要从以下几个方面着手:

第一,从职责权限出发分析致害行为是否属于执行职务的行为。即看行为人实施的行为是否与其职责有关。行为人实施的行为只有与其职责有关,才能构成执行职务的行为;如果行为人实施的行为与其职责无关,则只能认定是其个人行为,而不构成执行职务的行为。例如,工商管理人员实施的市场管理行为、税务人员实施的征税行为、公安人员实施的治安处罚行为等,即使超越职权,也是执行职务的行为。但是,检察人员管理市场的行为,审判人员的治安处罚行为等,都是与其职责无关的行为,不能构成执行职务的行为。

第二,从实施致害行为时的外在形式进行分析。凡外在形式上具有执行职务行为的特征,可视为执行职务,如某公务员以行政机关的名义实施某管理行为,或通过公务人员的着装、佩带的标志表明其代表行政机关行使职权。如果公务人员以个人名义出现,所实施的致害行为还要结合其他因素,如行为时间、地点等进行分析。

第三,从实施致害行为的时间、地点进行分析。一般来说,公务人员在上班时间和工作地点所为的行为大多为执行职务的行为,如工商管理人员在上班时间对其所管辖的农贸市场巡查,和某个体摊贩发生口角,致人重伤的行为。但也不排除个人行为,如公民甲在国家工作人员乙上班时间内从乙办公室门前路过,

---

① 姜明安:《国家侵权责任的构成》,载罗豪才、应松年主编:《国家赔偿法研究》,中国政法大学出版社1991年版,第41页。
② 张树义著:《行政诉讼实务详解》,中国政法大学出版社1991年版,第44—45页。
③ 参见应松年主编:《国家赔偿法研究》,法律出版社1995年版,第76页。

乙发现甲是自己的情敌，故意向外摔出一墨水瓶，将甲的头打破。① 此外，侵权人不在其工作时间和工作地点内发生的侵权行为也可能属于执行职务行为的范畴。如某公安人员在一旅游景点旅游时发现一在逃犯，在抓获逃犯时，将某游客的贵重物品损坏。

总之，对某一致害行为是否属于执行职务的行为要从各方面予以综合考虑，以力求作出正确的认定。

依客观说的标准，下列行为可认定为属于执行职务的行为：第一，执行职务本身的行为。这类行为的特点是，行为本身属于执行职务行为，如工商机关违法吊销执照，税务机关违法征税等。第二，与执行职务的行为有关联而不可分的行为。这类行为的特点是其本身不是职务行为，但却与职务内容密切相关，如税务人员在征税的过程中殴打纳税义务人的行为，警察刑讯逼供行为等。第三，怠于履行职务的行为。这类行为的特点是，行为人应当执行职务而没有执行职务，即应当作为而不为。前两种行为都属于积极的作为，而怠于履行职务属于消极的不作为。怠于履行职务是执行职务的一种特殊表现形式，以行政机关及其工作人员负有法律上的特定的作为义务为前提。没有特定的作为义务，不能产生怠于履行职务问题。如我国《行政诉讼法》第 11 条规定：公民、法人和其他组织认为符合法定条件申请行政机关颁发许可证和执照，行政机关不予答复的；申请行政机关履行保护人身权、财产权的法定职责，行政机关不予答复的，当事人均可对怠于履行职责的行政机关提起行政诉讼。如果这种不作为行为侵犯了公民、法人和其他组织的合法权益并造成损害，国家应承担赔偿责任。

(2) 执行职务的行为违法。行政机关及其工作人员执行职务的行为是否违法，是确定行政赔偿责任的一个必要条件，也是区分行政赔偿与行政补偿的根本标志。只有行政机关及其工作人员执行职务的行为违法，即违法行使职权或者不依法履行职责，才能产生行政赔偿问题。

(三) 损害结果要件

损害结果要件所要解决的是行政赔偿责任应当以什么样的损害结果为发生条件的问题。确立行政赔偿责任的目的在于对受害人进行赔偿，因此，损害结果的发生是行政赔偿责任产生的必备条件。损害结果是违法行使职权的客观后果，但不是必然结果。只有违法行使职权行为，而没有损害结果，也不会产生行政赔偿责任。

从各国国家赔偿法的立法及实务来看，所谓的损害与民法中的损害并无什么差别，是指行为人对他人合法权益所造成的不利后果。在行政赔偿中，损害结

---

① 姜明安：《国家侵权责任的构成》，载罗豪才、应松年主编：《国家赔偿法研究》，中国政法大学出版社 1991 年版，第 41 页。

果具有如下特点:第一,它仅限于公民、法人和其他组织人身权、财产权等合法权益造成的损害,而不包括对公民、法人和其他组织的其他权利,如政治权利的损害。第二,损害必须具有现实性和确定性。即损害必须是已经发生、确实存在的,凡虚构的、主观臆想的损害都不引起损害赔偿。至于将来可能发生的损害是否具有现实性和确定性,各国有不同理解,大多数国家采用司法判例对其进行界定。如有的国家将未来发生的损害区分为确定性的损害和非确定性的损害,前者指受害人有充分证据证明利益的获得已经确定,或者将来的损害是可以立即估价的或可以作出评估的;后者指受害人没有充分理由证明其利益的获得已经确定,或者将来的损害目前无法作出评估。对于确定性损害予以赔偿,对于非确定性损害不予赔偿。如一演员乘车去剧场演出,途中被警察错误拘留,警察局不仅应按日赔偿其一定损害,还要赔偿该演员与组织演出单位预定的演出报酬。①在我国,依照《国家赔偿法》的规定,对于将来可能发生的损害一般不予赔偿。第三,损害不限于财产损害,还包括精神损害。财产损害是指财产利益的减少、丧失,其具体表现为财产的灭失、支出、损坏、收益的减少等,这是行政赔偿的主要对象。根据我国《国家赔偿法》的规定,违法实施罚款、吊销许可证和执照、责令停产停业、没收财物等行政处罚;违法对财产采取查封、扣押、冻结、追缴等强制措施;违法征收、征用财产的等,都会造成财产损害。此外,侵害人身权也会造成财产损害,如医疗费的支出、工资的丧失等。当然,财产损害中只有直接的损失才引起行政赔偿,对间接损失不予赔偿。精神损害是指非财产利益的减少、丧失。这里的非财产利益即精神利益,包括名誉、荣誉、姓名、肖像利益等。精神损害是因人格权受侵害而引起的,表现为精神上的痛苦、心灵上的创伤、神经损失等。精神损害与财产损害的区别在于受损害的利益不同,因而恢复受损害的利益的方式也有不同。即对财产损害须承担财产责任,而对精神损害一般须承担非财产责任,如为受害人消除影响、恢复名誉、赔礼道歉,但造成严重后果的,应当支付相应的精神损害抚慰金。第四,损害的必须是合法权益,非法利益不受法律保护,不引起行政赔偿责任。如违章建筑、非法所得、不当得利等,一般不受法律保护。

(四)因果关系要件

行政赔偿责任中的因果关系要件所要解决的是行政机关及其工作人员违法行使职权的行为与受害人的损害之间是否存在因果关系的问题。因果关系是哲学上的范畴,是指客观事物之间的前因后果的关联性。若一个现象的出现,是由另一现象的存在所引起的,则两者之间具有前因后果的关联性,即为有因果关系。行政赔偿责任中的因果关系是解决违法行为与损害结果之间的关系问题,

---

① 江必新著:《国家赔偿法原理》,中国人民公安大学出版社1994年版,第132页。

即受害人的损害结果是否为行政机关及其工作人员违法行使职权的行为所造成的。如果它们之间存在因果关系,则国家应对受害人的损害负责赔偿;反之,国家则没有赔偿的义务。所以,因果关系是连结责任主体与损害的纽带,是责任主体对损害承担赔偿责任的基础。

  因果关系的存在与否及宽严程度,直接影响到受害人的合法权益的救济范围。所以,理论上对因果关系的认定,存在着许多不同的学说,如条件说、原因说、相当因果说、必然因果关系说、直接因果关系说等。在民法上,目前理论和实务上的通说是必然因果关系说,但相当因果关系说似乎更具有说服力,因而越来越受到理论界和实践界的重视。① 在国家赔偿法中,有人主张必然因果关系说,认为因果关系是一个十分复杂的问题,有两个原因产生一个结果的,也有一个原因产生数个结果的,有的原因是决定性原因,有的是辅助性条件,等等。如果对这个十分复杂的问题确立一个比较合适的学说来识别,也许就是必然因果关系说,即行为与结果之间的联系应当是必然的联系。此结果必然是某行为而不是其他行为造成的。反之,如果有了这一行为,就必然产生此结果。在行为与结果之间如果没有这种紧密的联系,因果关系就不可能存在。② 也有学者主张直接因果关系说,认为国家赔偿责任中的因果关系应当是客观、恰当、符合理性的,而不是机械随意的。作为原因的现象,不仅在时间顺序上应出现在成为结果的现象之前,而且还必须起着引起和决定结果发生的作用。只有与损害结果有直接联系的原因,才是赔偿责任因果关系中的原因。当然,直接的原因不一定就是损害的最近的原因,而是损害产生的正常原因和决定性原因。③ 尽管在理论上对行政赔偿责任中的因果关系存有不同的意见,但最具代表性的学说是直接因果关系说。所谓直接因果关系是指行为与结果之间有着逻辑上的直接的关系,其中行为并不要求是结果的必然或根本原因,而仅仅是导致结果发生的一个较近的原因。至于其间关联性的紧密程度,则完全要依靠法官根据具体案件的情况来决定。④ 近年来,西方国家在实务中也逐渐放松了对因果关系的要求,而倾向于采取直接因果关系理论。法国行政司法判例认为,因果关系应是行为和结果有直接的因果关系,或者说,有恰当的因果关系。例如,由于车辆不按规定随意停车,造成交通特别拥挤,致使救护车无法及时赶到得重病的居民处,导致该居民死亡,法国行政法院认为居民的死亡与交通管理不善之间存在着直接因果关

---

  ① 参见房绍坤、丁乐超、苗生明著:《国家赔偿法原理与实务》,北京大学出版社1998年版,第84—85页。
  ② 肖峋著:《中华人民共和国国家赔偿法理论与实务指南》,中国民主法制出版社1994年版,第118—119页。
  ③ 应松年主编:《国家赔偿法研究》,法律出版社1995年版,第89页。
  ④ 皮纯协、冯军主编:《国家赔偿法释论》,中国法制出版社1996年版,第86页。

系,因此,交通部门对此应负赔偿责任。在美国,行为与结果之间是否有因果关系则用两个条件衡量,一是因果之间具有逻辑关系;二是因果之间具有直接关联性,依据人的经验和正常理解,行为与结果之间有牵连。英国实务中也不乏适用直接因果关系的判例。例如,Read v. Groydon Corporation 案中,原告由于饮用了受污染的水而得了伤寒,因此,他向法院起诉,要求供应自来水的部门负赔偿责任,法院准许了他的要求。在该案中,被告未能提供洁净用水的行为只是导致原告生病的一个直接原因或主要原因,而非必然原因。[①]

我们认为,与一般的民事侵权行为相比,行政侵权行为更为复杂,具体表现在:第一,行政侵权行为有时与民事侵权行为甚至与犯罪行为交织在一起。例如,某公民进城卖西瓜被人哄抢,请求公安机关予以保护,公安机关不予理睬,西瓜被哄抢造成损失,这里既存在哄抢人的违法侵权行为,也存在公安机关不履行保护公民财产权的法定职责的行为。第二,行政侵权行为对公民合法权益造成的损害有时是间接的,而不是直接的。例如,某乡政府批准了公民甲的建房申请,但甲的房屋被规划部门以违章建筑为由强制拆除,如果规划部门的强制拆除决定合法,则拆房所造成的损失虽与乡政府的批准建房行为不存在直接联系,但存在间接联系,可以认定乡政府的批准建房行为是造成损失的原因。第三,行政侵权行为有时与行政机关及其工作人员不履行法定职责联系在一起。这里的法定职责指法律明确规定的义务或可以推定的义务。如警察发现有人殴打他人而不予制止,即为不履行法定职责,因为保护公民人身权、财产权是警察的法定职责。

针对行政侵权行为的特殊性和复杂性,在认定行政赔偿责任中的因果关系时,很难用一个固定理论加以解决,而应综合各种方法确定因果关系的存在与否。对不同的情况,可采用不同的标准来判断违法行为与损害结果之间是否存在因果关系。当损害结果仅与行政侵权行为相联系时,可运用民法上的因果关系理论进行分析,如某警察侮辱某公民甲,公民甲一气之下心脏病复发致死。这里死亡的原因,按照相当因果关系理论,只能是公民甲患有心脏病而非该警察的侮辱行为,当然侮辱行为是引起心脏病复发的原因,公安机关也要承担部分赔偿责任。当损害结果与行政侵权行为、民事侵权行为以及犯罪行为等多种因素相联系时,要结合行政侵权行为主体的法定职责进行分析。只要行政侵权行为与损害结果之间有间接的关联性,即可认为行政侵权行为与损害结果之间存在因果关系。当受害人不能从直接侵害人那里得到赔偿时,可请求行政赔偿。例如,当一幢大楼失火时,主人向消防机关报告并要求及时灭火,如消防机关故意拖延以致酿成火灾,那么受害人可先向失火责任人求偿,如果得不到赔偿,则可向消

---

① 转引自皮纯协、冯军主编:《国家赔偿法释论》,中国法制出版社 1996 年版,第 85—86 页。

防机关请求赔偿。这里消防机关拖延救火的行为虽不是损害的直接原因,但是一种不履行职责的行为,且与损害有间接联系,因而可认为与损害结果之间存在因果关系。

本章需要继续探讨的问题

违法原则的局限性与弥补

尽管违法原则具有其相对的优势和合理性,但我国《国家赔偿法》实施多年来的实践表明,单一的违法原则已暴露出其自身的缺陷和不足,这主要表现为[①]:

(1)《国家赔偿法》将违法原则作为归责原则,原意是要便于受害人获得赔偿。但实践表明,违法原则过于严格地限制了受害人获得赔偿的条件,反而使受害人难以获得国家赔偿。违法原则侧重于对行政机关行为的法律评价,而不侧重于对公民、法人及其他组织是否受到损失以及这种损失是否应当由他承担的考虑,违法原则把归责原则定位于对造成损失行为的评价上,结果就使一些无辜受到损失的人得不到应有的补救,缩小了国家赔偿的范围,无端增加了受害人获得赔偿的难度,使赔偿责任变成了评价责任和追究责任。另外,违法原则在实践中经常被狭义地理解为《行政诉讼法》第54条规定的违法形式,即主要证据不足、适用法律法规错误、违反法定程序、不履行或拖延履行法定职责、超越职权或滥用职权等。但《行政诉讼法》第54条规定的违法标准,只是司法审查的标准,是法院在判断行政行为是否应当维持、撤销或变更时适用的标准。这些标准的范围和程度,都服从于司法机关可监督、审查行政的范围和程度,服从于司法机关处理被审查行为的法律效力这个最终目的。所以,司法审查标准在范围上要小于实体法对行政行为的要求,在程度上要高于实体法对行政行为的要求。

(2)违法原则不能排除行政机关工作人员在损害行为中的过错。从理论上讲,对行政机关行为的合法性要求,是最基本的也是最起码的要求,但并不是全部要求。从各国行政法及其原则上看,行政机关及其工作人员行使职权的行为,不仅仅要合法,而且还必须正当、合理,不得违背公平正义原则。法律赋予了行政机关较大的自由裁量权,行政机关工作人员在合法的范围内和形式下,完全可能出现懈怠、漫不经心、漠不关心、加重损害等。也就是说行政机关工作人员在合法的形式下,是有可能存在故意或过失的。这种过错,同样为法的原则和精神所不容,同样会给公民、法人或其他组织的合法权益造成损害。而违法原则不可

[①] 参见应松年、杨小君:《国家赔偿若干理论与实践问题》,载《中国法学》2005年第1期。

能概括过错的范围,使得相当一部分应当赔偿的事项被不合理地排除在外。

（3）行政事实行为和一些柔性行政行为造成的损害赔偿,不能完全适用违法原则。有些事实行为,法律可能有规定,因而也就有是否违法的归责问题;但是,更多的事实行为,法律本身没有规定,或者是它并没有违反法律的规定,但却是不适当、不应当采取的,或者是有过错的。例如,行政机关工作人员在执法过程中由于不注意,将当事人的贵重物品损坏。再如,行政机关发布错误的信息或进行错误的指导导致相对人损害。还有行政合同行为造成的损害,等等。这些行为引起的国家赔偿,都不仅仅是一个违法原则所能概括的。

可见,行政赔偿范围内的事项,是类别众多、特征各异的,用单一的违法原则来概括全部的归责标准,既不客观,也不全面。

为了弥补违法原则的缺陷,可以考虑在行政赔偿中,根据不同类别的赔偿事项,分别设计出相应的归责原则,由这些原则构成一个归责原则体系,在这个体系中,既有违法原则,又有过错原则,还有无过错原则等。其各自的适用范围是:第一,违法原则。违法原则适用于具体行政行为、抽象行政行为和部分有法律规定的事实行为等。这里的违法的形式和标准,不能仅仅理解为《行政诉讼法》第54条所规定的违法形式和标准,而应理解为广义上的违法,即既包括违反法律规范的明确规定,也包括违反法律规范的原则、精神和目的等。第二,过错原则。过错原则可以适用于行政机关的职权行为、相关的事实行为和柔性行政行为(如行政合同行为)等。在违法原则之外,增加过错原则,这表明,一方面用违法原则来规范行政机关及其工作人员的行为,如果有违法行为造成损害的,应当赔偿;另一方面又用过错原则来规范行政机关及其工作人员的行为,如果有过错行为造成损害的,也应当赔偿。这种双重标准分别运用,可以弥补违法原则的不足,增加了对行政机关工作人员执法主观因素的要求,加大了国家的赔偿责任,更有利于受害人获得赔偿。第三,无过错原则。如果将公有公共设施的设置或管理瑕疵造成的损害纳入国家赔偿范围的话,则无过错原则就可以适用于此种损害的赔偿之中。只要是因为公有公共设施的设置或管理而出现了相应的损害结果,不问设置者或管理者是否存在主观过错,也不论其设置或管理行为是否违法,除非有法定的免责事由,否则,国家就应当对此承担赔偿责任。

第九章 行政赔偿的范围

内容提要

行政赔偿范围,是指国家对行政机关及其工作人员违法行使行政职权侵犯公民、法人和其他组织的合法权益,造成损害时给予赔偿的范围。行政赔偿范围的立法方式有概括式、列举式和混合式三种类型,我国《国家赔偿法》规定行政赔偿范围时,吸收了世界各国国家赔偿立法的优点,结合我国国情,采取了概括式与列举式相结合的立法方式,贯彻了保护人身权、财产权,以及职务行为和与职务相关的事实行为相结合的原则,并对侵害人身权的赔偿范围、侵害财产权的赔偿范围及行政赔偿的免责范围作了具体规定。

关键词

行政赔偿范围　行政赔偿范围的确立方式　行政赔偿范围的立法方式　侵害人身权的赔偿范围　侵害财产权的赔偿范围　行政赔偿的免责范围

第一节　行政赔偿范围概述

一、行政赔偿范围的含义

行政赔偿范围,是指国家对行政机关及其工作人员违法行使行政职权侵犯公民、法人和其他组织的合法权益,并造成损害的给予赔偿的范围。行政赔偿范围是国家行政赔偿制度的核心问题。它涉及国家在多大范围内为行政机关及其工作人员行使职权的行为承担赔偿责任,赔偿是全部的抑或是部分的,精神损害是否赔偿,受害人可以就哪些事项提出行政赔偿请求等。行政赔偿范围包含以下几层意思:

(1)行政赔偿范围,是决定受害人行使行政赔偿请求权的范围,这个范围标志着受害人享有行政赔偿请求权和法律给予行政赔偿救济的界限。如果法律规定行政机关及其工作人员的某些侵权损害行为,国家对此必须承担行政赔偿责任,则受害人享有赔偿请求权,可以请求国家给予行政赔偿,任何组织或个人都不得限制或剥夺受害人的这种权利。

(2)行政赔偿范围,是赔偿义务机关履行赔偿义务的范围。这个范围标志着行政机关履行行政赔偿义务的界限。如果法律规定行政机关及其工作人员的某些行为为行政侵权行为,国家必须对此承担行政赔偿责任,则当受害人提出合法的赔偿请求时,行政赔偿义务机关就必须代表国家对受害人履行行政赔偿义务,给予行政赔偿,而不得拒绝或推诿。

(3) 行政赔偿范围,是人民法院对行政赔偿案件行使审判权的范围,这个范围标志着人民法院行政赔偿审判权的界限。在法律规定的行政赔偿范围内,受害人对行政赔偿义务机关就赔偿问题作出的决定不服,可以提起诉讼,则当行政赔偿纠纷合法地诉诸法院,法院就必须受理,并依法进行审判,对受害人受损害的权益实施司法救济。

(4) 行政赔偿范围在内容上包括:第一,国家对哪些行政侵权行为造成的损害进行赔偿;第二,国家对行政侵权行为损害的哪些合法权益进行赔偿;第三,国家对行政侵权行为造成的哪些损害进行赔偿。①

二、行政赔偿范围的确定方式与立法方式

行政赔偿范围的确定方式有三种:一是通过判例确定,如法国;二是通过成文法的规定设定,如韩国、日本;三是既有成文法的规定,又有判例的确认,如美国、英国。② 我国行政赔偿范围的确定方式是通过成文法规定。我国1994年颁布的《国家赔偿法》对行政赔偿的范围作了规定。

就采用成文法的方式规定行政赔偿的范围来讲,又有三种立法类型:

第一种是概括式。概括式,是指国家赔偿法对于行政赔偿范围采取概括规定的方式,不具体列举赔偿事项。这种立法例所规定的赔偿范围很广,凡是符合国家赔偿法规定的行政赔偿事项,都可以要求赔偿。日本等国的国家赔偿法采取概括式规定,如日本《国家赔偿法》第1条第1款规定,行使国家或公共团体公权力的公务员,就其执行职务,因故意或过失不法加害于他人者,国家或公共团体对此应负赔偿责任。第2条第1款规定,因道路、河川或其他公共营造物之设置或管理瑕疵,致使他人受损害时,国家或公共团体对此应负赔偿责任。

第二种是列举式。列举式,是指国家赔偿法对于行政赔偿范围采取列举规定的方式,具体列举出行政赔偿的事项。凡是没有列举的事项,不在行政赔偿范围之内。

第三种是混合式。混合式,是采取列举与概括并用的方式规定行政赔偿的范围。即在国家赔偿法规定行政赔偿范围时,既有列举性条文的详细规定,又有概括性的条款。这是世界上大多数国家采用的方式。如美国、英国、瑞士等国家

---

① 参见薛刚凌主编:《国家赔偿法教程》,中国政法大学出版社1997年版,第146—147页。
② 参见姜明安主编:《行政法与行政诉讼法》(第二版),北京大学出版社、高等教育出版社2005年版,第663—664页。

都采用这种立法方式。

以上三种立法类型中,第一种类型规定的赔偿范围过广。由于法律没有规定具体的赔偿事项,所以,关于行政赔偿范围的事项,完全要依靠从概括性条文中提炼出来的责任构成要件来衡量。就是说,对于具体案件中的行政行为,只要不属于赔偿责任的例外,且符合责任构成要件,就属于赔偿事项范围。第二种类型规定的赔偿范围不够全面,采取列举式规定赔偿范围,很难穷尽赔偿事项。第三种类型规定的赔偿范围既较为明确,又较为全面,不至于"挂一漏万"。

我国《国家赔偿法》规定行政赔偿范围时,吸收了世界各国国家赔偿立法的优点,结合我国国情,采取了概括式与列举式相结合的立法方式。《国家赔偿法》第2条采取概括式规定了行政赔偿范围;第3条和第4条则采取列举式规定了行政赔偿事项;同时,《国家赔偿法》第5条对国家不承担行政赔偿责任的事项也作了列举式规定。这样做,既吸收了概括式避免"挂一漏万"的长处,又兼顾了列举式较为明确具体的优点,是一种较好的立法选择。

三、行政赔偿范围的确定原则

行政赔偿的范围究竟应该定多大,各国规定不尽一致。这是因为行政赔偿范围不仅要保护行政相对人的合法权益,而且要考虑公共利益和社会安全,且社会经济发展的水平和立法时的政治、经济形势也必然会对行政赔偿的范围带来影响。因此,行政赔偿范围的确定,并非是立法者主观臆断的选择,往往受到一国的政治体制、理论因素及国家财力的制约。同时,与一国对公民权利的重视程度及对公共行政范围的界定密切相关。此外,还受到一国的法律文化传统的影响。在我国,行政赔偿制度从无到有,在逐步走向完善,行政赔偿的范围也在逐步扩大。1989年出台的《行政诉讼法》专章规定了行政侵权赔偿责任,规定了如果行政机关及其工作人员的具体行政行为违法侵犯了行政相对人的合法权益,并造成了损害,行政相对人有权请求赔偿。1994年出台、2010年修订的《国家赔偿法》第二章第一节对行政赔偿范围作了专门规定,对行政相对人请求行政赔偿的范围有所扩大:一是增加了行政相对人对违法的事实行为有权请求赔偿;二是行政机关的终局裁决被纠正后,受害人享有行政赔偿请求权。根据我国《国家赔偿法》的规定,可赔偿的侵权行为是行政机关及其工作人员违法行使职权的行为,可赔偿的损害则是公民、法人和其他组织的合法权益。我国《国家赔偿法》第3条至第5条列举性地规定了可赔偿的侵权行为范围和排除行政赔偿责任的侵权行为范围。[①] 从我国《国家赔偿法》的规定看,行政赔偿范围的确定贯彻了下列两项原则:

---

① 参见房绍坤、毕可志编著:《国家赔偿法学》,北京大学出版社2004年版,第131—132页。

(1) 限于保护人身权、财产权的原则。行政赔偿是一种有限的赔偿,行政赔偿的范围受到一定的限制。从《国家赔偿法》第 3 条和第 4 条的规定看,行政赔偿限于行政机关及其工作人员违法行使职权侵犯行政相对人的"人身权"和"财产权"的赔偿,不包括对侵犯其他权利如劳动权、受教育权和政治权利等的赔偿。对侵犯其他权利的行为,适用其他有关途径解决。从这一点上说,行政赔偿的范围比行政诉讼的受案范围要小得多。因为,行政诉讼的受案范围除了涉及人身权与财产权的具体行政行为外,还受理法律、法规规定可以提起行政诉讼的其他行为。

(2) 职务行为及与职务相关的事实行为相结合的原则。根据《国家赔偿法》的规定,行政赔偿的范围不仅包括行政职务行为,而且还包括与职务相关的事实行为。关于后者,根据最高人民法院《关于审理行政赔偿案件若干问题的规定》第 1 条的解释,主要是指"与行政机关及其工作人员行使行政职权有关的,给公民、法人或者其他组织造成损害的,违反行政职责的行为"。从这一点上讲,《国家赔偿法》所设置的行政赔偿范围比行政诉讼的受案范围要大得多。因为,行政诉讼的受案范围只限于具体行政行为(行政职务行为),而《国家赔偿法》所规定的行政赔偿范围,除行政职务行为外,还包括与行政职务相关的事实行为,如殴打等暴力行为。①

第二节 侵害人身权的赔偿范围

人身权作为法学用语具有多方面的含义,它既可以指人身权利,又可指人身制度,有时还可指人身权法律关系。就其人身权利含义讲,它的范围比较广泛,凡是与公民的人身或者法人组织体紧密联系在一起而又无直接财产内容的权利,均可称为人身权利。在我国民法学中,人身权是指民事主体依法享有的与其人身不可分离而无直接财产内容的民事权利,它是同财产权相对称的一个类概念,可分为人格权和身份权两部分。前者是以权利人自身的人身、人格利益为客体的民事权利,包括生命健康权、身体权、自由权、姓名权、名誉权、肖像权、荣誉权、名称权、生活秘密权等;后者是存在于一定身份关系上的权利,权利客体为特定身份关系的对方当事人,包括监护权、亲权、夫权、父权等。②

从我国《国家赔偿法》的规定来看,纳入国家行政赔偿范围的人身权损害,主要是人身权中两项最基本、最重要的权利,即人身自由权损害和生命健康权损害。

---

① 参见胡建淼著:《行政法学》,法律出版社 1998 年版,第 536—537 页。
② 参见彭万林主编:《民法学》,中国政法大学出版社 1997 年版,第 139—140 页。

一、人身自由权损害的赔偿

人身自由权损害,根据我国《国家赔偿法》的规定,主要包括以下几类:

(1) 违法拘留。

拘留有行政拘留、司法拘留和刑事拘留之分。行政赔偿中所说的拘留仅指行政拘留,也称治安拘留。行政拘留是法定的国家行政机关对违反行政法规范的公民,在短期内限制或者剥夺其人身自由的一种行政处罚。

行政拘留是行政处罚中较为严厉的一种。我国法律对行政拘留的对象、实施拘留的行政机关资格、拘留的条件、拘留的程序以及拘留的期限等都作了严格的规定,行政机关必须严格依法进行。《行政处罚法》第15条规定:"行政处罚由具有行政处罚权的行政机关在法定职权范围内实施。"第16条规定:"国务院或者经国务院授权的省、自治区、直辖市人民政府可以决定一个行政机关行使有关行政机关的行政处罚权,但限制人身自由的行政处罚只能由公安机关行使。"可见,享有行政拘留权的机关只能是公安机关。根据《治安管理处罚法》的规定,"治安管理处罚由县级以上人民政府公安机关决定;其中警告、500元以下罚款可以由公安派出所决定"。公安派出所没有行政拘留决定权。同时,《治安管理处罚法》对行政拘留的期限、适用行政拘留的事项、行政拘留的程序等都作了明确规定。如果行政机关对公民实施行政拘留时违反法律规定,包括实体违法和程序违法,则构成违法拘留,受害人有权要求国家给予行政赔偿。

在实践中,违法拘留主要有以下情形:其一,处罚的主体不合格。依据我国相关法律规定,行政拘留只能由公安机关实施。非公安机关实施行政拘留,或公安派出所以自己的名义实施行政拘留,都是违法拘留。其二,错误拘留。对于没有实施或者没有证据证明实施违法行为的人实施行政拘留,属于错误拘留,构成违法拘留。其三,适用对象错误。行政机关只有对依法可以给予行政拘留的违法行为人才能实施行政拘留。否则,即是适用对象错误,属于违法拘留。其四,超期拘留。根据《治安管理处罚法》的规定,行政拘留的期限为1至15日,有两种以上违反治安管理行为的,分别决定,合并执行。行政拘留合并执行的,最长不超过20日。超过法定期的拘留,属于违法拘留。

(2) 违法采取限制人身自由的行政强制措施。

行政强制措施,是指行政机关为实现一定行政目的而采取的强制性手段,包括限制人身自由的强制措施和限制财产流通的强制措施。关于限制人身自由的行政强制措施,情况比较复杂,种类也很多,如强制治疗、强制戒毒、强制传唤、强制扣留、限期出境、驱逐出境、强制约束、强制遣送、强制隔离等。

任何一种行政强制措施的运用都会给行政相对人的权益产生一定的影响。根据行政法治原则的要求,行政强制措施的实施应当严格依法进行,即便是享有行政强制措施权的行政机关,也应当在法定的采取强制措施的情形出现以后,才可采取行政强制措施,并要遵循法定的程序。违法采取行政强制措施侵犯公民人身自由权造成损害的,国家应当承担行政赔偿责任。

(3) 非法拘禁或者以其他方法非法剥夺公民人身自由。

这类行为是指无权采取行政拘留或限制公民人身自由的行政强制措施的行政机关及其工作人员超越职权,采取拘留、扣留、禁闭、隔离、关押等方法剥夺公民人身自由的行为。如税务机关工作人员对拒不纳税的个体户予以拘禁,以迫使其履行纳税义务。行政机关的职权来源于法律、法规的授予。行政机关行使职权的范围,尤其是限制公民人身自由的权力,受到法律的严格限制,如果法律没有明确授予某一行政机关行使限制人身自由的权力,该行政机关就无权限制公民的人身自由,否则,即为非法拘禁。非法拘禁行为,只要是因为行使行政职权而引起的,或者与行使职权有关,由此造成的损害就应当由国家承担行政赔偿责任。

二、生命健康权损害的赔偿

生命健康权损害,是指对人的生命的剥夺和身体健康的损害。生命健康权是人的固有权利,是最基本的人权。以暴力侵犯他人的生命和健康为世界各国的法律所禁止。国际社会为促进对人身和基本自由的普遍尊重,制定了《禁止酷刑和其他残忍不人道或者有辱人格的待遇或处罚公约》。我国于1988年9月5日经全国人大常委会批准加入了这一公约。根据该公约,公职人员或以官方身份行使职权的其他人,非因法律制裁,蓄意使公民在肉体上或精神上遭受剧烈痛苦的行为,都应受到禁止,受害人享有获得公平和足够赔偿的权利。我国政府加入的条约构成我国法律的一部分。我国《国家赔偿法》与上述条约的规定相协调,是我国政府保障人权的一部重要法律。根据《国家赔偿法》的规定,纳入国家行政赔偿范围的生命健康权的损害有三项:

(1) 以殴打、虐待等行为或者唆使、放纵他人以殴打、虐待等行为造成公民身体伤害或者死亡的。

以殴打、虐待等行为或者唆使、放纵他人以殴打、虐待等行为造成公民身体伤害或者死亡的,是指行政机关工作人员在行使行政职权时运用殴打、虐待等手段所实施的或者唆使、放纵他人运用殴打、虐待等手段所实施的侵犯公民人身权并造成生命健康损害的违法行为。殴打、虐待等行为,可以是行政机关工作人员自己实施的,也可以是行政机关工作人员唆使、放纵他人实施的。行政机关工作人员在执行职务期间以殴打、虐待等方式伤害公民的行为,国家是否应承担赔偿责任?对此,国外有两种不同的观点:第一种观点认为,公务员执行职务期间殴打、虐待等伤害行为属于个人过错行为,由公务员承担赔偿责任,如美国、新西兰的法律和法国早期判例都持这种主张;第二种观点认为,公务员执行职务期间的殴打、虐待等行为属于兼有个人过错与公务过错的合并责任行为,公务员之所以能够侵害相对人的合法权益,是因为执行公务为其提供了机会,同时也表明国家疏于监督是造成损害的原因。因此,国家应当独立承担责任或者与公务员承担连带责任。① 从本质上讲,殴打、虐待等行为不是一种职权行为。对于此行为,法律赋予公民自卫权。但是,当加害人是行政机关工作人员时,受害人往往因难以及时判断出加害人是以什么身份实施暴力或虐待行为而不敢行使自卫权。损害发生后,加害人若被开除公职或判处刑罚,受害人就很难从加害人那里取得赔偿。因此,我国《国家赔偿法》将这类行为造成的损害列入行政赔偿的范围。只要这些行为发生在行政机关及其工作人员行使职权的过程中,与行使职权有关,无论是作为行使行政职权的一种手段,还是假借行使行政职权的名义实施的,或者是在行使职权的时间或场所实施的,都应当由国家承担赔偿责任。

(2) 违法使用武器、警械造成公民身体伤害或者死亡的。

武器,是指有关行政机关按照规定装备的枪支、弹药等致命性器械。警械,是指公安等行政机关的工作人员按照规定装备的警棍、催泪弹、高压水枪、特种防暴枪、手铐、脚镣、警绳等警用器械。为了保障行政机关依法履行职责,及时有效地制止违法犯罪行为,维护公共安全和社会秩序,保护公民的人身安全和公私财产不受侵犯,法律有必要赋予某些行政机关工作人员佩带和使用武器、警械的权力。同时,为了保护公民的人身权不受行政机关工作人员的非法侵犯,法律、法规对可以佩带、使用武器、警械的机关的工作人员作了规定,并对其在何种情况下可以使用武器、警械作了严格限制,即其在使用武器、警械时,也应当以制止违法犯罪行为为限;当违法犯罪行为得到制止时,应当立即停止使用。

行政机关工作人员违法使用武器、警械的情形主要包括以下几种:第一,依法不应有武器、警械配备权的行政机关给其所属工作人员配备武器、警械,该工作人员在行使职权过程中使用的;第二,不应佩带武器、警械的行政机关工作人员私自携带武器、警械并在行使职权的过程中使用的;第三,依法佩带武器、警械的行政机关工作人员违反法律、法规的规定,在不应该使用武器、警械的情形、场合下使用,或者使用武器、警械程度与被管理者的行为不相应,等等。凡是行政机关工作人员在行使职权过程中违法使用武器、警械造成公民身体伤害或死亡的,国家就应承担赔偿责任。

(3) 造成公民身体伤害或者死亡的其他违法行为。

《国家赔偿法》第 3 条第 5 项规定,行政机关及其工作人员行使行政职权过程中造成公民身体伤害或者死亡的其他违法行为,国家承担行政赔偿责任。可

---

① 转引自房绍坤、毕可志编著:《国家赔偿法学》,北京大学出版社 2004 年版,第 142 页。

是,法律并没有明确规定哪些属于"其他行为"。最高人民法院《关于审理行政赔偿案件若干问题的规定》第 1 条规定:"《国家赔偿法》第 3 条、第 4 条规定的其他违法行为,包括具体行政行为和与行政机关及其工作人员行使行政职权有关的,给公民、法人或其他组织造成损害的,违反行政职责的行为。"违反行政职责的行为究竟包括哪些行为,需要根据实际情况作具体分析。

《国家赔偿法》第 3 条第 5 项规定属于概括性规定,是对前四项列举不完全的侵犯人身权的违法行为进行的兜底规定。前四项分别从不同角度列举了行政机关及其工作人员在行使职权时,违法侵犯公民人身权造成损害的行为。但由于行政机关及其工作人员在行使职权中对公民人身权造成损害的情况是多种多样的,法律不可能都一一列举出来。上面列举的四个方面,还不足以概括出行政机关及其工作人员违法行使职权,侵害公民人身权的全部情况。所以,法律规定"造成公民人身权伤害或死亡的其他违法行为",国家也要承担赔偿责任,这就避免了"挂一漏万"的现象。从这一项概括性规定可以看出,凡是行政机关及其工作人员违法行使行政职权,侵犯公民人身权造成其身体伤害或者死亡的,国家都要承担赔偿责任,除非法律有例外规定。

第三节 侵害财产权的赔偿范围

财产权是指公民、法人和其他组织对财产的占有、使用、收益和处分的权利,是权利主体对财产的实际控制,对财产进行事实上的利用,收取财产所产生的某种利益。财产权也是公民的一项基本权利。它是人们得以生存和发展的基本条件,受国家宪法和法律的保护。我国宪法规定,国家保护公民的合法收入、储蓄、房屋和其他合法财产的所有权。财产权的客体是财产,存在于财产之中和财产之上的全部权利包括占有权、使用权、出借权、转让权以及其他与财产有关的权利等,都属于财产权范畴。我国《国家赔偿法》规定了侵害财产权的赔偿范围。

一、违法实施罚款、吊销许可证或执照、责令停产停业、没收财物等行政处罚的

行政处罚是指国家行政机关对违反行政法规范但尚未构成犯罪的公民、法人和其他组织予以制裁的行政行为。它是国家法律制裁体系中的一个重要组成部分,是国家进行社会控制的强制性保障手段之一。通过行政处罚而剥夺或者限制违法行为人的一定权利或利益,使其人身权或财产权受到一定的损失,从而达到预防和制止违法行为的目的。

按照不同的标准,可以对行政处罚作不同的分类。按照行政处罚的内容不同,可以分为剥夺权利的行政处罚和科处义务的行政处罚;按照行政处罚的适用对象不同,可以分为:人身自由罚、财产罚、行为罚和声誉罚。在行政处罚中,与财产权有关的是财产罚和行为罚。

1. 财产罚造成损害的赔偿

财产罚是指国家行政机关或法律、法规授权的组织依法强制违反行政法规范的相对人向国家交纳一定数额的金钱或实物,而剥夺其财产权的一种制裁方式。它是行政机关运用得最广泛的一种行政处罚,主要有罚款、没收违法所得和没收非法财物等。其特点是对违法行为人处以经济上的制裁,迫使其履行金钱或实物给付义务,教育其今后不再违法。财产罚既能达到惩戒违法行为人的目的,又不影响行为人的人身自由,是制裁行政违法行为人的较好方式。但是,如果行政机关及其工作人员违法实施的财产罚,对公民、法人和其他组织的财产权造成损害的,则受害人有权请求行政赔偿。

(1) 违法罚款

罚款是指国家行政机关依法强制违反行政法规范的公民、法人和其他组织在一定期限内交纳一定数额金钱的制裁方式。罚款是目前行政机关运用得最广泛的一种处罚手段,是通过责令违法行为人承担额外金钱负担的方法来达到惩戒与教育违法行为人的目的。

在实践中,违法罚款主要有以下情形:① 罚款的主体违法。根据我国有关法律规定,只有享有罚款权的行政机关才能在法定职权范围内实施罚款,法律、法规授权的具有管理公共事务职能的组织可以在法定授权范围内实施罚款。如果依法不享有罚款权的行政机关实施罚款,或者有的行政机关为了创收,在没有法律、法规依据的情况下自己制定罚款的"规定"、"办法",随意罚款,即属于罚款主体违法。② 罚款的数额违法。享有罚款权的行政机关必须在法定的罚款数额范围内行使罚款权,不得超过法定的数额。法律、法规没有规定数额的,应当根据违法情节适度确定。如果执法人员不考虑法律规定和违法情节,越权罚款或者随意提高与降低罚款数额,即属违法罚款。③ 罚款的程序违法。《行政处罚法》对行政处罚的程序作了专门的规定,行政机关违反法律规定的程序实施罚款,也构成违法罚款。④ 重复罚款。这是指同一行政机关对相对人的同一违法行为给予两次或两次以上的罚款处罚;或者不同职能、不同地域的行政机关之间互不承认对方作出的罚款决定,对相对人的同一违法行为,一个行政机关实施罚款后,另一个行政机关接着罚款。根据《国家赔偿法》的规定,行政机关违法实施罚款,给公民、法人和其他组织的合法权益造成损害的,受害人有权请求行政赔偿。

(2) 违法没收财物

没收财物,是指行政机关对实施生产、保管、加工、运输、销售违禁物品或实施其他违法行为的组织或个人采取的,没收其违禁物品、违法行为工具以及没收非法所得的一种制裁方式。行政机关作出没收财物的处罚决定应当有明确的事实根据和相应的法律依据,否则便构成违法,造成损害的,受害人有权请求行政赔偿。

2. 行为罚造成损害的赔偿

行为罚也称能力罚,是指行政机关依法对违法行为人的行为能力加以限制或剥夺的一种制裁方式。能力罚主要是限制或剥夺公民、法人和其他组织获得财产权益的能力或手段。从根本上说,能力罚涉及的也是财产问题,所以可以纳入财产权损害赔偿范围。《国家赔偿法》纳入国家行政赔偿范围的能力罚有两项:

(1)违法吊销许可证和执照。许可证和执照是国家行政机关依行政相对人的申请,经审查后依法颁发的允许相对人从事某种活动,获得某种资格的法律凭证。许可证和执照的种类很多,有保障公共安全的许可证,如持枪许可证;有保障国民健康的许可证,如食品卫生许可证、药品生产许可证;有维护善良风俗的许可证,如制作录音、录像制品的许可证;有保护自然资源和生态环境的许可证,如林木采伐许可证、采矿许可证、捕捞许可证等;有保障国民经济健康发展的许可证,如工业产品生产许可证、烟草专卖许可证等;此外,还有城市管理、进出口贸易管理方面的许可证,等等。

吊销许可证和执照,是行政机关对持有某种许可证或者执照,但其活动违反该许可的内容和范围,不宜继续从事许可事项活动的公民、法人和其他组织实施的制裁。许可证和执照是行政机关准许公民、法人和其他组织从事某种活动或者获得某种资格的法律依据,吊销许可证或者执照就意味着剥夺公民、法人和其他组织从事某项活动的权利,受处罚人将因此无法继续从事某一行业活动而蒙受经济上的损失。因此,行政机关作出吊销许可证和执照的行政处罚应当严格遵守法律规定的条件和程序。凡行政机关违法吊销许可证和执照而给相对人的合法权益造成实际损害的,受害人有权请求行政赔偿。

(2)违法责令停产停业。责令停产停业是指生产经营者违反了行政法律规范,国家行政机关责令违法行为人停止生产经营活动,从而达到限制或剥夺其生产经营能力的一种处罚。责令停产停业是一种附期限或除条件的行政处罚。附期限,是指行政机关命令受处罚的生产经营者在一定期限内治理、整顿,达到复产复业条件或标准,可以在期限届满以后复产复业。附条件,是指只命令停产停业,而不明示期限,由行政机关视其治理、整顿情况,重新作出准予复产复业的决定,或在多次督促仍无效的情况下采取其他措施。责令停产停业这种处罚会对受罚者的经济利益产生很大的影响,行政机关违法责令停产停业而给生产经营者的合法权益造成损害的,国家应承担行政赔偿责任。

二、违法对财产采取查封、扣押、冻结等行政强制措施的

对财产的行政强制措施,是指国家行政机关依法采取查封、扣押、冻结等强制手段,限制或剥夺公民、法人和其他组织的财产所有权或使用权的行为。由于对财产采取行政强制措施,直接影响到公民、法人和其他组织的财产权益,因此,法律严格规定了实施行政强制措施的条件和程序,行政机关及其工作人员必须依法实施。否则,违法对财产采取强制措施造成损害的,国家要承担行政赔偿责任。行政机关及其工作人员对财产实施的行政强制措施的种类主要有:(1)查封。查封是指国家行政机关对财产所有人的动产或不动产就地封存,贴上封条,未经许可不准起封,不允许财产所有人使用和处分的强制手段。(2)扣押。扣押是指国家行政机关为了取证或者防止当事人毁损或转移其财产,将财产所有人的动产置于自己的控制之下的一种强制手段。(3)冻结。冻结是指国家行政机关依职权要银行部门暂时拒绝存款人动用或者提取其在银行的存款的强制手段。

此外,对财产的强制措施还包括划拨、扣缴、强制拆除、强制销毁、强制抵缴、强制退还、变价出售等。

上述行政强制措施,对国家行政机关来说是非常必要的,是其有效实施行政管理的重要手段。但这些行政强制措施直接限制或剥夺了公民、法人和其他组织的财产的使用和流通,直接影响到他们的财产权益。因此,为了防止行政机关滥用职权,切实保护公民、法人和其他组织的合法权益,法律一般都规定了严格的适用条件和程序。行政机关在实施这些行政强制措施时,必须依法办事。如果违反了法律规定,造成公民、法人和其他组织财产权损害的,受害人有权请求国家赔偿。

根据国家有关法律的规定,对财产实施行政强制措施应符合下列条件:

(1)主体要合法。即对财产实施行政强制措施的,只能是有权实施行政强制措施的国家行政机关或法律法规授权的组织。至于哪些行政机关享有何种行政强制权,须依法律、法规的明确规定而定。

(2)要有明确法律依据。行政机关对公民、法人和其他组织的财产实施行政强制措施,直接影响到公民一方的财产权益,行政机关必须依照法律的规定行事,无法律依据不得实施行政强制措施。

(3)具备事实根据和有实施强制措施的必要。行政机关对公民、法人和其他组织的财产决定实施强制措施时,必须具备相应的事实根据和有实施行政强制措施的必要。所谓必要,即如不实施行政强制措施,违法行为人就有可能毁损或转移其财产,给行政机关正确处理案件带来困难和障碍。

(4)不能超过法定的范围和限度。行政机关对公民、法人和其他组织的财

产实施行政强制措施时,必须在法律规定的范围和限度内实施,不能超过法定的范围和限度。

(5) 必须遵守法定的程序。行政机关对公民、法人和其他组织的财产实施行政强制措施时,必须遵守法定的方式、步骤、顺序和时限,不能违背法定的程序。

在实践中,行政机关违法对财产采取行政强制措施主要表现在以下几个方面:(1) 无权限。不享有法律授予的查封、扣押、冻结权的行政机关实施查封、扣押、冻结,即构成权限上的违法。(2) 缺乏必要的手续。行政机关对公民、法人和其他组织的财产实施强制措施时,手续要完备。如查封,要清点登记,加贴封条并应由被执行人在查封凭证上签字。如缺乏必要的手续,即构成手续上的违法。(3) 疏于对财产的妥善保管。例如对财产的扣押,对扣押后的财产行政机关应妥善保管,或委托有关单位或个人保管。对于易腐烂变质不宜长期存放的物品,应变卖而保存价款。疏于妥善保管而造成财产的变质、灭失,即构成违法。(4) 强制措施的对象错误。如行政机关查封、扣押的财产,不是违法行为人的财产,或虽是违法行为人的财产但不是用于违法活动的财产,即构成强制对象的错误。(5) 疏于注意期限。行政机关对公民、法人和其他组织财产的查封、扣押和冻结,应注意期限的限制。如果法律、法规明确规定了期限的,则行政机关必须遵守;如果法律、法规没有明确规定期限的,则实施强制措施的行政机关应根据实际情况确定一个合理的期限,以防止无限拖延而使合法的强制措施转化为违法的强制措施。行政机关采取强制措施时,疏于注意期限,而造成公民、法人和其他组织财产损坏、灭失的,也构成违法。

三、违法征收、征用财产的

行政征收,是指行政主体根据公共利益的需要,依照法律、法规规定的条件和程序,以强制方式取得行政相对人财产所有权的一种具体行政行为。以是否给予补偿为标准,征收可以分为无偿征收和有偿征收两类。无偿征收,是指征收主体无须向被征收主体给予补偿的征收。目前在我国行政征收体制中,无偿征收主要包括行政征税和行政收费两大类。除行政征税和行政收费外,行政征收是有偿的,行政相对人的财产一经征收,其所有权就转移给国家,成为公有财产的一部分,由国家永久控制和支配。相应地,征收主体必须向被征收主体给予公平的补偿。建立有偿的行政征收制度,既体现了对公民权利的保障功能,也体现了对公共利益与个体利益的协调平衡功能。行政征用,是指行政主体出于公共利益的需要,依据法律、法规的规定,强制性地取得行政相对人财产使用权并给予补偿的一种具体行政行为。行政征收与行政征用的区别主要在于:(1) 从法律后果看,行政征收的结果是财产所有权从相对方转归国家;而行政征用的后果则是行政主体暂时取得了被征用方的财产使用权,并不发生财产所有权的转移。(2)从适用条件看,行政征用一般适用于临时性的紧急状态,而行政征收则不一定是在紧急状态下才适用,即使不存在紧急状态,为了公共利益的需要,也可以征收。(3)从能否得到补偿来看,行政征收既包括有偿的,也包括无偿的,而行政征用一般应是有偿的。

我国宪法和法律规定,公民、法人和其他组织的财产权不受非法侵犯。无论是行政征收还是行政征用,都应当有法律、法规的明确授权,应由法定的行政主体按照法定的权限、条件、对象和程序等实施。否则,就构成违法,如果给公民、法人和其他组织的合法权益造成实际损害,就要承担相应的赔偿责任。

实践中,违法征收财产主要表现为:(1)没有法定征收权的行政机关乱征收;(2)没有法律、法规依据,行政机关自行征收;(3)行政机关超越法律、法规规定的范围征收财产,如重复征税;(4)征收的目的与相应法律规定的目的相悖;(5)向义务人之外的第三人征收财产;(5)违反法定的程序征收财产。行政机关违法征收财产给公民、法人和其他组织的合法权益造成实际损害的,要依法予以赔偿。

违法征用财产主要表现为:(1)行政机关不是出于公共利益需要而进行的征用,如为满足某行政机关负责人的个人需要,临时征用他人的宝马轿车。(2)在非应急状态,没有征用财产的法律、法规依据,行政机关自行征用。(3)行政机关超越法律、法规规定的范围征用财产,如某乡政府未经批准征用基本农田。(4)违反法定程序征用财产。行政机关违法征用财产给公民、法人和其他组织的合法权益造成实际损害的,要依法予以赔偿。

四、造成财产损害的其他违法行为

行政机关及其工作人员行使职权过程中造成相对人财产损害的其他违法行为,是指除上述列举的行为以外的具体行政行为以及与行政机关及其工作人员行使职权有关的,造成公民、法人或者其他组织财产权损害的,违反行政职责的行为。这一项是概括性的兜底规定。上述三种类型从不同角度列举了行政机关及其工作人员在行使职权过程中,侵犯公民、法人和其他组织的财产权造成损害的情形。但行政机关拥有的职权是多方面的,其实施的活动也是多种多样的。上述列举的三项侵犯行政相对人财产权的违法行为,并不能概括出行政机关及其工作人员违法行使职权侵犯公民、法人和其他组织财产权的全部情形。例如,公民、法人和其他组织申请行政机关履行保护其财产权的法定职责,行政机关拒绝履行,或者对公民、法人和其他组织要求行政机关保护其财产权的申请不予答复,行政机关的这种不作为行为违法,也会造成公民、法人和其他组织财产权的损害。对此,国家也要承担赔偿责任。有了这项兜底的规定,就可以更全面地保

护公民、法人和其他组织的合法权益。

第四节 行政赔偿的免责范围

免责,是指损害发生后,如有法定的可以免除赔偿责任的事实和理由存在,则免除国家的行政赔偿责任。有权利就要有救济,有损害就要有赔偿,这是依法行政的基本要求。但在某些特殊情况下,尽管有损害,但无赔偿的必要,或给予赔偿会有失公正。在此种情况下,即免除国家的行政赔偿责任。我国《国家赔偿法》第 5 条规定了行政赔偿中几种主要免责事由。

一、行政机关工作人员与行使职权无关的个人行为造成损害的

侵权责任的基本原则是谁造成损害,谁承担责任。行政机关工作人员与行使职权无关的个人行为造成的损害,应当由行为人个人承担赔偿责任。但问题是,行政机关工作人员实施的所有行为中究竟哪些属于与行使职权无关的个人行为,哪些属于公务(职务)行为?

从行政法理论上讲,行政机关工作人员的个人行为与公务行为相对应。在实践中,行政机关工作人员的公务行为与个人行为有时不易区分,其根本原因在于一个行为主体具有双重身份,即行政机关工作人员既是行政机关的代表又是普通公民,他以前一种身份实施的行为是公务行为,以后一种身份实施的行为是个人行为。当行政机关工作人员实施某一具体行为时,没有恰当的标准,就很难认定他是以哪一种身份出现的。

关于行政机关工作人员公务行为与个人行为的区分,法律、法规没有规定统一的标准,司法机关也未就此作出司法解释。学者从理论上提出了区分个人行为和公务行为的各种标准。主要有:时间要素标准、名义要素标准、公益要素标准、职责要素标准、命令要素标准、公务标志标准和职权要素标准等。"时间要素标准"力图以上班时间来证实行政机关工作人员作为行政机关代表人的身份,其缺陷在于上班时间行政工作人员也可能办私事,在下班时间行政工作人员也可能以行政机关代表的身份实施公务行为;"名义要素标准"试图以行政机关工作人员实施行为时的名义来证实公务人员的身份,其缺陷在于行政机关工作人员有可能假借行政机关的名义实施个人行为;"公益要素标准"以行政机关工作人员的行为涉及公共利益来说明其行为时是代表行政机关的,其不足之处在于普通公民的行为也可能涉及公共利益,且行政机关工作人员的行为是否涉及公共利益有时很难辨认;"职责要素标准"和"命令要素标准"分别以行政机关工作人员职责范围内的行为和执行上级命令的行为来说明行政机关工作人员当时代表行政机关的身份,其不足之处在于,"命令要素标准"中的执行命令的行为只是工

作人员职务行为的一种,这一标准无法概括行政机关工作人员的全部职务行为,而"职责要素标准"只是说明了合法职务行为与不合法职务行为的识别要素,没有提示出职务行为区别于个人行为的性质;"公务标志标准"以行为时的公务标志来证实国家行政机关工作人员的身份,其缺陷在于:行政机关工作人员佩带或出示公务标志在大多数情况下属于程序法的要求而不是实体法上的要求,行政机关工作人员执行职务时没有佩戴或出示公务标志的,通常只能是公务行为的程序违法,并不能因此说明国家公务员不是在以行政机关代表人的身份实施职务行为;"职权要素标准"以行政职权的适用作为确定行政机关工作人员职务行为的标准,这一标准的优点在于揭示了行政机关工作人员的职务行为的本质,因此,《国家赔偿法》主要采用这一标准。但是,仅用职权标准来判断行政机关工作人员的公务行为与个人行为仍存在困难,实务中还应借助其他标准来进行综合判断。

依照《国家赔偿法》的规定,国家不仅要对行政机关及其工作人员行使职权的行为造成的损害承担赔偿责任,而且要对行政机关及其工作人员与行使职权有关的行为造成的损害承担赔偿责任。在判断行政机关工作人员行为的性质时,上述标准均可发挥作用。一般来讲,判断行政机关工作人员的某一行为是否是公务行为,关键要看该行为是否与职权职责有关,如果是行使职权、履行职责的行为或者与行使职权、履行职责密切相关的行为即为公务行为;如果与行使职权、履行职责毫不相关的行为即为个人行为。如果是行政机关工作人员实施的公务行为造成的损害,则由国家负赔偿责任;如果是行政机关工作人员实施的个人行为造成的损害,则由其个人负赔偿责任。

二、因公民、法人和其他组织自己的行为致使损害发生的

这类损害的发生是因公民、法人和其他组织自己制造假相、欺骗行政执法人员、自伤、自残等行为造成的,不完全具备行政赔偿责任的构成要件。因果关系是行政赔偿责任的构成要件之一,据此,只有行政机关及其工作人员行使职权的行为是造成损害结果的原因,才有可能引起行政赔偿责任。如果造成损害的原因不是行政机关及其工作人员行使职权的行为或与行使职权有关的行为,而是公民、法人和其他组织自己的行为,就不存在行政赔偿责任构成所必须具备的因果关系,行政机关当然不代表国家承担行政赔偿责任。

事实上,一个损害结果的发生常常不止一个原因,如果损害结果发生的原因既有受害人自己的行为,又有行政机关及其工作人员的违法行为,应当在分清责任的基础上确定国家应当承担的赔偿责任。由此,可引发出一个问题,即损害事实是由行政机关及其工作人员违法行使职权的行为造成的,但在损害发生以后,受害人出于故意或者过失造成损害结果的扩大,对于扩大的损失部分,行政机关

不能代表国家承担行政赔偿责任。

三、法律规定的其他情形

这是对国家不承担行政赔偿责任的概括性规定,也为单行法律对国家不承担赔偿责任的事项作出规定创造了条件。对这里的"法律",应作狭义的理解,仅指全国人民代表大会及其常务委员会制定的法律,法规和规章均不包括在内。目前,从法律的规定来看,除《民法通则》第107条规定因不可抗力造成他人损害的,不承担民事责任以外,其他法律没有相应的规定。[①] 有学者把国家不承担行政赔偿责任的情形分为三类:一是根据国家行政赔偿责任构成要件,国家本应承担赔偿责任,但因出于政治方面的考虑而不承担赔偿责任,这种情形也称为国家责任豁免;二是侵权行为本身不符合行政侵权赔偿责任的构成要件,不构成行政侵权赔偿责任,国家因此而不负赔偿责任;三是适用民法上的抗辩事由来减免国家赔偿责任的情况。[②] 也有学者主张法律规定的其他情形包括:不可抗力、邮政通讯以及通过其他途径可以得到补偿的。[③] 还有学者认为,法律规定的其他情形是指不可抗力、第三人过错和从其他途径获得补偿。[④] 我们认为,对此项规定不能作宽泛的理解,除法律明确排除的事项外,凡符合行政赔偿构成要件的,都属于行政赔偿的范围。

本章需要继续探讨的问题

几类特殊行为引起的国家赔偿

1. 抽象行政行为引起的国家赔偿

抽象行政行为是指行政机关行使行政权,针对不特定的对象制定发布具有普遍约束力的行为规则的行为,包括制定行政法规、行政规章以及其他规范性文件的行为。抽象行政行为违法造成相对人合法权益损害的,国家应否承担赔偿责任,对此有两种不同观点。一种观点认为,对抽象行政行为不能提起行政诉讼,因而不能请求行政赔偿。同时,还认为抽象行政行为都是经过具体行政行为加以实现的,因而抽象行政行为造成的损害赔偿可转化为对具体行政行为造成的损害请求赔偿而实现。另一种观点认为抽象行政行为违法造成损害的,理应赔偿。其理由是:第一,抽象行政行为侵犯相对人合法权益的现象十分普遍,与

[①] 参见姜明安主编:《行政法与行政诉讼法》(第二版),北京大学出版社、高等教育出版社2005年版,第669页。
[②] 皮纯协、冯军主编:《国家赔偿法释论》,中国法制出版社1996年版,第100页。
[③] 张树义主编:《国家赔偿法适用手册》,法律出版社1994年版,第49—51页。
[④] 薛刚凌主编:《国家赔偿法教程》,中国政法大学出版社1997年版,第162页。

具体行政行为并无多大区别,因而对抽象行政行为造成的损害,国家也应当赔偿。第二,抽象行政行为在多数情况下是通过具体行政行为实施的,但并非所有影响公民权益的抽象行政行为都必然通过具体行政行为实施,例如一项禁止人们从事某些活动的规定,自生效之日起,就可能造成相对人损害,而不必通过具体行政行为实现。第三,我国法律并没有明确禁止对抽象行政行为提出赔偿请求。① 从切实保护公民的权益出发,第二种观点较为可取,代表着国家赔偿的发展趋势。最高人民法院在《关于审理行政赔偿案件若干问题的规定》中却明确规定不能对抽象行政行为提出行政赔偿请求,这可能是考虑到对抽象行政行为的合法与否尚不可诉。我们认为,这种规定是值得推敲的,行政赔偿诉讼并不完全等同于行政诉讼,用行政诉讼的受案范围限制行政赔偿的范围是不恰当的。抽象行政行为既包括制定行政法规和规章的行为(称为行政立法行为),也包括制定其他规范性文件的行为(表现为具有普遍约束力的决定和命令)。有学者认为,应考虑将"规章以下具有普遍约束力的违法的决定命令"纳入行政赔偿的范围。上述规范性文件制定主体混乱,越权情况严重,制定程序随意性较大,因而违法现象严重,往往侵犯行政相对人的合法权益。在1994年《国家赔偿法》制定时,由于没有切实有效的途径和方式审查其合法性,在实践中它们一般被废止而不被撤销,当时将之列入行政赔偿范围意义不大。但1999年《行政复议法》出台之后,复议申请人在对具体行政行为申请复议时,可以一并向行政复议机关提出对该具体行政行为依据的国务院部门的规定、县级以上地方各级人民政府及其工作部门的规定以及乡、镇人民政府的规定的审查申请,从而为审查上述规范性文件的合法性提供了途径。在上述规范性文件因违法被撤销或改变后,应当赋予因其遭受损害的人以取得赔偿的权利。对于行政法规和规章,《立法法》第87、88条虽然规定了对之的监督程序,但基本上是对宪法的重申而已;第90、91、92条规定了对之的审查启动程序,但可操作性有待检验,因此将之纳入赔偿范围尚不具有可行性。② 还有学者认为,行政立法属于严格意义上的立法活动,其权限、立法程序、立法效力等一般是由法律予以明确规定的。对于行政立法行为,国家不承担赔偿责任既合情合理,又符合世界一般潮流。但对于另一类,即行政机关除行政立法行为以外的一般抽象行政行为,表现为制定具有普遍约束力的决定、命令等形式。在实践中一般没有多少具体的法律法规对这种行为的程序、权限等作出严格规定,具有更大的违法可能性,亦应纳入国家赔偿范围。③ 我们认为,所有的抽象行政行为都具有违法的可能性,都可能给相对人的合法权

---

① 参见马怀德著:《国家赔偿法的理论与实务》,中国法制出版社1994年版,第138—139页。
② 马怀德:《国家赔偿法的发展与完善》,中国法学会行政法研究会2004年年会论文。
③ 毕可志:《论行政赔偿范围的拓展》,中国法学会行政法研究会2004年年会论文。

益造成损害,而"有损害就要有赔偿",这是法治原则和人权保障原则的基本要求,从长远来看,所有违法的抽象行政行为都应纳入行政赔偿的范围,但考虑到行政赔偿范围的扩大有一个循序渐进的过程,就目前来讲,应先将规章以下的违法的规范性文件纳入行政赔偿的范围,待条件成熟,再将违法的行政法规和规章一并纳入行政赔偿的范围。

2. 行政自由裁量行为引起的国家赔偿

行政自由裁量行为,是指行政机关及其工作人员在法律、法规规定的范围和幅度内,根据具体情况进行斟酌选择而实施的行为。一般说来,自由裁量权的行使仅存在当与不当的问题,而不存在严格意义上的违法问题。因此,行使自由裁量权无论当与不当都是在法律规定的范围或幅度内,不违反法律的明文规定。有学者指出,执法者在法律、法规规定的范围内自由裁量、灵活机动地处置问题引起的只是当与不当、合理与不合理的争执,没有违法与否的问题。因此,自由裁量权自然排除了国家赔偿责任。① 在国外,早期一般都规定了对行政自由裁量行为实行国家责任豁免的制度。如《美国法典》第 2680 条规定了国家赔偿的例外情况,其中很大一部分是行政自由裁量行为,第 2680 条规定:"本章的规定和第 1346 条(b)款的规定,不适用于:政府职员已经尽了适当的注意义务,对其执行法律或法规的作为或不作为而提出的任何请求,不论该法律或法规是否合法成立;以及对联邦机构或政府职员行使、履行自由裁量权或义务而提出的任何要求,不论有关的自由裁量权是否被滥用。"1953 年戴尔海特诉合众国案是较为典型的案例,该案中,联邦最高法院认为,发生在计划层次的有过失的决定属于政府自由裁量权的免责范围,国家不负赔偿责任。② 但是,因行政自由裁量权在实践中容易被行政机关滥用,所以各国逐渐认识到自由裁量权也要受到法律的控制。Halsbury 就指出:"裁量意味着,在某些事务被认为应当属于行政机关裁量权范围内权力的时候,应当根据合理的、公正的规则执行这些事务,而不应当按照私人的意见执行之;根据法律执行而不是根据情绪执行。裁量绝不是任意的、模糊的和想象出来的权力,而是合法的、正常的权力。裁量权的行使必须在法律限制的范围之内,一个有能力履行其职责的正直之人,应当限制自己的自由裁量权。"③ 也就是说,自由裁量权必须在法律规定的范围和幅度内公正合理地行使。因此,各国在实务中开始对行政自由裁量行为实行有限制的责任豁免,规定在一定条件下,对滥用自由裁量权、违反惯例等造成损害的,国家要承担赔偿

---

① 肖峋著:《中华人民共和国国家赔偿法的理论与实用指南》,中国民主法制出版社 1994 年版,第 98 页。
② 王名扬著:《美国行政法》,中国法制出版社 1995 年版,第 780—781 页。
③ 〔印〕M. P. 赛夫著:《德国行政法——普通法的分析》,周伟译,台湾五南图书出版有限公司 1991 年版,第 199、200 页。

责任。例如,在德国,如果裁量决定违背了依法裁量的原则,如违背了比例原则、或滥用自由裁量权、或超越裁量权,均可视为违背公职义务,行使裁量权的机关应当承担赔偿责任。在美国,如果自由裁量权之行使已形成惯例的,一旦偏离这种惯例而造成损害的,国家就必须承担责任。英国、加拿大、澳大利亚、新西兰等国法院则将自由裁量区分为决策裁量与执行裁量(planning/operation distinction),分别根据不同标准来决定行政机关应否承担侵权责任,对于决策裁量,如果行政机关实施该行为时越权(ultra vires),且违背了普通法的注意义务(duty of care),则行政机关应负过失责任;而对于执行裁量,行政机关只要违背了注意义务,就必须负过失责任。[1] 我国法学理论界对自由裁量行为的损害赔偿问题,存在绝对豁免、相对豁免与不豁免三种观点。我们认为,在我国行政赔偿中,对行政机关行使自由裁量权所造成的损害,应实行有限的责任豁免。如果行政自由裁量行为一般不合理、不适当致害的,国家不负赔偿责任;如果行政自由裁量行为明显不当、显失公正的,则构成违法,损害相对人合法权益的,国家应负赔偿责任。

3. 行政机关对公务员的管理行为引起的国家赔偿

行政机关对公务员的管理行为是指行政机关基于行政隶属关系,对公务员作出的考核、奖惩、职务升降、职务任免等方面的决定,属于内部行政行为。在西方国家,依据传统理论,认为基于特别权力关系而实施的行为(如惩戒),是自由裁量行为,公务员不得诉请法院救济。[2] 在实务上一般也对因基于特别权力关系而产生的侵权行为予以责任豁免。但是,到了第二次世界大战以后,理论界对此种做法开始检讨,出现了三种学说。一是否定说。该说认为,行政机关对公务员在一定范围内有命令强制权,公务员有服从的义务,行政机关行使的这种权力属于自由裁量权,不发生违法问题。纵有不法,受害人也不得请求国家赔偿。二是肯定说。该说认为,依法行政原则也适用于内部行政行为,如果公务员受到行政机关内部行政行为的侵害,亦有权请求国家赔偿。三是折中说。该说认为,并非所有的内部行政行为均不适用依法行政等公法原则,其中有一部分可以适用行政法一般原则,对这部分行为造成的损害,国家应予赔偿。[3]

在我国,有学者认为,行政机关对公务员的管理行为违法,侵犯公务员的人身权或财产权造成实际损害的,属于行政赔偿的范围。其理由是:第一,任何纠纷都有必要用特定的手段加以解决,对公务员管理行为的合法性争议可通过内部管理程序解决,而公务员管理行为引起的赔偿纠纷缺乏有效的内部解决机制,

---

[1] 参见皮纯协、冯军主编:《国家赔偿法释论》,中国法制出版社1996年版,第112页。
[2] 曹竞辉著:《国家赔偿法之理论与实务》,台湾新文丰出版公司1981年版,第50页。
[3] 参见马怀德著:《国家赔偿法的理论与实务》,中国法制出版社1994年版,第147—148页。

因而应适用行政赔偿制度。第二，按照国家赔偿的违法归责原则，凡是行政机关的管理行为，无论是外部行为还是内部行为，也不论是法律行为还是事实行为，违法侵权造成损害的，都可以请求行政赔偿。《国家赔偿法》没有排除对公务员管理行为的赔偿。① 至于行政机关对公务员的管理行为造成的损害，受害人如何请求国家赔偿，学界主要有两种观点：一种观点认为，公务员不能通过司法途径请求赔偿，只能通过申诉等行政程序来请求救济。其理由是，如果允许对内部行政行为提起赔偿诉讼，势必要对该内部行政行为进行合法性审查，而这种审查又违反了《行政诉讼法》的规定。另一种观点则认为，内部行政行为所致损害，原则上不得请求司法救济，只有在这种行为已被行政机关确认为违法，而在行政程序中未能就赔偿纠纷达成协议的情况下，公务员才能诉请法院救济。② 有学者认为，根据我国《行政诉讼法》的规定，法院不受理不服"行政机关对行政机关工作人员的奖惩、任免等决定"而提起的诉讼。"审查行政机关对公务员的奖惩、任免的行为合法性的权力属于行政机关。如果该行为被确认为违法，并且在行政程序中未能就赔偿纠纷达成协议，那么，对赔偿纠纷最终解决的权力应属于司法机关。"③

我们认为，不能将行政诉讼的受案范围与行政赔偿的范围混淆起来，尽管《国家赔偿法》规定的行政赔偿范围是在《行政诉讼法》规定的基础上确定的，但两者不是等同关系。尽管根据《行政诉讼法》的规定，行政机关对其工作人员的奖惩、任免等决定不属于行政诉讼的受案范围，但《国家赔偿法》并未将此类行为排除在赔偿范围之外。可见，行政机关对公务员的管理行为违法损害公务员合法权益的，国家应负赔偿责任。在赔偿的程序方面，受害的公务员可向行政机关请求赔偿，如果行政机关不予赔偿或者公务员对赔偿数额有异议的，可以请求司法救济，向人民法院提起行政赔偿诉讼。

4. 行政不作为引起的国家赔偿

行政不作为属于行政行为的一种，它是指行政主体负有法定作为的义务，在有能力、有条件履行的情况下而没有实际履行的行为状态。行政不作为违法形态主要包括两种：一种是赋予权利的不作为，另一种是保护权利的不作为。两种不作为都会侵犯行政相对人的合法权益，因此应承担相应的法律责任。④ 正如约翰·密尔所言，"凡显系一个义务上当做的事而他不做时，就可要求他对社会

---

① 姜明安主编：《行政法与行政诉讼法》（第二版），北京大学出版社、高等教育出版社2005年版，第671页。
② 林准、马原主编：《中国现实国家赔偿制度》，人民法院出版社1992年版，第53页。
③ 肖峋：《国家赔偿法的适用范围》，载罗豪才、应松年主编：《行政程序法研究》，中国政法大学出版社1991年版，第70页。
④ 参见张庆福主编：《行政执法中的问题及对策》，中国人民公安大学出版社1996年版，第213页。

负责,这是正当的"。① 行政不作为行为违法侵犯了相对人的合法权益并造成实际损害的,国家理应予以赔偿。美国《联邦侵权赔偿法》第1346条第6款明确规定:"由政府雇员在他的职务或工作范围内活动时疏忽或错误的作为或不作为所引起财产的破坏和损失,人身的伤害或死亡等属于美利坚合众国的侵权赔偿范围。"我国《国家赔偿法》对行政不作为致害的国家赔偿责任没有作出明确规定,但《国家赔偿法》也没有将行政不作为违法侵权问题排除在国家赔偿范围之外,人们一般依照《国家赔偿法》中的一些概括性规定②将违法侵权的行政不作为纳入国家赔偿的范围。2001年7月,最高人民法院在《关于公安机关不履行法定行政职责是否承担行政赔偿责任问题的批复》中,明确了由于公安机关不履行法定行政职责,致使公民、法人和其他组织的合法权益遭受损害的,应当承担行政赔偿责任。在确定赔偿的数额时,应当考虑该不履行法定职责的行为在损害发生过程和结果中所起的作用等因素。我们可以据此推论,行政不作为行为违法给相对人的合法权益造成实际损害的,国家应承担赔偿责任。当然,将行政不作为都纳入国家赔偿的范围,还应把握一定尺度,确立相应的条件。我们认为,行政不作为引起国家赔偿责任应包括如下构成要件:(1)行政不作为的违法性已被依法确认。(2)给相对人的合法权益造成了实际损害,这里合法权益的损害主要限于人身权、财产权方面的损害。(3)相对人的损害与行政不作为之间有因果关系。因行政不作为有时与其他侵权行为(如民事侵权行为)混杂在一起,这就给因果关系的认定带来了困难。我们认为,行政不作为是由于行政主体不履行对行政相对人所负的法定作为义务而构成行政侵权的,因此,它与损害事实之间的因果关系,实质上是行政主体与行政相对人之间的权利义务关系。只要行政主体的义务是为了保护相对人的权利而设置的,而行政主体违背义务并造成特定相对人损失,该行政主体不作为即构成行政侵权行为,它与行政相对人的损害结果之间就存在因果关系。这样分析行政不作为与损害结果之间的因果关系,有利于公民、法人及其他组织向行政主体请求赔偿,以更好地保护公民、法人及其他组织的合法权益;有利于追究行政主体行政不作为的侵权赔偿责任,以促使行政主体积极地履行法定职责。在具备这些条件的情况下,受害的相对人即可向存在行政不作为行为的行政主体请求赔偿。如果行政不作为与其他侵权行为(如民事侵权行为)混杂在一起,是否需要穷尽其他救济措施,如是否需要先走民事赔偿的途径,在民事赔偿的途径行不通的情况下,再请求行政机关予以赔偿。我们认为,可以采取救济选择原则,即在行政相对人的人身权或财产权正在

---

① 〔英〕约翰·密尔著:《论自由》,程崇华译,商务印书馆1982年版,第11页。
② 如我国《国家赔偿法》第3条第5项规定的"造成公民身体伤害或者死亡的其他违法行为";第4条第4项规定的"造成财产损害的其他违法行为"。这里的"其他违法行为",就包括行政不作为违法的情形。

或可能遭受侵害,请求行政机关履行保护职责,行政机关拒绝履行或拖延履行的情况下,损害发生后,行政相对人可以选择民事赔偿的途径,在民事赔偿的途径行不通,如民事加害人逃跑或无力赔偿的情况下,再请求行政机关予以赔偿;也可以直接请求不履行职责的行政机关给予赔偿,由行政机关赔偿了其损失后,再追究民事加害人的责任。

5. 行政事实行为引起的国家赔偿

行政主体及其工作人员可以实施不同法律属性的行为,包括民事法律行为、行政法律行为和行政事实行为。进入20世纪后,由于行政事务的持续扩张与行政实务的发展,行政事实行为作为一种行政方式被广泛运用。正如有学者所指出的:"除行政处分、行政契约外,事实行为亦属于一种主要行为模式。"①行政法学界对事实行为给予了越来越多的关注,并从不同的角度对行政事实行为作了阐述,尽管学者们对事实行为的概念表述存有差异,但基本上都是将事实行为与意思表示及法律效果相联,事实行为一般不产生法律效果,仅表现为一种客观事实状态,有的虽然产生法律效果,但其效果的产生与行政主体的意思表示无关,完全是由于法律的规定。行政事实行为的实施,有利于实现行政职能,但也可能对相对人的合法权益造成侵害,对此种侵害应给予相应的救济,这是现代行政法治的基本要求。我国台湾地区学者陈春生教授认为:"行政机关对于要求其为事实行为(如提供资讯)之请求,须以合义务之裁量行使之。对于事实行为所造成的不利结果,人民没有必要容忍,对此当事人具有结果除去请求权,如同基于行政处分所为造成结果所具有的请求权一般。另可依民法上的不作为请求权(防止妨害请求权、除去妨害请求权)或过度禁止或基本权利保护原则行使之。至于违法的事实行为则发生国家赔偿问题"。② 行政事实行为有不同的表现形式,如对扣押物品的保管行为;行政决定作出前的调查行为;实施的行政指导行为等。在行政管理实践中,因行政事实行为侵权的现象也时有发生,如对扣押的物品保管不善而造成重大损失,由于政府错误的信息和指导行为遭受损害等。众所周知,在我国,行政事实行为不属于行政诉讼的范围,因为行政诉讼解决的是具体行政行为的法律效力问题,而事实行为对相对人不产生拘束力,因而不存在是否撤销的问题。但行政事实行为侵权造成损害的,能否请求赔偿,各国规定不一,有的国家明确规定事实行为侵权,应当赔偿,如奥地利、瑞士等国。根据我国《国家赔偿法》第3条第3项、第4项的规定,公民对于行政机关及其工作人员行使职权时,以殴打等暴力行为或者唆使、放纵他人以殴打、虐待等行为造成公民身体伤害或者死亡,或者违法使用武器、警戒造成公民身体伤害或者死亡的,可以

---

① 吴庚著:《行政法之理论与实用》,台湾三民书局1996年增订3版,第393页。
② 陈春生:《事实行为》,载翁岳生编:《行政法》,台湾翰卢图书出版有限公司1998年版,第754页。

依法请求国家赔偿。人们据此认为,行政事实行为违法造成损害的,属于国家赔偿的范围。但值得指出的是,行政事实行为有众多的类型,都存在违法致害的危险,而我国《国家赔偿法》只列举了少量违法的事实行为的情形,对其他的行政事实行为违法造成损害的,相对人是否可以请求国家赔偿呢?如由于政府错误的信息和指导行为遭受损害,相对人能否请求赔偿,这在不同的国家有不同的做法。在德国,如果国家机关在产品警告中劝告不要购买或食用某特别指明的商品,而这种警告又通过新闻媒介传播出去,那么国家的这种警告和劝告已构成公权力行为,国家应当对此承担责任。日本法院在一个案例中虽承认国家行政指导行为可能引起国家赔偿责任,但必须是以行政指导机关与受害人之间法律上的因果关系为前提。如果原告由于按照政府当局的错误劝告而买一些设备,准备开办一个游艺室,而后来该官员又拒绝原告开办这个游艺室,那么原告有权从市政当局取得赔偿。所有政府指导、劝告赔偿案例表明,只要政府指导、劝告错误,即构成违法,对此类行为造成的损害,国家应当负责赔偿。① 我们认为,不论《国家赔偿法》是否有明确列举,行政事实行为违法侵权的,属于国家赔偿的范围,凡行政事实行为违法侵犯相对人的合法权益并造成实际损害的,相对人可以请求国家赔偿。

6. 行政合同行为引起的国家赔偿

行政合同,又称行政契约,是指行政主体为了实现行政管理的目标,与行政相对人就有关事项经协商一致达成的协议。行政合同是从传统合同制度中产生的,它在现代行政管理领域中被行政机关越来越广泛地运用,已经成为现代行政管理的一种重要方式。有学者认为,"从行政法制度与结构的变革而言,并且从更加开阔的视野去分析公法上的契约现象,行政契约实际上是19世纪以来,特别是20世纪行政法制度与功能发生结构化变化的产物,正像英国学者哈罗和劳伦斯所观察到的那样,是市场经济理念、特别是契约理论向公共管理领域渗透的结果。"② 行政合同既具有传统合同的某些特征,如合同成立必须经双方当事人协商,基于双方意思表示一致等。但行政合同又不同于一般的民事合同,它属于行政机关实施的一种行政行为,行政主体在行政合同中享有优益权,这导致了行政合同双方地位的不对等性。行政优益权的存在一方面使行政合同行为按照预定的行政目标顺利有效地实施,符合公共利益的需要;但另一方面又可能引发诸多失范,如容易导致行政主体滥用特权,滋生行政腐败,损害公共利益或相对人

---

① 参见马怀德:《行政赔偿责任的构成特征》,载《政法论坛》1994年第4期。
② 余凌云:《行政法上的假契约现象——以警察法上各类责任书为考察对象》,载《法学研究》2001年第5期。

的合法权益。行政合同行为不同于一般的民事行为,它是行政主体运用国家行政权所实施的,当行政合同行为违法侵犯相对人的合法权益并造成实际损害的,行政主体应代表国家承担相应的赔偿责任,这种赔偿责任属于行政赔偿责任,而不属于民事赔偿责任。尽管在落实行政合同行为违法引起的行政赔偿责任时可以适用民事法律规范,但这并不改变这种责任的性质。

第十章　行政赔偿请求人与赔偿义务机关

内容提要

　　行政赔偿请求人与行政赔偿义务机关是行政赔偿法律关系的主体。行政赔偿请求人是指依法有权向国家请求行政赔偿的人,具体是指其合法权益受到行政机关及其工作人员违法行使职权行为的侵犯,并造成了损害,有权请求国家给予行政赔偿的公民、法人和其他组织。行政赔偿义务机关就是指代表国家履行行政赔偿义务的机关或组织。行政赔偿义务机关的设定模式,世界各国的规定有所不同,我国《国家赔偿法》在吸取世界各国国家赔偿法设定赔偿义务机关的经验的基础上,采取了侵权主体与赔偿义务机关基本一致的原则,规定由实施侵权行为的行政机关或实施侵权行为的公务人员所在的行政机关为赔偿义务机关。我国《国家赔偿法》对行政赔偿请求人和行政赔偿义务机关的范围作了具体规定。

关键词

　　行政赔偿请求人　行政赔偿请求人的范围　行政赔偿义务机关　行政赔偿义务机关的设定模式　行政赔偿义务机关的范围

第一节　行政赔偿请求人

一、行政赔偿请求人的概念

　　行政赔偿请求人是指依法有权向国家请求行政赔偿的人,具体是指其合法权益受到行政机关及其工作人员违法行使职权行为的侵犯,并造成了损害,有权请求国家给予行政赔偿的公民、法人和其他组织。行政赔偿请求人具有如下特征:

　　(1)行政赔偿请求人必须是自己的合法权益受到行政机关及其工作人员违法行使职权行为的侵犯,因而以自己的名义请求赔偿的公民、法人和其他组织。不是自己的合法权益受到侵犯的人不能成为行政赔偿请求人,不以自己的名义提出赔偿请求的人也不是行政赔偿请求人。

　　(2)行政赔偿请求人只能是作为行政相对人的公民、法人和其他组织,而不是行使行政职权的行政机关及其工作人员。

(3) 行政赔偿请求人是其合法权益受到行政机关及其工作人员违法行使职权行为的侵犯并造成实际损害的公民、法人和其他组织。

行政赔偿请求人与行政诉讼的原告既有联系又有区别,其联系表现在两者在许多情况下是重合的,即行政诉讼的原告也可能同时成为行政赔偿的请求人,无论是行政赔偿的请求人,还是行政诉讼的原告,都是受到行政机关及其工作人员违法行使职权而致使其合法权益受到侵犯的人,且两者提出请求的最终目的都是为了保护自己的合法权益。但行政赔偿的请求人与行政诉讼的原告又有许多区别。主要表现在：

(1) 两者的资格条件不同。行政诉讼的原告必须是其合法权益受到行政机关的具体行政行为侵犯的人。这里的侵犯是指受到行政机关的具体行政行为的侵害或不利影响,即原告与行政机关的具体行政行为之间具有法律上的利害关系。而行政赔偿请求人必须是其合法权益受到行政机关具体行政行为或事实行为侵犯并造成实际损害的人,遭受实际损害是行政赔偿请求人的一个必备条件。当然,这里的"实际损害"是相对人认为的实际损害,该"实际损害"是否存在须依照法定程序审查后才能确认。相对人只要认为其合法权益受到行政机关及其工作人员违法行使职权行为侵犯并造成实际损害即可取得请求人资格。

(2) 两者的范围不同。虽然在一定范围内行政赔偿请求人与行政诉讼的原告是重合的,但总体来说两者的范围不同。行政诉讼的原告是其合法权益受到行政机关的具体行政行为违法侵犯的人,而行政赔偿请求人则不限于受到行政机关具体行政行为违法侵犯的人,受到行政管理中的事实行为、内部行政行为等侵害的人都可能成为行政赔偿请求人,其范围要比行政诉讼原告的范围大。

(3) 两者请求的直接目的不同。行政诉讼原告提起行政诉讼的目的是为了撤销对其有拘束力的具体行政行为,或对显失公正的行政处罚予以变更,或要求行政机关履行法定职责等；而行政赔偿请求人提出请求的目的是要求国家对其已经产生的损害予以补救和恢复。

(4) 两者资格转移的范围不同。《行政诉讼法》第 24 条第 2 款规定："有权提起诉讼的公民死亡,其近亲属可以提起诉讼。"据此规定,具有行政诉讼原告资格的公民死亡的,原告资格转移到其近亲属。近亲属的范围为配偶、父母、子女、兄弟姐妹、祖父母、外祖父母、孙子女、外孙子女。《国家赔偿法》第 6 条第 2 款规定："受害的公民死亡,其继承人和其他有扶养关系的亲属有权要求赔偿。"据此规定,具有行政赔偿请求人资格的公民死亡的,请求人资格转移到其继承人和其他有扶养关系的亲属,后者有权请求赔偿。而死亡公民的近亲属并非都是其继承人或者是其他有扶养关系的亲属；反之,与死亡公民有继承关系或扶养关系的亲属不一定就是近亲属。两者的范围是不一致的。

二、行政赔偿请求人的范围

我国《国家赔偿法》第 6 条规定了行政赔偿请求人的种类。

（一）受害的公民、法人和其他组织

1. 受害的公民

公民是指具有中华人民共和国国籍的自然人。根据法律规定，无论是公民的人身权遭受侵害，还是公民的财产权遭受侵害，他都有权请求行政赔偿。就赔偿请求权而言，如果直接受害的公民本人具有完全民事行为能力，则可以自己行使赔偿请求权。但如果直接受害的公民本人因无民事行为能力或限制民事行为能力而无法行使赔偿请求权的，则由其法定代理人代为行使请求权。根据我国《民法通则》的规定："无民事行为能力人、限制民事行为能力人的监护人，是他们的法定代理人。"就未成年人来讲，无民事行为能力人是指不满 10 周岁的未成年人；限制民事行为能力人是指 10 周岁以上的未成年人。但 16 周岁以上不满 18 周岁的公民，以自己的劳动收入为主要生活来源的，视为完全民事行为能力人。上述无民事行为能力人、限制民事行为能力人的父母是其监护人或法定代理人；如果其父母已经死亡或者没有监护能力的，由其祖父母、外祖父母、兄姐中有监护能力的人担任监护人，或者由关系密切的其他亲属、朋友或有关单位承担监护责任。就精神病人而言，不能辨认自己行为的精神病人是无民事行为能力人，不能完全辨认自己行为的精神病人是限制民事行为能力人，他们的监护人可以由其配偶、父母、成年子女和其他近亲属担任。如果没有上述监护人的，可由关系密切的其他亲属、朋友或其所在单位、居民委员会、村民委员会、民政部门等担任监护人。

2. 受害的法人

按照《民法通则》的规定，法人是指具有民事权利能力和民事行为能力，依法独立享有民事权利和承担民事义务的组织。法人分为企业法人和机关、事业单位、社会团体法人两大类。法人的合法权益受国家保护，当其合法权益受到行政机关及其工作人员违法行使职权行为的侵害时，可以请求行政赔偿。

3. 受害的其他组织

其他组织，是指公民、法人以外的其他组织，即合法成立但不具备法人条件，没有取得法人资格的社会组织或经济组织。这种组织不一定具有独立的财产、营业机构和组织章程，只要经过有关主管机关批准或认可即可成立，如依法领取营业执照的合伙组织等。其他组织同公民、法人一样，其合法权益受国家保护，其合法权益受到行政机关及其工作人员违法行使职权行为的侵害的，可以请求行政赔偿。

(二) 受害的公民死亡的，其继承人和其他有扶养关系的亲属可以成为赔偿请求人

如前所述，受害的公民本人作为行政赔偿的请求人，当受害的公民死亡的，行政赔偿请求人的资格转移到其继承人和其他有扶养关系的亲属。

1. 继承人

根据我国《继承法》的规定，继承人有法定继承人和遗嘱继承人之分。法定继承人分为两个继承顺序。第一顺序继承人包括配偶、父母、子女以及对公婆或岳父母尽了主要赡养义务的丧偶儿媳或女婿。这里的父母包括生父母、养父母和有抚养关系的继父母。子女包括生子女（婚生子女和非婚生子女）、养子女和有抚养关系的继子女。第二顺序继承人包括兄弟姐妹、祖父母与外祖父母。这里的兄弟姐妹包括亲兄弟姐妹、养兄弟姐妹和有扶养关系的继兄弟姐妹。孙子女与外孙子女是法定的代位继承人，在被继承人的子女先于被继承人死亡时，被继承人子女的晚辈直系血亲即孙子女、外孙子女、曾孙子女代位继承。遗嘱继承人只能是法定继承人以内的一人或数人，而不能是国家、集体或法定继承人以外的人。有学者将国家、集体和法定继承人以外的人也列入遗嘱继承人的范围[①]，这是不妥当的。当有权要求行政赔偿的受害公民死亡时，其继承人有权作为行政赔偿请求人，提出赔偿请求。但是，如果继承人依照《继承法》的规定，丧失了继承权，则同样丧失了行政赔偿请求权。

2. 其他有扶养关系的亲属

这是指在上述继承人之外，与受害公民有扶养关系的亲属。其作为行政赔偿请求人应具备两个条件：(1) 需是死亡公民的亲属。这里的亲属既包括血亲，也包括姻亲。如死亡公民的姑、叔伯、舅、姨、外甥、侄等血亲及夫、妻对方的兄弟、姐妹等姻亲。(2) 须形成扶养关系。这里的扶养关系是事实上的扶养关系，而不是法律上的扶养关系。因为如果死亡公民的亲属与该死亡人具有法律上的扶养关系，则该亲属属于继承人之列。

当有权要求行政赔偿的受害公民死亡，而存在继承人和其他有扶养关系的亲属时，就产生了赔偿请求人行使权利的顺序问题。赔偿请求人行使权利的顺序是：首先是受害人的继承人，其次是与受害人有扶养关系的亲属。就是说，若受害人有继承人，且继承人未放弃请求权，则后一顺序的人即与受害人有扶养关系的亲属就不能行使请求权，即不能出现不同顺序的请求人共同行使赔偿请求权的情形。但由于继承人有法定继承顺序之分，按照《继承法》的规定，第一顺序继承人没有放弃或丧失继承权的，第二顺序继承人不得继承。因此，如果第一顺序继承人行使赔偿请求权，则第二顺序继承人就不能行使赔偿请求权。如果同

---

① 王盼主编：《国家赔偿法学》，中国政法大学出版社1994年版，第128页。

一顺序的请求人是多人时,如第一顺序继承人或第二顺序继承人有多人,或者与受害人有扶养关系的亲属有多人,则他们可以共同行使请求权,也可以委托一人或数人为代理人行使赔偿请求权。①

(三)受害的法人或者其他组织终止的,其权利承受人可以成为赔偿请求人

如果受害的法人或其他组织终止,则其权利承受人行使赔偿请求权。法人或其他组织终止,是指在法律上丧失了民事主体资格和地位。法人和其他组织终止的情形是多种多样的,如依法被取缔、分立、合并、撤销、解散、破产等。《国家赔偿法》规定的法人或其他组织终止,赔偿请求人资格发生转移,主要是指经合并(包括兼并)或者分立后,法人和其他组织的权利义务发生转移的情况。合并(兼并)或者分立后的法人和其他组织承受了终止后的法人和其他组织的权利,当然也包括赔偿请求权。

值得注意的是,根据最高人民法院《关于审理行政赔偿案件若干问题的规定》第16条的规定,企业法人或者其他组织被行政机关撤销、变更、兼并、注销,认为经营自主权受到侵害的,该企业法人或者其他组织的赔偿请求人资格不发生转移,其仍然享有行政赔偿请求权。另外,法人或者其他组织在被行政机关作出吊销许可证或执照的行政处罚后,该法人或其他组织仍可作为行政赔偿请求人请求行政赔偿,不发生赔偿请求人资格转移问题。

此外,根据《国家赔偿法》第40条的规定,外国人(包括外国公民和无国籍人)、外国企业和组织在中国境内受到行政机关及其工作人员违法行使职权行为侵犯并造成损害的,也可依法取得行政赔偿请求人的资格,有权依法请求行政赔偿,但外国人、外国企业和组织的所属国对我国公民的行政赔偿权利予以限制或不予保护的,我国将实行对等原则。

第二节 行政赔偿义务机关

一、行政赔偿义务机关的概念

行政赔偿义务机关,是指代表国家履行行政赔偿义务的行政机关或法律、法规授权组织。在我国,承担行政赔偿责任的主体是国家,但是国家是一种抽象的政治实体,受害人无法直接请求抽象的国家承担具体的赔偿义务,国家也不可能在具体的赔偿案件中出现。因而,就需要采取"国家责任,机关赔偿"的做法,由各个具体的行政机关作为赔偿义务机关。但由于现代社会国家行政机关的数量众多,且存在职责交叉的情况,关系较为复杂,公民、法人或其他组织在遭受行政

---

① 参见房绍坤、丁乐超、苗生明著:《国家赔偿法原理与实务》,北京大学出版社1998年版,第130页。

侵权损害后很难确定向哪个机关或组织请求赔偿,再加上有些赔偿义务机关相互推诿、扯皮,致使受害人很难行使赔偿请求权。因此,为了保障行政赔偿活动的顺利进行,切实保护受害人的合法权益,法律不仅需要对赔偿请求人作出规定,同时也需要对赔偿义务机关作出明确规定。

在理解行政赔偿义务机关的概念时,应注意区分它与以下几个概念的区别:

(1)行政赔偿义务机关与赔偿责任主体。行政赔偿义务机关是指代表国家接受赔偿请求,支付赔偿费用的义务人;而赔偿责任主体是指行政赔偿责任的最终承担者,即国家。行政机关及其工作人员违法行使职权给公民、法人和其他组织的合法权益造成损害的,由国家承担赔偿责任。二者的关系可以概括为:"国家责任,机关赔偿"。

(2)行政赔偿义务机关与侵权行为人。行政赔偿义务机关是指接受赔偿请求,履行赔偿义务的行政机关或法律法规授权的组织。侵权行为人是指执行行政职务造成公民、法人和其他组织合法权益损害的行政机关及其工作人员、法律法规授权的组织及其工作人员、受行政机关委托的组织与个人。有些国家规定侵权行为人就是赔偿义务机关,如日本等;而有些国家的赔偿义务机关为特定的国家机关,如韩国为法务部,美国为社会保险机构等。

(3)行政赔偿义务机关与行政赔偿诉讼的被告。行政赔偿义务机关与行政赔偿诉讼的被告在绝大多数情况下是指同一机关,但在赔偿程序中不同阶段的称谓不同。行政赔偿案件的解决可分为两个阶段:第一阶段为行政先行处理阶段,因未形成诉讼,因而不能称被告,只能称为赔偿义务机关;第二阶段为诉讼阶段,进入此阶段,才可称为被告。

根据法律规定,行政赔偿义务机关有如下权利义务:第一,受理行政赔偿请求,对赔偿请求作出处理;第二,参加因赔偿问题而引起的行政复议和行政诉讼活动;第三,履行行政赔偿决定和行政赔偿判决;第四,在赔偿受害人的损失后,向有故意或重大过失的行政机关工作人员行使追偿权。

二、行政赔偿义务机关的设定模式

设定行政赔偿义务机关的模式,世界各国的规定有所相同,主要有以下几种类型:一是行政机关为赔偿义务机关。即由实施侵权行为的行政机关或者实施侵权行为的公务员所属的行政机关为赔偿义务机关。如日本、奥地利等许多国家都是采用这种模式。二是以保险机构作为行政赔偿义务机关。即通过国家投保的方式以保险公司作为行政赔偿义务机关。如美国、法国等是将社会保险机构作为赔偿义务机关。三是特别设立财政部门作为行政赔偿义务机关。如瑞士以联邦财政部为行政赔偿义务机关。四是以法务部门作为行政赔偿义务机关。如韩国在法务部门设立国家赔偿审议会及地区审议会,作为专门的行政赔偿义务机关。[1]

我国《国家赔偿法》对行政赔偿义务机关的规定,是在吸取世界各国国家赔偿法设定赔偿义务机关的经验的基础上,采取了侵权主体与赔偿义务机关基本一致的原则,即由实施侵权行为的行政机关或实施侵权行为的公务员所在的行政机关为赔偿义务机关。选择这种模式主要是基于以下考虑:(1)谁致害,谁赔偿,这是一条古老的法律原则,行政机关及其工作人员在行使行政职权的过程中,违法侵犯了公民、法人和其他组织的合法权益造成损害的,就应由实施侵权行为的行政机关或该工作人员所在的行政机关负责赔偿,这是顺理成章、符合法律原则的。(2)符合建立国家赔偿制度的目的。我国建立国家赔偿制度,一方面是为了让公民、法人和其他组织的合法权益在受到行政机关及其工作人员违法行使职权行为的侵害后,能依法取得国家赔偿,以保护其合法权益;另一方面是促使和监督行政机关及其工作人员依法行使职权,提高工作质量,增进行政效益。如果由实施侵权行为的行政机关以外的其他机构负责赔偿,就疏远了损害与赔偿的关系,不利于增强行政机关及其工作人员依法行政的责任感。(3)符合我国的国情。我国国家赔偿制度建立的时间不长,国家财力有限,赔偿面不宜铺得太开,也不宜单独设置一套专门机构作为行政赔偿义务机关。而我国的社会保险事业还不发达,保险范围较窄,保险人员的业务素质还不高,公民的保险意识还不强。在这种情况下,如果把保险机构作为赔偿义务机关,不利于保障受到行政侵权损害的公民、法人和其他组织取得国家赔偿的权利。

三、行政赔偿义务机关的范围

我国《国家赔偿法》第 7 条和第 8 条规定了行政赔偿义务机关主要种类。

1. 实施侵权行为的行政机关

《国家赔偿法》第 7 条第 1 款规定:"行政机关及其工作人员行使职权侵犯公民、法人和其他组织的合法权益造成损害的,该行政机关为赔偿义务机关。"第 2 款规定:"两个以上行政机关共同行使行政职权时侵犯公民、法人和其他组织的合法权益造成损害的,共同行使行政职权的行政机关为共同赔偿义务机关。"据此,可分三种情形加以说明:

(1) 行政机关违法行使行政职权侵犯公民、法人和其他组织的合法权益造成损害的,该行政机关为赔偿义务机关。在这种情况下,违法行使行政职权的行为是以行政机关名义作出,该行政机关的工作人员并未主动违法,只是执行命令或决定而已。例如某县工商局违法对某企业作出吊销企业营业执照的决定造成

---

[1] 参见房绍坤、丁乐超、苗生明著:《国家赔偿法原理与实务》,北京大学出版社 1998 年版,第 132 页。

该企业损害,该企业要求赔偿,则某县工商局为赔偿义务机关。

(2) 行政机关的工作人员违法行使行政职权侵犯公民、法人或者其他组织的合法权益造成损害的,该工作人员所在的行政机关为行政赔偿义务机关。这种情况是指,违法侵害行为完全是由行政机关工作人员在行使职权时自行决定的行为,不是执行行政机关的明确命令或决定。当然这种情况也不同于行政机关工作人员与行使职权无关的个人行为。如公安工作人员执行职务时滥用武器、警械的行为,该工作人员所在的公安机关则为行政赔偿义务机关。因为行政机关与其工作人员之间是一种行政职务关系,工作人员代表其所属的行政机关行使职权,所产生的一切法律后果由其所属的行政机关承担。

(3) 两个以上行政机关共同行使职权时侵犯公民、法人和其他组织的合法权益造成损害的,共同行使行政职权的行政机关为共同赔偿义务机关。所谓"共同行使职权"是指两个以上行政机关对同一事实共同行使行政职权的行为,即两个以上行政机关分别以自己名义共同签署、署名行使行政职权。比如,公安、工商、税务、文化等几个部门联合执法,对某经营歌舞厅的个体户进行处罚;工商、卫生等行政机关联合对某饭店作出吊销营业执照、责令停业的行政处罚等。如果这些行政机关共同行使行政职权违法并给公民、法人和其他组织的合法权益造成实际损害,共同行使行政职权的行政机关为共同的赔偿义务机关。需要说明的是,两名以上分属不同行政机关的工作人员共同致害的,赔偿义务机关如何确定,《国家赔偿法》没有规定。但从工作人员职权行为的责任归属来考虑,如果在最后形成的行政处理或处罚决定书上署了两个以上行政机关的名称,盖了两个以上行政机关的印章,则可以理解为致害工作人员所在的行政机关为共同赔偿义务机关。共同赔偿义务机关之间对受害人应当承担连带责任,赔偿责任如何分配,由共同赔偿义务机关根据它们的致害责任大小协商解决。赔偿请求人有权向其中任何一个行政机关提出赔偿要求,该行政机关必须受理,不得无故推托,但可以在支付全部赔偿费用后向另一义务机关求偿应付份额。此外,行政机关与下文所述的法律、法律授权的组织或其他行政机关委托的组织共同违法行使职权造成损害的,也应当是共同的赔偿义务机关,承担连带责任。

2. 法律、法规授权的组织

国家根据行政管理的需要,将一部分行政职权,通过法律、法规授予行政机关以外的社会组织行使,则该组织便获得在法律、法规规定范围内行使行政职权的资格。法律、法规授权的组织得到授权后,即可以自己的名义独立地行使法定的行政职权,并独立地承担因行使该职权所产生的法律后果。《国家赔偿法》第7条第3款规定:"法律、法规授权的组织在行使授予的行政权力时侵犯公民、法人和其他组织的合法权益造成损害的,被授权的组织为赔偿义务机关。"据此,如果法律、法规授权的组织违法行使职权给公民、法人和其他组织的合法权益造成损害,则该法律、法规授权组织为行政赔偿义务机关。

法律、法规授权的组织作为行政赔偿义务机关必须具备两个条件:第一,必须有法律、法规明确授予的行政职权。对这里的法律、法规应作广义上的理解,既包括法律、行政法规和地方性法规,也包括规章。第二,必须是在行使授予的行政职权时侵害公民、法人和其他组织的合法利益并造成损害。只有这两项条件同时具备,法律、法规授权的组织才是适格的行政赔偿义务机关。

3. 委托的行政机关

《国家赔偿法》第7条第4款规定:"受行政机关委托的组织或者个人在行使受委托的行政权力时侵犯公民、法人和其他组织的合法权益造成损害的,委托的行政机关为赔偿义务机关。"

行政委托是指行政机关将自己的部分行政职权委托给另一个机关、工作人员或其他组织和个人行使的行为。其特点在于被委托人无行政主体的资格,它必须以委托人的名义从事活动,行为的法律后果由委托人承担,被委托人的行为视为委托人的行为。当被委托人行使行政职权侵权时,由委托的行政机关作为赔偿义务机关。如某县税务机关委托某个体餐馆代征筵席税,餐馆老板超额征收引发行政赔偿,此时委托的县税务机关为行政赔偿义务机关。这里应当注意,如受委托的组织或个人(被委托人)所实施的致害行为与委托的行政职权无关,则国家不对该致害行为承担赔偿责任,受害人只能追究被委托人的民事侵权责任。

4. 赔偿义务机关被撤销后的赔偿义务机关

《国家赔偿法》第7条第5款规定:"赔偿义务机关被撤销的,继续行使其职权的行政机关为赔偿义务机关;没有继续行使其职权的行政机关的,撤销该赔偿义务机关的行政机关为赔偿义务机关。"确定赔偿义务机关被撤销后的赔偿义务机关,关键问题是要找准继续行使其职权的行政机关是谁。行政机关被撤销,其职权会发生转移。在行政法上,行政职权、职责与行政责任是一致的,行政职权发生转移,行政职责与行政责任也随之发生转移。所以,继续行使其职权的行政机关也应承担与该项职权相对应的责任。因此,我国《国家赔偿法》规定,赔偿义务机关被撤销的,继续行使其职权的行政机关为赔偿义务机关。如果没有行使其职权的行政机关,那么,就要看是谁撤销了该行政机关。这样,就可以确定赔偿义务机关。

行政机关被撤销,通常有以下几种情况:一是行政机关被撤销,并被并入另一个行政机关,接受合并的行政机关继续行使其职权,此时,接受合并的行政机关为赔偿义务机关;二是行政机关被撤销,并用新设立的行政机关取代被撤销的行政机关继续行使其职权,则新设立的行政机关为赔偿义务机关;三是行政机关被撤销,没有继续行使职权的行政机关,那么由撤销该行政机关的行政机关为赔偿义务机关。这种撤销一般是由设立该行政机关的上级行政机关或者同级政府予以撤销，收回职权，自己行使。因此，作出撤销决定的行政机关为继续行使其职权的行政机关，当然也就是行政赔偿义务机关。

5. 行政复议机关

行政复议是指公民、法人和其他组织认为行政机关的具体行政行为违法，侵犯了其合法权益，依法向该行政机关的上级行政机关或者法律规定的行政机关提出申请，由上级行政机关对原具体行政行为进行全面审查，并依法作出裁决的制度。这是上级行政机关对下级行政机关行使职权的监督形式之一，也是裁决下级行政机关与行政相对人之间发生行政争议案件的重要方式。对经过行政复议机关复议的损害赔偿案件，如何确定行政赔偿中的赔偿义务机关？这是一个较为复杂的问题。它既涉及行政诉讼被告的确认，因为赔偿义务机关的确认不能不考虑行政诉讼被告的确认，同时还涉及侵权行为与侵权主体问题。对此，有人主张，应当按照行政诉讼法关于确认被告的规定确定行政赔偿义务机关，复议机关维持原具体行政行为的，原作出具体行政行为的机关为赔偿义务机关；复议机关改变原具体行政行为的，复议机关为赔偿义务机关。也有人认为，复议机关维持原具体行政行为的，原作出具体行政行为的机关为赔偿义务机关，复议机关改变原具体行政行为，并且加重或扩大损害的，复议机关应当就加重或扩大部分承担赔偿责任，这时复议机关成为相应的赔偿义务机关。还有人认为，确认复议后的赔偿义务机关，应将原行政机关与复议机关视为共同侵权机关，承担连带赔偿责任。[1]

我国《国家赔偿法》采纳了第二种观点。《国家赔偿法》第8条规定："经复议机关复议的，最初造成侵权行为的行政机关为赔偿义务机关，但复议机关的复议决定加重损害的，复议机关对加重的部分履行赔偿义务。"据此规定，经过行政复议的赔偿案件，赔偿义务机关有以下两种情况：

（1）经过行政复议机关复议，复议机关维持原具体行政行为，受害人请求行政赔偿的，最初实施侵权损害行为的行政机关为行政赔偿义务机关。

（2）经过行政复议机关复议，复议机关的复议决定加重损害的，复议机关对加重的部分履行赔偿义务。这是因为，复议机关改变原行政侵权行为直接侵犯了公民、法人和其他组织的合法权益，本着"谁侵害，谁负责"的原则，应由复议机关对加重的损害部分承担赔偿责任，即由复议机关为赔偿义务机关。而对没有加重的损害部分，仍由最初造成侵权的行政机关为行政赔偿义务机关，负责对造成的损害承担赔偿责任。值得注意的是，此时的复议机关与最初造成侵权的行政机关不是共同赔偿义务机关。因为复议机关和最初作出侵权行为的行政机关

---

[1] 参见马怀德著：《国家赔偿法的理论与实务》，中国法制出版社1994年版，第126页。

并非在共同行使行政职权,因而对于最后的损害结果,复议机关和最初造成侵权的行政机关应该分清责任、各自承担,而不是由其中的某一机关承担连带责任。

本章需要继续探讨的问题

一、行政赔偿请求人与行政诉讼原告在资格转移上的协调

《国家赔偿法》第6条第2款规定:"受害的公民死亡,其继承人和其他有扶养关系的亲属有权要求赔偿。"《行政诉讼法》第24条第2款规定:"有权提起诉讼的公民死亡,其近亲属可以提起诉讼。"可见,作为行政赔偿请求人和作为行政诉讼原告的公民死亡这一法律事实,在行政赔偿和行政诉讼过程中所引发的法律后果是不一样的,行政赔偿和行政诉讼对行政赔偿请求人资格和行政诉讼原告资格因公民死亡而发生转移的基本要求也是不一致的。这样一来,势必会出现如下情形:当作为行政诉讼原告的公民死亡时,有权提起行政诉讼的人不一定有权请求行政赔偿,因为死亡公民的近亲属不一定都是其继承人或者是其他有扶养关系的亲属;而有权请求行政赔偿的人也不一定有权提起行政诉讼,因为与死亡公民有继承关系或其他扶养关系的亲属不一定都是其近亲属。

行政诉讼原告与行政赔偿请求人在上述情形下的不一致,主要归因于《国家赔偿法》与《行政诉讼法》对这一问题规定的不一致,而这种不一致又在一定程度上破坏了行政诉讼原告与行政赔偿请求人的相互对应关系,从而使这两种本来紧密联系的事务发生了一定程度的脱节与分离。有学者认为,行政诉讼原告与行政赔偿请求人无论在本质上还是在形式上都应是一致的,即有权提起行政诉讼的公民同样有权提出赔偿请求,有权提出行政赔偿的公民也同样有权提起行政诉讼。因为,行政赔偿诉讼不是民事诉讼,就其性质而言,它仍属行政诉讼范畴,在对当事人的基本要求上,因同一具体行政行为所致的行政赔偿诉讼与行政诉讼理应相同。为此,只有通过《国家赔偿法》与《行政诉讼法》对这一问题的协调规定,才能从根本上实现行政赔偿请求人与行政诉讼原告的统一,本应归属于受害公民的行政诉讼权、请求赔偿权和取得赔偿权便不会因该公民的死亡而脱节或分离,即以上几方面的权利,将作为一个整体转移给另一个合法主体。基于上述理由,该学者建议对《国家赔偿法》第6条第2款作如下表述:"受害公民死亡,其近亲属有权请求行政赔偿。"以使《国家赔偿法》与《行政诉讼法》的规定相一致。至于"近亲属"的范围,最高人民法院2000年颁布实施的《关于执行〈中华人民共和国行政诉讼法〉若干问题的解释》第11条已明确无误地解释为"配偶、父母、子女、兄弟姐妹、祖父母、外祖父母、孙子女、外孙子女和其他具有扶养、赡

养关系的亲属"。①

二、几种特殊情形下行政赔偿义务机关的确定

1. 行政赔偿义务机关被撤销后,没有继续行使其职权的行政机关的,赔偿义务机关该如何确定?

《国家赔偿法》第 7 条第 5 款规定:"赔偿义务机关被撤销的,继续行使其职权的行政机关为赔偿义务机关;没有继续行使其职权的行政机关的,撤销该赔偿义务机关的行政机关为赔偿义务机关。"此规定忽略了一个因素,即如赔偿义务机关被权力机关撤销,没有继续行使其职权的行政机关的,赔偿义务机关该如何确定呢?

根据我国行政诉讼法及国家赔偿法的基本原理,国家权力机关不能成为行政诉讼的被告,也不能成为国家赔偿的赔偿义务机关,但国家权力机关对赔偿义务机关的撤销,并未改变有关相对人的合法权益遭受该赔偿义务机关违法行使职权行为损害的客观事实,对这种损害,应当予以保护,赔偿请求人的赔偿请求权和取得赔偿权均不因赔偿义务机关的终止而消灭。否则,就有悖于我国《国家赔偿法》的初衷。

为了妥善解决这一问题,有学者认为,在赔偿义务机关被撤销,没有继续行使其职权的行政机关的情况下,代表国家承担赔偿责任的最佳主体应是被撤销机关的上一级行政机关。只有这样,才符合被撤销机关与其上一级行政机关的领导与被领导的关系,使上级行政机关对其下一级行政机关的工作,不但要行使领导职能,而且要承担相应责任,从而使受害相对人的赔偿请求权和取得赔偿权,不至于因赔偿义务机关被撤销而落空。该学者建议,我国《国家赔偿法》第 7 条第 5 款宜作如下表述:"赔偿义务机关被撤销的,继续行使其职权的行政机关为赔偿义务机关;没有继续行使其职权的行政机关的,被撤销的赔偿义务机关的上一级行政机关为赔偿义务机关。"②我们认为,这样做,尽管对确定行政赔偿义务机关具有一定的指导意义,但仍存在需要探讨的地方,根据我国《国家赔偿法》的规定,赔偿费用列入各级财政预算。按照我国现行的财政体制,国家赔偿经费,应由中央财政和地方各级财政分别编列预算。据此,在赔偿义务机关被撤销,没有继续行使其职权的行政机关的情况下,如果由被撤销的赔偿义务机关的上一级机关作为赔偿义务机关,而上、下级行政机关分别隶属于不同级别的人民政府,这就会出现本应由下级政府财政列支的赔偿费用转嫁到由上级政府来承

---

① 邢鸿飞:《论国家赔偿中赔偿请求人和赔偿义务机关的特殊情形》,中国法学会行政法研究会 2004 年年会论文。
② 同上。

担,这是否公平?为解决这一问题,在现有的财政体制框架下,我们建议作如下的制度设计:"赔偿义务机关被撤销的,继续行使其职权的行政机关为赔偿义务机关;没有继续行使其职权的行政机关的,撤销该赔偿义务机关的行政机关为赔偿义务机关;如果赔偿义务机关是由权力机关撤销的,则由被撤销的赔偿义务机关的本级人民政府作为赔偿义务机关;如果被撤销的赔偿义务机关是一级政府的,则由其上一级政府作为赔偿义务机关。"

2. 引起行政赔偿争议的具体行政行为经复议机关复议的,赔偿义务机关该如何确定?

《国家赔偿法》第8条规定:"经复议机关复议的,最初造成侵权行为的行政机关为赔偿义务机关,但复议机关的复议决定加重损害的,复议机关对加重的部分履行赔偿义务。"有学者认为,这一规定,有利于分清复议机关与最初实施侵权行为的行政机关的赔偿责任,有利于对相对人合法权益的充分保护。但该条款的可操作性值得怀疑。在该条款中,曾先后两次使用"加重"的概念,但"加重"二字的含义并不十分明确。因为,在实际生活中,复议加重损害,主要是指对损害结果的加重,至于加重损害的具体形式,这里并未作严格要求。根据这一情形,复议机关对损害事实的加重,既可表现为复议决定对原具体行政行为作了改变,从而加重了损害;也可表现为复议机关逾期不决,从而加重了损害;还可表现为复议决定未改变原具体行政行为,而是维持了原行为,但仍然加重了损害。这样一来,不管复议机关的复议决定是改变了原具体行政行为还是维持了原具体行政行为,也不管复议决定对原具体行政行为的改变是倾向于相对人还是倾向于行政机关,都可能引发加重损害的后果,复议机关也都可能由此而履行一定的赔偿义务。这对复议机关来说,似乎有失公允。何况,根据该条规定,复议机关只对"加重部分"履行赔偿义务,但加重部分究竟有多大,认定非常困难。因为在司法实践中,到底受害相对人的哪些损害是由原具体行政行为或最初侵权行为造成的,往往界限不明,在有些时候,要分清原行为和复议行为损害结果的大小,几乎不可能。可是,按《国家赔偿法》的这一规定,对原侵权行为和复议行为所致的损害程度又不得不准确认定,否则,两者所致的赔偿责任就无法分清,所谓"复议机关对加重的部分履行赔偿义务"就成了一句空话,受害相对人因此而应该取得的对这部分损害的赔偿权也永远无法落到实处。

为了增强这一条款在实践中的可操作性,避免原侵权机关与复议机关在承担赔偿责任中的扯皮与推诿,切实保护受害相对人的合法权益,该学者认为,《国家赔偿法》对这一条款的表达宜参照《行政诉讼法》第25条第1款和第2款的内容,作如下表述:"具体行政行为未经复议机关复议的,作出具体行政行为的行政机关为赔偿义务机关。"(第1款)"经复议机关复议的,复议机关维持原具体行政行为的,作出原具体行政行为的行政机关为赔偿义务机关;复议机关改变原具体行政行为的,复议机关为赔偿义务机关。"(第 2 款)"复议机关逾期不决,相对人对原具体行政行为提起行政赔偿的,作出原具体行政行为的行政机关为赔偿义务机关;相对人对原具体行政行为和逾期不决的行为均提起行政赔偿的,作出原具体行政行为的行政机关和复议机关为共同的赔偿义务机关。"(第 3 款)[①]我们认为,对赔偿义务机关的确定,不能完全参照《行政诉讼法》中关于被告的有关规定,如"复议机关改变原具体行政行为的,将复议机关确定为赔偿义务机关"是否合理? 特别是当复议机关改变原具体行政行为在结果上不是加重了对相对人的损害,而是减轻了对相对人的损害,此时由复议机关作为赔偿义务机关履行赔偿义务显然是不科学的。这样,还可能导致一种危险的结果,即复议机关受理复议案件后,不论原具体行政行为合法与否,一律作出维持原具体行政行为的决定,以避免成为赔偿义务机关。再者,"复议机关逾期不决,相对人对原具体行政行为和逾期不决的行为均提起行政赔偿的,将作出原具体行政行为的行政机关和复议机关作为共同的赔偿义务机关"也是值得商榷的,这样做,存在责任分割上的困难。如果复议机关逾期不决(不作为)导致相对人的损害加重(扩大)的,复议机关只能对加重损害履行赔偿义务。尽管"加重部分"存在认定上的困难,但不等于不能认定。对"加重部分"可以由当事人提供证据来证实,由有权机关裁量决定。基于此,我们建议,对《国家赔偿法》第 8 条的规定作如下补充,即"经复议机关复议的,最初造成侵权行为的行政机关为赔偿义务机关,但复议机关的复议决定加重损害的,复议机关对加重的部分履行赔偿义务"。(第 1 款)"复议机关逾期不作出复议决定导致损害加重的,复议机关对加重的部分履行赔偿义务。"(第 2 款)

3. 派出机关能否作为行政赔偿义务机关?

派出机关是一级政府所设立的派出组织,包括行政公署、区公所和街道办事处。派出机关具有行政主体资格,可以成为行政赔偿义务机关。

4. 行政机关的内部机构或派出机构以自己的名义违法行使职权造成损害的,赔偿义务机关如何确定?

一般来讲,成为行政赔偿义务机关的组织需要具有行政主体资格,因此,当行政机关的内部机构或派出机构得到法律、法规或规章的授权以自己的名义违法行使职权造成损害的,该内部机构或派出机构为赔偿义务机关;当行政机关的内部机构或派出机构没有得到法律、法规或规章的授权却以自己的名义违法行使职权造成损害的,该内部机构或派出机构不能作为赔偿义务机关,而应以其所在的行政机关作为赔偿义务机关。

---

① 邢鸿飞:《论国家赔偿中赔偿请求人和赔偿义务机关的特殊情形》,中国法学会行政法研究会 2004 年年会论文。

5. 经上级行政机关批准的具体行政行为违法损害相对人合法权益的,赔偿义务机关如何确定?

我们认为,经上级行政机关批准的具体行政行为违法损害相对人合法权益的,赔偿义务机关的确定可参照最高人民法院《关于适用〈中华人民共和国行政诉讼法〉若干问题的解释》第19条的规定,即"经上级行政机关批准的具体行政行为违法损害相对人合法权益的,以在对外发生法律效力的文书上署名的机关为赔偿义务机关"。这符合谁行为、谁致害、谁负责的精神。

第十一章　行政赔偿程序

内容提要

　　行政赔偿程序是进行行政赔偿活动所经历的一个过程,是行政赔偿请求人依法取得国家赔偿权利的途径、手段和保障,也是有关国家机关办理行政赔偿事务的规程,对有关国家机关起到规范和制约的作用。行政赔偿程序不同于民事赔偿程序及司法赔偿程序,它包括行政赔偿义务机关先行处理程序,行政赔偿的复议处理程序和行政赔偿的诉讼程序。

关键词

　　行政赔偿程序　行政赔偿义务机关先行处理程序　行政赔偿的复议处理程序　行政赔偿的诉讼程序

第一节　行政赔偿程序概述

一、行政赔偿程序的概念

　　所谓行政赔偿程序,是指行政赔偿请求人向行政赔偿义务机关请求行政赔偿,行政赔偿义务机关对赔偿请求进行审查并作出处理,以及行政复议机关或人民法院根据行政赔偿请求人的申请复议或起诉解决行政赔偿争议的方式、步骤、顺序和时限的总称。行政赔偿程序是有关国家机关办理行政赔偿事务的规程,是行政赔偿请求人依法取得国家赔偿权利的途径、手段和保障。

　　公民、法人或者其他组织在其合法权益受到行政机关及其工作人员违法行使行政职权的侵犯,造成实际损害时,一般可以通过以下四种途径获得国家赔偿:

　　(1)行政机关因其工作人员违法行使职权侵犯了公民、法人和其他组织的人身权和财产权,并造成实际损害的,行政机关在纠正了该违法行为以后,依照《国家赔偿法》的规定,主动向受害的公民、法人和其他组织给予赔偿,受害的公民、法人和其他组织对赔偿义务机关的赔偿没有异议的,该项赔偿事务就算完成。

　　(2)通过行政程序和行政赔偿诉讼解决。受害人对于已经被确认为违法并造成了其人身权或财产权的损害的行政行为,要求赔偿的,即受害人单独就赔偿请出请求的,应先向行政赔偿义务机关提出赔偿请求,由行政赔偿义务机关处理,如果赔偿义务机关不予赔偿或赔偿请求人对赔偿数额等有异议的,则赔偿请求人可向人民法院提起行政赔偿诉讼。

(3) 通过行政复议解决赔偿问题。受害人在申请行政复议的同时,可以一并提出赔偿请求。复议机关经复议审查后,确认被申请人作出的具体行政行为侵犯了申请人的合法权益,并造成实际损害的,在作出复议决定的同时,责令被申请人依照国家赔偿法的规定赔偿申请人的损失。

(4) 通过行政诉讼一并解决。受害人在提起行政诉讼的同时,一并提出赔偿请求,人民法院在审理案件时,一并解决赔偿问题。

从上述途径可以看出,我国行政赔偿程序实行的是"单独提起"与"一并提起"两种请求方式并存的办法,并包括行政程序和司法程序两个部分,这是我国行政赔偿程序的突出特点。

"单独提起"是指行政机关及其工作人员的违法行使职权的行为已经被确认,行政赔偿请求人仅就赔偿问题提出请求。赔偿请求人单独提出赔偿请求,应当先向行政赔偿义务机关提出,遵循"赔偿义务机关先行处理"的原则。只有在赔偿请求人向赔偿义务机关提出赔偿请求,赔偿义务机关拒绝赔偿或赔偿请求人对赔偿数额有异议的情况下,才可以向人民法院提起行政赔偿诉讼,否则,未经先行处理程序直接起诉的,人民法院不予受理。赔偿义务机关先行处理程序只适用于单独提出赔偿请求的情况。

"一并提起"是指行政赔偿请求人在申请行政复议或提起行政诉讼的同时,一并提出赔偿请求。它是将两项不同的请求一并向同一机关提出,合并审理解决,但这两项不同的请求必须具有内在的联系,即赔偿请求的损害事实,是由违法的具体行政行为造成的。一并提出赔偿请求可以在申请行政复议时提出,也可以在提起行政诉讼时提出。在申请行政复议时一并提出赔偿请求的,由行政复议机关在审理行政复议案件的过程中一并解决赔偿问题;在提起行政诉讼时一并提出赔偿请求的,由人民法院在审理行政诉讼案件的过程中一并解决赔偿问题。

二、行政赔偿程序与其他赔偿程序的区别

在我国,其他赔偿程序主要包括民事赔偿程序和司法赔偿程序。行政赔偿程序与民事赔偿程序及司法赔偿程序之间尽管存在某些相通之处,但也有明显的区别。

(一) 行政赔偿程序与民事赔偿程序的区别

行政赔偿程序与民事赔偿程序不仅在赔偿性质上不同,而且在程序结构上也有较大的差别。行政赔偿程序在结构上由非诉讼程序(行政程序)和诉讼程序

（司法程序）两部分组成。原则上，行政赔偿请求人必须先向行政赔偿义务机关提出赔偿请求，由赔偿义务机关先行通过行政程序解决。当赔偿义务机关不接受赔偿请求人的赔偿请求或拒绝赔偿，或者赔偿请求人对赔偿数额有异议时，赔偿请求人才有权向人民法院提起行政赔偿诉讼，由人民法院予以裁判。而民事赔偿程序在结构上只是一种诉讼程序，即受害人依法直接向人民法院提起损害赔偿之诉，由人民法院依照民事诉讼程序解决赔偿争议，不必经过有关行政机关先行处理。

（二）行政赔偿程序与司法赔偿程序的区别

行政赔偿程序与司法赔偿程序都是国家赔偿程序，但二者存在较大的区别，主要表现在：(1) 在行政赔偿程序中，赔偿请求经行政赔偿义务机关先行处理后，赔偿请求人不服的，不需要再向行政赔偿义务机关的上一级机关申请复议，而可以直接向人民法院提起行政赔偿诉讼，由人民法院依法解决；而在司法赔偿程序中，赔偿请求人对司法赔偿义务机关的处理不服，如果赔偿义务机关为人民法院以外的其他国家机关的，则赔偿请求人不能直接请求人民法院解决，而必须向赔偿义务机关的上一级机关申请复议。(2) 在行政赔偿程序中，赔偿请求人只有在经过行政赔偿义务机关先行处理后不服的，才可以向人民法院提起行政赔偿诉讼，请求人民法院作出裁决；而在司法赔偿程序中，赔偿请求人在经过赔偿义务机关的上一级机关复议之后不服的，不能以赔偿义务机关为被告向人民法院提起诉讼，要求人民法院作出司法判决，只能由人民法院就司法赔偿问题通过特别程序（非诉程序）作出决定，即由中级以上人民法院设立的赔偿委员会作出终局裁决。(3) 行政赔偿请求可以在申请行政复议或者提起行政诉讼时一并提出，此种情况下不需要经过赔偿义务机关先行处理程序；而司法赔偿请求毫无例外地必须先向赔偿义务机关提出，由赔偿义务机关先行处理。

第二节　行政赔偿的行政程序

一、行政赔偿义务机关先行处理程序

（一）行政赔偿义务机关先行处理程序的含义与意义

世界上大多数国家均采用行政机关先行处理原则解决赔偿问题。该原则因赔偿方式上的差别又被称为协议先行原则、穷尽行政救济原则等。在美国，涉及国家赔偿的案件，大约有 80% 至 90% 是在行政机关得到解决的。在我国，行政赔偿义务机关先行处理程序，是指行政赔偿请求人单独请求赔偿时，应先向行政赔偿义务机关提出赔偿请求，由该赔偿义务机关依法进行处理，或者由双方当事人就有关赔偿的范围、方式和金额等事项进行协商，从而解决行政赔偿争议的一

种行政程序。行政赔偿义务机关先行处理程序是行政赔偿诉讼程序的前提,它适用单独提起赔偿请求方式。我国《行政诉讼法》第67条第2款规定:"公民、法人或者其他组织单独就损害赔偿提出请求,应当先由行政机关解决。"一般来讲,确立行政赔偿义务机关先行处理程序具有下列意义:

(1) 有利于迅速解决行政赔偿争议。承担行政赔偿义务的机关主要是实施行政侵权行为的行政机关及法律、法规授权的组织,其了解行政赔偿争议的全过程。采取行政赔偿义务机关先行处理的方式,程序简便、迅速,可使赔偿请求人不经过诉讼程序,就能很快地解决行政赔偿争议,省时省力,使受害人的损失能够得到及时补救。

(2) 有利于加强行政机关内部监督和提高行政效率。行政赔偿争议由行政机关先行处理,这在客观上迫使行政机关经常地对已作出的行政行为进行检查复核,发现问题及时解决,纠正工作中的偏差和失误,吸取经验教训,从而既有利于上级行政机关对下级行政机关、行政机关对其工作人员的监督和考核,又能促进行政机关增强依法行政的意识,提高执法水平和工作效率。

(3) 有利于减轻人民法院的负担。先行处理犹如一张过滤网,将行政机关能够自行解决的赔偿限制在行政机关内部,而不进入司法程序,这可以减轻人民法院处理行政赔偿案件的压力,节省人民法院办案的时间、人力和物力,也有利于受害人及时得到赔偿,减少诉累。

(4) 体现了国家对行政赔偿义务机关的尊重和信任。国家赋予行政机关代表国家行使行政权,管理国家行政事务。这既是行政机关的权力,也是其义务。当行政机关行使职权过程中,与行政相对人之间发生行政赔偿争议时,法律赋予行政机关先行处理的权力,使其有机会采取补救措施,纠正错误,这体现了国家对行政赔偿义务机关的尊重与信任,有利于调动其纠正错误的主动性和努力工作的积极性。

(二) 行政赔偿请求的提出

1. 提出行政赔偿请求的条件

行政赔偿请求人向行政赔偿义务机关提出赔偿请求必须具备下列条件:

(1) 赔偿请求人必须具有赔偿请求权。赔偿请求权是法律赋予公民、法人和其他组织主张赔偿的权利,没有赔偿请求权的公民、法人及其他组织不得请求行政赔偿。根据《国家赔偿法》的规定,有权请求行政赔偿的人是其合法权益受到行政机关及其工作人员职务侵权行为侵犯并造成损害的公民、法人及其他组织。有赔偿请求权的公民死亡的,其继承人和其他有扶养关系的亲属有权请求赔偿;有赔偿请求权的法人及其他组织终止的,继续承受其权利的法人及其他组织有权请求赔偿。在此,应该注意的是《国家赔偿法》第12条第3款的规定:"赔偿请求人不是受害人本人的,应当说明与受害人的关系,并提供相应证明。"也就是说,如果赔偿请求人与受害人不一致时,应当提供相关证明来证明赔偿请求人与受害人之间的关系。当赔偿请求人是自然人时,就应该提供证据来证明他与受害人之间存在继承关系,或者他是与受害人之间存在扶养关系的亲属;当赔偿请求人是组织时,就应该提供证据来证明它与受害人之间存在权利义务的承受关系。

(2) 赔偿请求必须向赔偿义务机关提起。赔偿义务机关是代表国家履行赔偿义务的行政机关及法律法规授权的组织。受害人在请求赔偿时,首先必须弄清谁是行政赔偿义务机关,然后才能有针对性地提出赔偿请求。根据法律规定,行政赔偿义务机关包括:违法行使职权的行政机关;违法行使职权造成损害的行政机关工作人员所在的行政机关;违法行使职权的法律、法规授权的组织;受委托的组织和个人违法行使职权造成损害的委托的行政机关;共同作出违法侵权行为的两个以上的行政机关;复议决定加重了损害的复议机关。

(3) 赔偿请求事项必须符合法律规定的范围。赔偿请求人所提出的赔偿请求事项,必须属于国家赔偿法规定的行政赔偿范围。凡超出法律规定的赔偿范围提出的赔偿请求,赔偿义务机关不予受理。

(4) 赔偿请求必须在法律规定的期限内提出。赔偿请求人请求赔偿义务机关予以赔偿,必须在法定的期限内提出。如果超出法定期限,则该行政赔偿请求权自然丧失,赔偿请求人不能获得行政赔偿。《国家赔偿法》第39条规定:"赔偿请求人请求国家赔偿的时效为两年,自其知道或者应当知道国家机关及其工作人员行使职权时的行为侵犯其人身权、财产权之日起计算,但被羁押等限制人身自由期间不计算在内。在申请行政复议或者提起行政诉讼时一并提出赔偿请求的,适用行政复议法、行政诉讼法有关时效的规定。赔偿请求人在赔偿请求时效的最后6个月内,因不可抗力或者其他障碍不能行使请求权的,时效中止。从中止时效的原因消除之日起,赔偿请求时效期间继续计算。"

2. 提出行政赔偿请求的方式

行政赔偿请求人向赔偿义务机关提出行政赔偿请求,应当以书面形式进行申请,即递交赔偿申请书。许多国家和地区都要求提出赔偿请求的方式是书面方式。如奥地利《国家赔偿法》第8条规定:"被害人应先向有赔偿责任的官署以书面请求赔偿。"瑞士《责任法执行法令》规定:"根据责任法对联邦提出的损害赔偿请求和抚慰金请求,应当以书面形式,说明理由并至少以双份提交联邦财政部和海关部。"我国台湾地区《国家赔偿法》第10条规定:"依本法请求损害赔偿时,应先以书面向赔偿义务机关请求之。"我国《国家赔偿法》第12条规定:"要求赔偿应当递交申请书。"赔偿申请书的内容,必须能够反映出受害人的基本情况和具体的请求及事实与理由,以便赔偿义务机关审理。赔偿请求人书写申请书确有困难的,可以委托他人代书。赔偿请求人当面递交申请书的,赔偿义务机关应当当场出具加盖本行政机关专用印章并注明收讫日期的书面凭证。根据我国《国家赔偿法》第12条的规定,赔偿申请书应当载明下列事项:

(1) 受害人是自然人的,应当载明受害人的姓名、性别、年龄、工作单位和住所。如果是由受害人的继承人或者其他有扶养关系的亲属或者法定代理人来行使请求权时,还应当载明继承人、有扶养关系的亲属、法定代理人的姓名、性别、年龄、工作单位、住所、与受害人的关系等事项,并提交与受害人之间有亲属关系或扶养关系的证明。

受害人为法人或者其他组织的,应当载明受害的法人或者其他组织的名称、住所和法定代表人或者主要负责人的姓名、职务。受害的法人或者其他组织终止,由承受其权利的法人或者其他组织提出赔偿要求的,应当载明赔偿请求人的名称、住所和法定代表人或者主要负责人的姓名、职务,赔偿请求人承受已终止的法人或者其他组织权利义务的事实,并提交有关证明。

赔偿请求人委托代理人代为行使赔偿请求权的,应当载明代理人的姓名、性别、职业和工作单位。

(2) 具体请求。赔偿申请书必须写明请求赔偿的具体要求,如要求赔偿的数额是多少、是否恢复原状或是否返还财产等。赔偿请求人可以根据受到的不同损害,同时提出数项赔偿要求。申请书中要把每一项请求都写清楚,以便于赔偿义务机关在一次处理程序中彻底解决问题,简化程序,提高办事效率。

(3) 事实根据和理由。"事实根据"是针对具体赔偿要求而言的,包括行政机关及其工作人员违法的行为事实及受害人遭受损害的事实。"理由"是赔偿请求人对其所受损害程度和根据损害程度提出赔偿要求的说明。即赔偿申请书中必须简明扼要地叙述违法行为发生的时间、地点与事实经过,以及受害人遭受损害的事实,如有相关证明材料的,必须一起附上。例如证明人身伤害的程度、性质的医院证明书、医疗费收据及因此受到其他损失的证明;对财产受到损害的,应当提交修复费用的收据、购置同类财产的发票等;因死亡而要求赔偿的,应提交受害人死亡证明书或其他载明死亡原因、时间、地点等情况的证明书,死亡人死亡之前的职业、工资收入状况、生前抚养人的姓名、年龄,死亡人需抚养的未成年人的年龄、性别及其与死亡人的关系、因死亡而开支的丧葬费收据等。有了这些证据,便于赔偿义务机关审查。

(4) 致送的赔偿义务机关。赔偿申请书上必须写明致送的赔偿义务的名称,以表明该申请是向何机关提出的,必须由谁受理。

(5) 提交申请书的年、月、日。在赔偿申请书中写明提交申请的时间,既能督促赔偿义务机关及时履行赔偿义务,又便于赔偿请求人及时行使诉权。

3. 有两个以上赔偿义务机关时赔偿请求的提出

在有共同赔偿义务机关时,赔偿请求可以向共同赔偿义务机关中的任何一个赔偿义务机关提出,被请求的赔偿义务机关不能借口其他赔偿义务机关未被请求或未予赔偿,而拒绝或推诿赔偿责任,而应当先予以赔偿。

规定赔偿请求人可以向共同赔偿义务机关中的任何一个赔偿义务机关要求赔偿,既可以防止赔偿义务机关相互扯皮、推诿责任,也可以使赔偿请求人迅速得到赔偿。赔偿义务机关从实质上看是代表国家履行赔偿义务的机关,国家是承担赔偿责任的主体,任何一个赔偿义务机关都可以代表国家履行赔偿义务,因此,这种方法从国家责任角度讲也是行得通的。当然,向共同赔偿义务机关中的任何一个赔偿义务机关提出请求,该赔偿义务机关先予赔偿,并不是由该赔偿义务机关承担全部赔偿责任,而免除其他赔偿义务机关的赔偿责任。共同赔偿义务机关应当共同承担行政侵权赔偿责任。某一赔偿义务机关先予赔偿之后,可要求其他赔偿义务机关根据其责任程度承担相应份额。

4. 数项赔偿请求的提出

赔偿请求人根据受到的不同损害,可以同时提出数项赔偿请求。数项赔偿请求相互之间往往有着一定的联系,它们或者是因同一侵权行为而产生多项损害,或者是多种侵权行为实施于一个人产生多项损害。对数项赔偿请求同时提出,一并解决,有助于综合考虑各种因素,合理解决赔偿争议。

(三) 行政赔偿申请的受理

行政赔偿义务机关在收到行政赔偿请求人的申请后,应按照法律的规定,对申请书提出的赔偿要求进行审查,经审查后认为申请符合法定赔偿条件的,应当在收到申请之日起两个月内,依法给予赔偿。

赔偿义务机关审查的主要内容有:(1) 赔偿请求人是否符合法定条件;(2) 申请书的形式和内容是否符合要求;(3) 赔偿请求人所要求赔偿的事实及理由是否确实、充分,损害是否确系由本行政机关及其工作人员或受本机关委托的组织和个人的违法侵权行为造成的;(4) 请求赔偿事项是否属于国家赔偿法所规定的赔偿范围之内;(5) 申请人是否在法定时效期限内提出赔偿申请。经过审查,如果符合上述要求,赔偿义务机关则应受理,并通知赔偿请求人。

赔偿义务机关如果发现有以下情况,应按规定分别处理:(1) 申请书的内容、形式有缺漏,应当告知申请人予以补正;(2) 申请人不具有行政赔偿请求人资格的,应作出不予受理的决定,并说明理由;(3) 申请人已丧失请求权的,应告知其不予受理的原因。

(四) 行政赔偿请求的处理

1. 行政赔偿请求的处理方式

关于行政赔偿义务机关处理行政赔偿请求的方式,各国和地区有着不同的规定,概括起来主要有两种:(1) 协议式。即行政赔偿请求人与行政赔偿义务机关之间,就赔偿金额在相互协商的基础上,达成协议,以解决行政赔偿争议的方式。这种通过协商解决行政赔偿争议的方式，被世界上许多国家和地区所采用。如美国《联邦侵权赔偿法》第2676条规定："对于受害人的请求，第一联邦行政机关的首长或者指定人必须予以考虑，评估、调解、决定或妥协、和解，受害人如果接受了这种决定或妥协、和解，则发生终局之效力，不得再行请求或起诉。"我国台湾地区《国家赔偿法》规定，依本法请求损害赔偿时，应先以书面形式向赔偿义务机关请求之。赔偿义务机关对于赔偿请求，应即与请求权人协议。协议成立时，应作成协议书，该项协议书应予以执行。赔偿义务机关拒绝赔偿，或自提起请求之日起30日内不开始协议，或自开始协议超过60日协议不成立时，请求权人得提起损害赔偿之诉。(2)决定式。即赔偿请求人要求国家赔偿，向赔偿义务机关提出请求，由赔偿义务机关直接作出决定是否予以赔偿。赔偿请求人对赔偿决定不服的，可向法院提起诉讼。如在法国，提起赔偿诉讼要遵循赔偿义务机关先作出关于赔偿金决定为前提的规则，请求人对赔偿义务机关的决定不服，才能提起赔偿诉讼。韩国《国家赔偿法》第9条规定："依本法提起损害赔偿诉讼，非经赔偿审议会作出赔偿金给付或驳回的决定后，不得提起。但自赔偿金支付申请之日起，超过3个月时，有权不经过其决定，提起诉讼"。瑞士的《联邦责任法》规定，被害人请求国家赔偿，应先向财政部申请，如果财政部驳回其请求，或超过3个月而未作决定，被害人可以向联邦法院提起诉讼。我国《国家赔偿法》第13条规定，"赔偿义务机关应当自收到申请之日起两个月内，作出是否赔偿的决定。赔偿义务机关作出赔偿决定，应当充分听取赔偿请求人的意见，并可以与赔偿请求人就赔偿方式、赔偿项目和赔偿数额依照本法第四章的规定进行协商。"根据这一规定，我们认为，我国行政赔偿义务机关对赔偿申请的处理采取的是决定式。因为在国家赔偿的处理过程中，是否协商是由行政赔偿义务机关来自由裁量的。协商程序是国家赔偿程序中的酌定程序，不是法定的必经程序。当然，我国采取的决定式与外国的决定式存在一些不同，有着中国特色：(1)赔偿义务机关作出赔偿决定，应当充分听取赔偿请求人的意见，这是行政赔偿义务机关的法定义务。(2)我国采取的决定式是协商可以先行的决定式，即赔偿义务机关在作出最后赔偿决定之前，可先就赔偿事项与赔偿请求人进行协商，双方能够达成一致的，赔偿争议得以解决；经协商双方不能达成一致的，由赔偿义务机关单方面作出是否赔偿及赔偿多少的决定。

2. 行政赔偿请求的处理种类

(1) 予以赔偿

赔偿义务机关对赔偿请求人的申请经过审查，认为符合法律规定的条件，应在两个月内给予赔偿。赔偿义务机关可与赔偿请求人就赔偿事项进行协商，达成一致意见，以解决赔偿争议。协商的内容主要有：赔偿方式、赔偿金额及赔偿的时间期限等。当然，赔偿义务机关也可以采取决定的方式对赔偿请求人予以赔偿。

(2) 不予赔偿

赔偿义务机关经审查,认为赔偿请求人的申请不符合法律规定的赔偿条件的,不予赔偿。不予赔偿的理由一般是受理申请的行政机关认为本机关没有赔偿义务,请求赔偿的损害事实不是本机关及其工作人员或受本机关委托的组织和个人的行为造成的,或者请求赔偿之损害事实,不在国家赔偿法所规定的赔偿范围之内等。

赔偿义务机关对赔偿案件处理的法定期间为两个月。即赔偿义务机关在收到赔偿请求人请求赔偿申请书之日起,两个月内要作出是否赔偿的决定。如果决定不予赔偿或逾期不作赔偿决定,或者赔偿请求人对赔偿数额有异议的,赔偿请求人可自收到赔偿决定之日起或者自期间届满之日起3个月内向人民法院提起行政赔偿诉讼。

3. 行政赔偿请求的处理期限

我国《国家赔偿法》第14条规定:"赔偿义务机关在规定期限内未作出是否赔偿的决定,赔偿请求人可以自期限届满之日起3个月内,向人民法院提起诉讼。赔偿请求人对赔偿的方式、项目、数额有异议的,或者赔偿义务机关作出不予赔偿决定的,赔偿请求人可以自赔偿义务机关作出赔偿或者不予赔偿决定之日起3个月内,向人民法院提起诉讼。"这就是说,行政赔偿义务机关无论是决定赔偿,还是决定不予赔偿都应该在收到赔偿申请之日起2个月内作出处理决定书。如果决定不予赔偿或逾期不作赔偿决定,或者赔偿请求人对赔偿方式、赔偿项目和赔偿数额有异议的,赔偿请求人可自收到赔偿决定之日起或者自期间届满之日起3个月内向人民法院提起行政赔偿诉讼。为了充分保护公民、法人或者其他组织的诉权,最高人民法院《关于审理行政赔偿案件若干问题的规定》第24条规定:"赔偿义务机关作出赔偿决定时,未告知赔偿请求人的诉权或者起诉期限,致使赔偿请求人逾期向人民法院起诉的,其起诉期限从赔偿请求人实际知道诉权或者起诉期限时起算,但逾期的期间自赔偿请求人收到赔偿决定之日起不得超过1年。"

二、行政赔偿的复议处理程序

(一) 行政赔偿的复议处理程序概述

行政赔偿的复议处理程序,是指行政相对人认为行政机关的具体行政行为违法侵犯其合法权益并造成损害,向行政复议机关申请复议时一并提出赔偿请求,行政复议机关在审理复议案件的过程中,一并解决赔偿问题所适用的程序。我国《国家赔偿法》第9条第2款规定:"赔偿请求人要求赔偿,应当先向赔偿义务机关提出,也可以在申请行政复议和提起行政诉讼时一并提出。"我国《行政复议法》第 29 条第 1 款规定:"申请人在申请行政复议时可以一并提出行政赔偿请求,行政复议机关对符合国家赔偿法的有关规定应当给予赔偿的,在决定撤销、变更具体行政行为或者确认具体行政行为违法时,应当同时决定被申请人依法给予赔偿。"由此可见,通过行政复议的程序解决赔偿争议,只适用于行政相对人在申请行政复议时一并提出赔偿请求的情形。

行政复议申请人必须是认为具体行政行为违法,侵犯其合法权益而依法申请行政复议的公民、法人和其他组织。申请人在申请行政复议时,可以在申请复议的理由和要求中一并提出赔偿请求,并应写明损害事实,违法行为与损害事实之间的因果关系,具体赔偿要求等。行政复议机关根据《行政复议法》规定的行政复议程序,对违法的具体行政行为进行审查并作出裁决。同时,对确认违法的具体行政行为或暴力殴打等事实行为所造成的损害,作出赔偿处理。在处理赔偿问题时,行政复议机关可以适用调解,以调解书的形式解决赔偿争议,也可以作出赔偿的裁决。

行政复议机关应当在收到复议申请之日起 60 日内作出复议决定,申请人对复议机关作出的包括赔偿裁决在内的复议决定不服的,可以在收到决定书之日起 15 日内,向人民法院提起行政诉讼。如果行政复议机关逾期不作出复议决定,则申请人可以向人民法院提起行政诉讼。

(二) 我国《行政复议法》对赔偿问题在处理规定上的突破

在一般情况下,公民、法人和其他组织获得行政赔偿是一种依申请的行为,即作为赔偿请求人的公民、法人或者其他组织不向赔偿义务机关或复议机关提出赔偿请求,赔偿义务机关或复议机关不会主动作出赔偿决定。《行政复议法》对此有所突破,在《行政复议法》中规定了一项新的申请人获得行政赔偿的方式,即《行政复议法》第 29 条第 2 款规定:"申请人在申请行政复议时没有提出行政赔偿请求的,行政复议机关在依法决定撤销或者变更罚款,撤销违法集资、没收财物、征收财物、摊派费用以及对财产的查封、扣押、冻结等具体行政行为时,应当同时责令被申请人返还财产,解除对财产的查封、扣押、冻结措施,或者赔偿相应的价款。"这一由行政复议机关在申请人没有提出行政赔偿请求的情况下主动责令被申请人承担行政赔偿责任的规定,突出体现了《行政复议法》便民原则的精神,充分显示了我国行政复议制度对受侵害的公民、法人或者其他组织的救济功能。由于在这种情况下,行政复议机关并没有申请人具体的赔偿请求,因而其确定赔偿的范围也就受到了一定的限制,根据《行政复议法》的规定,行政复议机关可责令被申请人承担行政赔偿责任的违法行政行为包括罚款、违法集资、没收财物、征收财物、摊派费用以及违法查封、扣押、冻结财产等具体行政行为。对于上述几种行为,行政复议机关在依法决定撤销或者变更罚款,撤销违法集资、没收财物、征收财物、摊派费用以及对财产的查封、扣押、冻结等具体行政行为时,应用同时责令被申请人返还财产,解除对财产的查封、扣押、冻结措施,或者赔偿相应的价款。

第三节 行政赔偿的诉讼程序

一、行政赔偿诉讼程序的概念与特征

行政赔偿诉讼程序是指公民、法人或者其他组织的合法权益受到行政机关及其工作人员违法行使职权行为的侵害,受害人依照国家赔偿法的规定,向人民法院提起的要求赔偿义务机关给予行政赔偿的程序。根据《国家赔偿法》的规定,行政赔偿请求人请求行政赔偿时,应当先向行政赔偿义务机关提出赔偿请求,由行政赔偿义务机关先行处理。如果行政赔偿义务机关拒绝赔偿,或者赔偿请求人对赔偿金额有异议的,行政赔偿请求人可以在规定的期限内向人民法院提起行政赔偿诉讼,或者在提起行政诉讼时一并提起行政赔偿请求。这是我国为解决行政赔偿争议而设置的司法救济途径,它具有如下特征:

(1) 行政赔偿诉讼是一种特殊的诉讼形式。

行政赔偿诉讼在起诉的条件、审理形式、举证责任等方面与普通的行政诉讼有所区别。但作为行政诉讼的一种特殊形式,行政赔偿诉讼基本符合行政诉讼的一般要件,所不同的是行政赔偿诉讼是因行政机关及其工作人员违法行使职权的行为,给公民、法人及其他组织的合法权益造成实际损害而引起的,其内容是要求行政机关给予赔偿,这是与普通行政诉讼不同的。

(2) 行政赔偿诉讼具有双重性。

行政赔偿诉讼所要解决的是行政机关及其工作人员违法行使职权的行为是否给公民、法人或其他组织的合法权益造成实际损害,以及如何承担赔偿责任的问题。这与普通行政诉讼主要解决的是具体行政行为是否合法不同。行政赔偿诉讼的这种特点,决定了行政赔偿诉讼主要是适用行政诉讼程序及其规则。但在某些问题上,又适用民事诉讼的程序和规则,如可以适用调解等。行政赔偿诉讼的这种双重性,就决定了其程序规则的兼容性。因此,在行政赔偿诉讼程序中,只要我们掌握了哪些方面不适用行政诉讼程序就可以了。除此之外,行政赔偿诉讼基本上可以按照行政诉讼的程序进行。

(3) 遵循行政先行处理原则。

公民、法人或其他组织单独提起行政赔偿诉讼,要遵循行政先行处理原则,并且通常以行政侵权行为被确认为违法为前提。

(4) 举证责任上并不完全适用"被告负举证责任"的原则。

由于行政赔偿诉讼是一种特殊的诉讼形式,因此在举证责任上不同于行政

诉讼与民事诉讼的举证规则。在行政诉讼中,具体行政行为是否合法的举证责任由被告负担;在民事诉讼中,举证责任实行的是"谁主张,谁举证"的原则。行政赔偿诉讼的证据规则是以"谁主张谁举证"为原则,以"被告负举证责任"为补充。《关于行政诉讼证据若干问题的规定》第 5 条规定,"在行政赔偿诉讼中,原告应当对被诉具体行政行为造成损害的事实提供证据。"《国家赔偿法》第 15 条第 1 款更是明确指出,"人民法院审理行政赔偿案件,赔偿请求人和赔偿义务机关对自己提出的主张,应当提供证据。"因此,"谁主张谁举证"的证据规则是行政赔偿诉讼中举证应该遵循的基本原则。当然,为了保障公民、法人和其他组织的合法权益,《国家赔偿法》第 15 条第 2 款规定了例外条款,即"赔偿义务机关采取行政拘留或者限制人身自由的强制措施期间,被限制人身自由的人死亡或者丧失行为能力的,赔偿义务机关的行为与被限制人身自由的人的死亡或者丧失行为能力是否存在因果关系,赔偿义务机关应当提供证据"。

二、行政赔偿诉讼的受案范围

行政赔偿诉讼的受案范围,是指公民、法人或其他组织可以对哪些行政侵权行为造成的损害提起行政赔偿诉讼以获得司法救济,人民法院对哪些因行政侵权行为所引起的赔偿案件享有司法审查权。

根据我国《行政诉讼法》第 11 条、第 12 条的规定,《国家赔偿法》第 3 条、第 4 条、第 5 条的规定,以及最高人民法院《关于审理行政赔偿案件若干问题的规定》第 1 条至第 6 条的规定,对行政赔偿诉讼的受案范围从两个方面作些阐述:

(一)受理的范围

(1)《行政诉讼法》所规定的具体行政行为造成损害引起的行政赔偿争议,以及与行政机关及其工作人员行使行政职权有关的违反行政职责的行为造成损害引起的行政赔偿争议。

(2)赔偿请求人对行政机关确认具体行政行为违法但又决定不予赔偿,或者对确定的赔偿数额有异议提起行政赔偿诉讼的,人民法院应予受理。

(3)赔偿请求人认为行政机关及其工作人员实施了《国家赔偿法》第 3 条第 3、4、5 项和第 4 条第 4 项规定的非具体行政行为的行为侵犯其人身权、财产权并造成损失,赔偿义务机关拒不确认致害行为违法,赔偿请求人可直接向人民法院提起行政赔偿诉讼。

(4)公民、法人或者其他组织在提起行政诉讼的同时一并提出行政赔偿请求的,人民法院应一并受理。

(5)赔偿请求人单独提起行政赔偿诉讼,须以赔偿义务机关先行处理为前提。赔偿请求人对赔偿义务机关确定的赔偿数额有异议或者赔偿义务机关逾期不予赔偿,赔偿请求人有权向人民法院提起行政赔偿诉讼。

（二）不予受理的情形

根据《国家赔偿法》以及最高人民法院《关于审理行政赔偿案件若干问题的规定》的规定，属于下列情形之一的，国家不承担赔偿责任：(1) 行政机关工作人员与行使职权无关的个人行为；(2) 因公民、法人和其他组织自己的行为致使损害发生的；(3) 公民、法人或者其他组织以国防、外交等国家行为[①]或者行政机关制定、发布行政法规、规章或者具有普遍约束力的决定、命令[②]侵犯其合法权益造成损害为由，向人民法院提起行政赔偿诉讼的；(4) 法律规定的其他情形。

三、行政赔偿诉讼的管辖

行政赔偿诉讼的管辖，是指在人民法院系统内部划分各级法院之间或同级法院之间受理第一审行政赔偿案件的职权范围，明确它们相互之间审理行政赔偿案件的具体分工和权限。行政赔偿诉讼的管辖与行政诉讼的管辖基本相同，也有级别管辖、地域管辖和裁定管辖之分。

（一）级别管辖

级别管辖是根据行政赔偿案件的性质、影响的范围，划分上下级法院之间审理第一审行政赔偿案件的分工和权限。根据最高人民法院《关于审理行政赔偿案件若干问题的规定》，行政赔偿诉讼的级别管辖包括下列内容：

(1) 赔偿请求人单独提起的行政赔偿诉讼案件，由被告住所地的基层人民法院管辖。

(2) 中级人民法院管辖下列第一审行政赔偿诉讼案件：第一，被告为海关、专利管理机关的；第二，被告为国务院各部门或者省、自治区、直辖市人民政府的；第三，本辖区内其他有重大影响和复杂的行政赔偿案件。[③]

(3) 高级人民法院管辖本辖区内有重大影响和复杂的第一审行政赔偿案件。

(4) 最高人民法院管辖全国范围内有重大影响和复杂的第一审行政赔偿案件。

---

① 这里的"国防、外交等国家行为"可以参考最高人民法院《关于执行〈中华人民共和国行政诉讼法〉若干问题的解释》第2条的规定，是指国务院、中央军事委员会、国防部、外交部等根据宪法和法律授权，以国家的名义实施的有关国防和外交事务的行为，以及经宪法和法律授权的国家机关宣布紧急状态、实施戒严和总动员等行为。

② 这里的"具有普遍约束力的决定、命令"可以参考最高人民法院《关于执行〈中华人民共和国行政诉讼法〉若干问题的解释》第3条的规定，是指行政机关针对不特定对象发布的能反复适用的行政规范性文件。

③ 这里的"本辖区内重大、复杂的案件"可以参考最高人民法院《关于执行〈中华人民共和国行政诉讼法〉若干问题的解释》第8条的规定，有下列情形之一的，属于《行政诉讼法》第14条第3项规定的"本辖区内重大、复杂的案件"：(1) 被告为县级以上人民政府，且基层人民法院不适宜审理的案件；(2) 社会影响重大的共同诉讼、集团诉讼案件；(3) 重大涉外或者涉及香港特别行政区、澳门特别行政区、台湾地区的案件；(4) 其他重大、复杂案件。

(二) 地域管辖

地域管辖是按照人民法院的辖区范围和当事人所在地、诉讼标的所在地划分同级人民法院之间受理并审理第一审行政赔偿案件的分工和权限。地域管辖又分为一般地域管辖和特殊地域管辖。

1. 一般地域管辖

一般地域管辖是指按照作出具体行政行为的行政机关所在地确定的管辖。根据《行政诉讼法》和最高人民法院《关于审理行政赔偿案件若干问题的规定》，行政赔偿诉讼的一般地域管辖是：

(1) 行政赔偿案件由赔偿义务机关所在地的基层人民法院管辖。

(2) 公民、法人或者其他组织在提起行政诉讼的同时一并提出行政赔偿请求的，人民法院按照《行政诉讼法》第17条、第18条、第20条的规定管辖。

(3) 赔偿请求人因同一事实对两个以上行政机关提起行政赔偿诉讼的，可以向其中任何一个行政机关所在地的人民法院提起。赔偿请求人向两个以上有管辖权的人民法院提起行政赔偿诉讼的，由最先收到起诉状的人民法院管辖。

2. 特殊地域管辖

特殊地域管辖是相对于一般地域管辖而言的，是对一般地域管辖的例外规定。主要包括：

(1) 公民对限制人身自由的行政强制措施不服，或者对行政机关基于同一事实对同一当事人作出限制人身自由和对财产采取强制措施的具体行政行为不服，在提起行政诉讼的同时一并提出行政赔偿请求的，由受理该行政案件的人民法院管辖；单独提起行政赔偿诉讼的，由被告住所地或原告住所地或不动产所在地的人民法院管辖。

(2) 赔偿请求人提起行政赔偿诉讼的请求涉及不动产的，由不动产所在地的人民法院管辖。

(三) 裁定管辖

裁定管辖是指根据人民法院的裁定而确定的管辖。它是法定管辖的必要补充，可以帮助人民法院解决在具体案件管辖上所出现的一些特殊问题。裁定管辖可分为移送管辖和指定管辖。

1. 移送管辖

移送管辖是指人民法院对已经受理的案件经审查发现不属于本法院管辖时，将案件移送给有管辖权的人民法院进行管辖。它是无管辖权的人民法院受理了不属于其管辖的案件的情况下所采取的一种补救措施，是案件的移送，而不是管辖权的移送。我国《行政诉讼法》第21条和最高人民法院《关于审理行政赔偿案件若干问题的规定》第12条对移送管辖均作了规定，即人民法院发现受理的案件不属于自己管辖时，应当移送有管辖权的人民法院。受移送的人民法院不得再自行移送。如果受移送的人民法院确无管辖权时,由上一级人民法院指定管辖。

移送管辖一般发生在同级异地人民法院之间,属于地域管辖的一种补充形式。其程序主要为:先由受理案件的人民法院的合议庭提出意见,经过院长批准后,再以该法院的名义致函将案件移送给有管辖权的人民法院。

2. 指定管辖

指定管辖是指上级人民法院用裁定的方式,将某一案件交由某个下级人民法院进行的管辖。它包括以下两种情形:

(1) 有管辖权的人民法院由于特殊原因不能行使管辖权的,由上级人民法院指定管辖。所谓的特殊原因主要包括:第一,事实上的原因。是指由于发生了自然灾害、战争、意外事故等人力不可抗拒的客观事实使人民法院无法行使管辖权。第二,法律上的原因。是指法律规定的某些事由出现时,有管辖权的人民法院不能或者不适宜继续审理案件,如法律规定的回避事由的出现等。

(2) 人民法院之间对管辖权发生不能协商解决的争议的,报它们的共同上级人民法院指定管辖。最高人民法院《关于审理行政赔偿案件若干问题的规定》第13条规定:"人民法院对管辖权发生争议的,由争议双方协商解决,协商不成的,报请他们的共同上级人民法院指定管辖。如双方为跨省、自治区、直辖市的人民法院,高级人民法院协商不成的,由最高人民法院及时指定管辖。"

四、行政赔偿诉讼的当事人

行政赔偿诉讼的当事人是指在行政赔偿诉讼中,以自己的名义参加诉讼活动,并受人民法院裁判约束的人。包括行政赔偿诉讼的原告、被告和第三人。

(一) 行政赔偿诉讼的原告

行政赔偿诉讼的原告,是指认为行政机关及其工作人员违法行使职权的行为侵犯其合法权益并造成损害,依法以自己的名义向人民法院提起行政赔偿诉讼的公民、法人或者其他组织。

通常情况下,行政赔偿诉讼的原告就是受害人,是其合法权益受到行政机关及其工作人员违法行使职权行为侵犯并造成了损害的公民、法人或者其他组织。如果受害的公民死亡,其继承人和其他有扶养关系的亲属以及死者生前扶养的无劳动能力的人有权提起行政赔偿诉讼;企业法人或者其他组织被行政机关撤销、变更、兼并、注销,认为经营自主权受到侵害,依法提起行政赔偿诉讼,原企业法人或者其他组织,或者对其享有权利的法人或其他组织均具有原告资格。受害的公民死亡,其继承人和有扶养关系的人提起行政赔偿诉讼,应当提供该公民死亡的证明及赔偿请求人与死亡公民之间关系的证明。

(二)行政赔偿诉讼的被告

行政赔偿诉讼的被告是指行政赔偿诉讼中被诉的行政赔偿义务机关。确定行政赔偿诉讼的被告应当先适用《国家赔偿法》的有关规定,在《国家赔偿法》没有特别规定的情况下,适用《行政诉讼法》的规定,对两者均未作出规定的某些情形,适用最高人民法院《关于审理行政赔偿案件若干问题的规定》。最高人民法院《关于审理行政赔偿案件若干问题的规定》确立了以下规则:

(1)两个以上行政机关共同侵权,赔偿请求人对其中一个或数个侵权机关提起行政赔偿诉讼,若诉讼请求系可分之诉,被诉的一个或者数个侵权机关为被告;若诉讼请求为不可分之诉,由人民法院依法追加其他侵权机关为共同被告。

(2)复议机关的复议决定加重损害的,赔偿请求人只对作出原决定的行政机关提起行政赔偿诉讼,作出原决定的行政机关为被告;行政赔偿请求人只对复议机关提起行政赔偿诉讼的,复议机关为被告。

(3)行政机关依据《行政诉讼法》第66条的规定申请人民法院强制执行具体行政行为,由于据以强制执行的根据错误而发生行政赔偿诉讼的,申请强制执行的行政机关为被告。

(三)行政赔偿诉讼的第三人

行政赔偿诉讼的第三人,是指与行政赔偿案件处理结果有法律上的利害关系而参加到他人提起的行政赔偿诉讼中的其他公民、法人或者其他组织。最高人民法院《关于审理行政赔偿案件若干问题的规定》第14条规定:"与行政赔偿案件处理结果有法律上的利害关系的其他公民、法人或者其他组织有权作为第三人参加行政赔偿诉讼。"第三人有权向人民法院申请参加已经开始尚未终结的行政赔偿诉讼,人民法院也可以通知第三人参加行政赔偿诉讼。在行政赔偿诉讼中,第三人有权提出与本诉有关的诉讼请求,有权提起上诉。

五、行政赔偿诉讼的提起与受理

(一)行政赔偿诉讼的提起

行政赔偿诉讼的提起,是指公民、法人和其他组织认为行政机关及其工作人员违法行使职权的行为侵犯其合法权益并造成损害,依法向人民法院提起行政赔偿诉讼,请求人民法院判令赔偿义务机关履行赔偿义务的行为。

行政赔偿案件经过赔偿义务机关先行处理后,赔偿请求人不服的,可以单独提起行政赔偿诉讼。公民、法人或者其他组织在提起行政诉讼的同时也可以一并提出行政赔偿请求。公民、法人或者其他组织在提起行政诉讼的同时一并提出行政赔偿请求的,其起诉期限按照行政诉讼起诉期限的规定执行。行政案件的原告可以在提起行政诉讼后至人民法院一审庭审结束前,提出行政赔偿请求。

根据最高人民法院《关于审理行政赔偿案件若干问题的规定》第21条的规

定,赔偿请求人单独提起行政赔偿诉讼,应当符合下列条件:

(1) 原告具有请求资格。提起行政赔偿诉讼的原告原则上应是行政侵权行为的受害人。作为受害人的公民死亡的,其继承人或者有扶养关系的亲属可以作为原告提起诉讼;作为受害人的法人或者其他组织终止的,承受其权利的法人或者其他组织可以作为原告提起诉讼。

(2) 有明确的被告。行政赔偿诉讼的被告是违法行使职权侵犯公民、法人或者其他组织的合法权益,并造成实际损害的行政机关或法律法规授权的组织。

(3) 有具体的赔偿请求和受损害的事实根据。诉讼请求是原告对被告的权利主张。行政赔偿诉讼的请求以要求被告承担赔偿责任为内容,所以,原告请求赔偿的方式、范围、数额等必须明确、具体;事实根据是原告提起赔偿诉讼所根据的事实,包括案情事实和证据事实。如被告实施违法行为的事实、造成损害的事实等。

(4) 加害行为为具体行政行为的,该行为已被确认为违法。对违法的具体行政行为,可以由赔偿义务机关自己确认,也可以通过行政复议程序或行政诉讼程序加以确认。

(5) 赔偿义务机关已先行处理或超过法定期限不予处理。赔偿义务机关先行处理是赔偿请求人单独向人民法院提起行政赔偿诉讼的前置程序或前提条件,不经过赔偿义务机关的先行处理,赔偿请求人不得单独向人民法院提起行政赔偿诉讼。当然,赔偿请求人向赔偿义务机关提出赔偿请求,赔偿义务机关超过法定期限不予处理的,赔偿请求人可依法向人民法院提起行政赔偿诉讼。

(6) 属于人民法院的受案范围和受诉人民法院的管辖。行政赔偿争议必须属于国家赔偿法所规定的赔偿范围,属于人民法院受理案件的范围,否则,人民法院不予受理。同时,行政赔偿诉讼必须向有管辖权的人民法院提出。

(7) 符合法律规定的起诉期限。赔偿请求人单独提起行政赔偿诉讼,可以在向赔偿义务机关递交赔偿申请后的 2 个月届满之日起 3 个月内提出。赔偿义务机关作出赔偿决定时,未告知赔偿请求人的诉权或者起诉期限,致使赔偿请求人逾期向人民法院起诉的,其起诉期限从赔偿请求人实际知道诉权或者起诉期限时计算,但逾期的期间自赔偿请求人收到赔偿决定之日起不得超过 1 年。

(二) 行政赔偿诉讼的受理

行政赔偿诉讼的受理,是指人民法院对公民、法人和其他组织的起诉进行审查,认为符合法定条件而决定立案并予以审理的诉讼行为。

根据最高人民法院《关于审理行政赔偿案件若干问题的规定》,人民法院接到原告单独提起的行政赔偿起诉状后,应当进行审查,并在 7 日内立案或者作出不予受理的裁定。

人民法院接到行政赔偿起诉状后,在 7 日内不能确定可否受理的,应当先予受理。审理中发现不符合受理条件的,裁定驳回起诉。

当事人对不予以受理或者驳回起诉的裁定不服的,可以在裁定书送达之日起10日内向上一级人民法院提起上诉。

当事人先后被采取限制人身自由的行政强制措施和刑事拘留等强制措施,因强制措施被确认为违法而请求赔偿的,人民法院按其行为性质分别适用行政赔偿程序和刑事赔偿程序立案受理。

六、行政赔偿诉讼的审理与裁判

人民法院审理行政赔偿案件,原则上适用《行政诉讼法》的有关规定,如适用公开审理制度(涉及国家秘密、商业秘密和个人隐私的案件除外)、回避制度、合议制度、两审终审制度等,但在某些方面也采用一些特殊的规则,主要体现在:

(1)人民法院审理行政赔偿案件,就当事人之间的行政赔偿争议进行审理与裁判。人民法院对单独提起的行政赔偿诉讼,一般只审查行政义务机关的赔偿处理决定是否符合法律规定,或者根据法律规定确定赔偿方式和赔偿数额,不再审查具体行政行为的合法性。已经行政赔偿义务机关先行处理的案件,赔偿请求人对赔偿义务机关作出的赔偿决定不服提起行政赔偿诉讼的,人民法院应将赔偿义务机关的赔偿决定纳入审理范围。通过审查赔偿义务机关的赔偿决定,可以直接判决维持或者变更赔偿义务机关的赔偿决定,也可以在撤销赔偿义务的赔偿决定之后进行调解或作出判决。

(2)当事人在提起行政诉讼的同时一并提出行政赔偿请求,或者因具体行政行为和与行使行政职权有关的其他行为侵权造成损害一并提出行政赔偿请求的,人民法院应当分别立案,根据具体情况可以合并审理,也可以单独审理。

(3)人民法院审理行政赔偿案件在坚持合法、自愿的前提下,可以就赔偿范围、赔偿方式和赔偿数额进行调解。调解成立的,应当制作行政赔偿调解书。

(4)原告在行政赔偿诉讼中对自己的主张承担举证责任。《国家赔偿法》第15条第1款明确指出,"人民法院审理行政赔偿案件,赔偿请求人和赔偿义务机关对自己提出的主张,应当提供证据"。因此,"谁主张谁举证"的证据规则是行政赔偿诉讼中举证应该遵循的基本原则。当然,为了保障公民、法人和其他组织的合法权益,《国家赔偿法》第15条第2款规定了例外条款,即"赔偿义务机关采取行政拘留或者限制人身自由的强制措施期间,被限制人身自由的人死亡或者丧失行为能力的,赔偿义务机关的行为与被限制人身自由的人的死亡或者丧失行为能力是否存在因果关系,赔偿义务机关应当提供证据"。

(5)被告的具体行政行为违法但尚未对原告合法权益造成损害的,或者原告的请求没有事实根据或法律根据的,人民法院应当判决驳回原告的赔偿请求。

(6)人民法院对赔偿请求人未经确认程序而直接提起行政赔偿诉讼的案

件,在判决时应当对赔偿义务机关致害行为是否违法予以确认。

(7) 人民法院对单独提起行政赔偿案件作出判决的法律文书的名称为行政赔偿判决书、行政赔偿裁定书或者行政赔偿调解书。

七、行政赔偿诉讼的执行与期间

根据最高人民法院《关于审理行政赔偿案件若干问题的规定》第 36 条的规定,发生法律效力的行政赔偿判决、裁定或调解协议,当事人必须履行。一方拒绝履行的,对方当事人可以向第一审人民法院申请执行。申请执行的期限,申请人是公民的为 1 年,申请人是法人或者其他组织的为 6 个月。

这里有一个值得探讨的问题是,如果赔偿义务机关拒绝履行自己作出的赔偿决定或者与赔偿请求人达成的赔偿协议,赔偿请求人可否申请人民法院强制执行?对此,有两种不同的意见:一种意见认为,赔偿义务机关有义务履行自己所作的赔偿决定或赔偿协议,不按期履行的,赔偿请求人有权请求人民法院强制执行。其理由是:如果赔偿请求人请求赔偿义务机关就损害赔偿的方法、内容、范围等作出决定,赔偿请求人无异议,或者协商一致,并在法定的金额限度内达成协议,即表示赔偿义务机关愿意承担赔偿责任,赔偿请求人愿意接受。赔偿义务机关作出的受害人无异议的合法赔偿决定或协商达成的赔偿协议是双方当事人的合意行为,具有法律效力,在赔偿义务机关拒绝履行的情况下,有必要诉诸司法强制力促其实现。另一种意见认为,赔偿义务机关不按期履行自己作出的已生效的合法赔偿决定或协议,赔偿请求人不能直接向法院申请强制执行。主要理由是无法律依据。《国家赔偿法》虽然有赔偿请求人先行向赔偿义务机关提出赔偿的请求和解决赔偿问题的规定,赔偿义务机关作出的赔偿决定,赔偿请求人无异议或双方就赔偿问题达成了一致意见,赔偿请求人可以直接实现其获得赔偿的权利。但是,一方面,法律并没有明确规定在赔偿义务机关拒不履行其赔偿义务时可以直接申请人民法院强制执行;另一方面,法律还为此提供了其他救济途径,如诉讼。[①] 我们倾向于第一种观点,并建议就此由立法机关作出立法解释或者由最高人民法院作出司法解释,以保证赔偿请求人及时得到赔偿救济,促使赔偿义务机关认真履行其已经承诺的赔偿义务。

根据最高人民法院《关于审理行政赔偿案件若干问题的规定》第 37 条的规定,人民法院单独受理的第一审行政赔偿案件的审理期限为 3 个月,第二审为 2 个月;一并受理行政赔偿请求案件的审理期限与该行政案件的审理期限相同。如因特殊情况不能按期结案,需要延长审限的,应按照行政诉讼法的有关规定报请批准。《行政诉讼法》第 57 条规定:"人民法院应当在立案之日起 3 个月内作

---

① 参见皮宗泰:《行政赔偿义务机关的赔偿决定或协议》,载《行政法学研究》1996 年第 1 期。

出第一审判决。有特殊情况需要延长的,由高级人民法院批准,高级人民法院审理第一审案件需要延长的,由最高人民法院批准。"第 60 条规定:"人民法院审理上诉案件,应当在收到上诉状之日起 2 个月内作出终审判决。有特殊情况需要延长的,由高级人民法院批准,高级人民法院审理上诉案件需要延长的,由最高人民法院批准。"

本章需要继续探讨的问题

一、行政赔偿义务机关先行处理程序的缺陷及其完善

行政赔偿义务机关先行处理程序尽管具有一定的意义,但也存在相应的缺陷,把先行处理程序作为必经程序,可能会妨碍受害人获得国家赔偿。有学者提出,实践表明,让赔偿义务机关自行纠正其违法行为并赔偿受害人的损失极其困难,其往往会对赔偿请求人的请求怠于履行职责,置之不理,甚至对赔偿请求人百般刁难,极力规避法律、逃避责任,致使赔偿请求人的请求往往不能得到及时答复。更重要的是,行政先行处理程序违背了"自己不能做自己案件的法官"这一最低限度的程序公正原则,将赔偿问题的解决寄希望于违法行使职权的行政机关无异于"缘木求鱼"。为改变这种状况,应取消我国《行政诉讼法》第 67 条及《国家赔偿法》第 9 条关于"赔偿请求人要求赔偿应当先向赔偿义务机关提出"的强制性规定,允许赔偿请求人自由选择向赔偿义务机关或人民法院提出。[①] 即赔偿义务机关的先行处理程序不是赔偿请求人提起行政赔偿诉讼的必经程序,赔偿请求人请求赔偿可先向赔偿义务机关提出申请,双方协商解决;或者直接向法院提起赔偿请求,通过司法程序尽快弥补其损失。这样,行政先行处理程序才不至于成为受害人获得国家赔偿的障碍。

二、关于"一并式"行政赔偿诉讼程序

我国《国家赔偿法》第 9 条第 2 款规定:"赔偿请求人要求赔偿,应当先向赔偿义务机关提出,也可以在申请行政复议和提起行政诉讼时一并提出。"有学者认为,"所谓'一并式'的行政赔偿处理程序,是指行政赔偿请求人就行政赔偿的先决问题,即行政侵权行为的合法性、适当性,提请有关机关裁决时一并提出行政赔偿请求,受理申请的机关在对该侵权行为的合法性、适当性作出裁决的同时,一并解决损害赔偿问题所适用的程序。"[②] "一并式"行政赔偿处理程序因处理机关的不同而存在两种基本形态:"一并式"诉讼程序和"一并式"行政处理程

---

① 参见章志远:《我国行政赔偿制度之改革》,中国法学会行政法研究会 2004 年年会论文。
② 蔺耀昌、杨解君:《行政赔偿程序类型化研究》,载《上海政法学院学报》2007 年第 4 期。

序。我国现行法律并未明确"一并式"诉讼程序适用何种程序,理论界对此存在三种不同观点:第一种观点认为,行政赔偿诉讼的中心问题,是恢复被行政侵权行为损害的公民合法权益,国家为此承担的责任属于民事责任,所以,行政赔偿诉讼应当适用民事诉讼程序。绝大多数普通法系国家的司法实践即为明证。第二种观点认为,行政赔偿纠纷因行政主体的职权行为而生,由行政主体作为被告,国家承担赔偿责任,因此,理应通过行政诉讼程序予以解决。法国是实践这一观点的典型。第三种观点认为,"基于以下因素的考量:(1)不同于行政诉讼的受案范围;(2)调解作为结案方式的法定性;(3)独特的举证责任分配原则;(4)不收费原则等,行政赔偿诉讼不能简单归入行政诉讼或民事诉讼,其应该是一种有着自己独特本质的诉讼类型。"[①]因此,法律应当为其创设一套独有的诉讼程序。我们赞同第三种关于行政赔偿诉讼特质的认识,但在具体程序构建上与其有着不尽相同的看法。就"一并式"行政赔偿诉讼而论,其实际上是一个违法确认之诉和一个侵权损害赔偿之诉的合并,前者是行政诉讼,后者是民事诉讼,且后者依附于前者而存在。这完全符合行政附带民事诉讼的成立要件,应当适用行政附带民事诉讼程序。具体而言,"一并式"行政赔偿诉讼遵循"先行政后民事"的审理原则,违法确认之诉适用行政诉讼程序,损害赔偿之诉适用民事诉讼程序。由于损害赔偿之诉仅为违法确认之诉的附带之诉,"一并式"行政赔偿诉讼应主要适用行政诉讼的程序,同时在单行法中规定供损害赔偿诉讼适用的民事诉讼规则,作为民事诉讼法的特别法规范。这种程序构建方式同样适用于单独提起的行政赔偿诉讼。[②]

[①] 马怀德:《国家赔偿问题研究》,法律出版社 2006 年版,第 213 页。
[②] 田小玲、刘建军:《创新与不足并存——对我国行政赔偿程序的再审视》,载《沈阳大学学报》2009 年第 5 期。

司法赔偿编

第十二章　司法赔偿概述

内容提要

司法赔偿是一个相当宽泛的概念,不同于行政赔偿,也与刑事赔偿、冤狱赔偿有一定的区别。我国的司法赔偿制度建立在特定历史条件的基础上,反映了司法制度的本质特征。从整个司法赔偿制度来看,它主要表现为刑事赔偿。

关键词

司法赔偿　刑事赔偿　冤狱赔偿　司法赔偿的归责原则　司法赔偿的构成要件

司法赔偿制度是司法民主制度的重要组成部分,体现了国家在法律矫正上的态度和立场,也反映了司法制度对公民权利的作用和积极意义。我国《国家赔偿法》对司法赔偿制度的确认是我国民主与法制建设进程的里程碑,具有重大的现实意义。

第一节　司法赔偿的含义和特点

一、司法赔偿的含义

司法赔偿的内涵和外延因各国司法制度的差异存在着明显的不同,部分国家将其理解为冤狱赔偿。美国在行政赔偿制度建立前,已颁布了《对于人民受联邦法院错误判决之救济法》(For people affected by the error decision of the Federal Court Relief Act),该法规定:"对于因不公正判决有罪或拘押所受侵害,或被判徒刑已全部或部分执行,因上诉或重新审理而认为对所判之罪不正确或事后认为无辜而获赦免者",可以向国家请求赔偿。可见,美国的司法赔偿只是冤狱赔偿。日本实行刑事补偿责任与国家赔偿责任的竞合。在损害方面,刑事补偿以公务员的故意或过失行为作为补偿要件,当公务员有故意或过失时,受害人除了要求刑事补偿外,在法律明确规定的补偿额不能填补损害时,还可以根据国家赔偿法要求国家赔偿。日本《刑事补偿法》规定:"本法律不妨碍应受到补偿的人,根据国家赔偿法和其他法律的规定,请求损害赔偿。"英国的司法赔偿不同于通常意义上的冤狱赔偿或刑事赔偿,而是一种基于王权的特惠所作的支付。[①] 法国的司法赔偿依附于刑事诉讼法,并在司法实践以及判例中完善其制度体系。法国《刑事诉讼法》第446条规定:"由再审之判决(或受理再审之上诉法院之判决),而发现犯人无辜者,得经其请求而给予损害赔偿,以补偿其前次裁决所造成之损害。"德国的司法赔偿立法的历史较早,早在1898年就颁布了《再审无罪判决赔偿法》,1904年颁布了《羁押赔偿法》,1971年颁布了《联邦德国刑事追诉措施赔偿法》。这些法律将司法赔偿的外延确定在刑事诉讼活动的过程中。

我国的司法赔偿制度与司法制度是协调统一的,植根于现阶段政治、经济和文化的土壤之中,具有中国特色,也反映出我国的本质。它一般是指行使侦查、检察、审判、看守、监狱管理职权的机关及其工作人员在刑事诉讼以及其他的司法活动过程中行使职权有法律规定的侵犯公民、法人和其他组织合法权益并造成损害的,由国家承担赔偿责任的法律制度。

在对公民权利的救济中,尽管有各种各样的救济手段和救济制度,但最具有影响力的可以说是司法赔偿制度,因为人们在观念中总是把司法看成是预防腐败、制约权力和保障公民权利的最后一道防线,对司法充满了信任感。一旦这最后的防线或救济手段也存在着问题的话,人们对司法的信任就会马上消失。司法机关对权力的运用不光是一个简单的执行法律的问题,而是在价值的取向上实现对权利的保障,体现出法律的公平和公正的价值。假如司法裁判和司法权的运用失去公正,毫无疑问就会带来对法律信任的危机,因为人们没有办法找到一个通过公正裁判维护自己合法权利的程序和机构了。司法赔偿在实质上是对权利的救济,同时也是对"司法权威"本身的维护,司法机关作出的行为是否正确不是取决于司法机关自己的判断,而是看该行为是否符合司法权运用的价值目标,是否有利于保障公民权利。

二、司法赔偿的特点

(一)侵权主体是行使国家侦查、检察、审判职权的机关以及看守所、监狱管理机关及其工作人员

国家权力在刑事案件的处理上是由若干国家机关的诉讼活动以及作出具有

[①] 参见张正钊主编:《国家赔偿制度研究》,中国人民大学出版社1996年版,第200页。

国家强制力的文件来体现。为了使国家权力发挥最大的效用,杜绝违法运用权力的现象,必须在国家机关间建立协调与制约机制。根据我国《宪法》规定,人民法院、人民检察院和公安机关办理刑事案件,应当分工负责、互相配合、互相制约,以保证准确有效地执行法律。我国法律在程序设计中,确定行使侦查权的只能是公安机关、国家安全机关、检察机关和军队中的保卫部门。上述机关行使侦查权又有特定的分工,如人民检察可以对贪污罪、侵犯公民民主权利罪、渎职罪以及需要直接受理的其他案件行使侦查权;公安机关对于人民检察院直接侦查案件以外的其他刑事案件行使侦查权;国家安全机关对于有关威胁国家安全的案件行使侦查权;军队内部的保卫部门对于军队内部发生的刑事案件行使侦查权。行使检察权的国家机关是人民检察院。行使审判权的机关是人民法院。行使监狱管理职权的机关包括刑事诉讼活动中羁押人犯的看守所和执行刑事判决、承担劳动改造任务的监狱管理机关。这种对职权的确定与具体分工排除了其他机关行使司法权,司法机关也不能将其权力委托给他人,因而,在司法赔偿制度中的侵权主体具有特定性。

(二)职务侵权行为主要发生在刑事诉讼活动中

按照我国《国家赔偿法》的规定,司法赔偿的核心问题是要解决国家司法机关在刑事诉讼活动中侵犯公民合法权益而造成损害的赔偿,重心在"刑事诉讼"方面。我国《国家赔偿法》对司法赔偿所作的限定并非有意地缩小司法赔偿的范围,而是以谨慎的态度、渐进的方式对待改革开放中的法律问题。比照一下西方发达国家所确定的司法赔偿的范围,我们可以看出,我国的司法赔偿的范围是比较宽泛的。

(三)司法赔偿不等于冤狱赔偿、刑事赔偿

在《国家赔偿法》制定的过程中,人们称刑事赔偿为冤狱赔偿,用冤狱赔偿的概念来代表刑事赔偿,故而得出结论:"国家承担对冤狱的赔偿责任。"[①]我们认为,冤狱赔偿的概念虽然反映了中国传统的法文化特征,但和现代的立法赔偿、行政赔偿不相协调。国家赔偿法虽然要考虑到法律文化的历史沿续性,但最终要根据现代法律体系内部各种要素的关系、各种功能的配置,以及对国家的政治意义来确定概念。虽然,冤狱赔偿也涉及公民权利的救济,但主要限于人身权,并在范围上局限于对错案的矫正。刑事赔偿是对司法机关在刑事诉讼活动中违法行使职权所造成损害的赔偿,不仅包括冤狱赔偿,而且还包括非法运用暴力的行为所造成人身权损害的赔偿,其范围比冤狱赔偿要广泛。司法赔偿是指司法机关违法运用职权所造成损害的赔偿,在范围上比刑事赔偿的范围要广泛一些。目前学术界一般用刑事赔偿的概念,这主要受立法的影响,因为在国家赔偿法中

---

① 参见林准、马原主编:《国家赔偿问题研究》,人民法院出版社1992年版,第321页。

所用的主要是该概念。我们认为刑事赔偿是司法赔偿的主要方面,但刑事赔偿无法涵盖整个的司法赔偿,在国家赔偿法中也有很多除刑事赔偿外的其他司法赔偿的内容,如违法采取对妨碍诉讼的强制措施所引起的赔偿;违法采取保全措施所引起的赔偿;错误执行判决、裁定和生效的法律文书所引起的赔偿等。

第二节 司法赔偿的产生和发展

一、西方国家司法赔偿的产生和发展

司法赔偿是伴随着民主制度的发展而逐步形成的。世界上最早用根本法的形式固定司法民主制度并对司法权的滥用予以限制的国家是英国。1215 年英国《大宪章》规定:不经"同等身份人"的审判,任何人不得以拘留、监禁、没收财产等形式处罚任何人,该法虽未涉及权利的救济,但却对国王权力的运用予以限制。1628 年的《权利请愿书》指出:"在国王爱德华一世统治时期所制定的一项法令曾宣布和规定,除了依照同级贵族之依法裁判,或经国法判决,任何自由人皆不得被逮捕、监禁、剥夺不动产、剥夺各种自由或自由的习惯、剥夺法律保护权、流放,或用任何方式加以损害。"后来 1679 年的《人身保护法》(The Habeas Corpus Act)和 1689 年的《权利法案》(The Bill of Rights)均对人身权和财产权的保护予以规定。在《人身保护法》中,法律规定了任何因刑事案件而被逮捕者有权要求把被捕者、逮捕他的命令一同提交法院,由法院决定逮捕是否合法。[①] 然而,英国在实体法方面是坚持"国王不能为非"的原则,即国王不可能有侵权行为,不对作为它的受雇人的政府官员的侵权行为负责;在程序方面坚持"国王不能在自己的法院被诉"原则。这种原则直到 20 世纪才受到理论界和现实的挑战。1933 年制定了《司法管理法》,但未能取消国王的侵权豁免责任。1946 年的亚当斯诉内勒案和 1947 年的罗伊斯特诉卡维案的判决在英国社会中影响较大,在一定程度上导致了 1947 年的《王权诉讼法》的产生。[②] 法国的司法赔偿制度不及行政赔偿,无论是在判例还是在法条上。然而,法国对人身权和财产权保护的法律思想、法律观点在司法赔偿中影响颇深,司法机关执行职务造成损害应由国家负责赔偿。日本的司法赔偿略晚于行政赔偿出现,但在对于法官的裁判行为是否适用国家赔偿法的问题上存在着争议,有学者认为,适用国家赔偿法来裁决裁判行为有损于法官的独立。但大多数学者坚持裁判行为也可以适用国家赔

[①] 参见沈汉、刘新成著:《英国议会史》,南京大学出版社1991年版,第202页。

[②] 亚当斯诉内勒案的法律事实是两个小孩在被废弃的海岸布雷区被地雷炸伤。负责该地区事务的军官内勒被指定为被告。法院认为被告无责任,判定原告不能获得赔偿救济。罗依斯特诉卡维案也是因指定被告无责任无法获得赔偿。

偿法的规定。日本最高法院在 1977 年的"那须隆冤狱赔偿案"和以前的一些判决中肯定了对国家赔偿法的适用。美国、德国的司法赔偿均早于行政赔偿,并以法典的形式表现出来,但范围较窄。

二、我国司法赔偿的产生和发展

我国的司法赔偿制度起步较晚,但对司法裁判行为的救济却源远流长。我国古代法律制度的特点尤其表现在"重刑轻民"方面,对于刑事诉讼活动的重视远远地超过其他的法律。应该说我国有实行司法救济的历史传统,但在集权与专制的土壤中,司法救济只是为了维护君权,而并非权利救济与保护。《商君书·去强》记载:"行刑重轻、刑去事成,国强;重重而轻轻,刑至事生,国削。"汉朝皇帝严格掌握司法审判权,对重大案件亲自审判。《晋书·刑法志》写道:"光武中兴,留心庶狱,常临朝听讼,躬决疑事。"唐代,我国已建立死刑复核的录囚制度。明清时代,法律对于刑事诉讼中的冤狱问题也作了严格规定,与唐代大同小异。我国古代史中关于冤狱的记载都体现了对法律适用的审慎态度,并给予制造冤狱的官吏以严厉的制裁,但其中很少涉及赔偿,即使有所涉及,也并非制度化、规范化。《晋书·卫瓘传》记载:晋惠帝听信谗言,下诏书派楚王玮罢免卫瓘的官职。卫瓘被楚王所杀。后楚王又被惠帝所杀,卫的女儿向朝廷大臣申冤。朝廷以"瓘举门无辜受祸,乃追瓘代蜀勋,封兰陵郡公,增邑三千户,谥曰成,赠假黄钺"。《北史·柳虬传》记载,周文帝"令王茂冤死。可赐茂家钱帛,以旌吾过"。南宋时期,爱国将领岳飞被"莫须有"的罪名处死后,宋孝宗皇帝出于政治、军事的需要,下令追复岳飞的"少保,武胜定国节度使,武昌郡开国公,食邑 6100 户,食实封 2600 户"。从上述例证中可以看出,我国封建社会虽有平反昭雪的情形,但并非制度化,真正获得平反并由封建王朝给予适当补偿的只是冤案中的极少数,而那些在国家中没有一定政治地位的普通老百姓,即使有冤案,也往往难以平反。由于刑讯逼供是我国古代社会的一种合法取证手段,刑讯逼供所造成的人身伤害并非冤案问题。

1949 年以前,我国的法律中没有司法赔偿的规定,国民党政府尽管制定了很多的法律,但没有涉及有关内容。

1949 年,中华人民共和国成立后,党和国家一直比较重视冤假错案的处理问题。1953 年第二届全国司法会议决议规定:"冤狱平反后,应向当事人或其家属认错;对于遭受重大损害的当事人或其家属,除认错外,并应对于生活困难者酌情予以必要的补助。"1954 年,我国第一部宪法从原则上确立了国家对国家机关和国家机关工作人员违法职务行为所造成的侵权损害负赔偿责任。1957 年,中央清案小组转发浙江省清案小组、财政厅、民政厅《关于冤案补偿的通知》,规定了"对少数因冤狱而遭受人身和经济上严重损失的,应从经济上适当予以补偿"。"十年动乱"期间,由于法律虚无主义的盛行,我国出现了大量的冤假错案,给公民的人身权、财产权造成了严重的损害。"十年动乱"结束后,党和国家实事求是地对动乱期间的冤假错案予以平反,并在经济上予以一定的补偿。1981年,中共中央《对于湖南省关于文化大革命中冤假错案补发工资问题的请示报告》中指出:对于"文化大革命"中冤假错案被停发、扣发的工资,原则上应予补发。1983年中共中央办公厅转发最高人民法院、最高人民检察院、公安部《关于进一步复查平反政法系统经手办理的冤、假、错案的意见的报告》指出:"各级党委和公、检、法机关以及有关部门,对于复查平反冤、假、错案的工作,都要主动地抓紧进行,务必把一切尚未平反的冤、假、错案坚决平反纠正过来。"1986年,中共中央、统战部、最高人民法院、最高人民检察院、公安部、司法部在《关于抓紧复查处理政法机关经办的冤假错案的通知》中指出:"原来有工作的落实政策对象,改正平反后一般由原单位妥善安置。善后工作的措施没有落实之前,劳改单位继续安排他们的工作和生活。"

我国各地方根据中共中央和国家有关文件对冤假错案处理问题又作了具体的落实。如山东省在1983年作出的决定是:原是国家干部职工,改判无罪或免于刑事处分,符合安排工作条件的,由劳动、人事部门分配工作;原单位工作需要,本人又愿意回去的,可以回原单位。应退职、退休的,由原单位或其上级主管部门办理;被冤杀的人改判后,除根据情况可以对其家属予以适当经济补助外,现在有符合招工条件子女者,还可以由劳动部门安排其一名就业,有关落实政策所需要劳动指标由省劳动局解决;因冤狱现实生活确有困难的农民和城镇居民,由人民法院从财政拨款中给予适当的经济补助或救济。[①] 其他各地方在对冤、假、错案的纠正方面也大体相同。

我国对冤、假、错案纠正的态度是坚决的,体现了党和政府实事求是的优良传统和作风。这对于保护无辜者的合法权益,维护国家安定团结的局面是必要的。但是,冤、假、错案的平反只是司法赔偿的前提,还不能认为就是一种事实上存在的赔偿制度。国家给予补偿的仍是冤、假、错案中的一部分,并且限于"生活困难者"。有关部门在1988年对北京市做了一次复查冤、假、错案善后工作落实情况的调查。调查结果是:第一次是纠正"文化大革命"中的冤假错案,共复查冤假错案31541件,其中改判无罪的5041件,给予"生活困难补助"的205人,占改判无罪的4%。第二次是改正1958年至1966年的冤假错案,共复查案件30417件,改判无罪的1081件,其中给予"生活困难补助费"的仅70人,占改判无罪数的6%。第三次是对国民党起义人员和台胞台属的刑事案件进行复审,共对1029人改判无罪,只对其中占不到10%的100名改判无罪人员给予了"困难补

[①] 参见林准、马原主编:《中国现实国家赔偿制度》,人民法院出版社1992年版,第92—93页。

助费"。① 这里的"生活补助费"是改判无罪人员及其家属生活十分困难而没有其他救济办法才发放的。

自新中国成立以来对冤、假、错案的处理,在方式上,主要是给受害人在政治上平反,确有困难的辅之以少量的困难补助费、并在安置工作方面予以照顾。这种方式是慰抚、补偿,而不是今天的司法赔偿,其局限性主要表现在:

(1) 范围狭小。司法赔偿不仅包括冤、假、错案的平反,而且还包括刑事诉讼活动中因司法机关及其工作人员违法行使职权给公民、法人和其他组织造成财产权、人身权损害的赔偿。冤、假、错案的平反只是司法赔偿的初步环节或第一阶段,况且平反只是一个政治性的术语,是对过错行为的一种矫正,虽然也涉及某些财产方面的内容,但与权利损害和救济的法律制度还有很大的差距。从严格的意义上讲,平反不是一种规范化的法律制度。

(2) 补偿与赔偿的混合。国家补偿是对公民权利损害予以救济的一个方面,是因国家合法行为所致,国家赔偿在起因上是因为职务违法行为,两者在诸多方面存在着差异。赔偿与补偿的分离是现代国家民主政治在权利救济中的发展,混合的救济方式由于易导致责任不清、执法不严、权利缺乏保障,因而逐步被现代国家所摒弃。

(3) 缺乏规范化的程序保障。自新中国成立以后,由于"左"倾思想的影响,国家的法制经历了一个坎坷的历程。在法制不健全的状况下,国家对于冤、假、错案的平反以及对受害人适当的经济补助具有客观性和合理性,但救济的手段主要依赖于国家的政策和党对国家生活的指导。因而,在实践中难以形成一个稳定的、规范的、便于参照执行的操作规程或程序规则,权利的救济缺乏程序性的保障。

通过总结在处理冤、假、错案问题上的经验,为了规范司法机关的行为,使无辜者所受的损害获得充分的救济,我国在《国家赔偿法》中确立了司法赔偿制度。它借鉴了外国的有益经验,又是我国历史经验的总结,标志着我国的权利救济制度进入一个新的历史发展阶段。

第三节 司法赔偿的归责原则与构成要件

我们在前面已经分析了国家赔偿的一般归责原则和构成要件,但由于司法赔偿具有一些独特的地方,因而在此有必要对其作具体的分析。

---

① 参见林准、马原主编:《中国现实国家赔偿制度》,人民法院出版社1992年版,第91—92页。

一、司法赔偿的归责原则

（一）司法赔偿归责原则的设定

司法赔偿不同于行政赔偿，具有自己的特点，其归责原则的设计应考虑到司法权的性质以及权利救济的需要，不能用同一标准来对待。

关于司法赔偿的归责原则问题，学术界在我国《国家赔偿法》制定与修改中都有不同的观点，有的学者认为，我国应划分一般的国家侵权行为和特殊的国家侵权行为并分别建立不同的归责原则，针对司法赔偿中的若干问题可采用无过错责任原则和结果责任原则，如错误拘留的可以采用无过错责任原则；错判的可以采用结果责任原则[①]。还有的学者认为："我国对错捕、错拘，应当采用结果责任原则，以使受害人获得救济，同时可解除公安检察机关的困惑，保护其打击犯罪的积极性。"[②] 我国《国家赔偿法》的修改吸收了学术界的观点，在以违法责任原则为主、以结果责任原则为辅的框架下，根据《国家赔偿法》的实践，司法赔偿方面采用了违法责任原则与结果责任原则相结合的二元体系。原《国家赔偿法》第15条中规定："对没有犯罪事实或者没有事实证明有犯罪重大嫌疑的人错误拘留"，"对没有犯罪事实的人错误逮捕的"就属于采用违法责任原则。这样的规定于实践中就容易出现"合法的错拘错捕"的情形，受害人不能请求司法赔偿。新《国家赔偿法》将违法责任原则与结果责任原则结合了起来，在该法第17条中规定了："违反刑事诉讼法的规定对公民采取拘留措施的，或者依照刑事诉讼法规定的条件和程序对公民采取拘留措施，但是拘留时间超过刑事诉讼法规定的时限，其后决定撤销案件、不起诉或者判决宣告无罪终止追究刑事责任的"；"对公民采取逮捕措施后，决定撤销案件、不起诉或者判决宣告无罪终止追究刑事责任的"，等等，受害人可以请求国家赔偿。第18条中规定：违法对财产采取查封、扣押、冻结、追缴等措施的，等等，受害人可以请求国家赔偿。此外，第38条规定：人民法院在民事诉讼、行政诉讼过程中，违法采取对妨害诉讼的强制措施、保全措施或者对判决、裁定及其他生效法律文书执行错误，造成损害的，受害人也可以请求国家赔偿。新《国家赔偿法》对司法赔偿部分的修改是归责原则价值取向转换的结果，开创了由单一的违法责任原则向多元归责的发展趋势，使司法赔偿制度更加合理。在国外的司法赔偿中有的采用无过错责任原则，也有的采用无过错责任原则兼公平责任原则或者结果责任的原则，如德国《刑事追诉措施赔偿法》规定："如果当事人已被释放，或者针对他的刑事追诉措施已经终止，或者

[①] 郑宏敏：《浅论〈国家赔偿法〉的归责原则》，载《民主与法制》2010年第2期。
[②] 马怀德：《制度变革中的行政赔偿》，载应松年主编：《走向法治政府》，法律出版社2001年版，第383页。

法院拒绝对他开庭审判,当事人由于羁押或者其他刑事追诉措施而遭受的损失,由国家予以赔偿。"法国在 1970 年颁布的《刑事诉讼法》中确立了无过错责任原则,第 149 条规定:在诉讼程序中被临时拘禁的人,如果在程序结束时作出了不予起诉、免予起诉或无罪释放的决定,而且羁押给他造成显然不正常的损害或特别重大的损害,可以请求赔偿。法国又于 1972 年颁布的《建立执行法官和关于民事诉讼程序改革法》中对归责原则问题作了补充,即肯定了过错责任原则,该法律规定:国家必须赔偿由于司法公务活动的缺陷而产生的损害。我国司法赔偿归责原则的变更吸收了国外司法赔偿立法以及实践中的成果,尽管有很多的限制,但在司法赔偿制度的发展史上是一个重大的突破。

(二) 司法赔偿归责原则的应用

我国司法赔偿的归责原则是违法责任原则和结果责任原则的结合体,其应用明显地不同于行政赔偿的归责原则。

1. 违法责任原则在司法赔偿中的应用

我国通常将司法权分解为侦查权、检察权、审判权、羁押权和监狱管理权,等等,在范围上要广于西方国家对司法权的界定,因而,规范司法权的运用仍然是我国一项极为紧迫的任务。司法赔偿归责原则的设定毫无疑问地要考虑到司法行为的违法性问题,从行为的过程上严格规范司法权的运用以保证最后结果的公正。因此,违法责任原则仍然是司法赔偿的主要归责原则。违法责任原则的适用主要表现在司法行为的过程中,如违反刑事诉讼法的规定对公民采取拘留措施,或者依照刑事诉讼法规定的条件和程序对公民采取拘留措施,但是拘留的时间超过刑事诉讼法规定的时限,其后决定撤销案件、不起诉或者判决宣告无罪终止追究刑事责任的;刑讯逼供、殴打、虐待等或唆使、放纵他人实施殴打、虐待等行为;违法使用武器、警械;违法对财产采取查封、扣押、冻结、追缴等措施;违法采取对妨害诉讼的强制措施、保全措施或者对判决、裁定以及其他生效法律文书执行措施,司法行为的过程违法并造成损害,国家是应当承担赔偿责任的。我们应当明确的是:违法责任原则在司法赔偿中不具有绝对意义,即并非所有的违法行为都会引起国家承担赔偿责任,如未按照法定的程序将某公民逮捕,后经过查实该公民的确实施了犯罪行为,虽然逮捕行为是违法的,但国家也不承担赔偿责任,等等。司法赔偿体现了公平、正义的价值观念:对于无辜的受害人应当给予救济,对于犯罪者则不能因为程序违法而给予国家赔偿。

2. 结果责任原则在司法赔偿中的应用

结果责任原则是一个范围极为宽泛的概念,法律只能是选择性地适用,如采用无过错责任原则、严格责任原则以及公平责任原则都在一定范围上展现了结果责任原则的内涵。世界上也没有哪一个国家采用无限的结果责任原则,都主要是从某一个特定的角度来归责,如危险责任原则就是基于公务活动中的一些危险性因素的增加而确定的责任承担依据。我国在司法赔偿中也采用了结果责任原则,侧重于权利救济的有效性,反映出无罪推定的法治精神,并为扩大司法赔偿的范围提供制度空间。结果责任原则在性质上是一种客观归责,只要损害是因司法行为而引起的,即使司法行为是按照法律规定的条件和程序实施,也应当由国家承担赔偿责任。《国家赔偿法》第17条、第18条规定了结果责任原则适用的情形:对公民采取逮捕措施后,决定撤销案件、不起诉或者判决宣告无罪终止追究刑事责任的;依照审判监督程序再审改判无罪,原判刑罚已经执行的;依照审判监督程序再审改判无罪,原判罚金、没收财产已经执行的。结果责任原则将视点移置到损害结果方面,对于权利救济是有利的,同时也对司法行为提出了更高的要求。在违法责任原则的条件下,司法行为只要是符合法律规定的条件和程序,一般来说不会引起赔偿责任问题。实践中,部分司法工作人员对于结果归责备感压力,害怕承担赔偿责任和被追究责任。社会中也有一些误解,往往将司法赔偿与司法不公、司法腐败、刑讯逼供等现象直接挂钩,并大加责难。我们认为,《国家赔偿法》不是责任追究法,主要目标是为了实现权利救济,结果责任原则的适用只是加大了权利救济的力度,并非涉及责任追究,即使存在着国家追偿,也是在一定条件下实施。

《国家赔偿法》通过列举的方法明确了结果责任原则在司法赔偿中的适用范围,主要基于以下几个方面的考虑:首先是以权利救济为价值取向,使无辜者的合法权益得到维护;其次是使惩恶扬善的价值观念得到张扬,体现出社会的公平、正义;再次是为了操作上的便利、简洁。按照《国家赔偿法》的规定,有的情形是不能适用结果责任原则的,如因公民自己故意作虚伪的供述,或者伪造其他有罪证据被羁押或者被判处刑罚的;依刑法规定不负刑事责任的人被羁押的;依刑事诉讼法的规定不追究刑事责任的人被羁押的;司法工作人员个人行为致使损害发生的;因公民自伤、自残等故意行为致使损害发生的;法律规定的其他情形。结果责任原则在司法赔偿中的适用是非常有限的,只能起辅助作用。

二、司法赔偿的构成要件

司法赔偿在构成要件的具体内容上不同于行政赔偿。我们从下列几个方面作具体的分析:

(一)侵权主体

司法赔偿的侵权主体是指能够引起国家承担赔偿责任的司法机关及其工作人员。在我国宪政体制设计上,司法机关主要是指国家的审判机关和检察机关,但由于司法权的运用还牵涉其他的机关,因而,国家赔偿法中的司法机关在范围上相对宽泛一些,如公安机关、国家安全机关在行使侦查权时也可以作为侵权主体,由此引起的损害由国家承担赔偿责任。除此之外还有看守所、监狱管理机关。

1. 侦查机关及其工作人员

侦查权是指在刑事诉讼中,特定的国家机关依法享有的对刑事案件进行立案、调查、勘察、取证等行为,从而侦破案件并确定犯罪事实、证据和嫌疑人的一种国家权力。在我国,行使侦查权的机关是公安机关、检察机关、国家安全机关和军队中的保卫部门,这些机关可以构成司法赔偿中的侵权主体。在公安机关、检察机关、国家安全机关、军队保卫部门中行使侦查权的工作人员也是司法赔偿的侵权主体。我国《刑事诉讼法》第83条规定:"公安机关或者人民检察院发现犯罪事实或者犯罪嫌疑人,应当按照管辖范围,立案侦查。"第4条规定:"国家安全机关依照法律规定,办理危害国家安全的刑事案件,行使与公安机关相同的职权。"第225条规定:"军队保卫部门对军队内部发生的刑事案件行使侦查权。"公安机关和检察机关在行使侦查权上有一定的分工。根据《刑事诉讼法》的规定,人民检察院立案侦查的案件有:国家工作人员渎职犯罪案件;国家机关工作人员利用职务实施的非法拘禁、刑讯逼供、报复陷害、非法搜查的侵犯公民人身权利的犯罪案件;侵犯公民民主权利的犯罪案件;国家机关工作人员利用职权实施的其他重大的犯罪案件。公安机关对其他刑事案件行使侦查权。

2. 检察机关及其工作人员

检察权是人民检察院依照法律规定行使的法律监督权。检察权与检察机关的职权是两个不同概念。我国法律授予检察机关以特定的职权,有的职权不能认定为就是检察权,如检察机关对特定案件的侦查权。我国的检察机关是指各级人民检察院和专门人民检察院。根据我国宪法的规定,人民检察院是法律监督机关,行使着检察权。检察机关及其工作人员行使职权侵犯他人合法权益,造成损害的,国家承担赔偿责任。

3. 审判机关及其工作人员

审判权是依法审理和裁判刑事、民事、行政案件和其他案件的权力。我国行使审判权的机关是各级人民法院和专门人民法院。根据我国宪法的规定,人民法院是审判机关,行使审判权。人民法院及其工作人员行使职权,造成他人损害的,国家承担赔偿责任。

4. 看守所及其工作人员

看守所是羁押依法被逮捕、刑事拘留的犯罪嫌疑人、被告人的机关。按照法律规定,被判处有期徒刑1年以下,或者余刑在1年以下,不便送往劳动改造场所执行的罪犯,也可以由看守所监管。我国看守所以县级以上行政区域为单位设置,由本级公安机关管辖。看守所及其工作人员行使职权造成他人合法权益损害的,受害人有权要求国家赔偿。

5. 监狱管理机关及其工作人员

监狱管理机关是我国刑罚的执行机关。按照我国《刑法》和《刑事诉讼法》的规定,被判处死刑缓期两年执行、无期徒刑、有期徒刑的罪犯在监狱内执行刑罚。监狱管理机关及其工作人员行使职权造成他人合法权益损害的,受害人有权要求国家赔偿。

(二)职务侵权行为

我国《国家赔偿法》对于司法赔偿中的职务侵权行为作了严格的限定,国家只对特定的侵权行为承担赔偿责任。我国《国家赔偿法》以违法责任原则和结果责任原则相结合为基点确定了司法赔偿的行为要件,实现"无罪羁押赔偿"。我们从如下三个方面进行分析:

1. 合法行为

在原理上,合法行为无所谓过错的问题,因为法律对行为性质的认定是基于社会成员共同认可的价值准则,在通常情况下,违法行为往往就是有过错的行为,合法行为是国家和社会认可的行为。合法行为致害可以根据公平责任的原则对遭受损害的合法权益予以救济,也可以通过补偿的方法来解决。《国家赔偿法》在制定的过程中正是基于这样的考虑排除了合法行为致害的国家赔偿责任。但是,由于国家补偿制度的缺失,一些合法行为致害造成受害人的合法权益不能得到救济,《国家赔偿法》的价值和功能不能得以充分体现。2010年《国家赔偿法》的修改本着有效地实现权利救济的基本思想,采用了一定程度的结果责任原则,将一些合法的司法行为致害纳入司法赔偿的范围,如第17条中规定:"对公民采取逮捕措施后,决定撤销案件、不起诉或者判决宣告无罪终止追究刑事责任的。"我国《刑事诉讼法》规定了逮捕的条件和程序,司法机关即使根据法定的条件和程序对公民实施逮捕,也仍然有可能使无辜者的人身自由权遭受损害,在无辜者的人身自由权遭受损害的情况下,国家给予赔偿是合理的。合法行为作为司法赔偿的行为要件只存在于一个非常狭小的空间里,也很难得到延伸。其实,在司法赔偿中,对行为性质的判断并无多大的意义,而主要在于对结果的评价和分析,有特定的损害结果且与司法行为存在着职务上的关联性,就应当予以赔偿。司法机关办理刑事案件是多个程序运作的过程,其目的是最大限度地实现客观事实与法律事实的统一,但在操作的层面上,要绝对地还原客观事实是不可能的,只能通过一系列技术化手段和方法来证明,如勘验、鉴定,最后在证据的支撑下用法律语言重构和再现客观事实即法律事实。因而,在形成法律事实的过程中,由于技术条件、智识水平等客观因素的作用,会出现客观事实与法律事实不相一致,甚至完全不同的情形,如错案。对这样的司法行为,我们很难作出具有"违法性"的评判。

2. 违法行为

与行政赔偿一样,司法赔偿也坚持违法责任原则。国家对违法的司法行为所造成的损害承担赔偿责任。违法行为分为作为违法和不作为违法两个方面。

《国家赔偿法》在司法赔偿中主要是针对作为违法,如违法拘留、逮捕;违法使用武器;违法对财产采取查封、扣押、冻结、追缴等措施。而对于不作为违法的问题也有所体现,如"放纵他人以殴打、虐待等行为造成公民身体伤害或者死亡的"。

3. 裁量行为

在司法权的运用中,裁量行为也容易造成他人的人身权、财产权,甚至生命权的损害,如轻罪重判等。虽然《国家赔偿法》也在一定程度上采用了结果责任的原则,但是对于裁量行为造成的错误结果则没有明确的救济规定。我们认为,司法上的裁量行为具有特别的意义,一方面司法机关能够根据案件的实际客观公正地处理案件,使罪刑相适应,另一方面特定的公民也容易因司法裁量行为造成权益的损害,且所遭受的损害是人身自由权、人格权、财产权,有时是生命健康权,如某公民因犯罪不应被判处死刑而被判处死刑,就直接涉及生命权的问题。因此,一些裁量行为可以考虑作为司法赔偿中的行为要件。

(三) 损害事实

司法赔偿中的损害事实是特定的司法行为使一定的权利状态发生变更,具有现实性和确定性,主要包括人身权利、财产权利的损害。在范围上,司法赔偿中的损害事实与一些法律中所规定的大体相同,不同的是在程度上的差异。司法行为所造成的人身权利、财产权利损害在程度上比其他同种类型的损害严重得多,如无辜的公民被错判有期徒刑所造成的损害就在程度上要高于对公民违法实施行政拘留所造成的损害。我们对司法赔偿中损害事实的关注必须要考虑到范围和程度的关系问题,某一种损害尽管在类型上是单一的、直接的,但往往与众多隐形的损害连接在一起,如对无辜公民错判较长时间的有期徒刑就涉及受教育权、婚姻权、对老人的赡养和对未成年子女的抚养,有时候还牵涉到政治权利的行使。我国《刑法》规定了三种附加刑:罚金、剥夺政治权利、没收财产,还明确规定了附加刑可以独立适用。这就涉及政治权利在遭受损害情况下的权利救济问题,按照《国家赔偿法》的规定,公民因司法行为致使其政治权利被剥夺是不能请求国家赔偿的,即使是无辜的公民。我们认为,公民政治权利的损害虽然不直接影响到单个权利主体的物质利益和人身权利,但在特定的情况下容易附带地产生精神损害,如果剥夺政治权利独立适用并给特定公民造成精神痛苦,应当从精神损害赔偿的角度来考虑权利救济问题。

(四) 因果关系

司法赔偿中的因果关系是指职务侵权行为与损害事实之间所存在的内在的必然的联系,特定的司法行为是损害事实产生的原因,损害事实是行为发生的结果。因果关系作为司法赔偿的构成要件与刑事法律不同,在刑事法律中,因果关系是一个关键性的构成要件,强调因果之间的必然性、直接性,以便使无辜的公民不受法律追究,在司法赔偿中,为了使受害人的合法权益能够得到救济,侧重于从结果的角度来考量,因而,因果关系不像刑事法律那么严苛。但是,因果关系仍然是司法赔偿的构成要件,可以决定国家是否赔偿以及怎样进行赔偿。

本章需要继续探讨的问题

一、关于建立司法赔偿制度的必要性

司法赔偿制度是司法民主制度发展的结果,也经历了一个发展的过程。不同的国家对其认识有一定的差异,有的国家只有行政赔偿而没有司法赔偿,其中的分歧集中在对司法权的理解上。否定司法赔偿的国家认为司法权就是一种裁判权,司法机关就是一种裁判机关,司法机关所作出的裁判就是公正的象征,即使存在着错判的问题,也没有必要建立一种赔偿制度。我们认为:司法机关是一种裁判机关,也是一种执法机关,行使的是法律赋予的职权,在某些情况下也使他人的合法权益遭受损害。国家建立司法赔偿制度是保障人权的需要,在一定的程度上对于维护国家和社会的稳定,规范司法机关的司法行为具有相当重要的意义。现代的民主政治是一个含义极为丰富的概念,以保障人权为核心内容,不仅要求规范政府的行为,限制行政权力的滥用,而且还要规范司法机关的行为,使司法机关严格地执行法律,当司法机关的行为损害他人的合法权益时,没有理由豁免司法机关的侵权行为责任。当然,司法机关的司法活动具有特殊性,不确定或有待查证的问题太多,如证据的真假难辨、在某些紧急的情况下还必须采取特殊的强制措施等,国家建立司法赔偿制度只能是在一个特定的范围内进行,不可能像行政赔偿涉及的范围那么广。司法活动的特点决定了司法赔偿的有限性,但不能作为否定司法赔偿的理由。

二、关于司法赔偿的立法模式

司法赔偿立法是采用独立的模式,还是采用附带的模式,不同的国家有不同的做法。德国最先采用独立的立法模式,如1898年的《再审无罪判决赔偿法》、1904年的《羁押赔偿法》、联邦德国1971年的《刑事追诉措施赔偿法》。日本也在后来制定了《刑事补偿法》。有的国家采用附带的方式,如罗马尼亚、前南斯拉夫将司法赔偿规定在刑事诉讼法之中。两种模式各有自己的特点和优点,采用独立的模式体现了司法赔偿的专门性和重要性,采用附带模式主要是为了强调司法赔偿与刑事诉讼活动的关联性。我国在立法上,采用了附带的模式,用统一的《国家赔偿法》对有关国家赔偿问题作出规定,强调了国家赔偿制度的整体性。相比较而言,用统一的《国家赔偿法》更能明确国家赔偿制度的基本原理,也方便了赔偿请求人实现其赔偿请求权,代表着国家赔偿立法的发展方向。

第十三章 司法赔偿的范围

内容提要

司法赔偿的范围是司法赔偿制度中的关键环节,其宽窄直接关系着权利的保障与救济,也涉及司法权的有效运用。在我国,司法赔偿的范围包括刑事赔偿的范围和民事、行政诉讼中的司法赔偿范围以及司法赔偿的免责范围。明确司法赔偿范围无论对司法赔偿请求人,还是对司法赔偿义务机关以及人民法院,都具有重要意义。

关键词

刑事赔偿的范围 民事、行政诉讼中的司法赔偿 司法赔偿的免责范围

司法赔偿范围的设定与司法机关行使职权的特点相联系,由于司法机关行使职权在客观上易存在无过错而造成损害的情形,国家在确定司法赔偿范围时主要坚持有限的违法责任原则,免除了某些职务违法行为所造成的损害赔偿责任。我国《国家赔偿法》第17、18条设定了承担赔偿责任的范围,第19条确立了免责范围。

第一节 刑事赔偿的范围

一、侵犯人身权的赔偿

人身权是与人身不可分离,并无财产内容的一种权利。根据我国《国家赔偿法》第17条的规定,行使侦查、检察、审判职权的机关以及看守所、监狱管理机关及其工作人员在行使职权时有下列侵犯人身权情形之一的,受害人有取得国家赔偿的权利,国家应依法承担赔偿责任:

(一)错误拘留

我国《国家赔偿法》刑事赔偿一章中的拘留是指刑事拘留。所谓刑事拘留,是行使拘留权的机关在侦查活动中对符合逮捕条件的现行犯或嫌疑人,由于情况紧急,依法采取暂时限制其人身自由的强制措施。我国宪法和法律严格保护公民的人身自由,公民如果没有违反法律的规定,其人身自由是不容侵犯的,即使违反了法律需要限制人身自由时,也必须由有关机关依照法律程序进行。《刑

事诉讼法》第 61 条明确规定了对公民实行刑事拘留的条件:正在预备犯罪、实行犯罪或者犯罪后及时被发觉的;被害人或在场亲眼看见的人指认他犯罪的;在身边或者住处发现有犯罪证据的;犯罪后企图自杀、逃跑或者在逃的;有毁灭、伪造证据或者串供可能的;不讲真实姓名、住址,身份不明的;有流窜作案、多次作案、结伙作案重大嫌疑的。依据《刑事诉讼法》第 132 条的规定,人民检察院对直接受理案件的犯罪嫌疑人,可以拘留的,仅限于"犯罪后企图自杀、逃跑或者在逃的","有毁灭、伪造证据或者串供可能的"两种情形。对不符合上述条件的公民实施刑事拘留是违法刑事拘留。同时,我国法律对刑事拘留的程序也作了较严格的规定。如公安机关在行使拘留权的时候,必须出示拘留证,拘留后除有碍侦查或者无法通知的情况以外,应当把拘留的原因及羁押的处所在 24 小时以内,通知被拘留人的家属或者他的所在单位,并在 24 小时以内进行讯问,在发现不应当拘留的时候,必须立即释放,同时还应当发给释放证明。

我国《国家赔偿法》对错误拘留的赔偿问题作了特别的限定。《国家赔偿法》第 17 条第 1 项规定:违反刑事诉讼法的规定对公民采取拘留措施的,或者依照刑事诉讼法规定的条件和程序对公民采取拘留措施,但是拘留时间超过刑事诉讼法规定的时限,其后决定撤销案件、不起诉或者判决宣告无罪终止追究刑事责任的,受害人有取得赔偿的权利。据此规定,国家对错误拘留承担赔偿责任有两种情况:(1)违反刑事诉讼法的规定对公民采取拘留措施的。刑事诉讼法对刑事拘留的条件、程序都作了较严格的规定。司法机关无论是在实体上还是在程序上,只要违反刑事诉讼法的规定对公民采取拘留措施,国家就应该承担赔偿责任。(2)依照刑事诉讼法规定的条件和程序对公民采取拘留措施,但是拘留时间超过刑事诉讼法规定的时限,其后决定撤销案件、不起诉或者判决宣告无罪终止追究刑事责任的。司法机关对公民采取拘留措施符合刑事诉讼法规定的条件和程序,但拘留时间超过刑事诉讼法规定的时限。在这种情况下因下列任何一种原因终止追究刑事责任的,国家都应该承担赔偿责任,否则国家不承担赔偿责任:一是决定撤销案件。撤销案件,是指公安机关对立案侦查的案件,发现具有某种法定情形,或者经过侦查否定了原来的立案根据所采取的诉讼行为。二是不起诉。不起诉,是指人民检察院对公安机关侦查终结移送起诉的案件和自行侦查终结的案件进行审查后,认为犯罪嫌疑人的行为不符合起诉条件或没有必要起诉,依法不将犯罪嫌疑人提交人民法院进行审判、追究刑事责任的一种处理决定。三是判决宣告无罪,即法院基于被告人无辜,或者因为案件事实不清、证据不足,在最终的诉讼程序中判定为无罪。

(二)错误逮捕

逮捕是指人民检察院或人民法院批准或决定,由公安机关执行的对犯罪嫌疑人羁押、暂时剥夺其人身自由的一种强制措施。我国《刑事诉讼法》第 60 条第

1款规定:"对有证据证明有犯罪事实,可能判处徒刑以上刑罚的犯罪嫌疑人、被告人,采取取保候审、监视居住等方法,尚不足以防止发生社会危险性,而有逮捕必要的,应即依法逮捕。"据此规定,逮捕必须具备的三个条件是:(1)有证据证明有犯罪事实。(2)可能判处徒刑以上刑罚的犯罪嫌疑人、被告人。(3)采取取保候审、监视居住等方法,尚不足以防止发生社会危险性,而有逮捕必要的。只有符合这三个条件,才能实施逮捕。司法机关实施逮捕的强制措施主要是为了刑事诉讼活动的正常进行,防止犯罪嫌疑人继续危害社会以及逃跑、串供、毁灭、伪造证据等情况出现,维护正常的社会秩序和法律秩序。但是,逮捕是一种严厉的强制措施,是对人身自由的强制剥夺。如果没有严格的法律约束,就有可能践踏国家法制,侵害公民权利。因此,实施逮捕时必须持谨慎态度,严格依法办事。根据《刑事诉讼法》的规定,逮捕必须经过人民检察院批准或者人民法院决定,并由公安机关执行;公安机关在执行逮捕的时候,必须出示逮捕证;逮捕后除有碍侦查或者无法通知的情形外,应当将逮捕的原因和羁押的处所,在24小时内通知被逮捕人的家属或者他的所在单位;人民法院、人民检察院对于各自决定逮捕的人,公安机关对于经人民法院批准逮捕的人,都必须在逮捕后24小时内进行讯问;在发现有不应当逮捕的时候,应当立即释放,并发给释放证明。对于违反法律规定采用逮捕措施,并造成受害人权利损害的,国家应当承担赔偿责任。

我国《国家赔偿法》第17条第2项规定:对公民采取逮捕措施后,决定撤销案件、不起诉或者判决宣告无罪终止追究刑事责任的,受害人有取得赔偿的权利。根据这一规定,错误逮捕的构成必须符合下列三个条件:(1)司法机关作出了逮捕决定并已经实施了逮捕。如果只是作出了逮捕决定却没有实施,或者作出了逮捕决定但在实施前及时纠正的,就不构成错误逮捕。(2)因决定撤销案件、不起诉或者判决宣告无罪而终止追究刑事责任。根据《刑事诉讼法》第15条的规定,有下列情形之一的,不追究刑事责任,已经追究的,应当撤销案件,或者不起诉,或者终止审理,或者宣告无罪:情节显著轻微,危害不大,不认为是犯罪的;犯罪已过追诉时效期限的;经特赦令免除刑罚的;依照刑法告诉才处理的犯罪,没有告诉或者撤回告诉的;犯罪嫌疑人、被告人死亡的;其他法律规定免予追究刑事责任的。只要司法机关通过决定撤销案件、不起诉或者判决宣告无罪终止追究刑事责任,国家都应当承担赔偿责任。(3)错误逮捕不以违法逮捕为必要。《国家赔偿法》对此实行的是无过错责任原则。无论逮捕措施实施当时是否合法,只要同时符合上述两个条件,国家就应该承担赔偿责任。

(三)无罪错判

判决,是人民法院代表国家对刑事案件的实体问题所作出的权威性判定。其他任何机关都无权审理和作出判决,也不能干涉法院进行审理和作出判决。

这里的"无罪错判",是指《国家赔偿法》所规定的依照审判监督程序再审改判无罪,原判刑罚已经执行的情形。"无罪错判"的认定必须符合下列三个条件:

(1)"无罪错判"必须是经过审判监督程序再审改判无罪的。审判监督程序又称为再审程序,是指人民法院、人民检察院对于已经发生法律效力的判决和裁定,发现在认定事实或适用法律上确有错误,依法提出并重新审理的程序。"无罪错判"是指经过再审确认原判决认定的被告人犯罪事实不存在,或被告人虽有违法行为但不构成犯罪而撤销原有罪判决。国家对错判承担赔偿责任关键在于被告人是否"无罪"。如果经过再审将原来较重的刑罚改为较轻的刑罚或者仅对有关罪名重新认定等,不属于再审改判无罪,国家不承担刑事赔偿责任。在法律上,我国豁免了法官在判决中自由裁量行为的赔偿责任,这与许多国家的法律以及判例相一致。此处的改判无罪,必须是通过再审程序进行的。如果是一审判决有罪,二审判决无罪,则不能以此要求国家赔偿。这里需要注意的是[①]:第一,如果被法院判处免予刑事处罚的人,经再审改判宣告无罪,不发生错判的国家赔偿责任。因为国家只是作出一个有罪宣告,而没有对被告人实际判处刑罚,没有发生国家赔偿法上所要求的损害事实。第二,如果被判处缓刑的人经再审程序改判宣告无罪的,亦不应发生错判的国家赔偿责任。因为,在这种情况下,法院虽然作出有罪判决并判处被告人刑罚,但严格地说,缓刑不是刑罚的执行,而是附条件地不执行,也就没有发生国家赔偿法上要求的损害事实。最高人民法院《关于人民法院执行〈中华人民共和国国家赔偿法〉几个问题的解释》第4条规定:"人民法院判处管制、有期徒刑缓刑、剥夺政治权利等刑罚被依法改判无罪的,国家不承担赔偿责任,但是,赔偿请求人在判决生效前被羁押的,依法有权取得赔偿。"

(2)原判刑罚已经执行。原判刑罚已经执行包括两种情况:一是原判刑罚已全部执行完毕;二是原判刑罚已部分执行。只要已部分执行,就可以请求国家赔偿。只是如果原判刑罚已经全部执行的,国家应对全部错判刑罚承担赔偿责任;原判刑罚部分执行的,国家则应对已执行部分的错判刑罚承担赔偿责任。在原判刑罚执行之前被拘留或逮捕的,国家不对受害人分别赔偿,因为被羁押的期间已被刑期所吸收。如果在刑罚执行期间,发生依法减刑或者假释的情况,对于被减刑或者假释部分的错判刑罚,国家也不承担赔偿责任。

(3)"无罪错判"的赔偿不要求查明主观上的过错。刑事赔偿责任的归责原则包括过错责任和无过错责任。按照《国家赔偿法》关于刑事赔偿范围的规定,"无罪错判"且刑罚已经执行的赔偿属于严格责任赔偿,只要查明属于"无罪错判",且刑罚已经执行,则无须查明检察机关在提起公诉和人民法院判决时主观

---

① 房绍坤、毕可志编著:《国家赔偿法学》,北京大学出版社2004年版,第241页。

上是否存有过错,国家应当承担赔偿责任。

（四）刑讯逼供或者以殴打、虐待等行为或者唆使、放纵他人以殴打、虐待等行为造成公民身体伤害或者死亡的

刑讯逼供是司法工作人员在刑事诉讼过程中,为获取犯罪嫌疑人或被告人的口供而对其身体施以暴力或变相肉刑的行为。在我国古代,刑讯逼供是一种公开、合法的取证和审讯方法。《唐六典》记载:"凡案狱之官,先备五听,又稽诸征信,有可征焉而不为实者,然后核标。"然而,随着社会发展,人权保障的深入,刑讯逼供已为世界各国普遍禁止。联合国《禁止酷刑和其他残忍不人道或者有辱人格的待遇或处罚公约》规定,公职人员或以官方身份行使职权的其他人,非因法律制裁,蓄意使公民在肉体上或精神上遭受剧烈痛苦或痛苦的行为,都应受到禁止,受害者享有获得公平和足够赔偿的权利。我国于1988年9月5日经全国人大常委会批准,加入了这一公约。《国家赔偿法》第17条第4项明确规定:司法机关及其工作人员行使职权时刑讯逼供或者以殴打、虐待等行为或者唆使、放纵他人以殴打、虐待等行为造成公民身体伤害或者死亡的,国家应当承担赔偿责任。

根据我国《国家赔偿法》的规定,国家因司法人员刑讯逼供而承担赔偿责任,应当具备以下条件:(1)司法人员实施了刑讯逼供。司法人员的行为要构成刑讯逼供必须符合如下条件[①]:刑讯逼供是行使侦查权过程中实施的;司法人员具有逼取口供的目的;司法人员具有故意;司法人员采取了肉刑或者变相肉刑的方法;刑讯逼供的对象是犯罪嫌疑人或被告。(2)必须有造成受害人身体损害或者死亡的结果。身体损害主要表现为两个方面[②]:一是破坏他人身体组织的完整性,如砍掉手指、割掉耳朵等;二是虽然不破坏他人身体组织的完整性,但使身体某一器官机能受到损害或者丧失,如听力降低或者丧失,视力降低或者丧失等。在实务中经常遇到的问题是身体损害是否包括精神损害。《国家赔偿法》第35条规定:"有本法第3条或者第17条规定情形之一,致人精神损害的,应当在侵权行为影响的范围内,为受害人消除影响,恢复名誉,赔礼道歉;造成严重后果的,应当支付相应的精神损害抚慰金。"根据这一规定,身体损害应该包括精神损害。(3)身体损害或者死亡与刑讯逼供之间存在因果关系。只有刑讯逼供造成了受害人身体损害或者死亡,国家才承担赔偿责任。

认定"殴打、虐待等行为或者唆使、放纵他人殴打、虐待等行为"必须满足以下条件:(1)司法人员实施了殴打、虐待等行为或者唆使、放纵他人实施了殴打、

[①] 周友军、麻锦亮著:《国家赔偿法教程》,中国人民大学出版社2008年版,第255—256页。

[②] 张雪林、向泽选、张长江、廖名宗著:《刑事赔偿的原理与执法实务》,北京大学出版社2003年版,第67页。

虐待等行为。所谓放纵他人实施殴打、虐待等行为,是指司法人员明知他人在对犯罪嫌疑人、被告或罪犯实施殴打、虐待等行为却不及时加以制止。这里值得注意的是无论是司法人员的殴打、虐待等行为还是唆使、放纵他人实施的殴打、虐待等行为,必须是在刑事诉讼中或执行职务中发生的,在其他情况下实施的致害属于司法人员的个人行为,国家不承担赔偿责任。(2)殴打、虐待等行为的目的不是逼取口供。如果其目的是逼取口供,则构成刑讯逼供。(3)殴打、虐待等行为的对象不仅包括犯罪嫌疑人、被告或罪犯,还包括其他公民,如证人、律师等。但放纵他人殴打、虐待等行为的对象只能是犯罪嫌疑人、被告或罪犯。(4)司法人员唆使、放纵他人实施殴打、虐待等行为不存在合法与否的问题,但司法人员实施殴打、虐待等行为必须是违法的。某些合法的暴力,如捆绑抗拒抓捕的现行犯、对违反监规的罪犯采取关禁闭措施等,不属于刑事赔偿意义上的殴打、虐待等行为。

与刑讯逼供一样,司法人员以殴打、虐待等行为或者唆使、放纵他人以殴打、虐待等行为造成公民身体伤害或者死亡的,受害人可以依法请求国家赔偿。

(五)违法使用武器、警械造成公民身体伤害或死亡的

为了维护正常的社会秩序和法律秩序,我国法律授权司法工作人员在必要时可以使用武器和警械。同时,为了保证武器、警械的正确使用,保障公民生命财产免受司法人员的非法侵犯,我国相关法律对使用武器、警械的条件、程序等作了严格的规定。《人民警察法》第10条规定:"遇有拒捕、暴乱、越狱、抢夺枪支或者其他暴力行为的紧急情况,公安机关的人民警察依照国家有关规定可以使用武器。"第11条规定:"为制止严重违法犯罪活动的需要,公安机关的人民警察依照国家有关规定可以使用警械。"《人民警察使用警械武器条例》第8条规定:"人民警察依法执行下列任务,遇有违法犯罪分子可能脱逃、行凶、自杀、自伤或者有其他危害行为的,可以使用手铐、脚镣、警绳等约束性警械:(1)抓获违法犯罪分子或者重大犯罪嫌疑人的;(2)执行逮捕、拘留、看押、押解、审讯、拘传、强制传唤的;(3)法律、行政法规规定可以使用警械的其他情形。"第9条规定:"人民警察判明有下列暴力犯罪的紧急情况之一,经警告无效的,可以使用武器:(1)放火、决水、爆炸等严重危害公共安全的;(2)劫持航空器、船舰、火车、机动车或者驾驶车、船等机动交通工具,故意危害公共安全的;(3)抢夺、抢劫枪支弹药、爆炸、剧毒等危险物品,严重危害公共安全的……"第10条和第11条分别规定了不能使用武器和停止使用武器的情形。《监狱法》规定了使用警械的具体情形,该法第45条规定:"监狱遇有下列情形之一的,可以使用戒具:(1)罪犯有逃脱行为的;(2)罪犯有使用暴力行为的;(3)罪犯正在押解途中的;(4)罪犯有其他危险行为需要采取防范措施的。""前款所列情形消失后,应当停止使用戒具。"《看守所条例》第17条规定:"对已被判处死刑、尚未执行的犯人,必须加戴械具。

对有事实证明可能行凶、暴动、脱逃、自杀的人犯,经所长批准,可以使用械具。"第 18 条规定:"看守人员和武警遇下列情形,用其他措施不能制止时,可按规定开枪射击:(一)人犯越狱或暴动;(二)脱逃不听制止或追捕中抗拒逮捕;(三)劫持人犯;(四)持有管制刀具或其他危险物,正在行凶或破坏;(五)暴力威胁看守人员、武警的生命安全的,需要枪击时,除遇特别情况外,应先鸣枪警告,人犯有畏惧表示,应立即停止射击。"最高人民法院、最高人民检察院、公安部、国家安全部联合下发的《关于人民警察执行职务中实行正当防卫的具体规定》,对于在正当防卫时使用武器和警械作了具体规定。在符合法律规定条件下使用武器和警械造成人身伤害或死亡的,国家不承担赔偿责任;违法使用武器和警械造成人身伤害或死亡的,国家应该承担赔偿责任。合法使用武器和警械,超过必要的限度仍属于违法使用武器和警械,国家应该承担相应的赔偿责任。

司法人员违法使用武器、警械造成公民身体伤害或者死亡主要有以下情形[①]:依法不应配备武器、警械的司法人员配备了武器、警械,并在行使司法权力的过程中使用武器、警械造成公民身体伤害或者死亡的;不应佩带武器、警械的刑事司法人员私自携带武器、警械并在行使司法权力的过程中使用并造成伤亡结果的;依法佩带武器、警械的司法人员违反法律、法规的规定,使用武器、警械造成伤亡后果的;其他违法使用武器、警械的情形。

二、侵犯财产权的赔偿

财产权是权利主体所享有的对财产占有、使用、收益和处分的一种权利。财产权在法定权利中占有重要的地位。美国学者伯纳德·施瓦茨讲到:"财产永远是以政府权利为基础的,不受国家保护的财产,只是一种学究的空谈。"[②]沃纳在《论美国行政法》中指出:"假如对让渡财产的权利加以限制,那么,这与我的个人自由受到侵犯是完全一样的,正如禁止我取得、占有和使用这种财产那样。在两种情况下,这种限制将……破坏我的自由。"[③]在法律制度中,公民财产权的保护以及遭受损害后的救济是多方面的,就国家侵权行为而言,既有行政赔偿的救济,也有刑事赔偿的救济。我们在前面已经分析了财产权遭受损害后的行政赔偿问题,现在着重探讨财产权遭受损害后的刑事赔偿问题。我国《国家赔偿法》设定了财产权损害的刑事赔偿范围。根据我国《国家赔偿法》第 18 条的规定,行使侦查、检察、审判职权的机关以及看守所、监狱管理机关及其工作人员在行使职权时有下列侵犯财产权情形之一的,受害人有取得国家赔偿的权利,国家应依

---

① 张雪林、向泽选、张长江、廖名宗著:《刑事赔偿的原理与执法实务》,北京大学出版社 2003 年版,第 71 页。
② 〔美〕伯纳德·施瓦茨著:《美国法律史》,王军等译,中国政法大学出版社 1996 年版,第 142 页。
③ 同上书,第 143 页。

法承担赔偿责任：

(一)违法对财产采取查封、扣押、冻结、追缴等措施的

刑事诉讼中的查封,是指行使侦查、检察、审判职权的国家机关将与刑事案件有关的可以用做证据、不便提取的财物就地封存或责成专人保管,任何人不得擅自移动或处分的一种强制措施。扣押,是指有关司法机关将刑事案件有关的物品、文件、电报等强制扣留的一种强制措施。冻结,是指有关司法机关为了保证刑事诉讼活动的顺利进行,防止犯罪嫌疑人转移、处分与案件有关的资产,通知银行或其他金融机构暂停支付或不准提取、转让的一种强制措施。追缴,是指有关司法机关对于犯罪工具、物品、赃物、非法所得等强制追回、退回原主或上缴国家的一种强制措施。在刑事诉讼中,无论是对财产进行查封、扣押、冻结还是追缴,都涉及对财产权的限制,这种强制措施运用的结果直接使公民、法人和其他组织财产权的现实状况发生改变,在特定情况下会造成财产权的损害。因此,司法机关采取这些强制措施时必须遵循法律的规定,符合以下条件：(1)对财产实施查封、扣押、冻结、追缴等刑事强制措施的主体具有相应职权,并且必须在法定权限范围内实施,不得超越权限或滥用职权。(2)实施查封、扣押、冻结、追缴等刑事强制措施的财物只能是与刑事案件有关的财产。对与刑事案件无关的财产不得实施查封、扣押、冻结、追缴等刑事强制措施。(3)实施查封、扣押、冻结、追缴等刑事强制措施的程序必须严格遵循法律规定。如《刑事诉讼法》第118条规定："对于扣押的物品、文件、邮件、电报或者冻结的存款、汇款,经查明确实与案件无关的,应当在3日以内解除扣押、冻结,退还原主或者原邮机关。"《刑事诉讼法》第198条规定："公安机关、人民检察院和人民法院对于扣押、冻结的犯罪嫌疑人、被告人的财物及其孳息,应当妥善保管,以供核查。任何单位和个人不得挪用或者自行处理。对被害人的合法财产,应当及时返还。对于违禁品或者不宜长期保存的物品,应当依照国家有关规定办理。"如果司法人员违法实施查封、扣押、冻结、追缴等刑事强制措施,给当事人造成财产损失的,国家应承担赔偿责任。

(二)再审改判无罪,原判罚金、没收财产已经执行的

罚金和没收财产是我国刑法中规定的两种附加刑,主要适用于经济犯罪。罚金,是人民法院判处犯罪分子向国家缴纳一定数额金钱的刑罚。没收财产,是将犯罪分子所有财产的一部或全部强制无偿地收归国有的刑罚。"再审改判无罪,原判罚金、没收财产已经执行"的认定必须符合以下条件：(1)已经生效的判决涉及罚金、没收财产。(2)经过审判监督程序,原判决已经被改判,确认被告人无罪。从理论上来说,这里的"无罪"包括确定无罪和存疑无罪。至于数罪并罚中部分被认定为无罪的,则应该看该被改判的罪与原判罚金或没收财产之间是否存在因果关系。(3)原判罚金、没收财产已经执行。已经执行包括部分执

行和全部执行。在原判罚金、没收财产已经执行的条件下,受害人的财产权遭受侵犯或损害已成为现实。如果原判决中虽处以罚金或没收财产,但没有得到实际执行,就不存在损害的客观性和现实性问题,故受害人不能请求赔偿。

第二节 民事、行政诉讼中的司法赔偿

刑事赔偿是因司法机关及其工作人员在刑事诉讼活动中的职务违法行为而引起损害的赔偿,它反映了国家承担赔偿责任的一个方面。但刑事赔偿并不等于司法赔偿,在严格意义上,司法赔偿已涵盖了刑事赔偿,可以认为刑事赔偿就是司法赔偿的一个方面。在国家赔偿制度发展的过程中,大多数国家(地区)只是以刑事诉讼活动为依据来确定刑事赔偿的范围,而没有将赔偿制度引入民事、行政以及其他方面的诉讼活动中。人们习惯称刑事赔偿为司法赔偿,或将两者作同义语来看待。实际上两者有范围的区分,就我国的法律体系而言,司法赔偿还应包括民事、行政诉讼中的赔偿。目前,英国、美国、日本、瑞士、奥地利等均未对民事、行政审判中的赔偿责任作出规定,只有法国普遍地确立了民事与行政审判赔偿制度。我国台湾地区作了严格的限定,即只有当法官因执行职务侵害人民权利,就其参与审判的案件犯职务上的罪,经判有罪确定者,遭受损害的人才可依据"国家赔偿法"要求赔偿。

我国《国家赔偿法》在确定国家赔偿范围时,从权利救济和司法审判制度的特点出发,确立了有限的民事、行政诉讼赔偿责任。

一、民事、行政诉讼中司法赔偿的含义

民事、行政诉讼中的司法赔偿是指人民法院在民事、行政诉讼过程中,违法采取对妨害诉讼的强制措施、保全措施以及对其他生效法律文书执行错误,造成公民、法人和其他组织合法权益损害的,国家依法予以赔偿的法律制度。人民法院在民事诉讼、行政诉讼中为了维护法律的尊严,保障诉讼活动的顺利进行,保护公民、法人和其他组织的合法权益,可依法对妨害诉讼的行为采取强制措施,对特定的财产采取保全措施,对生效的法律文书执行或强制执行。这种司法行为的实施关系到公民人身权、财产权以及法人的财产权是否处于一种正常的权利状态,如果实施不当会造成正常权利状态的变更和权利义务关系的紊乱。国家有必要对这种司法行为加以规范以及对受该行为致害的权利予以法律上的救济。

民事、行政诉讼中的司法赔偿在责任的构成上,有自己的特点:其一,侵权主体只能是人民法院和人民法院的工作人员,其他任何国家机关、社会团体和个人,由于不能从事特定的司法活动,不能成为侵权主体。其二,违反法律规定的

职务行为仍是最基本的构成要件,在归责原则的运用上仍然采用违法责任的原则,但只限于民事、行政诉讼过程中违反法定的程序,不包括依照民事、行政实体法所作的判决错误。第三,有损害就有赔偿是民事、行政诉讼中的司法赔偿坚持的原则,损害结果的现实性和特定性决定了赔偿是否实现。

当然,民事、行政诉讼中的司法赔偿是有限的,根据《国家赔偿法》的规定,局限于民事诉讼、行政诉讼中的强制措施、保全措施以及生效的法律文书的执行方面。除此之外,其他的违法司法行为所造成的损害则不属于赔偿责任范围。尽管《国家赔偿法》对其范围的确定存在着局限性,但与其他国家的赔偿制度相比较而言,却是迈出了可喜的一步。我国在物质生产条件、财政承受能力相对有限的情况下,能做到这种程度,已表明了国家在权利问题上的态度和立场。

二、对民事、行政审判中的错判,国家不承担赔偿责任

法院的民事、行政审判,虽然要通过严格的法律程序,但不能完全保证审判结果的客观公正性和合法性。一旦作出错误的判决势必造成一方当事人合法权益的"损害"。我们在此不对错误判决的成因加以分析,只就损害的客观性而论。民事、行政审判在一定程度上是对当事人双方权利义务关系的确认,错误判决的结果只是对当事人双方权利义务关系的错误定位,一方当事人的"损害"在表象上是另一方当事人不当得利,其与法院的判决虽然有联系,但不具有直接的因果关系。因此,民事、行政审判的错判与刑事诉讼中的错判有根本的分别。基于这种原因,国家不对民事、行政审判中的错判承担赔偿责任。

在已经错判的情况下,当事人或受害人可以依据法律规定的程序要求改判。法院经过审查,发现确有错误可以依法改判,使当事人双方的权利义务关系重新回到合理的位置上。改判的结果只是在双方当事人之间的权利义务关系上发生变化,即利益关系的重新调整,改判之前的损害只是一种"假象损害",故国家不将这种"损害"列入赔偿范围。

三、违法采取对妨害诉讼的强制措施的赔偿

妨害诉讼的行为一般是指诉讼参加人或其他公民、法人故意阻碍或破坏审判人员或依法接受审判机关委托履行审判职责的人员正常执行职务,扰乱诉讼秩序,妨害诉讼活动正常进行的行为。对妨害诉讼的强制措施是人民法院在民事、行政诉讼过程中,为了保护诉讼的顺利进行,对妨害诉讼的行为人所采取的强制措施。在功能上,它既具有强制教育性,又具有惩罚性。我国《民事诉讼法》对故意妨害司法程序,阻碍司法工作人员执行职务的行为规定了一些强制措施:

拘传、训诫、责令退出法庭、罚款、拘留。①《行政诉讼法》规定的强制措施有：训诫、责令具结悔过、罚款、拘留。两部法律对强制措施的运用作了严格的限制性规定，如《行政诉讼法》第 49 条就规定了运用强制措施的一些具体情形：有义务协助执行的人，对人民法院的协助执行通知书，无故推拖、拒绝或者妨碍执行的；伪造、隐藏、毁灭证据的；拍卖、贿买、胁迫他人作伪证或者威胁、阻止证人作证的，等等。② 在对妨害诉讼的各种强制措施中，真正能够引起国家承担赔偿责任的只有罚款、拘留两种，而其他的强制措施不会造成对公民人身自由与财产权的损害，如训诫是司法工作人员对有轻微妨害民事诉讼行为的人所采取的口头批评、教育的强制措施。这种强制措施不可能造成公民人身自由和财产权的损害，所以也不会引起国家承担赔偿责任的问题。除了训诫之外，还有拘传、责令退出法庭、责令具结悔过。最高人民法院在《关于民事、行政诉讼中司法赔偿若干问题的解释》中明确界定了违法采取对妨害诉讼的强制措施的具体范围：超过法律规定期限实施司法拘留；对同一妨害诉讼行为重复罚款、司法拘留的；超过法律规定金额实施罚款的；违反法律规定的其他情形。

四、违法采用保全措施所致损害的赔偿

保全措施主要包括证据保全和财产保全两种。其中证据保全是法院在查证、核实证据之前，对于可能灭失或者以后难以取得的证据，依法采取措施，予以提取、固定并妥善保管的制度。财产保全是指法院在受理案件后至作出判决前，因特定原因有可能使将来作出的判决难以执行或不能执行时，对当事人的财产和争议的标的物采取的强制性措施，如查封、扣押、冻结等。根据法律规定，采取财产保全措施一般应具备两个条件：一是采取财产保全的案件，必须具有给付内容；二是由于当事人主观原因或者客观原因，使以后作出的生效判决可能不能执行或者难以执行。《行政诉讼法》只规定了证据保全，而《民事诉讼法》除了规定证据保全外，还规定了财产保全。无论是财产保全还是证据保全，都关系到相对人的财产权的保护，如果法院没有依据法律规定的条件采取保全措施，随意扩大保全范围，对保全的财产不履行其善意保管的义务或处理不当，违反尽其最善的法律原则等造成财产损害的，国家应承担赔偿责任。最高人民法院在《关于民事、行政诉讼中司法赔偿若干问题的解释》中对违法采取保全措施的行为加以明确规定：即依法不应当采取保全措施而采取保全措施或者依法不应当解除保全

---

① 我国《民事诉讼法》详细列举了妨害民事诉讼的行为，并具体地规定了人民法院所采取的强制措施，如对个人的罚款1万元以下，对单位的罚款1万元以上30万元以下，对个人实施司法拘留的最长时间为15天。

② 我国《行政诉讼法》第 49 条列举了妨害行政诉讼的行为，规定了对行为人可以处 1000 元以下的罚款以及 15 日以下的拘留。

措施而解除保全措施的;保全案外人财产的,但案外人对案件当事人负有到期债务的情形除外;明显超出申请人申请保全数额或保全范围的;对查封、扣押的财物不履行监管职责,严重不负责任,造成财产毁损、灭失的,但依法交由有关单位、个人负责保管的情形除外;变卖财产未经合法评估机构估价,或者应当拍卖而未依法拍卖,强行将财物变卖给他人的;违反法律规定的其他情形。

值得注意的是,在民事诉讼中,国家对法院主动采取财产保全所致损害负责赔偿,而在当事人申请财产保全有错误致使法院根据其申请采取财产保全措施造成损害的,国家不负赔偿责任。在此情况下,受害人可以根据《民事诉讼法》第96条的规定,要求申请人赔偿其遭受的损失。

五、对生效法律文书执行错误所致损害的赔偿

人民法院的判决,裁定和其他生效的法律文书体现着法律的效力,必须执行。民事诉讼、行政诉讼的各方当事人都必须接受判决、裁定和其他生效法律文书所依法确定的权利义务关系,并受这种权利义务关系的约束,如果一方当事人不愿受其约束,国家司法机关可以采取强制的手段保证依法确定的权利义务关系的实现。民事、行政诉讼中的执行,是指法院执行组织及其工作人员,按照法定的程序,根据法院生效的判决、裁定或其他法律文书的规定,在义务人逾期不履行义务的情况下,运用国家强制力强制义务人履行义务,实现法律所保护的权利的行为。根据我国《民事诉讼法》和《行政诉讼法》的规定,人民法院对拒不履行判决、裁定以及其他生效的法律文书的义务人,有权依法采取强制执行措施。强制执行措施主要有:查询、冻结、划拨被执行人的存款;扣留、提取被执行人的收入、存款;查封、扣押、拍卖、变卖被执行人的财产;搜查被执行人的财产;强制被执行人迁出房屋或退出占用的土地等。

当然,判决、裁定和其他生效的法律文书的执行也会因法院或法院工作人员主观或客观上的原因而发生错误,其结果也会造成公民、法人和其他组织合法权益的损害。为了使受损害的合法权益能获得救济,国家在规范执行程序的过程中,还确立了赔偿制度。

在我国,人民法院据以执行的法律文书有很多,如民事判决书、裁定书、调解书、支付令、具有财产执行内容的刑事判决书;承认并执行外国法院判决或仲裁机构裁决的裁决书;公证机关公证并依法赋予强制执行效力的债权文书;仲裁机关所作出的由人民法院执行的裁决书;行政机关作出的依法由人民法院执行的行政处罚决定书等。人民法院因错误执行上述法律文书,给被执行人造成损害的,国家应承担赔偿责任。最高人民法院在《关于民事、行政诉讼中司法赔偿若干问题的解释》中将此类问题的国家赔偿范围界定为下列几种:执行尚未发生法律效力的判决、裁定、民事制裁决定等法律文书的;违反法律规定先予执行的;违法执

行案外人的财产且无法执行回转的;明显超过申请的数额、范围执行且无法执行回转的;执行过程中,对查封、扣押的财产不履行监管职责,严重不负责任,造成财物毁损、灭失的;执行过程中,变卖财物未经由合法评估机构估价,或者应当拍卖而未依法拍卖,强行将财物变卖给他人的;违反法律规定的其他情形。

在人民法院对判决、裁定和其他生效法律文书执行错误所致损害的赔偿问题上,有如下三个值得注意的问题:

(1)判决、裁定和其他生效法律文书存在错误,而执行行为合法的赔偿问题。对此问题,我们在前面已论述过,但需要强调的是,在此种情况下,法院可以改判,责令一方当事人对另一方当事人履行义务。国家不承担赔偿责任。

(2)判决、裁定和其他生效法律文书存在错误,而执行行为也违法的赔偿问题。此问题属于《国家赔偿法》第38条的范围,国家应承担赔偿责任,但赔偿范围仅限于执行行为所造成的损害,由于判决、裁定和其他生效的法律文书的错误所造成的某种损害,国家不承担赔偿责任。

(3)违法先予执行的赔偿问题。先予执行是法院对一定范围的给付之诉,在作出判决之前,裁定一方当事人履行一定的义务,并立即执行,以保障当事人合法权益的一种制度。先予执行制度存在于特定的情况下,主要体现的是法律上的实质正当性。先予执行制度必须正确掌握,如果造成他人合法权益的损害,国家应承担赔偿责任。①

第三节 司法赔偿的免责范围

司法赔偿责任是一种有限的责任,这是各国国家赔偿法所确定的一项法律原则。然而,司法赔偿不同于行政赔偿,完全依据过错责任原则势必造就大量的司法赔偿法律事实。各国在建构司法赔偿制度的过程中,适当地限制了过错责任原则的适用,确定了一些免责的法定情节。我国《国家赔偿法》第19条列举了国家不承担司法赔偿责任的各种情形,限定司法事赔偿的范围,使责任的承担与免除的界限清晰、明确。

一、因公民自己故意作虚伪供述,或者伪造其他有罪证据被羁押或者被判处刑罚的

基于人权保障原则,司法机关不得强迫公民自证其罪,公民本属无罪而被迫

---

① 我国《民事诉讼法》第97条规定了只有部分案件可以采用先予执行。这些案件是:追索赡养费、扶养费、抚育费、抚恤金、医疗费用的;追索劳动报酬的;因情况急需要先予执行的。先予执行存在于特定的条件下:只能是根据当事人的申请,并且其中的权利义务关系比较明确;申请的一方因情况紧急需要执行,否则影响其生产和生活;原告的诉讼请求具有给付的内容;被申请先予执行的一方当事人具有履行能力。

证明自己有罪仍属冤狱,受害人有权获得赔偿。但是,因公民自己故意作虚伪供述,或者伪造其他有罪证据导致被羁押或者被判处刑罚的,国家不承担赔偿责任,这是世界各个国家与地区的赔偿法普遍承认的一项规则。如我国台湾地区的"冤狱赔偿法"对受害人因故意或重大过失之行为而受羁押或刑之执行规定不得要求赔偿。德国《刑事追诉措施赔偿法》也有类似的规定,即"对于因被告故意或严重过失而对其采取刑事追诉措施,亦免除赔偿"。日本《刑事补偿法》略为放宽,规定法官经全面衡量可以裁定不予补偿或给予部分补偿。国家免责的理由主要在于[1]:(1)受害人故意实施了这些行为,对自己被羁押或误判的后果已料到并自愿接受,他就应该承担相应的后果。(2)受害人的故意行为干扰了司法行为,国家免责相当于是对受害人错误行为的惩罚。

认定"公民自己故意作虚伪供述,或者伪造其他有罪证据的行为"应该符合以下条件:(1)必须是受害人作出了虚伪供述,或者伪造其他有罪证据。所谓"虚伪供述",是指受害人供述的事实是虚假的、捏造的、根本不存在的客观事实,不包括对某些需要分析归纳判断的法律事实的供述。所谓"有罪证据",是指证明受害人有罪或罪重的证据。(2)必须是受害人本人向司法机关作出的虚伪供述,或者伪造其他有罪证据。如果不是本人,而是其亲属或其他人实施的,则不构成虚伪供述或者伪造其他有罪证据。同时,受害人的虚伪供述,或者伪造其他有罪证据必须是向司法机关实施的,如果是向其他机关或组织实施的,也不构成虚伪供述,或者伪造其他有罪证据。(3)受害人必须是故意的。如果受害人不是故意,而是过失作出的,或者是在司法机关刑讯逼供、殴打、虐待、诱供等行为下实施的,也不构成虚伪供述或者伪造其他有罪证据。(4)受害人必须具备完全民事行为能力。如果受害人是限制行为能力的人,或无行为能力的人,则不能免除国家的赔偿责任。(5)受害人作虚伪供述或者伪造其他有罪证据的行为与被羁押或被判处刑罚之间存在因果关系。如果两者之间不存在因果关系,则国家不能免责。

二、不负刑事责任的人被羁押的

刑罚具有教育、改造、惩罚三种功能。基于三种功能在法律上的意义,刑事法律划分了负刑事责任的人和不负刑事责任的人、相对负刑事责任的人。《刑法》第 17 条规定:"已满 16 周岁的人犯罪,应当负刑事责任。已满 14 周岁不满 16 周岁的人,犯故意杀人、故意伤害致人重伤或者死亡、强奸、抢劫、贩卖毒品、放火、爆炸、投毒罪的,应当负刑事责任。已满 14 周岁不满 18 周岁的人犯罪,应当从轻或者减轻处罚。因不满 16 周岁不予刑事处罚的,责令他的家长或者监护

---

[1] 参见尹伊君、陈晓:《惩罚与保护的平衡点》,载《中国社会科学》2004 年第 1 期。

人加以管教；在必要的时候，也可以由政府收容教养。"第 18 条规定："精神病人在不能辨认或者不能控制自己行为的时候造成危害结果，经法定程序鉴定确认的，不负刑事责任，但是应当责令他的家属或者监护人严加看管和医疗；在必要的时候，由政府强制医疗。间歇性的精神病人在精神正常的时候犯罪，应当负刑事责任。尚未完全丧失辨认或者控制自己行为能力的精神病人犯罪的，应当负刑事责任，但是可以从轻或者减轻处罚。"

对不负刑事责任的人，国家从人道主义的原则出发豁免其刑事责任，但国家豁免行为不应成为其要求国家赔偿的理由。《国家赔偿法》免除对不负刑事责任的人错误羁押的国家赔偿责任的理由主要有：（1）不负刑事责任的人被司法机关错误羁押是因为其犯罪事实确实存在。（2）不负刑事责任的人实施违法、犯罪行为之后，其有无刑事责任能力有待进一步查明，而诉讼活动具有时间性和阶段性的特点，如精神病人在实施犯罪行为之后，其精神状态需要通过司法鉴定确认；间歇性精神病人在犯罪的时候是否处于精神不正常状态，需要确认，在鉴定或确认之前，司法机关对其羁押的行为不能认定为违法。（3）不负刑事责任的人实施犯罪行为后或正在实施犯罪行为时，具有人身的危险性，司法机关对其羁押主要是为了防止继续危害社会和他人安全，经查明后可以释放并责令其监护人严加看管或医疗。（4）我国刑事赔偿制度坚持"无罪羁押赔偿"的原则，对实施犯罪行为的、未满 14 周岁的人和精神病人实施羁押，并非对其公民合法权益的侵犯。

值得说明的是，对未成年人和精神病人的羁押必须是因为其有刑法中所规定的危害行为，如果没有任何危害行为或犯罪事实而实行羁押，就显然侵犯其合法权益，受害人当然有获得赔偿的权利。同时，对不负刑事责任的人的羁押也不得超过法定的期限，超期羁押的，受害人同样有取得赔偿的权利。①

三、不追究刑事责任的人被羁押的

依法不追究刑事责任的人被羁押的，国家不承担赔偿责任。因为这些人实施了危害社会的行为，国家从法律上对其行为是否定的，只是出于人道、维护社会稳定等各种原因，国家免于追究其刑事责任。《刑事诉讼法》第 15 条规定："有下列情形之一的，不追究刑事责任，已经追究的，应当撤销案件，或者不起诉，或者终止审理，或者宣告无罪：（一）情节显著轻微、危害不大，不认为是犯罪的；（二）犯罪已过追诉时效期限的；（三）经特赦令免除刑罚的；（四）依照刑法告诉才处理的犯罪，没有告诉或者撤回告诉的；（五）犯罪嫌疑人、被告人死亡的；

---

① 目前理论界对此有不同的观点，有人认为超期羁押只是在程序上违法，受害人不能要求国家赔偿。我们对此持反对的观点。

(六)其他法律规定免予追究刑事责任的。"第142条第2款规定:对于犯罪情节轻微,依照刑法规定不需要判处刑罚或者免除刑罚的,人民检察院可以作出不起诉决定。不追究刑事责任的人被羁押一般是以其存在违法或犯罪事实为前提,由于法律规定的特别情况的出现而不被追究刑事责任。这和"无罪"羁押的含义并不相同。《国家赔偿法》免除国家对不追究刑事责任人的羁押的赔偿责任,是符合司法赔偿的基本原则的。

四、与行使职权无关的个人行为

司法赔偿的构成要件之一就是司法机关工作人员的职务行为造成了公民、法人或其他组织合法权益的损害。司法人员具有双重身份。既可以是司法权的行使者,也可以是普通公民。当司法人员以普通公民身份从事的行为造成损害时,其行为属于个人行为,与国家没有直接关系,国家不应当承担赔偿责任。因此,《国家赔偿法》第19条第4项规定:行使侦查、检察、审判职权的机关以及看守所、监狱管理机关的工作人员与行使职权无关的个人行为导致他人损害的,国家不承担赔偿责任。当然,司法人员的职务行为和个人行为有时也是很难分别的。对此,我们可以参照前述行政机关工作人员的职务行为与个人行为的认定标准来认定。当到底是职务行为还是个人行为无法确定时,我们认为应该从保障人权的角度将其推定为职务行为。

五、相对人自己的行为致使损害发生的

《国家赔偿法》第19条第5项规定:因公民自伤、自残等故意行为致使损害发生的,国家不承担赔偿责任。从理论上讲,相对人自伤、自残等行为与司法机关及司法工作人员的职务行为没有直接的因果联系,由此造成的损害理应由相对人自己承担。需要注意的是,相对人自伤、自残等行为必须是故意的,如服刑人员或刑事诉讼的被告人为了逃避法律责任、获得假释、保外就医、伪造证据、脱逃等,故意自伤、自残的行为。如果相对人不是故意,而是由于司法工作人员刑讯逼供、敲诈勒索、殴打、虐待或唆使、放纵他人殴打、虐待等行为以及施加精神惩罚致使相对人不堪忍受而被迫采取自伤、自残、自杀等行为而引起损害的,国家要承担相应的赔偿责任。

六、法律规定的其他情形

除了上述国家不承担刑事赔偿责任的情形外,我国法律还规定了对特定情况下如不可抗力、意外事件、正当防卫、紧急避险、第三人的过错造成的损害,国家也不承担刑事赔偿责任。

本章需要继续探讨的问题

一、轻罪重判与法官的自由裁量权问题

各国法律毫无例外地授予法官以一定的自由裁量权,"……审判者的裁量权仍然是基本的,他有权认定犯罪、减轻情节或加重情节,并且有权裁量刑罚"①。自由裁量权在司法中的适用是必要的,因为法官可以根据案件情节和被控告人接受刑罚的态度来确定处罚的幅度或标准,最根本的目的在于使判案能做到客观公正。同时法律不可能对大千世界中的各种犯罪情节一一设定以及确定极具体的处罚标准,只能预先从刑罚的功利主义出发规定量刑幅度,让法官根据案件的实际情况自由选择。法官在适用法律中,凭自己的法律信仰、法律知识、智慧以及良心和案件的客观现实选择适用案件的处罚规则。为了使法官的自由裁量权得到合理使用,要求法官具有极高的素质或法律修养,公正断案。

自由裁量权的合理使用是有益于法律秩序和社会秩序的。然而,自由裁量毕竟是人的能动性的表现,而人又是社会中的人,或多或少地受社会中各种价值观念的影响,容易出现滥用自由裁量权的行为,特别是在法官素质、法律修养较低的情况下。当法官运用自由裁量权断案并与案件的客观状况有差距时,容易导致公民权利受到损害,如轻罪重判问题。对于这个问题,许多国家的司法赔偿制度作了否定的答复,特定的公民在轻罪而重判的情况下不能获得国家赔偿。毫无疑问,轻罪重判是法官滥用自由裁量权的表现,公民也因此受到了损害。但国家以"无罪羁押赔偿"的价值观念来确定刑事赔偿的范围,并引申出"有罪羁押不赔偿"的法律原则。因而,在轻罪重判的情况下,公民不能要求国家赔偿。

轻罪重判不赔偿是有悖于司法公正的。司法公正不仅在形式上表现为适用法律的平等性,而且还表现为司法正义,它既是一种价值观念,同时又是适用法律最基本的指导原则。轻罪重判不赔偿虽然贯穿了有罪者应受惩罚的传统的法律精神,但有罪者也有合法权益,其应受惩罚性只限定在特定的范围内,超出了这个范围就具有不受惩罚性。当有罪者处于不受处罚性状态下而仍然限制或剥夺其人身自由,就是损害其合法权益,公民应该从国家获得救济。况且在轻罪重判状况下,法官或司法机关存在着过错,过错者应当承担责任,这也是符合法律原则的。②

---

① 〔意〕朱塞佩·格罗索著:《罗马法史》,黄风译,中国政法大学出版社 1994 年版,第 372 页。
② 目前,德国、罗马尼亚、捷克、比利时等国家法律规定在轻罪重判的情况下,国家应予以赔偿,而日本、法国等规定国家在这样的情况下不予以赔偿。我国理论界颇有争议,也有两种不同的观点,一种是主张将轻罪重判的问题纳入国家赔偿的范围,另一种观点则相反。

在刑事法律中,死刑是一种特殊的、严厉的刑罚,适用于对那些罪大恶极的犯罪分子的惩罚,涉及对生命权的剥夺。法律对于适用死刑的问题作了严格的规定。按照我国《国家赔偿法》的规定,无辜的公民被错判死刑属于国家赔偿的范围,国家所给予的赔偿是对生命权侵害的赔偿,对无辜的公民被错判死刑适用缓刑也仍然属于国家赔偿的范围,国家所给予的赔偿属于对人身自由权侵害的赔偿。轻罪重判适用死刑并立即执行时,国家是否给予赔偿的问题,理论界和实践中都有不同的看法,大多数人认为国家应该对这种情形予以赔偿。理由主要有:(1)有罪的公民根据其所犯的罪行所得到的处罚,应该属于限制人身自由权利的范畴,那么其生命权就应该受到法律的保护,司法机关将其判处死刑并立即执行就属于对生命权的侵犯。(2)生命权高于人身自由权。(3)虽然有罪者应该受到法律的制裁,但应当罪刑相适应。(4)司法赔偿也应该体现人道主义的原则和精神。(5)有罪的公民被错判死刑立即执行,国家在赔偿数额问题上可以考虑少于无辜公民被错判死刑由国家所给予的赔偿额度。

二、误判管制、误判有期徒刑适用缓刑与国家赔偿问题

管制是人民法院依法判处的,对犯罪分子不予关押,在公安机关管束和群众监督下进行改造的一种刑罚方法。缓刑"是对判处一定刑罚的罪犯,在其具备法定条件时,在一定期间暂缓其刑罚执行的制度"。在管制和适用缓刑的情况下,公民可以参加生产劳动并获取劳动报酬。然而,在司法赔偿中,理论界对公民本无罪而被法院误判管制,或被法院判处有期徒刑适用缓刑,公民是否有权取得赔偿的问题,存在一定的争议。持不予赔偿观点的人认为:管制是一种交由公安机关管束和群众监督的刑罚,受管制处罚的无辜公民并未被剥夺人身自由,只是人身自由受到一定的限制,而且公民在被管制执行期间还可以参加生产劳动,享受同工同酬的权利,经济收入并未因此必然减少。在适用缓刑的情况下,原判刑罚并未得到实际执行。故无论法院是误判管制,还是误判有期徒刑适用缓刑,公民都不能从经济的角度要求国家赔偿。① 另一种观点则相反。前一种观点已为我国司法解释所接受,根据最高人民法院《关于人民法院执行国家赔偿法几个问题的解释》,人民法院判处管制、有期徒刑缓刑、剥夺政治权利等刑罚的人被依法改判无罪的,国家不承担赔偿责任。②

我们认为,我国司法赔偿的基本精神是保护无辜者的合法权益,公民经再审确认无罪后,即说明其是无辜者。虽然管制以及有期徒刑适用缓刑,并未完全剥夺公民的人身自由,公民在一定的条件下还可以参加生产劳动并享有同工同酬

---

① 参见王盼主编:《国家赔偿法学》,中国政法大学出版社1994年版,第187—188页。
② 参见最高人民法院《关于人民法院执行〈中华人民共和国国家赔偿法〉几个问题的解释》第4项。

的权利,但是其人身自由还是遭受了损害,只不过是损害的程度不同罢了。公民在被管制或适用缓刑期间,社会以及其他公民往往视其为"罪犯",并在观念中积淀对"罪犯"的各种看法,产生特殊评价。公民因无辜而受到刑罚处罚已存在一定的精神损害,主要表现为忧虑、绝望、怨愤、失意、悲伤、缺乏生趣等。① 在公民人身自由以及精神均受到损害的情况,国家如果不从经济上予以救济,就不利于保护受损害的合法权益,难以体现司法正义。国家对此种情形予以赔偿,能使受害人在感情上的不愉快因此而减弱或消除,体现精神损害赔偿的积极功能。② 在法律上,我国《国家赔偿法》第17条第3项在刑事赔偿范围中只是规定了"依照审判监督程序再审改判无罪,原判刑罚已经执行",受害人有取得赔偿权,而原判刑罚是何种刑罚,《国家赔偿法》并未作具体规定。最高人民法院对此所作的解释是限定了司法赔偿的范围,称为限制解释。我们认为,限制解释只存在于客观实际需要对法律用语作狭义理解时才可适用,而我国的客观实际不是要限定赔偿范围,应是不断扩大赔偿的深度和广度。基于上述分析,我们得出的结论是:误判管制、误判有期徒刑适用缓刑的,受害人应享有取得赔偿的权利。

三、无辜公民被取保候审、监视居住与国家赔偿问题

取保候审和监视居住都是限制公民人身自由的刑事强制措施。我国《刑事诉讼法》规定了人民法院、人民检察院和公安机关对于犯罪嫌疑人、被告人可以拘传、取保候审、监视居住。我国《刑事诉讼法》规定了强制措施运用的严格条件,司法机关没有根据法律规定的条件采取刑事强制措施就是违法行为。但从《国家赔偿法》的规定来看,司法机关违法对无辜的公民采取取保候审、监视居住,受害人是不能获得国家赔偿的。我们认为,取保候审、监视居住虽然不像拘留、逮捕那样完全剥夺公民人身自由权利,但是侵害了公民的人格权,同时也在一定程度上限制了公民的人身自由权,因而,国家不给予赔偿欠缺合理性。

---

① 参见王泽鉴著:《民法学说与判例研究》第2册,中国政法大学出版社2005年版,第213页。
② 刘士国著:《现代侵权损害赔偿研究》,法律出版社1998年版,第164页。

第十四章　司法赔偿请求人与赔偿义务机关

内容提要

司法赔偿法律关系尽管在理论上表现为受害人与国家之间,但国家只是一个抽象的政治实体,国家赔偿还必须要有一个具体的机关来履行赔偿义务。我国的国家赔偿法专门规定了赔偿请求人和赔偿义务机关,从而使赔偿法律关系在现实中结成。

关键词

请求权　司法赔偿请求人　赔偿义务　司法赔偿义务机关

请求权是权利主体要求义务主体作出一定行为的权利。在法律制度中,请求权为程序性权利,是从实体权利中衍化而来的,没有请求权,实体权利难以变为现实。

"权利可以放弃"是法律制度允许权利主体可以根据特定情形和自由意志作出选择,权利的放弃意味着义务的消灭。请求权的放弃表明权利主体既放弃了实体权利,又放弃了程序性权利。

国家赔偿法中的请求权是请求赔偿义务机关履行赔偿义务的权利,它和任何其他的权利一样都是以国家强制力为后盾,如果赔偿义务机关不履行义务,请求权人可以诉诸司法程序,并获得法律的保障与救济。

赔偿请求权人与赔偿义务机关同处于特定的法律关系之中并形成对应关系。由于赔偿义务在法律原理上应由国家来承担,而国家又是一个抽象的政治实体,国家往往确定特定的国家机关代表国家履行赔偿义务,并使之与请求权人相对应。我们称代表国家履行赔偿义务的机关为赔偿义务机关。赔偿义务机关的设定就为实体权利以及赔偿请求权由法定权利转化为现实权利创造了条件。

第一节　司法赔偿请求人

我国《国家赔偿法》第 6 条规定:"受害的公民、法人和其他组织有权要求赔偿。受害的公民死亡,其继承人和其他有扶养关系的亲属有权要求赔偿。受害的法人或者其他组织终止的,其权利承受人有权要求赔偿。"我国《国家赔偿法》

第 20 条规定,司法赔偿请求人的确定依照《国家赔偿法》第 6 条的规定。根据这些规定,司法赔偿请求人范围与行政赔偿请求人范围一样,即公民、法人和其他组织。

一、受害人有权要求赔偿

受害人应获得赔偿是一个古老的法律原则。我们通常将受害人理解为合法权益受到直接损害的人,但有的国家却将"受害人"的概念作了扩大解释,即认为应包括直接受害人和间接受害人,如为受害人支付丧葬费的人、对直接受害人负有法定扶养义务的人等就属于间接受害人。由于对受害人概念理解的不同,就容易形成在赔偿范围上的差异。[①] 从我国《国家赔偿法》的规定来看,受害人一般限定在特定的法律关系之中,即合法权益受到直接损害的人,而因受害人的损害所带来的他人利益的损害不属于赔偿法律关系中的损害,这种受到损害的人不能认为是国家赔偿法中的受害人。

我国《国家赔偿法》中受害人主要包括受害的公民、法人和其他组织。公民是指具有中华人民共和国国籍的人。作为司法赔偿请求人的公民,应该是具有提起刑事赔偿的行为能力的人,当对自己行为的法律后果不能认识,处于神志不清或者完全丧失行为能力的状况时,不能作为赔偿请求人。在受害的公民不能行使请求权或者无法正确地表达自己的意志的情况下,可以由其监护人或法定代理人行使请求权。外国人和无国籍的人可以依据我国《国家赔偿法》第 40 条的规定请求赔偿。但外国人作为请求权人受到该条的限制。我国《国家赔偿法》第 40 条采用的是"相互保证主义",是指外国人能否作为国家赔偿法上的请求权人,以该外国人所在国的法律是否允许立法国人民请求该国法律保护而定。[②] 坚持互相保证主义原则是国家主权原则的体现。法人与自然人是相对应的,即具有一定权利能力和行为能力,依法独立享有民事权利和承担民事义务的组织。我国的法人主要有企业法人、机关法人、事业法人、团体法人等四种。法人遭受公共权力的损害主要体现为财产权、名称权、名誉权方面,涉及的主要是经济利益。我国刑法将单位作为犯罪主体,如果有关的司法机关违法行使职权侵害法人的合法权益,受害法人可以要求国家赔偿,并作为刑事赔偿的请求人。法人之外的其他组织是不符合法人条件或不具法人资格的组织。按照我国刑法的规定,非法人组织也可以构成某些犯罪的主体。从保护权利与预防犯罪的角度上看,其权利也有可能被有关的司法机关在行使职权时侵害,当合法权益遭受侵害时,仍然可以依据国家赔偿法的规定要求国家赔偿。

---

① 参见江必新著:《国家赔偿法原理》,中国人民公安大学出版社 1994 年版,第 229 页。
② 同上书,第 231—232 页。

二、请求权的移转与扩张

在一般情况下,受害人(包括公民、法人和其他组织)有权请求赔偿,但在特定情况下,如受害的公民死亡、受害的法人终止,请求权人的请求权必须要移转,否则合法权益的损害得不到救济。日本《刑事补偿法》第1项规定:"根据前条规定,可以提出补偿请求的人,如果因死亡而未提出请求,可由某继承人提出补偿的请求。"美国《联邦侵权赔偿法》规定:"死亡者的遗产执行人、管理人或依各州法律之规定可以主张权利的人,得提起死亡损害赔偿请求。"德国将受移转的对象进一步放宽,如安葬死者的人,对受害人承担扶养义务的人等。

我国《国家赔偿法》规定,受害公民死亡后,其继承人和其他有扶养关系的亲属有权请求赔偿。请求权的移转存在于受害公民死亡的情况下,如果受害公民没有死亡,请求权一般不得移转。移转所带来的结果是请求权的扩张,即原来由受害人单独行使请求权发展到多人可以行使请求权。请求权的扩张导致请求权人之间的利益分配问题,这必须要与其他的法律相衔接。受害公民死亡后,请求权移转到受害人的继承人和其他有扶养关系的亲属。继承人是依法享有继承死者财产的权利并承担一定义务的人。根据继承法的规定,继承人分为法定继承人和遗嘱继承人两种,法定继承人是依法直接取得继承人资格的人。在顺序上有第一顺序的,如死者的配偶、子女、父母,第二顺序的继承人如兄弟姐妹、祖父母、外祖父母。如果被继承人的子女先于被继承人死亡,可以由被继承人的子女的晚辈直系血亲作为代位继承人。如果没有第一顺序的继承人,可以由第二顺序的继承人继承财产以及享有某些权利。遗嘱继承人是根据死者生前的遗嘱取得继承人资格的人。遗嘱继承人可以是法定继承人中的一人或数人,也可以是法定继承人以外的其他人,包括国家、集体或其他组织。

在继承法中继承人有继承顺序的限制。我国《国家赔偿法》规定继承人可以作为请求权人,但没有明确继承人在请求权上的顺序问题。有学者认为,不论是法定继承人,还是遗嘱继承人,当受害的公民死亡后,他们都有权以请求人的名义请求赔偿。[①] 另有学者认为,按照法律的精神,继承人要求赔偿的顺序应等同于遗产继承的顺序,当受害的公民死亡后,其所有的继承人并非同等地享有请求权。[②]

我国《国家赔偿法》规定的"其他有扶养关系的亲属"是继承人之外与受害公民有扶养关系的亲属,它包括继承人之外依靠被继承人扶养的亲属和对被继承人扶养较多的亲属,在特征上表现为长辈对晚辈亲属的抚养和晚辈对长辈亲属

---

① 参见王盼主编:《国家赔偿法学》,中国政法大学出版社1994年版,第128页。
② 参见皮纯协、冯军主编:《国家赔偿法释论》,中国法制出版社1996年版,第160页。

的赡养以及同辈亲属之间的扶养。受害公民死亡后,与其有扶养关系的亲属有权要求赔偿。

法人或其他组织的请求权也存在移转的问题。当受害的法人或者其他组织终止时,承受其权利的法人或其他组织有权要求赔偿。在市场经济条件下,法人终止的原因有很多,如依法撤销、解散、宣告破产以及分立、合并等。法人终止后,其享有的权利和承担的义务同时消失,更不存在权利能力和行为能力,如果终止前因国家机关及其工作人员的职务违法行为而发生损害,终止后不可能以原法人的名义要求赔偿,只能由承受其权利的法人或其他组织要求赔偿。如企业法人宣告破产后,由人民法院组织有关机关和人员成立清算组;事业法人被撤销或者解散后,由其主管机关组成清算组。清算组就成为受害法人的权利的承受者,享有请求权。其他不具有法人资格的组织终止时,一般由作出终止决定的主管机关作为其权利的承受者。法人分立或合并后,一般由变更后的法人或其他组织作为权利的承受者和义务承担者,同时也可以作为赔偿请求人。

第二节 司法赔偿义务机关

司法赔偿义务机关是国家赔偿法确定的接受赔偿请求人的请求并对赔偿事由进行审查和作出赔偿决定、代表国家承担赔偿义务的司法机关。虽然我们在前面已经论证国家赔偿责任是国家所承担的损害赔偿责任,但国家对赔偿责任的承担必须要由特定的国家机关来完成,否则,受害人的取得赔偿权就不可能得以实现。不少国家专门确立了特定的国家机关来履行义务。如韩国在法务部设立国家赔偿审议会及地区审议会,在国务部设立特殊审议会及地区审议会,作为专门的国家赔偿义务机关。在国家赔偿费用的来源是由保险公司支付的情况下,保险公司就是赔偿义务机关。我国《国家赔偿法》坚持"谁加害谁负责"原则、主要责任原则、便利原则,并主要依据这些原则确定司法赔偿的义务机关,如公安机关在刑事活动中的职务违法行为造成他人合法权益的损害,公安机关就作为赔偿义务机关。这主要体现"谁加害谁负责"的原则。人民法院所作出的生效判决经再审改判无罪时,作出生效判决的法院为赔偿义务机关。这主要体现"主要责任原则",因为造成受害人权利损害的主要原因或者根本的原因是法院作出的生效判决,尽管侦查机关、检察机关也对受害人的权利损害有一定的责任,但作出生效判决的法院应该为主要的责任机关。便利原则主要适用于确定共同的赔偿义务机关。这种对赔偿义务机关的确定模式是基于我国现行的政治体制和促使国家机关依法行使职权、改进工作来考虑的,也与其他的侵权行为法大体一致。在我国《国家赔偿法》制定的过程中,学术界提出了几种设定模式:(1)赔偿义务机关与侵权行为的机关大体一致。(2)确定专门的赔偿义务机关。我国应以财政部门作为赔偿义务机关,正像瑞士等国的法律①规定的一样。(3)我国应向保险公司投保,一旦发生了损害赔偿的事实,保险公司就作为赔偿义务机关。《国家赔偿法》根据我国的现实情况,吸纳了第一种模式。我们在理解第一种模式时,虽然应注意侵权行为的机关与赔偿义务机关的一致性,但这里的一致只是大体的一致,绝对地将侵权行为的机关作为赔偿义务机关也是不符合实际的。根据《国家赔偿法》的规定,我国的司法赔偿义务机关为:

一、错误拘留的,作出拘留决定的机关为赔偿义务机关

《国家赔偿法》第 21 条第 2 款规定:"对公民采取拘留措施,依照本法的规定应当给予国家赔偿的,作出拘留决定的机关为赔偿义务机关。"根据《刑事诉讼法》及相关法律规定,有权在侦查犯罪的过程中作出刑事拘留决定的机关分别是公安机关(对刑事案件行使拘留决定权)、国家安全机关(对有关国家安全的刑事案件行使拘留决定权)、军队中的保卫部门(对军队内部发生的刑事案件行使拘留决定权)、人民检察院(对直接受理侦查的刑事案件行使拘留决定权)、监狱管理机关(对罪犯在监狱内的刑事案件行使拘留决定权)。如果上述机关对无辜的公民违法行使拘留权,受害人有权请求赔偿。赔偿义务机关为作出拘留决定的上述机关。

二、错误逮捕的,作出逮捕决定的机关为赔偿义务机关

《国家赔偿法》第 21 条第 3 款规定:"对公民采取逮捕措施后决定撤销案件、不起诉或者判决宣告无罪的,作出逮捕决定的机关为赔偿义务机关。"《宪法》第 37 条规定:"任何公民,非经人民检察院批准或决定或者人民法院决定,并由公安机关执行,不受逮捕。"《刑事诉讼法》第 59 条规定:"逮捕犯罪嫌疑人、被告人,必须经过人民检察院批准或者人民法院决定,由公安机关执行。"这些法律规定将逮捕的决定权和逮捕的执行权分离。公安机关、国家安全机关、军队的保卫部门虽然拥有执行逮捕的权力,但不能行使逮捕决定权。上述机关在执行逮捕的过程中也可能发生错误逮捕的情形,但其错误的执行源于错误的决定,其责任应由作出逮捕决定的机关来承担。但是,公安机关、国家安全机关、军队中的保卫部门在执行逮捕过程中,因违法使用武器、警械以及刑讯逼供等行为造成他人伤亡的,那么只能由执行逮捕的机关作为赔偿义务机关。理论界虽然对此有一定的争议,但从《国家赔偿法》的规定以及立法的基本精神来看,执行逮捕的机关

---

① 根据瑞士的法律规定,请求赔偿先向财政部申请,该部驳回其请求,或逾期 3 个月不为决定的,始向联邦法院提起诉讼。朝鲜是以法务部长为赔偿义务机关。新加坡的法律规定,在请求权人不知道何机关为被告时,以总检察长为被告。

因其过错所造成的损害,不能归责于作出逮捕决定的机关。

三、二审改判无罪,以及二审发回重审后作无罪处理的,作出一审有罪判决的人民法院为赔偿义务机关

《国家赔偿法》第 21 条第 4 款规定:"二审改判无罪,以及二审发回重审后作无罪处理的,作出一审有罪判决的人民法院为赔偿义务机关。"该规定的理由在于:二审改判无罪,以及二审发回重审后作无罪处理的,说明一审判决错误。尽管一审判决尚未生效,不存在执行错误的问题,但一审判决错误导致了公民羁押时间延长。二审改判无罪,以及二审发回重审后作无罪处理的,如果公民已经被羁押,逮捕决定是由检察机关作出的,错误逮捕的决定也导致了公民人身权利的损害。因此,在该案件中,公民人身权利的损害是法院一审判决与检察机关的错误逮捕决定共同造成的。根据侵权责任后置原则,数个司法机关在司法活动中均实施了司法侵权行为时,由最后一个作出司法决定的机关为司法赔偿义务机关,即应该由作出一审有罪判决的人民法院为赔偿义务机关。如果公民已经被羁押,逮捕决定是由一审人民法院作出的,对公民人身权利的损害都是由一审法院造成的,毫无疑问一审法院应该成为赔偿义务机关。

四、再审改判无罪的,作出原生效判决的人民法院为赔偿义务机关

《国家赔偿法》第 21 条第 4 款规定:"再审改判无罪的,作出原生效判决的人民法院为赔偿义务机关。"再审程序是公民权利受到损害后获得司法救济的最后程序,对保护当事人合法权益,维护法律尊严具有重要意义。再审程序体现了我国审判活动实事求是、有错必纠的原则。再审,意味着原人民法院的判决已经产生法律上的效力,且有可能已被执行。再审改判无罪,表明无辜公民的人身权、财产权受到了损害。而造成这种损害的原因就是作出原生效判决的人民法院的审判行为。根据司法赔偿义务机关设定的侵权原则,作出原生效判决的人民法院应作为赔偿义务机关。由于再审改变的生效判决可能是一审判决、二审判决或死刑判决。因此,在认定具体的赔偿义务机关时关键在于生效判决是由哪个法院作出的,如果原生效判决是一审人民法院作出的,那么一审法院就作为赔偿义务机关;原生效的判决是经过上诉或抗诉后由二审法院作出的,那么二审法院作为赔偿义务机关;原生效的死刑、死缓判决是由高级人民法院核准的,高级人民法院为赔偿义务机关;原生效的死刑判决是由最高人民法院核准的[①],最高人民法院为赔偿义务机关。

---

① 现在死刑核准权都已经收归最高人民法院。

五、司法机关及其工作人员的其他司法职务行为造成损害的,作出该行为的机关为赔偿义务机关

这是指刑讯逼供,违法使用武器,以殴打、虐待等行为或者唆使、放纵他人以殴打、虐待等行为,以及在民事诉讼、行政诉讼过程中违法采取对妨害诉讼的强制措施、保全措施或者对判决、裁定及其他生效法律文书执行错误等司法职权行为造成损害的情形。在这些情形下,应根据"侵权行为机关作为赔偿义务机关"的原则来认定。具体而言:(1)刑讯逼供造成损害的,实施刑讯逼供的司法人员所属司法机关为赔偿义务机关。(2)违法使用武器造成损害的,违法使用武器的司法人员所属司法机关为赔偿义务机关。(3)司法人员殴打、虐待等行为造成损害的,司法人员所属司法机关为赔偿义务机关。(4)唆使、放纵他人以殴打、虐待等行为造成损害的,唆使、放纵他人的司法人员所属司法机关为赔偿义务机关。(5)在民事诉讼、行政诉讼过程中违法采取对妨害诉讼的强制措施、保全措施或者对判决、裁定及其他生效法律文书执行错误等司法职权行为造成损害的,实施该行为的人民法院为赔偿义务机关。

本章需要继续探讨的问题

一、关于我国司法赔偿义务机关确立的原则

我国司法赔偿义务机关与行政赔偿的义务机关有相同之处,也有不同的地方,两者之间的不一致性主要基于归责原则以及范围上的差异。按照我国《国家赔偿法》的规定,确定司法赔偿义务机关的原则主要有:第一,侵权原则,即由直接实施违法司法行为的机关或直接实施违法司法行为的司法工作人员所在的机关为赔偿义务机关。第二,主要责任原则,即由在司法活动中起主要作用的机关为赔偿义务机关,如再审改判无罪,由最后作出生效判决的机关为赔偿义务机关。第三,便利的原则,即根据是否方便赔偿请求人实现其赔偿请求权来确定赔偿义务机关。[1] 在学术界,关于赔偿义务机关的确定问题,有三种观点:一是由实施侵权行为的机关作为赔偿义务机关;二是由由财政部门为赔偿义务机关;三是由政府作为赔偿义务机关。[2] 在国外也有不同的做法,如瑞士法律规定,请求赔偿先向财政部提出申请,如果财政部驳回申请,或超过3个月不作出决定时,可以向联邦法院提起赔偿诉讼。也有的国家以检察长为赔偿义务机关。我们认为,赔偿义务机关的确定是以一定的原则为指导,而各项具体的原则都应当以维

---

[1] 参见张雪林等著:《刑事赔偿的原理与执法实务》,北京大学出版社2003年版,第76—77页。
[2] 参见皮纯协、冯军主编:《国家赔偿法释论》,中国法制出版社1996年版,第178页。

护受害人的合法权益为核心,方便赔偿请求人实现其权利。在这样的思想的指导下,我国司法赔偿的义务机关应当是一个特定的机关,从方便赔偿请求人实现其权利来看,应当以财政部门为赔偿义务机关为宜。

二、关于司法赔偿义务机关的义务

在司法赔偿法律关系中,司法赔偿义务机关应承担法律所规定的义务,其中最主要的是赔偿受害人所遭受损害的义务。具体来讲,司法赔偿义务机关的义务有:(1)及时受理案件的义务。司法赔偿义务机关及时地受理案件是赔偿请求人获得国家赔偿的前提条件,也是启动国家赔偿程序的关键,关系着赔偿请求人的权利能否得到实现。我国《国家赔偿法》虽然规定了赔偿义务机关应当履行赔偿义务,但没有具体规定如何受理案件,是否应当受理案件,因而,在理论与实践上强调及时受理案件的义务对于权利的救济以及规范司法权的运用具有极为重要的意义。(2)告知的义务。在司法赔偿中,司法赔偿义务机关应当告知赔偿请求人与赔偿案件有关的事宜,如果发现司法行为的违法性还没有确认的,应当告诉赔偿请求人按法律规定的程序先进行确认,如果发现不是本机关应当承担赔偿义务的,应当告诉赔偿请求人到有赔偿义务的机关请求司法赔偿,等等。(3)赔偿的义务。司法赔偿义务机关受理案件后,经过审查认为应当予以赔偿的,就具有给予赔偿的义务。(4)执行赔偿决定的义务。司法赔偿决定可以是赔偿义务机关作出,也可以是人民法院赔偿委员会作出,司法赔偿决定一旦作出就具有法律上的效力,赔偿义务机关必须执行。

第十五章 司法赔偿程序

内容提要

　　司法赔偿是实体与程序所构成的整体,仅有实体不能反映司法赔偿的正当性,司法赔偿程序在整个司法赔偿制度中具有重要的意义。我国的司法赔偿程序是一种特别的程序,包括先行处理程序、复议程序和人民法院赔偿委员会的决定程序四个阶段。

关键词

　　司法赔偿程序的正当性　先行处理　司法赔偿复议　人民法院赔偿委员会的决定

第一节　司法赔偿程序概述

　　实体法和程序法融为一体是国家赔偿法的一个重要特点。实体法规范是关于实体权利以及与之相对应的义务的规定,如国家赔偿范围中的人身权、财产权在遭受损害时,国家有与之相对应的赔偿义务;而程序法规范是实体法规范的延续,是实现实体权利或履行实体义务的方式、方法、步骤和手段。"程序法规范虽然不直接规定当事人的实体权利和义务,但是实体法规范必须借助于程序法规范才能实现,因此,可以说,没有程序就没有权利。"[①]重实体轻程序,只能导致实体法中的种种权利难以转化为现实权利,在赔偿制度中对受害人而言是不幸的事情。司法赔偿程序是在赔偿请求人和赔偿义务机关的参加下,国家对于因司法机关及其工作人员在刑事、民事和行政诉讼过程中侵害公民、法人和其他组织的合法权益而依法予以赔偿的程序。司法赔偿程序是司法赔偿制度中的重要组成部分,在法律意义上讲,就是实现赔偿请求权的方式、方法和步骤,对于赔偿请求人而言具有相当重要的意义。

一、司法赔偿程序的正当性要求

　　司法赔偿程序的正当性也即其程序的正义。正当性是设定赔偿程序以及程

---

① 皮纯协、冯军主编:《国家赔偿法释论》,中国法制出版社1996年版,第165页。

序运作所体现的基本价值观念。赔偿程序作为一种特别程序,同样也要体现程序的正当性。国家赔偿法确立受害人遭受公共权力侵害后有取得赔偿权,国家确定专门的赔偿义务机关履行赔偿义务,并根据本国国情规定赔偿计算标准和赔偿方式,这些都体现了实体的正当性,即权益的分配或义务的承担的活动最终的结果符合人们所承认的正当性、合理性标准。然而,国家赔偿问题是侵权行为法中的特别部分,权利主体与义务主体在现实生活中的不平等,特别是在强大的国家权力与弱小的公民权利存在不均衡的权力与权利关系结构中,国家赔偿的实体正当性容易遭受侵害。国家赔偿法应根据赔偿程序正当性的目标模式构建完备的程序规则,没有完备的、符合程序正义要求的赔偿程序,受害人的取得赔偿权将是一句空话。就司法赔偿的程序而言,程序正当性的基本要求表现在:

第一,程序的参与性。赔偿是对权益损害的一种救济或补偿,裁判者的裁判关系到侵权方与受害方的利益。在程序设计上,法律应当允许侵权方与受害人参与诉讼,其中的一方在对自己的利益存在着有利或不利影响的决定制作过程中,如果不能向裁决的机关提出自己的意见或主张,不能与另一方展开论证、说服、交涉,就会产生强烈的不公正感,这种不公正感源于其主体地位被裁判者的否定。目前,各国司法赔偿程序与其他的诉讼程序已实现了这一基本要求。

第二,程序的公平性。程序上的公平性在实质上是平等对待。"既然每个人作为原告或被告的机会均等,因而谁也不希望程序偏向某一方,能为双方接受的理由所能合理证成的偏向除外。"[①]英国的哈特在《法律的概念》中指出:损害赔偿上的正义与不正义与"同样的情况同样对待、不同的情况不同对待"相联系。[②]在赔偿争议程序中,裁判者偏向一方,或不同的情况同样对待属背离程序公平性原则。如在损害程度相同的情况下,受害人因自身条件的不同,裁判者应作出不同的裁决,如果用同一标准对待不同的受害人,那么在特定损害面前是不公平的。韩国在《国家赔偿法》中就规定了因受害人的不同情况而予以不同赔偿的原则,其中规定:"对于生命或身体之被害人之直系尊亲属、直系卑亲属及配偶,以及因身体等受到伤害之其他被告人,应在总统令所定之标准内,参考被害人之社会地位、过失程度、生计状况及损害赔偿额等,赔偿其精神慰问金。"程序的公平性还表现在操作中裁判者应允许参与国家赔偿争议的各方充分地表达自己的意见,给予各方以平等的机会证明其观点。

第三,裁判者的中立性。法官以及其他的裁判者应站在中立的角度审理司法赔偿案件,如果存在着一定的倾向性,容易导致裁判的偏差。这在实质上是由

[①] 〔美〕迈克尔·D.贝勒斯著:《法律的原则》,张文显等译,中国大百科全书出版社1996年版,第35—36页。

[②] 参见〔英〕哈特著:《法律的概念》,张文显等译,中国社会科学出版社1998年版,第162页。

程序与实体的公平性所决定的。人类在长期的司法活动中得出一项程序的原则:"人们不应充当审理他们自己的案件的法官。"①在这一原则发展中,人们又进一步推定出:"法官不得与案件结果或者各方当事人有任何利益上或其他方面的关系。"②英国最高法院曾经推翻了首席大法官在审理"迪姆斯诉大金克森运河所有人案"中的判决,因为他在案件中与一方诉讼当事人的公司有经济关系。英国大法官休厄特在"国王诉苏塞克斯法官案"中作了一项评论:"公平的实现本身是不够的。公平必须公开地、在毫无疑问地被人们所能够看见的情况下实现。这一点至关重要。"虽然法官或裁判者的中立性不能保证案件结果的绝对公平,但却为案件结果的公平提供了保障,并向程序正义方向迈进了一大步。

第四,程序的可理解性。赔偿争议的双方当事人对程序理解的程度直接关系着他们对裁决结果的接受。为此,赔偿程序的可理解性应表现为:(1)程序清楚明了。(2)程序的设计符合理性。由于国家赔偿程序不同于一般的争议程序,国家机关往往被作为赔偿义务机关。国家机关因其与相对人存在着地位上的不对等性,会造成相对人(受害人)心理上的压迫感,不敢面对与国家机关的诉讼。因此,司法赔偿程序的设计应以权利的保障为价值取向,弥补诉讼主体双方地位的不对等性而存在的缺陷。(3)裁判者的裁判应符合理性的赔偿程序,程序变动应根据当事人双方的自愿。

第五,程序的自治性。程序的自治性是裁判者作出的裁判结论必须以程序过程为基础,程序过程结束后的结论是唯一的结论。司法赔偿程序不是一种脱离结果的形式,而是一种行为的过程,行为的过程导致裁判结论的产生,任何先入为主或程序前所作的裁决都不能体现程序的正义,甚至会削弱实体正义。

第六,程序的及时终结性。程序是一个过程,而过程只存在于特定的时间阶段中。司法赔偿程序并非是无休止的救济程序,它因最终裁判而结束。程序的终结限定在"及时"的范围之中,"及时是草率和拖拉两个极端的折衷"③。人们不希望裁判者无足够的时间收集证据草率地作裁决,也不希望裁判拖拉。草率和拖拉都会影响到结论的客观性,及时地审结案件也是实体正义的必然要求。

二、司法赔偿程序的特点

(一)司法赔偿只能单独提出请求

在行政赔偿中,受害人可以单独提起赔偿请求,也可以在行政诉讼过程中附

---

① 〔美〕迈克尔·D.贝勒斯著:《法律的原则》,张文显等译,中国大百科全书出版社1996年版,第36页。
② 陈瑞华:《程序正义论》,载《中外法学》1997年第2期。
③ 〔美〕迈克尔·D.贝勒斯著:《法律的原则》,张文显等译,中国大百科全书出版社1996年版,第36页。

带地提出赔偿请求。但司法赔偿具有自己的特点,受害人只能单独地提出赔偿请求,即某种司法行为被确定为违法后,受害人才可以要求赔偿。这个特点是由我国的司法体制以及司法活动的需要所决定的。司法活动存在于法律严格要求的程序中,人民法院对检察机关、侦查机关的活动没有普遍的监督权,司法赔偿只能分阶段进行,只有在确定司法行为违法后,才可以请求司法赔偿。

(二)司法赔偿程序是一种非诉讼程序

司法赔偿程序是一种特别程序,用法律的语言来讲就是非诉讼程序,与刑事诉讼、民事诉讼、行政诉讼以及行政赔偿程序有较大的区别。请求人提出司法赔偿请求,必须先向赔偿义务机关提出,赔偿义务机关对司法行为的违法性进行确认并决定是否予以赔偿,如果请求人不同意赔偿义务机关的决定,可以向赔偿义务机关的上级机关提出复议请求,如果复议机关在法律规定的期限内不作出决定或请求人不同意复议机关的决定,可以向人民法院赔偿委员会申请作出赔偿决定。人民法院赔偿委员会审理司法赔偿案件不开庭、不辩论,讨论案件实行少数服从多数的原则,其决定一旦作出就具有法律效力。这样的程序是非诉讼程序。

(三)司法赔偿最终由人民法院解决

法院作为司法赔偿纠纷的终局性解决机关,是世界各国普遍采用的做法。我国在制定《国家赔偿法》时,充分考虑到司法活动的特点以及其他国家的做法,将法院作为司法赔偿纠纷的终局性解决机关。人民法院赔偿委员会作出的赔偿决定是具有法律效力的裁判,在赔偿请求人与赔偿义务机关之间产生法律效力,必须执行。赔偿请求人再不能够利用其他的诉讼程序对人民法院的赔偿决定重新认定和裁判。

按照《国家赔偿法》的规定,司法赔偿程序主要表现为三个阶段:赔偿义务机关先行处理、司法赔偿复议、人民法院赔偿委员会的决定。

第二节 司法赔偿的先行处理程序

司法赔偿的先行处理程序,是指在司法行为被确认为违法后,赔偿请求人请求赔偿义务机关给予赔偿所遵循的程序。国家赔偿纠纷在由法院最终解决前须经赔偿义务机关先行处理,是世界众多国家或地区的通行做法。如,韩国《国家赔偿法》规定,"依本法之损害赔偿诉讼,须经赔偿审议会为赔偿金之支付或驳回之决定后,始得提起。"奥地利《国家赔偿法》规定,"被害人应先向有赔偿责任之官署以书面请求赔偿。书面送达官署3个月后,未经官署确认,或在此期间内对赔偿义务全部或一部拒绝,被害人得以官署为被告提起民事诉讼。"捷克《关于国家机关的决定或不当公务行为造成损害的责任的法律》中规定,"补偿请求必须在无罪判决或被释放后1年内先向司法部长提出,对其决定不满的,才可以根据民事诉讼程序向法院提起诉讼。"我国台湾地区《国家赔偿法》规定,"依本法请求损害赔偿时,应先以书面向赔偿义务机关请求之。赔偿义务机关对于前项请求,应即与请求权人协议。协议成立时,应作成协议书,该项协议书得为执行名义。"这就是说,赔偿请求人向赔偿义务机关提出赔偿请求后,赔偿义务机关应当与赔偿请求人进行协议,协议是解决国家赔偿问题的法定程序,逾期不开始协议或协议不成立,赔偿请求人才可以提起损害赔偿的诉讼。在世界各国(地区)的立法例中,有关协商机关有三种模式[①]:(1)由原决定机关和专门机关负责。如在瑞士,凡公法上的请求,应向原决定机关请求救济;如果被请求的机关是联邦政府,则向财政部协商。(2)以原决定机关或其上级机关为协商机关。如在美国,协商的机关为侵权行政机关的首长或其指定人;超过2.5万美元,须事先由司法部长或其指定人批准。(3)由特设的专门机关协商。如韩国的审议会。韩国《国家赔偿法》规定,对于赔偿金支给标准未列入的损害赔偿,须由本部审议会或特别审议会并经所属长官承认,才可作出赔偿决定。我国《国家赔偿法》第22条第2款规定:"赔偿请求人要求赔偿,应当先向赔偿义务机关提出。"同时,《国家赔偿法》第23条、第24条、第25条对司法赔偿中先行处理程序作了原则规定。根据《国家赔偿法》的这些规定,借鉴国外的经验,结合我国的具体情况,我们认为,司法赔偿中先行处理程序应该表现为:司法赔偿请求的提出、司法赔偿请求的受理、处理决定的作出三个阶段。

一、司法赔偿请求的提出

司法赔偿请求的提出是赔偿请求人表达要求司法赔偿的意愿的过程。我国《国家赔偿法》没有专门规定赔偿请求人以何种形式向国家申请赔偿,最高人民法院也没有在司法解释中对此作出具体的说明,因而,在理论与实践中有不同的观点和不同的做法,归纳起来,可以概括为固定格式和非固定格式。持要求非固定格式的人认为,国家赔偿法没有作出具体的要求,在实践中应该从一种较宽的原则出发来处理赔偿请求人提出赔偿请求问题,无论是口头的还是书面的,无论是正式的还是非正式的,都应该视为赔偿请求人已经提出了赔偿请求,只要赔偿请求人提出了有关国家赔偿的要求,都应当予以登记和处理。持要求固定格式的人认为,我国的法制建设已经有了较大的发展,公民的法制观念得到了增强,在许多的法律纠纷中一般要求有固定的格式,国家赔偿问题是一种涉及国家机关形象和公民权利保障的大事情,不能够简单和草率从事,因而应当规范国家赔偿的各个环节。我们赞同后一种观点。赔偿请求人提出赔偿请求应当具备下列

[①] 参见林准、马原主编:《国家赔偿问题研究》,人民法院出版社1992年版,第271—272页。

条件：

第一，赔偿请求人必须合格。《国家赔偿法》第20条规定："赔偿请求人的确定依照本法第6条的规定"，即"受害的公民、法人和其他组织有权要求赔偿。受害的公民死亡，其继承人和其他有扶养关系的亲属有权要求赔偿。受害的法人或者其他组织终止的，其权利承受人有权要求赔偿。"

第二，司法侵权行为属于《国家赔偿法》规定的赔偿范围，即《国家赔偿法》第17条、第18条所规定的赔偿范围。有《国家赔偿法》第19条规定的情形之一的，国家不承担赔偿责任。

第三，赔偿义务机关必须合格。被请求赔偿的义务机关必须是《国家赔偿法》所规定的赔偿义务机关，具体而言就是作出司法侵权行为的机关，或者是作出司法侵权行为的司法机关工作人员所属的司法机关。

第四，赔偿请求人应当提交赔偿申请书。赔偿申请书应当写明下列内容：(1)赔偿请求人的基本情况。赔偿请求人是自然人的，应当写明姓名、性别、工作单位和住所；赔偿请求人是法人或者其他组织的，应当写明法人或者其他组织的名称、住所、法定代表人或主要负责人的姓名、职务。(2)具体的赔偿要求。即请求赔偿的项目和金额。赔偿请求人可以根据受到的不同的损害提出多项赔偿请求。(3)请求赔偿的事实根据和理由。指明赔偿义务机关及其工作人员在行使职权的过程中侵犯其人身权、财产权的具体事实，同时也应当指出受到损害的程度。(4)被申请的赔偿义务机关的名称。(5)申请的时间。(6)赔偿申请人签名或盖章。

第五，赔偿请求必须在法律规定的时效内提出。赔偿请求人超出法律所规定的时效提出赔偿请求的，应视为放弃赔偿请求权。

二、司法赔偿请求的受理

司法赔偿请求的受理是赔偿义务机关根据赔偿请求人的请求，对有关司法赔偿问题的各种材料进行审查的程序。赔偿义务机关在受理案件后应当对下列事项进行审查：(1)审查司法侵权行为是否属于《国家赔偿法》的赔偿范围。(2)审查司法赔偿义务机关主体资格。(3)审查司法赔偿请求人是否具有请求赔偿的主体资格。(4)审查赔偿请求的法定时效。(5)审查赔偿请求的各种材料是否完备等。

赔偿义务机关经过审查后，对符合下列条件的赔偿申请，应当立案：(1)请求赔偿的职务侵权情形属于《国家赔偿法》规定的赔偿范围；(2)赔偿义务机关依法负有赔偿义务；(3)赔偿请求人具备《国家赔偿法》规定的请求人资格；(4)符合《国家赔偿法》规定的请求赔偿时效；(5)请求赔偿的材料齐备。对符合立案条件的赔偿申请，负有赔偿义务的司法赔偿义务机关应当在收到赔偿申请之日起 7 日内立案,制作《司法赔偿立案决定书》,并通知赔偿请求人。

对不符合立案条件的赔偿申请,赔偿义务机关经过审查后,可以根据不同的情况作出不同的处理:(1)对于无赔偿请求权的申请人,应当书面告知其不予受理并说明理由。(2)对于不属于司法赔偿范围的请求,应作出书面决定告知申请人并说明理由。(3)收到赔偿申请书的机关不是该项赔偿请求的赔偿义务机关的,应当告知赔偿请求人向有赔偿义务的机关提出申请。(4)赔偿请求已过法定时效的,应当告知申请人已经丧失赔偿请求权。(5)对于材料不齐全的,应当当场或者 5 日内一次性告知赔偿请求人需要补充的全部内容。对上列事项,均应在收到赔偿申请之日起 7 日内填写《司法赔偿申请通知书》,送达赔偿请求人。

三、先行处理决定

赔偿义务机关经过对赔偿请求人所提供的材料在形式上和实质上进行审查后,应当自收到申请之日起在 2 个月内依照《国家赔偿法》的规定作出赔偿或不予以赔偿的决定。在国外的立法以及司法实践中都相当重视协议程序,并将其作为法定的必经程序。这主要是因为协议能够提高办案效率,体现程序效率的价值;同时有助于缓解赔偿义务机关与受害人之间的矛盾,维护社会的稳定,又具有平衡与协调的价值。日本学者棚濑孝雄在对协议的功能进行分析时,提出了"合意的二重获得"的概念,"所谓合意的二重获得是指,作为审判外纠纷处理机关发挥作用的最基本条件,纠纷处理的开始和最终解决方案的提出这两个阶段,都必须获得当事人的合意"。"而审判外的纠纷解决机关在这一点上却因为有当事人的合意这一绝对的正当化原理作为保障,有'只要不服就可以不认'这条后路,相应地在程序规定上就有了更大的自由,对解决方案正确性的要求也可以相对降低,从而使费用等代价大幅度削减成为可能。"[①]我国法律一向贯穿了协议先行的原则,《民事诉讼法》规定了人民法院审理民事案件,应当根据自愿和合法的原则进行调解,调解不成的,可以依法判决。《行政诉讼法》中关于行政赔偿案件审理的规定也涉及调解的问题。调解就是协议先行原则的表现形式。《国家赔偿法》第 23 条更是明确规定:"赔偿义务机关作出赔偿决定,应当充分听取赔偿请求人的意见,并可以与赔偿请求人就赔偿方式、赔偿项目和赔偿数额依照本法第四章的规定进行协商。"根据这一法律规定,我国司法赔偿义务机关对赔偿申请的处理采取的是决定式。因为在国家赔偿的处理过程中,是否协商是由司法赔偿义务机关来自由裁量的。协商程序是国家赔偿程序中的酌定程序,不是法定的必经程序。当然,我国采取的决定式与外国的决定式存在一些不同,

---

① 〔日〕棚濑孝雄著:《纠纷的解决与审判制度》,王亚新译,群众出版社 1991 年版,第 79—80 页。

有着中国特色:(1)司法赔偿义务机关作出赔偿决定,应当充分听取赔偿请求人的意见。充分听取赔偿请求人的意见是司法赔偿义务机关的法定义务。(2)我国采取的决定式是协商可以先行的决定式,即司法赔偿义务机关在作出最后赔偿决定之前,可先就赔偿方式、赔偿项目和赔偿数额与赔偿请求人进行协商,双方能够达成一致的,赔偿争议得以解决;经协商双方不能达成一致的,由赔偿义务机关单方面作出是否赔偿及赔偿多少的决定。

根据我国《国家赔偿法》第 23 条的规定,"赔偿义务机关应当自收到申请之日起两个月内,作出是否赔偿的决定"。这就是说,司法赔偿义务机关经审查后,应该在两个月内作出相应处理决定。一般有两种形式:(1)作出予以赔偿的决定书。司法赔偿义务机关对赔偿请求人的申请经过审查,认为符合法律规定的条件,应在两个月内作出赔偿决定。赔偿义务机关可与赔偿请求人就赔偿事项进行协商,达成一致意见,以解决赔偿争议。协商的内容主要有赔偿方式、赔偿项目和赔偿数额等。当然,赔偿义务机关也可以采取决定的方式对赔偿请求人予以赔偿。赔偿义务机关决定赔偿的,应当制作赔偿决定书,并自作出决定之日起 10 日内送达赔偿请求人。(2)作出不予赔偿的决定书。司法赔偿义务机关经审查,认为赔偿请求人的申请不符合法律规定的赔偿条件的,不予赔偿。不予赔偿一般是受理申请的司法机关认为本机关没有赔偿义务,请求赔偿的损害事实不是本机关及其工作人员职权行为造成的,或者请求赔偿之损害事实,不在《国家赔偿法》所规定的赔偿范围之内等。赔偿义务机关决定不予赔偿的,应当自作出决定之日起 10 日内书面通知赔偿请求人,并说明不予赔偿的理由。

如果赔偿请求人对赔偿义务机关的决定不服或赔偿义务机关逾期不作出决定,赔偿请求人可以向赔偿义务机关的上一级机关申请复议。赔偿义务机关是人民法院的,直接向其上一级人民法院赔偿委员会申请作出赔偿决定,不必经过复议程序。

对于司法侵权行为所造成的共同赔偿,我国《国家赔偿法》没有作出明确规定。参照行政侵权行为所造成的共同赔偿的处理程序,司法赔偿请求人可以向共同赔偿义务机关中的任何一个机关提出申请,先收到申请的赔偿义务机关为共同赔偿案件的处理机关。处理机关收到申请后,应当先予赔偿。

司法赔偿义务机关在作出赔偿决定时应当制作司法赔偿决定书。司法赔偿决定书一般包括:标题;赔偿请求人的基本情况;申请赔偿的具体事项和理由;审查认定的事实;决定赔偿或者不予以赔偿的法律根据、理由和内容;赔偿义务机关的名称;日期。

第三节　司法赔偿复议

一、司法赔偿复议的概念与特点

司法赔偿复议程序,是指行使侦查、检察、看守、监狱管理职权的机关的上一级机关依照法律规定,根据赔偿请求人的申请,对有关职务侵权行为进行审查,判明责任的归属和分割,并对赔偿争议予以决定所应遵循的方式、步骤、顺序和时限的总称。司法赔偿复议与行政复议都是由其上一级机关审查决定,但这是两个完全不同的概念,有着明显的区别:(1)两者的性质不同。行政复议属于行政行为,司法赔偿复议属于司法行为。(2)两者处理的内容不同。行政复议所解决的是具体行政行为的合法性与合理性,如果涉及有关国家赔偿问题,可以在复议中一并解决。司法赔偿复议则主要是为了解决下级机关作出的司法赔偿决定是否正确、恰当,并依法作出复议决定。(3)两者的救济途径不同。对行政复议不服的,当事人可以提起行政诉讼;对司法赔偿复议不服的,不能够起诉,只能向人民法院赔偿委员会提出赔偿请求。(4)复议的机关不同。行政复议的机关是行政机关,而司法赔偿的复议机关则是除人民法院外的司法机关,包括公安机关、国家安全机关、检察机关和监狱管理机关。

我国《国家赔偿法》第 25 条对司法赔偿中的复议程序作了原则规定。根据这一法律规定,并结合相关司法解释、规范性文件的规定来看,司法赔偿复议程序具有下列特点:(1)司法赔偿复议程序是因赔偿请求人与司法赔偿义务机关就司法赔偿意见不一引起的。根据我国《国家赔偿法》第 24 条的规定,在赔偿请求人提出司法赔偿请求后,如果司法赔偿义务机关不予受理、决定不予赔偿、逾期不作赔偿决定或赔偿请求人对赔偿决定有异议,赔偿请求人则可以在 30 日内提起司法赔偿复议。(2)司法赔偿的复议机关具有特定性,它是赔偿义务机关的上一级机关,即行使侦查、检察、看守、监狱管理职权的机关的上一级机关。需要注意的是,《国家赔偿法》第 24 条第 3 款规定:"赔偿义务机关是人民法院的,赔偿请求人可以依照本条规定向其上一级人民法院赔偿委员会申请作出赔偿决定。"也就是说,如果人民法院是赔偿义务机关的,作为一种例外,在经过先行处理程序之后,赔偿请求人应当直接向上一级人民法院的赔偿委员会申请,由赔偿委员会作出决定,不需要提起复议程序。(3)司法赔偿复议程序是对司法赔偿问题进行复议所应遵循的程序。也就是说,司法赔偿复议是上一级司法机关依法对司法侵权赔偿案件进行全面审查,并作出复议决定。

二、司法赔偿复议的申请与受理

根据我国《国家赔偿法》第 24 条规定,具有下列情形之一的,赔偿请求人可以申请复议:(1)司法赔偿义务机关受理赔偿请求后,作出不予以赔偿的决定,赔偿请求人对决定不服。(2)赔偿请求人对赔偿决定中的赔偿数额、赔偿方式等有异议的。(3)赔偿义务机关收到赔偿请求后,在两个月的法定期限内不予答复的。

复议机关收到复议申请后,应及时全面地进行审查,并分别不同情况予以处理:(1)对符合法定条件的复议申请,复议机关应予受理;(2)赔偿请求人未经赔偿义务机关先行处理而直接提出复议申请的,应告知向司法赔偿义务机关提出赔偿请求;(3)对超过法定期间提出的,复议机关不予受理;(4)收到复议申请的机关不是司法赔偿义务机关的上一级机关的,应告知向正确的复议机关提出申请;(5)对申请复议的材料不齐备的,应当当场或5日内一次性告知赔偿请求人需要补充的全部内容。

三、复议机关的审理和复议决定

复议机关受理赔偿申请后应指定与案件无利害关系的专人承办。办理案件的工作人员应当充分听取赔偿请求人的意见,在赔偿的方式、项目、数额等方面进行协商,必要的情况下,可调取有关的案卷材料。对事实不清的,可以要求原承办案件的人民检察院补充调查,也可以自行调查。复议机关通常采用书面的方式审理。办理案件的工作人员在综合分析、研究案情的基础上,确定是否给予赔偿、赔偿的具体数额。评议按照少数服从多数的原则进行,并制作笔录。

根据我国《国家赔偿法》第25条的规定,"复议机关应当自收到申请之日起两个月内作出决定"。复议机关的复议决定不受原赔偿义务机关所作的赔偿决定的约束。复议机关复议司法赔偿案件,应分别下列不同情况作出决定:(1)原决定事实清楚,适用法律正确,赔偿方式、数额适当的,予以维持;(2)原决定认定事实或适用法律错误的,予以纠正,赔偿方式、数额不当的,予以变更;(3)赔偿义务机关逾期未作出决定的或者不予受理的,依法作出决定。复议决定作出后,应当制作《司法赔偿复议决定书》,其内容包括:标题;复议请求人的基本情况、复议机关的名称;复议机关审查办理及决定情况;申请复议的具体事项及理由;复议机关审查的事实情况;复议的法律根据和理由;复议机关名称;日期。《司法赔偿复议决定书》应直接送达司法赔偿义务机关和赔偿请求人。直接送达赔偿请求人有困难的,可以委托其所在地的相关国家机关代为送达。

赔偿请求人在收到复议决定30日内没有异议时,复议决定即产生法律效力,如果对复议决定有异议,即可在收到复议决定后的30日内向复议机关所在地同级人民法院赔偿委员会申请作出赔偿决定。赔偿请求人申请复议实行一级复议制,不能对复议决定再向复议机关的上级机关或原复议机关要求复议。

第四节　司法赔偿的决定程序

一、司法赔偿决定程序的概念与特征

司法赔偿程序不同于行政赔偿程序,最明显地表现为它是非诉讼性质的特别程序,有的学者称之为"准司法程序"①。在制定我国《国家赔偿法》的过程中,理论界对设定司法赔偿程序存在两种方案,其一是通过刑事诉讼程序来解决司法赔偿争议;其二是通过非诉讼性质的特别程序来解决司法赔偿争议。经过反复讨论和研究,我国最后确定非诉讼性质的特别程序作为司法赔偿争议的终结程序。其理由是因为通过刑事诉讼程序来解决司法赔偿争议将会出现"法官在自己的案件中担任法官"、"到法院告法院"的情形,在具体操作上必将与回避原则、执行制度等相矛盾。

司法赔偿决定程序,是指司法赔偿请求人不服司法赔偿复议机关的决定或者复议机关逾期不作出决定,请求人申请人民法院赔偿委员会作出最终决定的程序。② 司法赔偿决定程序具有下列特点:(1)司法赔偿决定程序是由人民法院最终裁决的程序。司法赔偿决定程序是由人民法院赔偿委员会负责进行的。虽然人民法院赔偿委员会不是普通的审判庭,但仍然属于人民法院,其作出的决定属于人民法院的最终裁决。(2)司法赔偿决定程序是司法赔偿的最后环节。按照《国家赔偿法》的规定,司法赔偿程序主要表现为三个阶段:司法赔偿的先行处理程序、司法赔偿的复议程序、人民法院赔偿委员会的决定程序。其中,人民法院赔偿委员会的决定程序是司法赔偿的最后一道程序,该程序的结束,意味着司法赔偿程序的终结。(3)司法赔偿决定程序是一审终审制的程序。在我国司法审判中一般实行二审终审制。人民法院赔偿委员会的决定程序是一审终审。人民法院赔偿委员会的决定一经作出就具有法律效力,必须执行。若赔偿请求人不服,只能通过申诉程序获得救济。

二、赔偿委员会的设置与受案范围

我国《国家赔偿法》第29条规定:"中级以上的人民法院设立赔偿委员会,由人民法院3名以上审判员组成,组成人员的人数应当为单数。"最高人民法院在1994年发布的《关于贯彻执行〈中华人民共和国国家赔偿法〉设立赔偿委员会的通知》,明确要求各地中级以上人民法院设立赔偿委员会,中级人民法院赔偿委员会由3名或5名委员组成,高级人民法院赔偿委员会由5名或7名委员组成。

---

① 参见皮纯协、冯军主编:《国家赔偿法释论》,中国法制出版社1996年版,第245页。
② 周友军等著:《国家赔偿法教程》,中国人民大学出版社2008年版,第295页。

赔偿委员会委员由审判长担任,其组成人员须报上一级人民法院批准。赔偿委员会设主任1名,由副院长兼任,也可设专职主任主持工作,下设办公室,配备2名至5名工作人员。

根据我国《国家赔偿法》的相关规定,下列案件属于人民法院赔偿委员会的受案范围:(1)行使侦查、看守、监狱管理职权的机关及其工作人员在行使职权时侵犯公民、法人和其他组织的人身权、财产权,造成损害,赔偿请求人经依法申请赔偿和申请复议后,在法定的期间内向复议机关所在地的同级人民法院赔偿委员会申请作出赔偿决定的;(2)人民法院是赔偿义务机关,赔偿请求人经申请赔偿,因赔偿义务机关逾期不予答复、作出不予赔偿决定或者赔偿请求人对赔偿数额有异议,在法定期间内向赔偿义务机关的上一级人民法院申请作出赔偿决定的。

三、司法赔偿决定的具体程序

(一)赔偿请求的申请与受理

赔偿请求人的申请是赔偿委员会作出赔偿决定的先决条件。我国《国家赔偿法》规定,赔偿请求人不服复议决定的,可以在收到复议决定之日起30天内向复议机关所在地的同级人民法院赔偿委员会申请作出赔偿决定;复议机关逾期不作出决定的,赔偿请求人自期间届满之日起30天内向复议机关所在地的同级人民法院赔偿委员会申请作出赔偿决定。赔偿义务机关是人民法院的,赔偿请求人可以依法向其上一级人民法院赔偿委员会申请作出赔偿决定,无须经过复议程序。申请作出赔偿决定是赔偿请求人认为其获得赔偿权没有实现或没有完全实现或对实现的方式存在异议的情况下所作出的选择。这种选择受法定期间的限制,超过了法定期间,表明赔偿请求人接受了复议机关的复议决定或放弃请求人民法院赔偿委员会作出赔偿决定的权利。

司法赔偿请求人向人民法院赔偿委员会提出赔偿请求,应当符合以下条件:(1)赔偿请求人符合《国家赔偿法》第6条关于赔偿请求人资格的规定。当然,符合赔偿请求人资格的公民、法人和其他组织提出赔偿申请,可以委托律师、提出申请公民的近亲属或单位推荐的人以及经人民法院认可的其他公民作为代理人。(2)赔偿请求人必须是在法律规定的期间内向人民法院赔偿委员会提出申请。(3)赔偿请求人提出的申请应当符合申请的形式。司法赔偿请求人向人民法院赔偿委员会申请作出赔偿决定的,应当递交赔偿申请书一式四份。书写有困难的,可以口头申请,但应该记入笔录,填写《口头申请赔偿登记表》一式四份,由赔偿请求人签名、盖章。(3)赔偿请求人向人民法院赔偿委员会提出赔偿申请时,须提交相关证据。

（二）赔偿委员会的立案与审理

人民法院赔偿委员会自收到赔偿请求人的赔偿申请后,应当及时进行审查,在 7 日内根据不同情形决定是否立案:(1) 对于缺少相关法律文书或证明材料的,应当及时通知赔偿请求人予以补正。收到赔偿申请的时间,应当自材料补正完毕后起算。(2) 对于赔偿请求人的赔偿申请依法不属于人民法院赔偿委员会受理的,应当告知赔偿请求人向有关机关提出赔偿申请,或者转达有关机关处理并通知赔偿请求人。

人民法院赔偿委员会处理赔偿请求,赔偿请求人和赔偿义务机关对自己提出的主张,应当提供证据。被羁押人在羁押期间死亡或者丧失行为能力的,赔偿义务机关的行为与被羁押人的死亡或者丧失行为能力是否存在因果关系,赔偿义务机关应当提供证据。人民法院赔偿委员会在收到赔偿请求人的赔偿申请书后的 15 日内将申请书副本送达复议机关和赔偿义务机关。人民法院赔偿委员会审理赔偿案件,与法院其他业务庭的审理不同,人民法院赔偿委员会审理案件不公开进行,不需组成合议庭开庭审理,实行书面审查的办法。但是,人民法院赔偿委员会认为必要时,可以向有关单位和人员调查情况、收集证据。赔偿请求人与赔偿义务机关对损害事实及因果关系有争议的,赔偿委员会可以听取赔偿请求人和赔偿义务机关的陈述和申辩,并可以进行质证。

经审查,案件承办人员认为事实清楚、证据确实、充分的,应当制作司法赔偿案件审查报告,报请人民法院赔偿委员会主任提交赔偿委员会审理。赔偿案件审查报告应当包括以下内容:(1) 案件的由来;(2) 赔偿请求人的基本情况,赔偿义务机关、复议机关的名称及其法定代表人;(3) 赔偿请求人申请事项及理由;(4) 申请的赔偿案件情况、赔偿义务机关的决定情况以及复议机关的复议情况;(5) 承办人审查认定的事实及依据;(6) 处理意见和理由。

人民法院赔偿委员会讨论案件实行少数服从多数的原则,人民法院赔偿委员会半数委员以上的意见为人民法院赔偿委员会的决定意见。人民法院赔偿委员会认为重大、复杂的案件,必要时由人民法院赔偿委员会主任报请院长提交审判委员会讨论决定,对于审判委员会的讨论决定,人民法院赔偿委员会应当执行。

（三）赔偿委员会的决定

人民法院赔偿委员会在收到赔偿申请后 3 个月内作出是否赔偿的决定,如果案件情况复杂,3 个月内不能作出决定的,经法院院长批准可以延长 3 个月。

人民法院赔偿委员会对司法赔偿案件进行审理后,不适用判决、裁定,而适用决定。决定共有五种形式:维持决定、撤销决定、变更决定、赔偿决定、不予赔偿决定。人民法院赔偿委员会根据司法赔偿案件的具体情况,依法予以适用:(1) 赔偿义务机关决定或复议机关复议决定适用法律正确,赔偿方式、赔偿数额适当的,应当决定予以维持。(2)赔偿义务机关决定或复议机关复议决定适用法律不当的,应当撤销原决定,依法作出决定。(3)赔偿义务机关决定或复议机关复议决定的赔偿方式、赔偿数额不当的,应当作出变更决定。(4)经依法确认有《国家赔偿法》第17、18、38条规定的情形之一,赔偿义务机关或复议机关逾期未作决定的,应当作出赔偿或不予赔偿的决定。(5)赔偿请求人的请求事项属于国家不承担赔偿责任的情形或已超过法定时效的,应当作出不予赔偿的决定。

人民法院赔偿委员会作出赔偿决定应当制作赔偿决定书。赔偿决定书的内容包括:(1)名称。(2)赔偿请求人的基本情况,赔偿义务机关、复议机关的名称及其法定代表人。(3)赔偿请求人申请赔偿事项和理由,赔偿义务机关作出赔偿决定、作出不予以赔偿决定的理由以及逾期不作出决定的情况,复议机关复议决定的理由以及逾期不作出复议决定的情况。(4)人民法院赔偿委员会认定的事实和依据。(5)人民法院赔偿委员会作出决定的法律根据和理由。(6)人民法院的名称,日期。人民法院赔偿委员会决定书由赔偿委员会主任审核签发,加盖人民法院印。

(四)赔偿决定的执行

人民法院赔偿委员会决定书应当根据决定事项分别送达赔偿请求人、赔偿义务机关和复议机关。人民法院赔偿委员会的赔偿决定一经作出,即是发生法律效力的决定,与生效的判决书具有同样的法律效力,司法赔偿争议的当事人必须接受,如果不服赔偿委员会的赔偿决定,只能申诉。《人民法院赔偿委员会审理赔偿案件程序的暂行规定》规定,人民法院赔偿委员会如果发现原认定的事实或者适用的法律错误,必须改变原决定的,经本院院长决定或者上级人民法院指令,人民法院赔偿委员会可以重新审理并依法作出决定。但在作出新的决定之前并不停止原决定的执行。在赔偿决定发生法律效力后,赔偿请求人可以据此要求赔偿义务机关履行赔偿义务,也可以要求人民法院执行。

(五)赔偿决定错误的纠正

根据我国《国家赔偿法》第30条的规定,对人民法院赔偿委员会作出的赔偿决定,如果确有错误,可以根据不同情形进行纠正:(1)赔偿请求人或者赔偿义务机关对赔偿委员会作出的决定,认为确有错误的,可以向上一级人民法院赔偿委员会提出申诉。(2)赔偿委员会作出的赔偿决定生效后,如发现赔偿决定违反《国家赔偿法》规定的,经本院院长决定或者上级人民法院指令,赔偿委员会应当在两个月内重新审查并依法作出决定,上一级人民法院赔偿委员会也可以直接审查并作出决定。(3)最高人民检察院对各级人民法院赔偿委员会作出的决定,上级人民检察院对下级人民法院赔偿委员会作出的决定,发现违反《国家赔偿法》规定的,应当向同级人民法院赔偿委员会提出意见,同级人民法院赔偿委员会应当在两个月内重新审查并依法作出决定。

本章需要继续探讨的问题

一、关于人民法院赔偿委员会的组成问题

在司法赔偿中,人民法院赔偿委员会作出赔偿决定的程序是终局性程序,赔偿请求人再不能够通过其他的程序获得法律上的救济。从我国《国家赔偿法》的规定来看,人民法院赔偿委员会设在中级以上人民法院,由审判员组成。我们认为:人民法院赔偿委员会应当是在法院系统之外的一个机构,这个机构不能全部由法官来构成,以避免"到法院告法院"的情形出现,削弱裁判的结论公正性,特别是当法院本身就是赔偿义务机关时。人民法院赔偿委员会还应当是一个综合性的机构,可以由法官、人民代表、政协委员以及部分法学专家组成。在作出赔偿决定时,可以采用听证程序,充分听取赔偿义务机关和赔偿请求人的意见,最后作出赔偿决定。

二、司法赔偿的证明责任①

证明责任,亦称举证责任,是指在诉讼程序中何方当事人应该承担提出证据证明有关争论事实的责任。证据学的基本原则是谁主张谁举证。这一由两千年前古罗马法创建的举证原则,总结了人类解决自我纷争的经验,具有客观、公平、科学的特点,司法实践中被广泛采用。如在刑事诉讼中由控方检察机关承担被告犯罪事实的证明责任;民事诉讼中原告对自己主张的诉讼请求负有证明责任,被告如否定原告主张或提起反诉,则应对其否定或反诉之事实负证明责任。即使行政诉讼中与此貌似相反的被告负举证责任原则,也是谁主张谁举证原则的应有之义,是对否定原告所主张的事实负证明责任。

司法赔偿案件的决定程序,尽管不是传统意义上的诉讼程序,但仍具有诉讼裁决的基本性质和特征。我国《国家赔偿法》第26条规定:"人民法院赔偿委员会处理赔偿请求,赔偿请求人和赔偿义务机关对自己提出的主张,应当提供证据。被羁押人在羁押期间死亡或者丧失行为能力的,赔偿义务机关的行为与被羁押人的死亡或者丧失行为能力是否存在因果关系,赔偿义务机关应当提供证据。"这一规定表明,司法赔偿证明责任以"谁主张谁举证"为原则,以"被告负举证责任"为补充。我们认为,司法赔偿的证明责任,可更多地从行政诉讼的证明责任中吸取营养,实行赔偿义务机关负举证责任为主、赔偿请求人负举证责任为

---

① 参见陈春龙著:《中国司法赔偿实务操作与理论探讨》,法律出版社2002年版,第365—366页。

辅的共同举证方式。

　　这是因为,司法赔偿案件中的赔偿义务机关与行政诉讼中的被告一样,均为掌握和行使国家权力的国家机关。司法活动的性质和特点决定其行使司法权的强制性、不可抗拒性和秘密性比行政活动更甚。赔偿请求人一般对其组织结构、内部运作、具体规则、人员情况难以完全了解,对自己的请求无力提供充足的证据支持。因此,赔偿义务机关在赔偿请求人提出一定的初步证据后应承担起主要的证明责任。作为司法赔偿程序启动者的赔偿请求人,为了实现赔偿目的,也必须和应该就损害事实的存在、损害事实与职权行为之关系进行举证,此种举证可以是简单的、初始的。如果该证据提出后,相对方不能证明该证据的不实之处,得出相反结论,则应判定请求人胜诉。

　　司法赔偿实践中的举证既涉及侵犯人身权的事实,也涉及侵犯财产权的事实。一般说来,后者的争议和举证情况更多、更复杂。由于法院赔偿委员会实行决定程序,不开庭,不辩论,赔偿请求人和赔偿义务机关双方均不知晓对方掌握证据的情况,对不利证据缺少申辩和再次提供有利自己证据的机会。因此,有人建议,从保护双方合法权益出发,人民法院赔偿委员会要创制一种审判赔偿案件公开化的程序,确保双方在程序中获得平等地位。

附录一：《中华人民共和国国家赔偿法》及其新旧对照表

中华人民共和国主席令
第二十九号

《全国人民代表大会常务委员会关于修改〈中华人民共和国国家赔偿法〉的决定》已由中华人民共和国第十一届全国人民代表大会常务委员会第十四次会议于2010年4月29日通过，现予公布，自2010年12月1日起施行。

中华人民共和国主席　胡锦涛
2010年4月29日

全国人民代表大会常务委员会
关于修改《中华人民共和国国家赔偿法》的决定

（2010年4月29日第十一届全国人民代表大会常务委员会第十四次会议通过）

第十一届全国人民代表大会常务委员会第十四次会议决定对《中华人民共和国国家赔偿法》作如下修改：

一、将第二条修改为："国家机关和国家机关工作人员行使职权，有本法规定的侵犯公民、法人和其他组织合法权益的情形，造成损害的，受害人有依照本法取得国家赔偿的权利。

"本法规定的赔偿义务机关，应当依照本法及时履行赔偿义务。"

二、将第三条第三项修改为："（三）以殴打、虐待等行为或者唆使、放纵他人以殴打、虐待等行为造成公民身体伤害或者死亡的"。

三、将第四条第三项修改为："（三）违法征收、征用财产的"。

四、将第六条第三款修改为："受害的法人或者其他组织终止的，其权利承受人有权要求赔偿。"

五、将第九条修改为:"赔偿义务机关有本法第三条、第四条规定情形之一的,应当给予赔偿。

"赔偿请求人要求赔偿,应当先向赔偿义务机关提出,也可以在申请行政复议或者提起行政诉讼时一并提出。"

六、在第十二条中增加一款,作为第三款:"赔偿请求人不是受害人本人的,应当说明与受害人的关系,并提供相应证明。"

增加一款,作为第四款:"赔偿请求人当面递交申请书的,赔偿义务机关应当当场出具加盖本行政机关专用印章并注明收讫日期的书面凭证。申请材料不齐全的,赔偿义务机关应当当场或者在五日内一次性告知赔偿请求人需要补正的全部内容。"

七、将第十三条改为第十三条、第十四条。第十三条:"赔偿义务机关应当自收到申请之日起两个月内,作出是否赔偿的决定。赔偿义务机关作出赔偿决定,应当充分听取赔偿请求人的意见,并可以与赔偿请求人就赔偿方式、赔偿项目和赔偿数额依照本法第四章的规定进行协商。

"赔偿义务机关决定赔偿的,应当制作赔偿决定书,并自作出决定之日起十日内送达赔偿请求人。

"赔偿义务机关决定不予赔偿的,应当自作出决定之日起十日内书面通知赔偿请求人,并说明不予赔偿的理由。"

第十四条:"赔偿义务机关在规定期限内未作出是否赔偿的决定,赔偿请求人可以自期限届满之日起三个月内,向人民法院提起诉讼。

"赔偿请求人对赔偿的方式、项目、数额有异议的,或者赔偿义务机关作出不予赔偿决定的,赔偿请求人可以自赔偿义务机关作出赔偿或者不予赔偿决定之日起三个月内,向人民法院提起诉讼。"

八、增加一条,作为第十五条:"人民法院审理行政赔偿案件,赔偿请求人和赔偿义务机关对自己提出的主张,应当提供证据。

"赔偿义务机关采取行政拘留或者限制人身自由的强制措施期间,被限制人身自由的人死亡或者丧失行为能力的,赔偿义务机关的行为与被限制人身自由的人的死亡或者丧失行为能力是否存在因果关系,赔偿义务机关应当提供证据。"

九、将第十四条改为第十六条,第二款修改为:"对有故意或者重大过失的责任人员,有关机关应当依法给予处分;构成犯罪的,应当依法追究刑事责任。"

十、将第十五条改为第十七条,修改为:"行使侦查、检察、审判职权的机关以及看守所、监狱管理机关及其工作人员在行使职权时有下列侵犯人身权情形之一的,受害人有取得赔偿的权利:(一)违反刑事诉讼法的规定对公民采取拘留措施的,或者依照刑事诉讼法规定的条件和程序对公民采取拘留措施,但是拘留时间超过刑事诉讼法规定的时限,其后决定撤销案件、不起诉或者判决宣告无罪终止追究刑事责任的;(二)对公民采取逮捕措施后,决定撤销案件、不起诉或者判决宣告无罪终止追究刑事责任的;(三)依照审判监督程序再审改判无罪,原判刑罚已经执行的;(四)刑讯逼供或者以殴打、虐待等行为或者唆使、放纵他人以殴打、虐待等行为造成公民身体伤害或者死亡的;(五)违法使用武器、警械造成公民身体伤害或者死亡的。"

十一、将第十六条改为第十八条,修改为:"行使侦查、检察、审判职权的机关以及看守所、监狱管理机关及其工作人员在行使职权时有下列侵犯财产权情形之一的,受害人有取得赔偿的权利:(一)违法对财产采取查封、扣押、冻结、追缴等措施的;(二)依照审判监督程序再审改判无罪,原判罚金、没收财产已经执行的。"

十二、将第十七条改为第十九条,第三项修改为:"(三)依照刑事诉讼法第十五条、第一百四十二条第二款规定不追究刑事责任的人被羁押的"。

第四项修改为:"(四)行使侦查、检察、审判职权的机关以及看守所、监狱管理机关的工作人员与行使职权无关的个人行为"。

十三、将第十九条改为第二十一条,修改为:"行使侦查、检察、审判职权的机关以及看守所、监狱管理机关及其工作人员在行使职权时侵犯公民、法人和其他组织的合法权益造成损害的,该机关为赔偿义务机关。

"对公民采取拘留措施,依照本法的规定应当给予国家赔偿的,作出拘留决定的机关为赔偿义务机关。

"对公民采取逮捕措施后决定撤销案件、不起诉或者判决宣告无罪的,作出逮捕决定的机关为赔偿义务机关。

"再审改判无罪的,作出原生效判决的人民法院为赔偿义务机关。二审改判无罪,以及二审发回重审后作无罪处理的,作出一审有罪判决的人民法院为赔偿义务机关。"

十四、将第二十条改为第二十二条,修改为:"赔偿义务机关有本法第十七条、第十八条规定情形之一的,应当给予赔偿。

"赔偿请求人要求赔偿,应当先向赔偿义务机关提出。

"赔偿请求人提出赔偿请求,适用本法第十一条、第十二条的规定。"

十五、将第二十一条改为第二十三条和第二十四条。第二十三条:"赔偿义务机关应当自收到申请之日起两个月内,作出是否赔偿的决定。赔偿义务机关作出赔偿决定,应当充分听取赔偿请求人的意见,并可以与赔偿请求人就赔偿方式、赔偿项目和赔偿数额依照本法第四章的规定进行协商。

"赔偿义务机关决定赔偿的,应当制作赔偿决定书,并自作出决定之日起十日内送达赔偿请求人。

"赔偿义务机关决定不予赔偿的,应当自作出决定之日起十日内书面通知赔偿请求人,并说明不予赔偿的理由。"

第二十四条:"赔偿义务机关在规定期限内未作出是否赔偿的决定,赔偿请求人可以自期限届满之日起三十日内向赔偿义务机关的上一级机关申请复议。

"赔偿请求人对赔偿的方式、项目、数额有异议的,或者赔偿义务机关作出不予赔偿决定的,赔偿请求人可以自赔偿义务机关作出赔偿或者不予赔偿决定之日起三十日内,向赔偿义务机关的上一级机关申请复议。

"赔偿义务机关是人民法院的,赔偿请求人可以依照本条规定向其上一级人民法院赔偿委员会申请作出赔偿决定。"

十六、将第二十二条改为第二十五条,第二款修改为:"赔偿请求人不服复议决定的,可以在收到复议决定之日起三十日内向复议机关所在地的同级人民法院赔偿委员会申请作出赔偿决定;复议机关逾期不作决定的,赔偿请求人可以自期限届满之日起三十日内向复议机关所在地的同级人民法院赔偿委员会申请作出赔偿决定。"

十七、增加一条,作为第二十六条:"人民法院赔偿委员会处理赔偿请求,赔偿请求人和赔偿义务机关对自己提出的主张,应当提供证据。

"被羁押人在羁押期间死亡或者丧失行为能力的,赔偿义务机关的行为与被羁押人的死亡或者丧失行为能力是否存在因果关系,赔偿义务机关应当提供证据。"

十八、增加一条,作为第二十七条:"人民法院赔偿委员会处理赔偿请求,采取书面审查的办法。必要时,可以向有关单位和人员调查情况、收集证据。赔偿请求人与赔偿义务机关对损害事实及因果关系有争议的,赔偿委员会可以听取赔偿请求人和赔偿义务机关的陈述和申辩,并可以进行质证。"

十九、增加一条,作为第二十八条:"人民法院赔偿委员会应当自收到赔偿申请之日起三个月内作出决定;属于疑难、复杂、重大案件的,经本院院长批准,可以延长三个月。"

二十、将第二十三条改为第二十九条,第一款修改为:"中级以上的人民法院设立赔偿委员会,由人民法院三名以上审判员组成,组成人员的人数应当为单数。"

二十一、增加一条,作为第三十条:"赔偿请求人或者赔偿义务机关对赔偿委员会作出的决定,认为确有错误的,可以向上一级人民法院赔偿委员会提出申诉。

"赔偿委员会作出的赔偿决定生效后,如发现赔偿决定违反本法规定的,经本院院长决定或者上级人民法院指令,赔偿委员会应当在两个月内重新审查并依法作出决定,上一级人民法院赔偿委员会也可以直接审查并作出决定。

"最高人民检察院对各级人民法院赔偿委员会作出的决定,上级人民检察院对下级人民法院赔偿委员会作出的决定,发现违反本法规定的,应当向同级人民法院赔偿委员会提出意见,同级人民法院赔偿委员会应当在两个月内重新审查并依法作出决定。"

二十二、将第二十四条改为第三十一条,第二款修改为:"对有前款规定情形的责任人员,有关机关应当依法给予处分;构成犯罪的,应当依法追究刑事责任。"

二十三、将第二十七条改为第三十四条,第一款第一项修改为:"(一)造成身体伤害的,应当支付医疗费、护理费,以及赔偿因误工减少的收入。减少的收入每日的赔偿金按照国家上年度职工日平均工资计算,最高额为国家上年度职工年平均工资的五倍"。

第一款第二项修改为:"(二)造成部分或者全部丧失劳动能力的,应当支付医疗费、护理费、残疾生活辅助具费、康复费等因残疾而增加的必要支出和继续治疗所必需的费用,以及残疾赔偿金。残疾赔偿金根据丧失劳动能力的程度,按照国家规定的伤残等级确定,最高不超过国家上年度职工年平均工资的二十倍。造成全部丧失劳动能力的,对其扶养的无劳动能力的人,还应当支付生活费"。

第二款修改为:"前款第二项、第三项规定的生活费的发放标准,参照当地最低生活保障标准执行。被扶养的人是未成年人的,生活费给付至十八周岁止;其他无劳动能力的人,生活费给付至死亡时止。"

二十四、将第三十条改为第三十五条,修改为:"有本法第三条或者第十七条规定情形之一,致人精神损害的,应当在侵权行为影响的范围内,为受害人消除影响,恢复名誉,赔礼道歉;造成严重后果的,应当支付相应的精神损害抚慰金。"

二十五、将第二十八条改为第三十六条,第一项修改为:"(一)处罚款、罚金、追缴、没收财产或者违法征收、征用财产的,返还财产"。

第五项修改为:"(五)财产已经拍卖或者变卖的,给付拍卖或者变卖所得的价款;变卖的价款明显低于财产价值的,应当支付相应的赔偿金"。

增加一项,作为第七项:"(七)返还执行的罚款或者罚金、追缴或者没收的金钱,解除冻结的存款或者汇款的,应当支付银行同期存款利息"。

二十六、将第二十九条改为第三十七条,修改为:"赔偿费用列入各级财政预算。

"赔偿请求人凭生效的判决书、复议决定书、赔偿决定书或者调解书,向赔偿义务机关申请支付赔偿金。

"赔偿义务机关应当自收到支付赔偿金申请之日起七日内,依照预算管理权限向有关的财政部门提出支付申请。财政部门应当自收到支付申请之日起十五日内支付赔偿金。

"赔偿费用预算与支付管理的具体办法由国务院规定。"

二十七、将第三十二条改为第三十九条,第一款修改为:"赔偿请求人请求国家赔偿的时效为两年,自其知道或者应当知道国家机关及其工作人员行使职权时的行为侵犯其人身权、财产权之日起计算,但被羁押等限制人身自由期间不计算在内。在申请行政复议或者提起行政诉讼时一并提出赔偿请求的,适用行政复议法、行政诉讼法有关时效的规定。"

本决定自 2010 年 12 月 1 日起施行。

《中华人民共和国国家赔偿法》根据本决定作相应修改并对条款顺序作相应调整,重新公布。

中华人民共和国国家赔偿法

(1994年5月12日第八届全国人民代表大会常务委员会第七次会议通过 根据2010年4月29日第十一届全国人民代表大会常务委员会第十四次会议《关于修改〈中华人民共和国国家赔偿法〉的决定》修正)

第一章 总 则

第一条 为保障公民、法人和其他组织享有依法取得国家赔偿的权利,促进国家机关依法行使职权,根据宪法,制定本法。

第二条 国家机关和国家机关工作人员行使职权,有本法规定的侵犯公民、法人和其他组织合法权益的情形,造成损害的,受害人有依照本法取得国家赔偿的权利。

本法规定的赔偿义务机关,应当依照本法及时履行赔偿义务。

第二章 行政赔偿

第一节 赔偿范围

第三条 行政机关及其工作人员在行使行政职权时有下列侵犯人身权情形之一的,受害人有取得赔偿的权利:

(一)违法拘留或者违法采取限制公民人身自由的行政强制措施的;

(二)非法拘禁或者以其他方法非法剥夺公民人身自由的;

(三)以殴打、虐待等行为或者唆使、放纵他人以殴打、虐待等行为造成公民身体伤害或者死亡的;

(四)违法使用武器、警械造成公民身体伤害或者死亡的;

(五)造成公民身体伤害或者死亡的其他违法行为。

第四条 行政机关及其工作人员在行使行政职权时有下列侵犯财产权情形之一的,受害人有取得赔偿的权利:

(一)违法实施罚款、吊销许可证和执照、责令停产停业、没收财物等行政处罚的;

(二)违法对财产采取查封、扣押、冻结等行政强制措施的;

(三)违法征收、征用财产的;

(四)造成财产损害的其他违法行为。

第五条 属于下列情形之一的,国家不承担赔偿责任:

(一)行政机关工作人员与行使职权无关的个人行为;

（二）因公民、法人和其他组织自己的行为致使损害发生的；
（三）法律规定的其他情形。

第二节　赔偿请求人和赔偿义务机关

第六条　受害的公民、法人和其他组织有权要求赔偿。

受害的公民死亡，其继承人和其他有扶养关系的亲属有权要求赔偿。

受害的法人或者其他组织终止的，其权利承受人有权要求赔偿。

第七条　行政机关及其工作人员行使行政职权侵犯公民、法人和其他组织的合法权益造成损害的，该行政机关为赔偿义务机关。

两个以上行政机关共同行使行政职权时侵犯公民、法人和其他组织的合法权益造成损害的，共同行使行政职权的行政机关为共同赔偿义务机关。

法律、法规授权的组织在行使授予的行政权力时侵犯公民、法人和其他组织的合法权益造成损害的，被授权的组织为赔偿义务机关。

受行政机关委托的组织或者个人在行使受委托的行政权力时侵犯公民、法人和其他组织的合法权益造成损害的，委托的行政机关为赔偿义务机关。

赔偿义务机关被撤销的，继续行使其职权的行政机关为赔偿义务机关；没有继续行使其职权的行政机关的，撤销该赔偿义务机关的行政机关为赔偿义务机关。

第八条　经复议机关复议的，最初造成侵权行为的行政机关为赔偿义务机关，但复议机关的复议决定加重损害的，复议机关对加重的部分履行赔偿义务。

第三节　赔　偿　程　序

第九条　赔偿义务机关有本法第三条、第四条规定情形之一的，应当给予赔偿。

赔偿请求人要求赔偿，应当先向赔偿义务机关提出，也可以在申请行政复议或者提起行政诉讼时一并提出。

第十条　赔偿请求人可以向共同赔偿义务机关中的任何一个赔偿义务机关要求赔偿，该赔偿义务机关应当先予赔偿。

第十一条　赔偿请求人根据受到的不同损害，可以同时提出数项赔偿要求。

第十二条　要求赔偿应当递交申请书，申请书应当载明下列事项：

（一）受害人的姓名、性别、年龄、工作单位和住所，法人或者其他组织的名称、住所和法定代表人或者主要负责人的姓名、职务；

（二）具体的要求、事实根据和理由；

（三）申请的年、月、日。

赔偿请求人书写申请书确有困难的，可以委托他人代书；也可以口头申请，由赔偿义务机关记入笔录。

赔偿请求人不是受害人本人的，应当说明与受害人的关系，并提供相应证明。

赔偿请求人当面递交申请书的，赔偿义务机关应当当场出具加盖本行政机关专用印章并注明收讫日期的书面凭证。申请材料不齐全的，赔偿义务机关应当当场或者在五日内一次性告知赔偿请求人需要补正的全部内容。

第十三条 赔偿义务机关应当自收到申请之日起两个月内,作出是否赔偿的决定。赔偿义务机关作出赔偿决定,应当充分听取赔偿请求人的意见,并可以与赔偿请求人就赔偿方式、赔偿项目和赔偿数额依照本法第四章的规定进行协商。

赔偿义务机关决定赔偿的,应当制作赔偿决定书,并自作出决定之日起十日内送达赔偿请求人。

赔偿义务机关决定不予赔偿的,应当自作出决定之日起十日内书面通知赔偿请求人,并说明不予赔偿的理由。

第十四条 赔偿义务机关在规定期限内未作出是否赔偿的决定,赔偿请求人可以自期限届满之日起三个月内,向人民法院提起诉讼。

赔偿请求人对赔偿的方式、项目、数额有异议的,或者赔偿义务机关作出不予赔偿决定的,赔偿请求人可以自赔偿义务机关作出赔偿或者不予赔偿决定之日起三个月内,向人民法院提起诉讼。

第十五条 人民法院审理行政赔偿案件,赔偿请求人和赔偿义务机关对自己提出的主张,应当提供证据。

赔偿义务机关采取行政拘留或者限制人身自由的强制措施期间,被限制人身自由的人死亡或者丧失行为能力的,赔偿义务机关的行为与被限制人身自由的人的死亡或者丧失行为能力是否存在因果关系,赔偿义务机关应当提供证据。

第十六条 赔偿义务机关赔偿损失后,应当责令有故意或者重大过失的工作人员或者受委托的组织或者个人承担部分或者全部赔偿费用。

对有故意或者重大过失的责任人员,有关机关应当依法给予处分;构成犯罪的,应当依法追究刑事责任。

第三章 刑事赔偿

第一节 赔偿范围

第十七条 行使侦查、检察、审判职权的机关以及看守所、监狱管理机关及其工作人员在行使职权时有下列侵犯人身权情形之一的,受害人有取得赔偿的权利:

(一)违反刑事诉讼法的规定对公民采取拘留措施的,或者依照刑事诉讼法规定的条件和程序对公民采取拘留措施,但是拘留时间超过刑事诉讼法规定的时限,其后决定撤销案件、不起诉或者判决宣告无罪终止追究刑事责任的;

(二)对公民采取逮捕措施后,决定撤销案件、不起诉或者判决宣告无罪终止追究刑事责任的;

(三)依照审判监督程序再审改判无罪,原判刑罚已经执行的;

(四)刑讯逼供或者以殴打、虐待等行为或者唆使、放纵他人以殴打、虐待等行为造成公民身体伤害或者死亡的;

(五)违法使用武器、警械造成公民身体伤害或者死亡的。

第十八条 行使侦查、检察、审判职权的机关以及看守所、监狱管理机关及其工作人员在行使职权时有下列侵犯财产权情形之一的,受害人有取得赔偿的权利:

（一）违法对财产采取查封、扣押、冻结、追缴等措施的；
（二）依照审判监督程序再审改判无罪，原判罚金、没收财产已经执行的。

第十九条 属于下列情形之一的，国家不承担赔偿责任：
（一）因公民自己故意作虚伪供述，或者伪造其他有罪证据被羁押或者被判处刑罚的；
（二）依照刑法第十七条、第十八条规定不负刑事责任的人被羁押的；
（三）依照刑事诉讼法第十五条、第一百四十二条第二款规定不追究刑事责任的人被羁押的；
（四）行使侦查、检察、审判职权的机关以及看守所、监狱管理机关的工作人员与行使职权无关的个人行为；
（五）因公民自伤、自残等故意行为致使损害发生的；
（六）法律规定的其他情形。

第二节 赔偿请求人和赔偿义务机关

第二十条 赔偿请求人的确定依照本法第六条的规定。

第二十一条 行使侦查、检察、审判职权的机关以及看守所、监狱管理机关及其工作人员在行使职权时侵犯公民、法人和其他组织的合法权益造成损害的，该机关为赔偿义务机关。

对公民采取拘留措施，依照本法的规定应当给予国家赔偿的，作出拘留决定的机关为赔偿义务机关。

对公民采取逮捕措施后决定撤销案件、不起诉或者判决宣告无罪的，作出逮捕决定的机关为赔偿义务机关。

再审改判无罪的，作出原生效判决的人民法院为赔偿义务机关。二审改判无罪，以及二审发回重审后作无罪处理的，作出一审有罪判决的人民法院为赔偿义务机关。

第三节 赔偿程序

第二十二条 赔偿义务机关有本法第十七条、第十八条规定情形之一的，应当给予赔偿。

赔偿请求人要求赔偿，应当先向赔偿义务机关提出。

赔偿请求人提出赔偿请求，适用本法第十一条、第十二条的规定。

第二十三条 赔偿义务机关应当自收到申请之日起两个月内，作出是否赔偿的决定。赔偿义务机关作出赔偿决定，应当充分听取赔偿请求人的意见，并可以与赔偿请求人就赔偿方式、赔偿项目和赔偿数额依照本法第四章的规定进行协商。

赔偿义务机关决定赔偿的，应当制作赔偿决定书，并自作出决定之日起十日内送达赔偿请求人。

赔偿义务机关决定不予赔偿的，应当自作出决定之日起十日内书面通知赔偿请求人，并说明不予赔偿的理由。

第二十四条 赔偿义务机关在规定期限内未作出是否赔偿的决定，赔偿请求人可以自期限届满之日起三十日内向赔偿义务机关的上一级机关申请复议。

赔偿请求人对赔偿的方式、项目、数额有异议的，或者赔偿义务机关作出不予赔偿决定的，赔偿请求人可以自赔偿义务机关作出赔偿或者不予赔偿决定之日起三十日内，向赔偿义务机关的上一级机关申请复议。

赔偿义务机关是人民法院的,赔偿请求人可以依照本条规定向其上一级人民法院赔偿委员会申请作出赔偿决定。

第二十五条 复议机关应当自收到申请之日起两个月内作出决定。

赔偿请求人不服复议决定的,可以在收到复议决定之日起三十日内向复议机关所在地的同级人民法院赔偿委员会申请作出赔偿决定;复议机关逾期不作决定的,赔偿请求人可以自期限届满之日起三十日内向复议机关所在地的同级人民法院赔偿委员会申请作出赔偿决定。

第二十六条 人民法院赔偿委员会处理赔偿请求,赔偿请求人和赔偿义务机关对自己提出的主张,应当提供证据。

被羁押人在羁押期间死亡或者丧失行为能力的,赔偿义务机关的行为与被羁押人的死亡或者丧失行为能力是否存在因果关系,赔偿义务机关应当提供证据。

第二十七条 人民法院赔偿委员会处理赔偿请求,采取书面审查的办法。必要时,可以向有关单位和人员调查情况、收集证据。赔偿请求人与赔偿义务机关对损害事实及因果关系有争议的,赔偿委员会可以听取赔偿请求人和赔偿义务机关的陈述和申辩,并可以进行质证。

第二十八条 人民法院赔偿委员会应当自收到赔偿申请之日起三个月内作出决定;属于疑难、复杂、重大案件的,经本院院长批准,可以延长三个月。

第二十九条 中级以上的人民法院设立赔偿委员会,由人民法院三名以上审判员组成,组成人员的人数应当为单数。

赔偿委员会作赔偿决定,实行少数服从多数的原则。

赔偿委员会作出的赔偿决定,是发生法律效力的决定,必须执行。

第三十条 赔偿请求人或者赔偿义务机关对赔偿委员会作出的决定,认为确有错误的,可以向上一级人民法院赔偿委员会提出申诉。

赔偿委员会作出的赔偿决定生效后,如发现赔偿决定违反本法规定的,经本院院长决定或者上级人民法院指令,赔偿委员会应当在两个月内重新审查并依法作出决定,上一级人民法院赔偿委员会也可以直接审查并作出决定。

最高人民检察院对各级人民法院赔偿委员会作出的决定,上级人民检察院对下级人民法院赔偿委员会作出的决定,发现违反本法规定的,应当向同级人民法院赔偿委员会提出意见,同级人民法院赔偿委员会应当在两个月内重新审查并依法作出决定。

第三十一条 赔偿义务机关赔偿后,应当向有下列情形之一的工作人员追偿部分或者全部赔偿费用:

(一)有本法第十七条第四项、第五项规定情形的;

(二)在处理案件中有贪污受贿,徇私舞弊,枉法裁判行为的。

对有前款规定情形的责任人员,有关机关应当依法给予处分;构成犯罪的,应当依法追究刑事责任。

第四章 赔偿方式和计算标准

第三十二条 国家赔偿以支付赔偿金为主要方式。

能够返还财产或者恢复原状的,予以返还财产或者恢复原状。

第三十三条 侵犯公民人身自由的,每日赔偿金按照国家上年度职工日平均工资计算。

第三十四条 侵犯公民生命健康权的,赔偿金按照下列规定计算:

(一)造成身体伤害的,应当支付医疗费、护理费,以及赔偿因误工减少的收入。减少的收入每日的赔偿金按照国家上年度职工日平均工资计算,最高额为国家上年度职工年平均工资的五倍;

(二)造成部分或者全部丧失劳动能力的,应当支付医疗费、护理费、残疾生活辅助具费、康复费等因残疾而增加的必要支出和继续治疗所必需的费用,以及残疾赔偿金。残疾赔偿金根据丧失劳动能力的程度,按照国家规定的伤残等级确定,最高不超过国家上年度职工年平均工资的二十倍。造成全部丧失劳动能力的,对其扶养的无劳动能力的人,还应当支付生活费;

(三)造成死亡的,应当支付死亡赔偿金、丧葬费,总额为国家上年度职工年平均工资的二十倍。对死者生前扶养的无劳动能力的人,还应当支付生活费。

前款第二项、第三项规定的生活费的发放标准,参照当地最低生活保障标准执行。被扶养的人是未成年人的,生活费给付至十八周岁止;其他无劳动能力的人,生活费给付至死亡时止。

第三十五条 有本法第三条或者第十七条规定情形之一,致人精神损害的,应当在侵权行为影响的范围内,为受害人消除影响,恢复名誉,赔礼道歉;造成严重后果的,应当支付相应的精神损害抚慰金。

第三十六条 侵犯公民、法人和其他组织的财产权造成损害的,按照下列规定处理:

(一)处罚款、罚金、追缴、没收财产或者违法征收、征用财产的,返还财产;

(二)查封、扣押、冻结财产的,解除对财产的查封、扣押、冻结,造成财产损坏或者灭失的,依照本条第三项、第四项的规定赔偿;

(三)应当返还的财产损坏的,能够恢复原状的恢复原状,不能恢复原状的,按照损害程度给付相应的赔偿金;

(四)应当返还的财产灭失的,给付相应的赔偿金;

(五)财产已经拍卖或者变卖的,给付拍卖或者变卖所得的价款;变卖的价款明显低于财产价值的,应当支付相应的赔偿金;

(六)吊销许可证和执照、责令停产停业的,赔偿停产停业期间必要的经常性费用开支;

(七)返还执行的罚款或者罚金、追缴或者没收的金钱,解除冻结的存款或者汇款的,应当支付银行同期存款利息;

(八)对财产权造成其他损害的,按照直接损失给予赔偿。

第三十七条 赔偿费用列入各级财政预算。

赔偿请求人凭生效的判决书、复议决定书、赔偿决定书或者调解书,向赔偿义务机关申请支付赔偿金。

赔偿义务机关应当自收到支付赔偿金申请之日起七日内,依照预算管理权限向有关的财政部门提出支付申请。财政部门应当自收到支付申请之日起十五日内支付赔偿金。

赔偿费用预算与支付管理的具体办法由国务院规定。

第五章 其 他 规 定

第三十八条 人民法院在民事诉讼、行政诉讼过程中,违法采取对妨害诉讼的强制措施、保全措施或者对判决、裁定及其他生效法律文书执行错误,造成损害的,赔偿请求人要求赔偿的程序,适用本法刑事赔偿程序的规定。

第三十九条 赔偿请求人请求国家赔偿的时效为两年,自其知道或者应当知道国家机关及其工作人员行使职权时的行为侵犯其人身权、财产权之日起计算,但被羁押等限制人身自由期间不计算在内。在申请行政复议或者提起行政诉讼时一并提出赔偿请求的,适用行政复议法、行政诉讼法有关时效的规定。

赔偿请求人在赔偿请求时效的最后六个月内,因不可抗力或者其他障碍不能行使请求权的,时效中止。从中止时效的原因消除之日起,赔偿请求时效期间继续计算。

第四十条 外国人、外国企业和组织在中华人民共和国领域内要求中华人民共和国国家赔偿的,适用本法。

外国人、外国企业和组织的所属国对中华人民共和国公民、法人和其他组织要求该国国家赔偿的权利不予保护或者限制的,中华人民共和国与该外国人、外国企业和组织的所属国实行对等原则。

第六章 附 则

第四十一条 赔偿请求人要求国家赔偿的,赔偿义务机关、复议机关和人民法院不得向赔偿请求人收取任何费用。

对赔偿请求人取得的赔偿金不予征税。

第四十二条 本法自1995年1月1日起施行。

《中华人民共和国国家赔偿法》新旧对照表

(条文中的黑体部分是对条文所做的修改或增加内容)

国家赔偿法(1995)	国家赔偿法(2010)
第一章 总 则	第一章 总 则
第一条 为保障公民、法人和其他组织享有依法取得国家赔偿的权利,促进国家机关依法行使职权,根据宪法,制定本法。	**第一条** 为保障公民、法人和其他组织享有依法取得国家赔偿的权利,促进国家机关依法行使职权,根据宪法,制定本法。

国家赔偿法（1995）	国家赔偿法（2010）
第二条　国家机关和国家机关工作人员**违法**行使职权侵犯公民、法人和其他组织的合法权益造成损害的，受害人有依照本法取得国家赔偿的权利。 　　国家赔偿由本法规定的赔偿义务机关履行赔偿义务。	第二条　国家机关和国家机关工作人员行使职权，有本法规定的侵犯公民、法人和其他组织合法权益的情形，造成损害的，受害人有依照本法取得国家赔偿的权利。 　　**本法规定的赔偿义务机关，应当依照本法及时履行赔偿义务。**
第二章　行　政　赔　偿	第二章　行　政　赔　偿
第一节　赔偿范围	第一节　赔偿范围
第三条　行政机关及其工作人员在行使行政职权时有下列侵犯人身权情形之一的，受害人有取得赔偿的权利： 　　（一）违法拘留或者违法采取限制公民人身自由的行政强制措施的； 　　（二）非法拘禁或者以其他方法非法剥夺公民人身自由的； 　　（三）以殴打等暴力行为或者唆使他人以殴打等暴力行为造成公民身体伤害或者死亡的； 　　（四）违法使用武器、警械造成公民身体伤害或者死亡的； 　　（五）造成公民身体伤害或者死亡的其他违法行为。	第三条　行政机关及其工作人员在行使行政职权时有下列侵犯人身权情形之一的，受害人有取得赔偿的权利： 　　（一）违法拘留或者违法采取限制公民人身自由的行政强制措施的； 　　（二）非法拘禁或者以其他方法非法剥夺公民人身自由的； 　　（三）以殴打、**虐待**等行为或者唆使、**放纵**他人以殴打、**虐待**等行为造成公民身体伤害或者死亡的； 　　（四）违法使用武器、警械造成公民身体伤害或者死亡的； 　　（五）造成公民身体伤害或者死亡的其他违法行为。
第四条　行政机关及其工作人员在行使行政职权时有下列侵犯财产权情形之一的，受害人有取得赔偿的权利： 　　（一）违法实施罚款、吊销许可证和执照、责令停产停业、没收财物等行政处罚的； 　　（二）违法对财产采取查封、扣押、冻结等行政强制措施的； 　　（三）违反国家规定征收财物、摊派费用的； 　　（四）造成财产损害的其他违法行为。	第四条　行政机关及其工作人员在行使行政职权时有下列侵犯财产权情形之一的，受害人有取得赔偿的权利： 　　（一）违法实施罚款、吊销许可证和执照、责令停产停业、没收财物等行政处罚的； 　　（二）违法对财产采取查封、扣押、冻结等行政强制措施的； 　　**（三）违法征收、征用财产的；** 　　（四）造成财产损害的其他违法行为。
第五条　属于下列情形之一的，国家不承担赔偿责任： 　　（一）行政机关工作人员与行使职权无关的个人行为； 　　（二）因公民、法人和其他组织自己的行为致使损害发生的； 　　（三）法律规定的其他情形。	第五条　属于下列情形之一的，国家不承担赔偿责任： 　　（一）行政机关工作人员与行使职权无关的个人行为； 　　（二）因公民、法人和其他组织自己的行为致使损害发生的； 　　（三）法律规定的其他情形。

(续表)

国家赔偿法(1995)	国家赔偿法(2010)
第二节　赔偿请求人和赔偿义务机关	第二节　赔偿请求人和赔偿义务机关
第六条　受害的公民、法人或者其他组织有权要求赔偿。 　　受害的公民死亡,其继承人和其他有扶养关系的亲属有权要求赔偿。 　　受害的法人或者其他组织终止,承受其权利的法人或者其他组织有权要求赔偿。	**第六条**　受害的公民、法人或者其他组织有权要求赔偿。 　　受害的公民死亡,其继承人和其他有扶养关系的亲属有权要求赔偿。 　　受害的法人或者其他组织终止的,**其权利承受人**有权要求赔偿。
第七条　行政机关及其工作人员行使行政职权侵犯公民、法人和其他组织的合法权益造成损害的,该行政机关为赔偿义务机关。 　　两个以上行政机关共同行使行政职权时侵犯公民、法人和其他组织的合法权益造成损害的,共同行使行政职权的行政机关为共同赔偿义务机关。 　　法律、法规授权的组织在行使授予的行政权力时侵犯公民、法人和其他组织的合法权益造成损害的,被授权的组织为赔偿义务机关。 　　受行政机关委托的组织或者个人在行使受委托的行政权力时侵犯公民、法人和其他组织的合法权益造成损害的,委托的行政机关为赔偿义务机关。 　　赔偿义务机关被撤销的,继续行使其职权的行政机关为赔偿义务机关;没有继续行使其职权的行政机关的,撤销该赔偿义务机关的行政机关为赔偿义务机关。	**第七条**　行政机关及其工作人员行使行政职权侵犯公民、法人和其他组织的合法权益造成损害的,该行政机关为赔偿义务机关。 　　两个以上行政机关共同行使行政职权时侵犯公民、法人和其他组织的合法权益造成损害的,共同行使行政职权的行政机关为共同赔偿义务机关。 　　法律、法规授权的组织在行使授予的行政权力时侵犯公民、法人和其他组织的合法权益造成损害的,被授权的组织为赔偿义务机关。 　　受行政机关委托的组织或者个人在行使受委托的行政权力时侵犯公民、法人和其他组织的合法权益造成损害的,委托的行政机关为赔偿义务机关。 　　赔偿义务机关被撤销的,继续行使其职权的行政机关为赔偿义务机关;没有继续行使其职权的行政机关的,撤销该赔偿义务机关的行政机关为赔偿义务机关。
第八条　经复议机关复议的,最初造成侵权行为的行政机关为赔偿义务机关,但复议机关的复议决定加重损害的,复议机关对加重的部分履行赔偿义务。	**第八条**　经复议机关复议的,最初造成侵权行为的行政机关为赔偿义务机关,但复议机关的复议决定加重损害的,复议机关对加重的部分履行赔偿义务。
第三节　赔偿程序	第三节　赔偿程序
第九条　赔偿义务机关对依法确认有本法第三条、第四条规定的情形之一的,应当给予赔偿。 　　赔偿请求人要求赔偿应当先向赔偿义务机关提出,也可以在申请行政复议和提起行政诉讼时一并提出。	**第九条**　赔偿义务机关有本法第三条、第四条规定情形之一的,应当给予赔偿。赔偿请求人要求赔偿应当先向赔偿义务机关提出,也可以在申请行政复议和提起行政诉讼时一并提出。

(续表)

国家赔偿法（1995）	国家赔偿法（2010）
第十条 赔偿请求人可以向共同赔偿义务机关中的任何一个赔偿义务机关要求赔偿，该赔偿义务机关应当先予赔偿。	**第十条** 赔偿请求人可以向共同赔偿义务机关中的任何一个赔偿义务机关要求赔偿，该赔偿义务机关应当先予赔偿。
第十一条 赔偿请求人根据受到的不同损害，可以同时提出数项赔偿要求。	**第十一条** 赔偿请求人根据受到的不同损害，可以同时提出数项赔偿要求。
第十二条 要求赔偿应当递交申请书，申请书应当载明下列事项： （一）受害人的姓名、性别、年龄、工作单位和住所，法人或者其他组织的名称、住所和法定代表人或者主要负责人的姓名、职务； （二）具体的要求、事实根据和理由； （三）申请的年、月、日。 赔偿请求人书写申请书确有困难的，可以委托他人代书；也可以口头申请，由赔偿义务机关记入笔录。	**第十二条** 要求赔偿应当递交申请书，申请书应当载明下列事项： （一）受害人的姓名、性别、年龄、工作单位和住所，法人或者其他组织的名称、住所和法定代表人或者主要负责人的姓名、职务； （二）具体的要求、事实根据和理由； （三）申请的年、月、日。 赔偿请求人书写申请书确有困难的，可以委托他人代书；也可以口头申请，由赔偿义务机关记入笔录。 赔偿请求人不是受害人本人的，应当说明与受害人的关系，并提供相应证明。 赔偿请求人当面递交申请书的，赔偿义务机关应当当场出具加盖本行政机关专用印章并注明收讫日期的书面凭证。申请材料不齐全的，赔偿义务机关应当当场或者在五日内一次性告知赔偿请求人需要补正的全部内容。
第十三条 赔偿义务机关应当自收到申请之日起两个月内依照本法第四章的规定给予赔偿；逾期不予赔偿或者赔偿请求人对赔偿数额有异议的，赔偿请求人可以自期间届满之日起三个月内向人民法院提起诉讼。	**第十三条** 赔偿义务机关应当自收到申请之日起两个月内，作出是否赔偿的决定。赔偿义务机关作出赔偿决定，应当充分听取赔偿请求人的意见，并可以与赔偿请求人就赔偿方式、赔偿项目和赔偿数额依照本法第四章的规定进行协商。 赔偿义务机关决定赔偿的，应当制作赔偿决定书，并自作出决定之日起十日内送达赔偿请求人。 赔偿义务机关决定不予赔偿的，应当自作出决定之日起十日内书面通知赔偿请求人，并说明不予赔偿的理由。

(续表)

国家赔偿法(1995)	国家赔偿法(2010)
	第十四条　赔偿义务机关在规定期限内未作出是否赔偿的决定，赔偿请求人可以自期限届满之日起三个月内，向人民法院提起诉讼。 　　赔偿请求人对赔偿的方式、项目、数额有异议的，或者赔偿义务机关作出不予赔偿决定的，赔偿请求人可以自赔偿义务机关作出赔偿或者不予赔偿决定之日起三个月内，向人民法院提起诉讼。
	第十五条　人民法院审理行政赔偿案件，赔偿请求人和赔偿义务机关对自己提出的主张，应当提供证据。 　　赔偿义务机关采取行政拘留或者限制人身自由的强制措施期间，被限制人身自由的人死亡或者丧失行为能力的，赔偿义务机关的行为与被限制人身自由的人的死亡或者丧失行为能力是否存在因果关系，赔偿义务机关应当提供证据。
第十四条　赔偿义务机关赔偿损失后，应当责令有故意或者重大过失的工作人员或者受委托的组织或者个人承担部分或者全部赔偿费用。 　　对有故意或者重大过失的责任人员，有关机关应当依法给予行政处分；构成犯罪的，应当依法追究刑事责任。	**第十六条**　赔偿义务机关赔偿损失后，应当责令有故意或者重大过失的工作人员或者受委托的组织或者个人承担部分或者全部赔偿费用。 　　对有故意或者重大过失的责任人员，有关机关应当**依法给予处分**；构成犯罪的，应当依法追究刑事责任。
第三章　刑事赔偿	第三章　刑事赔偿
第一节　赔偿范围	第一节　赔偿范围
第十五条　行使侦查、检察、审判、监狱管理职权的机关及其工作人员在行使职权时有下列侵犯人身权情形之一的，受害人有取得赔偿的权利： 　　（一）对没有犯罪事实或者没有事实证明有犯罪重大嫌疑的人错误拘留的； 　　（二）对没有犯罪事实的人错误逮捕的； 　　（三）依照审判监督程序再审改判无罪，原判刑罚已经执行的； 　　（四）刑讯逼供或者以殴打等暴力行为或者唆使他人以殴打等暴力行为造成公民	**第十七条**　行使侦查、检察、审判职权的机关**以及看守所、监狱管理机关**及其工作人员在行使职权时有下列侵犯人身权情形之一的，受害人有取得赔偿的权利： 　　（一）违反刑事诉讼法的规定对公民采取拘留措施的，或者依照刑事诉讼法规定的条件和程序对公民采取拘留措施，但是拘留时间超过刑事诉讼法规定的时限，其后决定撤销案件、不起诉或者判决宣告无罪终止追究刑事责任的； 　　（二）对公民采取逮捕措施后，决定撤销案件、不起诉或者判决宣告无罪终止追究

（续表）

国家赔偿法(1995)	国家赔偿法(2010)
身体伤害或者死亡的； （五）违法使用武器、警械造成公民身体伤害或者死亡的。	刑事责任的； （三）依照审判监督程序再审改判无罪，原判刑罚已经执行的； （四）刑讯逼供或者以殴打、**虐待**等行为或者唆使、**放纵**他人以殴打、**虐待**等行为造成公民身体伤害或者死亡的； （五）违法使用武器、警械造成公民身体伤害或者死亡的。
第十六条　行使侦查、检察、审判、监狱管理职权的机关及其工作人员在行使职权时有下列侵犯财产权情形之一的，受害人有取得赔偿的权利： 　　（一）违法对财产采取查封、扣押、冻结、追缴等措施的； 　　（二）依照审判监督程序再审改判无罪，原判罚金、没收财产已经执行的。	**第十八条**　行使侦查、检察、审判职权的机关**以及看守所**、监狱管理机关及其工作人员在行使职权时有下列侵犯财产权情形之一的，受害人有取得赔偿的权利： 　　（一）违法对财产采取查封、扣押、冻结、追缴等措施的； 　　（二）依照审判监督程序再审改判无罪，原判罚金、没收财产已经执行的。
第十七条　属于下列情形之一的，国家不承担赔偿责任： 　　（一）因公民自己故意作虚伪供述，或者伪造其他有罪证据被羁押或者被判处刑罚的； 　　（二）依照刑法第十四条、第十五条规定不负刑事责任的人被羁押的； 　　（三）依照刑事诉讼法第十一条规定不追究刑事责任的人被羁押的； 　　（四）行使国家侦查、检察、审判、监狱管理职权的机关的工作人员与行使职权无关的个人行为； 　　（五）因公民自伤、自残等故意行为致使损害发生的； 　　（六）法律规定的其他情形。	**第十九条**　属于下列情形之一的，国家不承担赔偿责任： 　　（一）因公民自己故意作虚伪供述，或者伪造其他有罪证据被羁押或者被判处刑罚的； 　　（二）依照刑法**第十七条**、**第十八条**规定不负刑事责任的人被羁押的； 　　（三）依照刑事诉讼法**第十五条**、**第一百四十二条第二款**规定不追究刑事责任的人被羁押的； 　　（四）行使侦查、检察、审判职权的机关**以及看守所**、**监狱管理机关**的工作人员与行使职权无关的个人行为； 　　（五）因公民自伤、自残等故意行为致使损害发生的； 　　（六）法律规定的其他情形。
第二节　赔偿请求人和赔偿义务机关	**第二节**　赔偿请求人和赔偿义务机关
第十八条　赔偿请求人的确定依照本法第六条的规定。	**第二十条**　赔偿请求人的确定依照本法第六条的规定。

(续表)

国家赔偿法（1995）	国家赔偿法（2010）
第十九条 行使国家侦查、检察、审判、监狱管理职权的机关及其工作人员在行使职权时侵犯公民、法人和其他组织的合法权益造成损害的，该机关为赔偿义务机关。对没有犯罪事实或者没有事实证明有犯罪重大嫌疑的人错误拘留的，作出拘留决定的机关为赔偿义务机关。对没有犯罪事实的人错误逮捕的，作出逮捕决定的机关为赔偿义务机关。再审改判无罪的，作出原生效判决的人民法院为赔偿义务机关。二审改判无罪的，作出一审判决的人民法院和作出逮捕决定的机关为共同赔偿义务机关。	**第二十一条** 行使侦查、检察、审判职权的机关**以及看守所、监狱管理机关**及其工作人员在行使职权时侵犯公民、法人和其他组织的合法权益造成损害的，该机关为赔偿义务机关。对公民采取拘留措施，依照本法的规定应当给予国家赔偿的，作出拘留决定的机关为赔偿义务机关。 对公民采取逮捕措施后决定撤销案件、不起诉或者判决宣告无罪的，作出逮捕决定的机关为赔偿义务机关。 对公民采取逮捕措施后决定撤销案件、不起诉或者判决宣告无罪的，作出逮捕决定的机关为赔偿义务机关。 再审改判无罪的，作出原生效判决的人民法院为赔偿义务机关。二审改判无罪，以及二审发回重审后作无罪处理的，作出一审有罪判决的人民法院为赔偿义务机关。
第三节　赔偿程序	第三节　赔偿程序
第二十条 赔偿义务机关对依法确认有本法第十五条、第十六条规定的情形之一的，应当给予赔偿。 赔偿请求人要求确认有本法第十五条、第十六条规定情形之一的，被要求的机关不予确认的，赔偿请求人有权申诉。 赔偿请求人要求赔偿，应当先向赔偿义务机关提出。 赔偿程序适用本法第十条、第十一条、第十二条的规定。	**第二十二条** 赔偿义务机关有本法第十七条、第十八条规定情形之一的，应当给予赔偿。 赔偿请求人要求赔偿，应当先向赔偿义务机关提出。 赔偿请求人提出赔偿请求，适用本法第十一条、第十二条的规定。
第二十一条 赔偿义务机关应当自收到申请之日起两个月内依照本法第四章的规定给予赔偿；逾期不予赔偿或者赔偿请求人对赔偿数额有异议的，赔偿请求人可以自期间届满之日起三十日内向其上一级机关申请复议。 赔偿义务机关是人民法院的，赔偿请求人可以依照前款规定向其上一级人民法院赔偿委员会申请作出赔偿决定。	**第二十三条** 赔偿义务机关应当自收到申请之日起两个月内，作出是否赔偿的决定。赔偿义务机关作出赔偿决定，应当充分听取赔偿请求人的意见，并可以与赔偿请求人就赔偿方式、赔偿项目和赔偿数额依照本法第四章的规定进行协商。 赔偿义务机关决定赔偿的，应当制作赔偿决定书，并自作出决定之日起十日内送达赔偿请求人。 赔偿义务机关决定不予赔偿的，应当自作出决定之日起十日内书面通知赔偿请求人，并说明不予赔偿的理由。

(续表)

国家赔偿法(1995)	国家赔偿法(2010)
	第二十四条　赔偿义务机关在规定期限内未作出是否赔偿的决定,赔偿请求人可以自期限届满之日起三十日内向赔偿义务机关的上一级机关申请复议。 　　赔偿请求人对赔偿的方式、项目、数额有异议的,或者赔偿义务机关作出不予赔偿决定的,赔偿请求人可以自赔偿义务机关作出赔偿或者不予赔偿决定之日起三十日内,向赔偿义务机关的上一级机关申请复议。 　　赔偿义务机关是人民法院的,赔偿请求人可以依照本条规定向其上一级人民法院赔偿委员会申请作出赔偿决定。
第二十二条　复议机关应当自收到申请之日起两个月内作出决定。 　　赔偿请求人不服复议决定的,可以在收到复议决定之日起三十日内向复议机关所在地的同级人民法院赔偿委员会申请作出赔偿决定;复议机关逾期不作决定的,赔偿请求人可以自期间届满之日起三十日内向复议机关所在地的同级人民法院赔偿委员会申请作出赔偿决定。	第二十五条　复议机关应当自收到申请之日起两个月内作出决定。 　　赔偿请求人不服复议决定的,可以在收到复议决定之日起三十日内向复议机关所在地的同级人民法院赔偿委员会申请作出赔偿决定;复议机关逾期不作决定的,赔偿请求人可以自期限届满之日起三十日内向复议机关所在地的同级人民法院赔偿委员会申请作出赔偿决定。
	第二十六条　人民法院赔偿委员会处理赔偿请求,赔偿请求人和赔偿义务机关对自己提出的主张,应当提供证据。 　　被羁押人在羁押期间死亡或者丧失行为能力的,赔偿义务机关的行为与被羁押人的死亡或者丧失行为能力是否存在因果关系,赔偿义务机关应当提供证据。
	第二十七条　人民法院赔偿委员会处理赔偿请求,采取书面审查的办法。必要时,可以向有关单位和人员调查情况、收集证据。赔偿请求人与赔偿义务机关对损害事实及因果关系有争议的,赔偿委员会可以听取赔偿请求人和赔偿义务机关的陈述和申辩,并可以进行质证。
	第二十八条　人民法院赔偿委员会应当自收到赔偿申请之日起三个月内作出决定;属于疑难、复杂、重大案件的,经本院院长批准,可以延长三个月。

（续表）

国家赔偿法(1995)	国家赔偿法(2010)
第二十三条　中级以上的人民法院设立赔偿委员会，由人民法院三名至七名审判员组成。赔偿委员会作赔偿决定，实行少数服从多数的原则。赔偿委员会作出的赔偿决定，是发生法律效力的决定，必须执行。	第二十九条　中级以上的人民法院设立赔偿委员会，由人民法院**三名以上审判员组成，组成人员的人数应当为单数**。 　　赔偿委员会作赔偿决定，实行少数服从多数的原则。 　　赔偿委员会作出的赔偿决定，是发生法律效力的决定，必须执行。
	第三十条　赔偿请求人或者赔偿义务机关对赔偿委员会作出的决定，认为确有错误的，可以向上一级人民法院赔偿委员会提出申诉。 　　赔偿委员会作出的赔偿决定生效后，如发现赔偿决定违反本法规定的，经本院院长决定或者上级人民法院指令，赔偿委员会应当在两个月内重新审查并依法作出决定，上一级人民法院赔偿委员会也可以直接审查并作出决定。 　　最高人民检察院对各级人民法院赔偿委员会作出的决定，上级人民检察院对下级人民法院赔偿委员会作出的决定，发现违反本法规定的，应当向同级人民法院赔偿委员会提出意见，同级人民法院赔偿委员会应当在两个月内重新审查并依法作出决定。
第二十四条　赔偿义务机关赔偿损失后，应当向有下列情形之一的工作人员追偿部分或者全部赔偿费用： 　　（一）有本法第十五条第（四）、（五）项规定情形的； 　　（二）在处理案件中有贪污受贿，徇私舞弊，枉法裁判行为的。 　　对有前款（一）、（二）项规定情形的责任人员，有关机关应当依法给予行政处分；构成犯罪的，应当依法追究刑事责任。	第三十一条　赔偿义务机关赔偿后，应当向有下列情形之一的工作人员追偿部分或者全部赔偿费用： 　　（一）有本法**第十七条第四项、第五项**规定情形的； 　　（二）在处理案件中有贪污受贿，徇私舞弊，枉法裁判行为的。 　　对有**前款规定情形的责任人员，有关机关应当依法给予处分**；构成犯罪的，应当依法追究刑事责任。
第四章　赔偿方式和计算标准	**第四章　赔偿方式和计算标准**
第二十五条　国家赔偿以支付赔偿金为主要方式。 　　能够返还财产或者恢复原状的，予以返还财产或者恢复原状。	第三十二条　国家赔偿以支付赔偿金为主要方式。 　　能够返还财产或者恢复原状的，予以返还财产或者恢复原状。

(续表)

国家赔偿法(1995)	国家赔偿法(2010)
第二十六条 侵犯公民人身自由的,每日的赔偿金按照国家上年度职工日平均工资计算。	第三十三条 侵犯公民人身自由的,每日的赔偿金按照国家上年度职工日平均工资计算。
第二十七条 侵犯公民生命健康权的,赔偿金按照下列规定计算: (一)造成身体伤害的,应当支付医疗费,以及赔偿因误工减少的收入。减少的收入每日的赔偿金按照国家上年度职工日平均工资计算,最高额为国家上年度职工年平均工资的五倍; (二)造成部分或者全部丧失劳动能力的,应当支付医疗费,以及残疾赔偿金,残疾赔偿金根据丧失劳动能力的程度确定,部分丧失劳动能力的最高额为国家上年度职工年平均工资的十倍,全部丧失劳动能力的为国家上年度职工年平均工资的二十倍。造成全部丧失劳动能力的,对其扶养的无劳动能力的人,还应当支付生活费; (三)造成死亡的,应当支付死亡赔偿金、丧葬费,总额为国家上年度职工年平均工资的二十倍。对死者生前扶养的无劳动能力的人,还应当支付生活费。 前款第(二)、(三)项规定的生活费的发放标准参照当地民政部门有关生活救济的规定办理。被扶养的人是未成年人的,生活费给付至十八周岁止;其他无劳动能力的人,生活费给付至死亡时止。	第三十四条 侵犯公民生命健康权的,赔偿金按照下列规定计算: (一)造成身体伤害的,应当支付医疗费、**护理费**,以及赔偿因误工减少的收入。减少的收入每日的赔偿金按照国家上年度职工日平均工资计算,最高额为国家上年度职工年平均工资的五倍; (二)造成部分或者全部丧失劳动能力的,**应当支付医疗费、护理费、辅助器具费、康复费等因残疾而增加的必要支出和继续治疗所必需的费用**,以及残疾赔偿金,残疾赔偿金根据丧失劳动能力的程度,**按照国家规定的伤残等级确定**,**最高不超过**国家上年度职工年平均工资的二十倍。造成全部丧失劳动能力的,对其扶养的无劳动能力的人,还应当支付生活费; (三)造成死亡的,应当支付丧葬费和死亡赔偿金,总额为国家上年度职工年平均工资的二十倍。对死者生前扶养的无劳动能力的人,还应当支付生活费。 前款**第二项、第三项**规定的生活费的发放标准,参照当地**最低生活保障标准执行**。被扶养的人是未成年人的,生活费给付至十八周岁止;其他无劳动能力的人,生活费给付至死亡时止。
第三十条 赔偿义务机关对依法确认有本法第三条第(一)、(二)项、第十五条第(一)、(二)、(三)项情形之一,并造成受害人名誉权、荣誉权损害的,应当在侵权行为影响的范围内,为受害人消除影响,恢复名誉,赔礼道歉。	第三十五条 有本法第三条或者第十七条规定情形之一,致人精神损害的,应当在侵权行为影响的范围内,为受害人消除影响,恢复名誉,赔礼道歉;**造成严重后果的,应当支付相应的精神损害抚慰金**。

（续表）

国家赔偿法（1995）	国家赔偿法（2010）
第二十八条　侵犯公民、法人和其他组织的财产权造成损害的，按照下列规定处理： （一）处罚款、罚金、追缴、没收财产或者违反国家规定征收财物、摊派费用的，返还财产； （二）查封、扣押、冻结财产的，解除对财产的查封、扣押、冻结，造成财产损坏或者灭失的，依照本条第（三）、（四）项的规定赔偿； （三）应当返还的财产损坏的，能够恢复原状的恢复原状，不能恢复原状的，按照损害程度给付相应的赔偿金； （四）应当返还的财产灭失的，给付相应的赔偿金； （五）财产已经拍卖的，给付拍卖所得的价款； （六）吊销许可证和执照、责令停产停业的，赔偿停产停业期间必要的经常性费用开支； （七）对财产权造成其他损害的，按照直接损失给予赔偿。	第三十六条　侵犯公民、法人和其他组织的财产权造成损害的，按照下列规定处理： （一）处罚款、罚金、追缴、没收财产或者**违法征收、征用财产的**，返还财产； （二）查封、扣押、冻结财产的，解除对财产的查封、扣押、冻结，造成财产损坏或者灭失的，依照**本条第三项、第四项**的规定赔偿； （三）应当返还的财产损坏的，能够恢复原状的恢复原状，不能恢复原状的，按照损害程度给付相应的赔偿金； （四）应当返还的财产灭失的，给付相应的赔偿金； （五）**财产已经拍卖或者变卖的，给付拍卖或者变卖所得的价款；变卖的价款明显低于财产价值的，应当支付相应的赔偿金；** （六）吊销许可证、执照，责令停产停业的，赔偿停产停业期间必要的经常性费用开支； （七）**返还执行的罚款或者罚金、追缴或者没收的金钱，解除冻结的存款或者汇款的，应当支付银行同期存款利息；** （八）对财产权造成其他损害的，按照直接损失给予赔偿。
第二十九条　赔偿费用，列入各级财政预算，具体办法由国务院规定。	第三十七条　赔偿费用，列入各级财政预算。 　　赔偿请求人凭生效的判决书、复议决定书、赔偿决定书或者调解书，向赔偿义务机关申请支付赔偿金。 　　赔偿义务机关应当自收到支付赔偿金申请之日起七日内，依照预算管理权限向有关的财政部门提出支付申请。财政部门应当自收到支付申请之日起十五日内支付赔偿金。 　　赔偿费用预算与支付管理的具体办法由国务院规定。

（续表）

国家赔偿法（1995）	国家赔偿法（2010）
第五章　其他规定 　　第三十一条　人民法院在民事诉讼、行政诉讼过程中，违法采取对妨害诉讼的强制措施、保全措施或者对判决、裁定及其他生效法律文书执行错误，造成损害的，赔偿请求人要求赔偿的程序，适用本法刑事赔偿程序的规定。	**第五章　其他规定** 　　第三十八条　人民法院在民事诉讼、行政诉讼过程中，违法采取对妨害诉讼的强制措施、保全措施或者对判决、裁定及其他生效法律文书执行错误，造成损害的，赔偿请求人要求赔偿的程序，适用本法刑事赔偿程序的规定。
第三十二条　赔偿请求人请求国家赔偿的时效为两年，自国家机关及其工作人员行使职权时的行为被依法确认为违法之日起计算，但被羁押期间不计算在内。 　　赔偿请求人在赔偿请求时效的最后六个月内，因不可抗力或者其他障碍不能行使请求权的，时效中止。从中止时效的原因消除之日起，赔偿请求时效期间继续计算。	第三十九条　赔偿请求人请求国家赔偿的时效为两年，自其知道或者应当知道国家机关及其工作人员行使职权时的行为侵犯其人身权、财产权之日起计算，但被羁押等限制人身自由期间不计算在内。在申请行政复议或者提起行政诉讼时一并提出赔偿请求的，适用行政复议法、行政诉讼法有关时效的规定。 　　赔偿请求人在赔偿请求时效的最后六个月内，因不可抗力或者其他障碍不能行使请求权的，时效中止。从中止时效的原因消除之日起，赔偿请求时效期间继续计算。
第三十三条　外国人、外国企业和组织在中华人民共和国领域内要求中华人民共和国国家赔偿的，适用本法。 　　外国人、外国企业和组织的所属国对中华人民共和国公民、法人和其他组织要求该国国家赔偿的权利不予保护或者限制的，中华人民共和国与该外国人、外国企业和组织的所属国实行对等原则。	第四十条　外国人、外国企业和组织在中华人民共和国领域内要求中华人民共和国国家赔偿的，适用本法。 　　外国人、外国企业和组织的所属国对中华人民共和国公民、法人和其他组织要求该国国家赔偿的权利不予保护或者限制的，中华人民共和国与该外国人、外国企业和组织的所属国实行对等原则。
第六章　附　　则 　　第三十四条　赔偿请求人要求国家赔偿的，赔偿义务机关、复议机关和人民法院不得向赔偿请求人收取任何费用。 　　对赔偿请求人取得的赔偿金不予征税。	**第六章　附　　则** 　　第四十一条　赔偿请求人要求国家赔偿的，赔偿义务机关、复议机关和人民法院不得向赔偿请求人收取任何费用。 　　对赔偿请求人取得的赔偿金不予征税。
第三十五条　本法自1995年1月1日起施行。	第四十二条　本法自1995年1月1日起施行。

附录二：有关国家赔偿的行政法规和司法解释

国家赔偿费用管理办法

(1995年1月16日国务院第29次常务会议通过
1995年1月25日中华人民共和国国务院令第171号发布
自发布之日起施行)

第一条　为了加强国家赔偿费用的管理,保障公民、法人和其他组织享有依法取得国家赔偿的权利,促进国家机关依法行使职权,根据国家赔偿法的规定,制定本办法。

第二条　本办法所称国家赔偿费用,是指赔偿义务机关依照国家赔偿法的规定,应当向赔偿请求人支付的费用。

第三条　国家赔偿以支付赔偿金为主要方式。

支付赔偿金的计算标准,依照国家赔偿法的规定执行。

第四条　赔偿义务机关能够通过返还财产或者恢复原状实施国家赔偿的,应当返还财产或者恢复原状。

第五条　国家机关及其工作人员违法行使职权,对公民、法人和其他组织处以罚款、罚金、追缴、没收财产或者违反国家规定征收财物、摊派费用,对其造成损害,需要返还财产的,依照下列规定返还：

(一)财产尚未上交财政的,由赔偿义务机关负责返还；

(二)财产已经上交财政的,由赔偿义务机关负责向同级财政机关申请返还。

第六条　国家赔偿费用,列入各级财政预算,由各级财政按照财政管理体制分级负担。

各级政府应当根据本地区的实际情况,确定一定数额的国家赔偿费用,列入本级财政预算。

国家赔偿费用由各级财政机关负责管理。当年实际支付国家赔偿费用超过年度预算的部分,在本级预算预备费中解决。

第七条　国家赔偿费用由赔偿义务机关先从本单位预算经费和留归本单位使用的资金中支付,支付后再向同级财政机关申请核拨。

第八条　赔偿义务机关申请核拨国家赔偿费用或者申请返还已经上交财政的财产,应

当根据具体情况,提供下列相应的有关文件或者文件副本:
（一）赔偿请求人请求赔偿的申请书；
（二）赔偿义务机关作出的赔偿决定；
（三）复议机关的复议决定书；
（四）人民法院的判决书、裁定书或者赔偿决定书；
（五）赔偿义务机关对有故意或者重大过失的责任者依法实施追偿的意见或者决定；
（六）财产已经上交财政的有关凭据；
（七）财政机关要求提供的其他文件或者文件副本。

第九条 财政机关对赔偿义务机关的申请进行审核后,应当分别情况,按照下列规定作出处理:
（一）财产已经上交财政,应当依法返还给赔偿请求人的,应当及时返还；
（二）申请核拨已经依法支付的国家赔偿费用的,应当及时核拨。

第十条 财政机关审核行政赔偿的赔偿义务机关的申请时,发现该赔偿义务机关因故意或者有重大过失造成国家赔偿的,或者超出国家赔偿法规定的范围和标准赔偿的,可以提请本级政府责令该赔偿义务机关自行承担部分或者全部国家赔偿费用。

第十一条 赔偿义务机关向赔偿请求人支付国家赔偿费用或者返还财产,赔偿请求人应当出具收据或者其他凭证,赔偿义务机关应当将收据或者其他凭证的副本报送同级财政机关备案。

第十二条 赔偿义务机关赔偿损失后,应当依照国家赔偿法第十四条和第二十四条的规定,向责任者追偿部分或者全部国家赔偿费用。

国家赔偿费用依照本办法第九条第二项的规定核拨的,追偿的国家赔偿费用应当上缴同级财政机关。

第十三条 各级财政机关应当加强对国家赔偿费用的监督管理,建立健全国家赔偿费用的管理和核拨制度。

第十四条 国家机关有下列行为之一的,由财政机关依法追缴被侵占的国家赔偿费用：
（一）虚报、冒领、骗取国家赔偿费用的；
（二）挪用国家赔偿费用的；
（三）未按照规定追偿国家赔偿费用的；
（四）违反国家赔偿法的规定支付国家赔偿费用的。

国家机关有前款所列行为之一的,对负有直接责任的主管人员和其他直接责任人员依法追究法律责任。

第十五条 财政部根据本办法制定中央国家机关国家赔偿费用管理的具体规定。

省、自治区、直辖市人民政府根据本办法,并结合本地区实际情况,制定具体规定。

第十六条 本办法自发布之日起施行。

最高人民法院关于审理行政赔偿案件若干问题的规定

(1997年4月29日 法发〔1997〕10号)

为正确审理行政赔偿案件,根据《中华人民共和国国家赔偿法》和《中华人民共和国行政诉讼法》的规定,对审理行政赔偿案件的若干问题作以下规定:

一、受案范围

第一条 《中华人民共和国国家赔偿法》第三条、第四条规定的其他违法行为,包括具体行政行为和与行政机关及其工作人员行使行政职权有关的,给公民、法人或者其他组织造成损害的,违反行政职责的行为。

第二条 赔偿请求人对行政机关确认具体行政行为违法但又决定不予赔偿,或者对确定的赔偿数额有异议提起行政赔偿诉讼的,人民法院应予受理。

第三条 赔偿请求人认为行政机关及其工作人员实施了国家赔偿法第三条第(三)、(四)、(五)项和第四条第(四)项规定的非具体行政行为的行为侵犯其人身权、财产权并造成损失,赔偿义务机关拒不确认致害行为违法,赔偿请求人可直接向人民法院提起行政赔偿诉讼。

第四条 公民、法人或者其他组织在提起行政诉讼的同时一并提出行政赔偿请求的,人民法院应一并受理。

赔偿请求人单独提起行政赔偿诉讼,须以赔偿义务机关先行处理为前提。赔偿请求人对赔偿义务机关确定的赔偿数额有异议或者赔偿义务机关逾期不予赔偿,赔偿请求人有权向人民法院提起行政赔偿诉讼。

第五条 法律规定由行政机关最终裁决的具体行政行为,被作出最终裁决的行政机关确认违法,赔偿请求人以赔偿义务机关应当赔偿而不予赔偿或逾期不予赔偿或者对赔偿数额有异议提起行政赔偿诉讼,人民法院应依法受理。

第六条 公民、法人或者其他组织以国防、外交等国家行为或者行政机关制定发布行政法规、规章或者具有普遍约束力的决定、命令侵犯其合法权益造成损害为由,向人民法院提起行政赔偿诉讼的,人民法院不予受理。

二、管 辖

第七条 公民、法人或者其他组织在提起行政赔偿诉讼的同时一并提出行政赔偿请求的,人民法院依照行政诉讼法第十七条、第十八条、第二十条的规定管辖。

第八条 赔偿请求人提起行政赔偿诉讼的请求涉及不动产的,由不动产所在地的人民法院管辖。

第九条 单独提起的行政赔偿诉讼案件由被告住所地的基层人民法院管辖。

中级人民法院管辖下列第一审行政赔偿案件:

(1) 被告为海关、专利管理机关的;

(2) 被告为国务院各部门或者省、自治区、直辖市人民政府的;

(3) 本辖区内其他重大影响和复杂的行政赔偿案件。

高级人民法院管辖本辖区内有重大影响和复杂的第一审行政赔偿案件。

最高人民法院管辖全国范围内有重大影响和复杂的第一审行政赔偿案件。

第十条 赔偿请求人因同一事实对两个以上行政机关提起行政诉讼的,可以向其中任何一个行政机关住所地的人民法院提起。赔偿请求人向两个以上有管辖权的人民法院提起行政赔偿诉讼的,由最先收到起诉状的人民法院管辖。

第十一条 公民对限制人身自由的行政强制措施不服,或者对行政赔偿机关基于同一事实对同一当事人作出限制人身自由和对财产采取强制措施的具体行政行为不服,在提起行政诉讼的同时一并提出行政赔偿请求的,由受理该行政案件的人民法院管辖;单独提起行政赔偿诉讼的,由被告住所地或原告住所地或不动产所在地的人民法院管辖。

第十二条 人民法院发现受理的案件不属于自己管辖,应当移送有管辖权的人民法院;受移送的人民法院不得再行移送。

第十三条 人民法院对管辖权发生争议的,由争议双方协商解决,协商不成的,报请他们的共同上级人民法院指定管辖。如双方为跨省、自治区、直辖市的人民法院,高级人民法院协商不成的,由最高人民法院及时指定管辖。

依前款规定报请上级人民法院指定管辖时,应当逐级进行。

三、诉讼当事人

第十四条 与行政赔偿案件处理结果有法律上的利害关系的其他公民、法人或者其他组织有权作为第三人参加行政赔偿诉讼。

第十五条 受害的公民死亡,其继承人和其他有抚养关系的亲属以及死者生前抚养的无劳动能力的人有权提起行政赔偿诉讼。

第十六条 企业法人或者其他组织被行政机关撤销、变更、兼并、注销,认为经营自主权受到侵害,依法提起行政赔偿诉讼,原企业法人或其他组织,或者对其享有权利的法人或其他组织均具有原告资格。

第十七条 两个以上行政机关共同侵权,赔偿请求人对其中一个或者数个侵权机关提起行政赔偿诉讼,若诉讼请求系可分之诉,被诉的一个或者数个侵权机关为被告;若诉讼请求系不可分之诉,由人民法院依法追加其他侵权机关为共同被告。

第十八条 复议机关的复议决定加重损害的,赔偿请求人只对作出原决定的行政机关提起行政赔偿诉讼,作出原决定的行政机关为被告;赔偿请求人只对复议机关提起行政赔偿诉讼的,复议机关为被告。

第十九条 行政机关依据行政诉讼法第六十六条的规定申请人民法院强制执行具体行政行为,由于据以强制执行的根据错误而发生行政赔偿诉讼的,申请强制执行的行政机关为被告。

第二十条 人民法院审理行政赔偿案件,需要变更被告而原告不同意变更的,裁定驳回起诉。

四、起诉与受理

第二十一条 赔偿请求人单独提起行政赔偿诉讼,应当符合下列条件:
(1) 原告具有请求资格;
(2) 有明确的被告;
(3) 有具体的赔偿请求和受损害的事实根据;
(4) 加害行为为具体行政行为的,该行为已被确认为违法;
(5) 赔偿义务机关已先行处理或超过法定期限不予处理;
(6) 属于人民法院行政赔偿诉讼的受案范围和受诉人民法院管辖;
(7) 符合法律规定的起诉期限。

第二十二条 赔偿请求人单独提起行政赔偿诉讼,可以在向赔偿义务机关递交赔偿申请后的两个月届满之日起三个月内提出。

第二十三条 公民、法人或者其他组织在提起行政诉讼的同时一并提出行政赔偿请求的,其起诉期限按照行政诉讼起诉期限的规定执行。

行政案件的原告可以在提起行政诉讼后至人民法院一审庭审结束前,提出行政赔偿请求。

第二十四条 赔偿义务机关作出赔偿决定时,未告知赔偿请求人的诉权或者起诉期限,致使赔偿请求人逾期向人民法院起诉的,其起诉期限从赔偿请求人实际知道诉权或者起诉期限时计算,但逾期的期间自赔偿请求人收到赔偿决定之日起不得超过一年。

第二十五条 受害的公民死亡,其继承人和有抚养关系的人提起行政赔偿诉讼,应当提供该公民死亡的证明及赔偿请求人与死亡公民之间的关系证明。

第二十六条 当事人先后被采取限制人身自由的行政强制措施和刑事拘留等强制措施,因强制措施被确认为违法而请求赔偿的,人民法院按其行为性质分别适用行政赔偿程序和刑事赔偿程序立案受理。

第二十七条 人民法院接到原告单独提起的行政赔偿起诉状,应当进行审查,并在七日内立案或者作出不予受理的裁定。

人民法院接到行政赔偿起诉状后,在七日内不能确定可否受理的,应当先予受理。审理中发现不符合受理条件的,裁定驳回起诉。

当事人对不予受理或者驳回起诉的裁定不服的,可以在裁定书送达之日起十日内向上一级人民法院提起上诉。

五、审理和判决

第二十八条 当事人在提起行政诉讼的同时一并提出行政赔偿请求,或者因具体行政行为和与行使行政职权有关的其他行为侵权造成损害一并提出行政赔偿请求的,人民法院应当分别立案,根据具体情况可以合并审理,也可以单独审理。

第二十九条 人民法院审理行政赔偿案件,就当事人之间的行政赔偿争议进行审理与裁判。

第三十条 人民法院审理行政赔偿案件在坚持合法、自愿的前提下,可以就赔偿范围、赔偿方式和赔偿数额进行调解。调解成立的,应当制作行政赔偿调解书。

第三十一条 被告在一审判决前同原告达成赔偿协议,原告申请撤诉的,人民法院应当依法予以审查并裁定是否准许。

第三十二条 原告在行政赔偿诉讼中对自己的主张承担举证责任。被告有权提供不予赔偿或者减少赔偿数额方面的证据。

第三十三条 被告的具体行政行为违法但尚未对原告合法权益造成损害的,或者原告的请求没有事实根据或法律根据的,人民法院应当判决驳回原告的赔偿请求。

第三十四条 人民法院对赔偿请求人未经确认程序而直接提起行政赔偿诉讼的案件,在判决时应当对赔偿义务机关致害行为是否违法予以确认。

第三十五条 人民法院对单独提起行政赔偿案件作出判决的法律文书的名称为行政赔偿判决书、行政赔偿裁定书或者行政赔偿调解书。

六、执行与期间

第三十六条 发生法律效力的行政赔偿判决、裁定或调解协议,当事人必须履行。一方拒绝履行的,对方当事人可以向第一审人民法院申请执行。

申请执行的期限,申请人是公民的为一年,申请人是法人或者其他组织的为六个月。

第三十七条 单独受理的第一审行政赔偿案件的审理期限为三个月,第二审为两个月;一并受理行政赔偿请求案件的审理期限与该行政案件的审理期限相同。如因特殊情况不能按期结案,需要延长审限的,应按照行政诉讼法的有关规定报请批准。

七、其他

第三十八条 人民法院审理行政赔偿案件,除依照国家赔偿法行政赔偿程序的规定外,对本规定没有规定的,在不与国家赔偿法相抵触的情况下,可以适用行政诉讼的有关规定。

第三十九条 赔偿请求人要求人民法院确认致害行为违法涉及的鉴定、勘验、审计等费用,由申请人预付,最后由败诉方承担。

第四十条 最高人民法院以前所作的有关司法解释与本规定不一致的,按本规定执行。

最高人民法院赔偿委员会工作规则

(1999年4月26日最高人民法院赔偿委员会第7次会议通过)

第一条 为了规范赔偿委员会工作,充分发挥其职能作用,根据《中华人民共和国国家赔偿法》和有关法律规定,特制定本规则。

第二条 赔偿委员会的任务
(一)讨论、决定下列案件:
1. 赔偿请求人向本院申请赔偿,应由本院作出赔偿决定的国家赔偿案件;
2. 不服本院赔偿委员会的决定,需要重新作出赔偿决定的案件;
3. 不服高级人民法院赔偿委员会的决定,向本院申诉,决定提审的案件;
4. 高级人民法院和解放军军事法院请示的适用法律的重大或者疑难的案件;
5. 其他重大、疑难的案件。
(二)讨论司法解释草案;
(三)讨论、研究赔偿工作的重大事项,总结赔偿工作经验,监督、指导地方各级法院的赔偿工作。
(四)讨论、决定其他有关赔偿工作的重大事项。

第三条 赔偿委员会讨论的事项,由主任或者副主任提交。

第四条 赔偿委员会两个月召开一次例会,必要时可以随时召开。

第五条 赔偿委员会讨论的议题,赔偿委员会办公室应当将有关的文件资料,于一日前发送各委员和有关列席人员。

赔偿委员会委员接到会议通知后应当按时出席会议。因故不能出席会议的应于一日前告知赔偿委员会办公室。

第六条 赔偿委员会会议由主任主持,或者由主任委托副主任主持。

第七条 赔偿委员会开会应有过半数的委员参加。

赔偿委员会实行民主集中制。赔偿委员会讨论的案件,必须超过委员会全体委员的半数同意方能通过。少数委员的意见可以保留并记录在卷。

第八条 赔偿委员会讨论的重大疑难的案件,或者有重大分歧的案件,可以由主持会议的赔偿委员会主任或者副主任决定提交审判委员会讨论。

第九条 赔偿委员会讨论的案件或者其他事项,承办人应当做好准备,根据会议主持人的要求汇报,并负责回答委员提出的问题。

第十条 赔偿委员会的决定,赔偿委员会办公室应当执行,不得擅自改变;如发现有新情况,可以提请赔偿委员会主任或者副主任决定提交赔偿委员会复议。

第十一条 赔偿委员会讨论、决定的事项,须作出会议纪要,会议纪要经会议主持人审定后印发各委员,根据需要可增发各高级人民法院赔偿委员会。

赔偿委员会办公室应当将会议纪要附卷备查。

第十二条 赔偿委员会办公室,是赔偿委员会的具体工作机构,负责案件审理,草拟司法解释草案,负责赔偿委员会会前准备,会议记录,草拟会议纪要。根据赔偿委员会的部署和要求,具体实施对地方各级法院赔偿工作的监督、指导,对全国赔偿工作的经验和存在的问题开展调查研究,总结经验,以及办理其他有关赔偿工作的具体事项。

第十三条 赔偿委员会委员,以及其他列席会议的人员,应当遵守保密规定,不得泄漏赔偿委员会讨论情况。

第十四条 本规则自通过之日起实行。

最高人民法院关于民事、
行政诉讼中司法赔偿若干问题的解释

(2000年9月14日由最高人民法院审判委员会第1130次会议通过
2000年9月16日公布 自2000年9月21日起施行
法释〔2000〕第27号)

根据《中华人民共和国国家赔偿法》(以下简称国家赔偿法)以及有关法律规定,现就审理民事、行政诉讼中司法赔偿案件具体适用法律的若干问题解释如下:

第一条 根据国家赔偿法第三十一条的规定,人民法院在民事、行政诉讼过程中,违法采取对妨害诉讼的强制措施、保全措施或者对判决、裁定及其他生效法律文书执行错误,侵犯公民、法人和其他组织合法权益造成损害的,依法应由国家承担赔偿责任。

第二条 违法采取对妨害诉讼的强制措施,是指下列行为:

(一)对没有实施妨害诉讼行为的人或者没有证据证明实施妨害诉讼的人采取司法拘留、罚款措施的;

(一)超过法律规定期限实施司法拘留的;

(二)对同一妨害诉讼行为重复采取罚款、司法拘留措施的;

(三)超过法律规定金额实施罚款的;

(四)违反法律规定的其他情形。

第三条 违法采取保全措施,是指人民法院依职权采取的下列行为:

(一)依法不应当采取保全措施而采取保全措施或者依法不应当解除保全措施而解除保全措施的;

(二)保全案外人财产的,但案外人对案件当事人负有到期债务的情形除外;

(三)明显超过申请人申请保全数额或者保全范围的;

(四)对查封、扣押的财物不履行监管职责,严重不负责任,造成毁损、灭失的,但依法交由有关单位、个人负责保管的情形除外;

(五)变卖财产未由合法评估机构估价,或者应当拍卖而未依法拍卖,强行将财物变卖给他人的;

(六)违反法律规定的其他情形。

第四条 对判决、裁定及其他生效法律文书执行错误,是指对已经发生法律效力的判决、裁定、民事制裁决定、调解、支付令、仲裁裁决、具有强制执行效力的公证债权文书以及行政处罚、处理决定等执行错误。包括下列行为:

(一)执行尚未发生法律效力的判决、裁定、民事制裁决定等法律文书的;

(二)违反法律规定先予执行的;

(三)违法执行案外人财产且无法执行回转的;

（四）明显超过申请数额、范围执行且无法执行回转的；

（五）执行过程中，对查封、扣押的财产不履行监管职责，严重不负责任，造成财物毁损、灭失的；

（六）执行过程中，变卖财物未由合法评估机构估价，或者应当拍卖而未依法拍卖，强行将财物变卖给他人的；

（七）违反法律规定的其他情形。

第五条　人民法院及其工作人员在民事、行政诉讼或者执行过程中，以殴打或者唆使他人以殴打等暴力行为，或者违法使用武器、警械，造成公民身体伤害、死亡的，应当比照国家赔偿法第十五条第（四）项、第（五）项规定予以赔偿。

第六条　人民法院及其工作人员在民事、行政诉讼或者执行过程中，具有本解释第二条至第五条规定情形，造成损害的，应当承担直接损失的赔偿责任。

因多种原因造成的损害，只赔偿因违法侵权行为所造成的直接损失。

第七条　根据国家赔偿法第十七条、第三十一条的规定，具有下列情形之一的，国家不承担赔偿责任：

（一）因申请人申请保全有错误造成损害的；

（二）因申请人提供的执行标的物有错误造成损害的；

（三）人民法院工作人员与行使职权无关的个人行为；

（四）属于民事诉讼法第二百一十四条规定情形的；

（五）被保全人、被执行人，或者人民法院依法指定的保管人员违法动用、隐匿、毁损、转移、变卖人民法院已经保全的财产的；

（六）因不可抗力造成损害后果的；

（七）依法不应由国家承担赔偿责任的其他情形。

第八条　申请民事、行政诉讼中司法赔偿的，违法行使职权的行为应当先经依法确认。

申请确认的，应当先向侵权的人民法院提出。

人民法院应自受理确认申请之日起两个月内依照相应程序作出裁决或相关的决定。

申请人对确认裁定或者决定不服或者侵权的人民法院逾期不予确认的，申请人可以向其上一级人民法院申诉。

第九条　未经依法确认直接向人民法院赔偿委员会申请作出赔偿决定的，人民法院赔偿委员会不予受理。

第十条　经依法确认有本解释第二条至第五条规定情形之一的，赔偿请求人可依法向侵权的人民法院提出赔偿申请，人民法院应当受理。人民法院逾期不作决定的，赔偿请求人可以向其上一级人民法院赔偿委员会申请作出赔偿决定。

第十一条　民事、行政诉讼中司法赔偿的赔偿方式主要为支付赔偿金。包括：支付侵犯人身自由权、生命健康权的赔偿金；财产损坏的，赔偿修复所需费用；财产灭失的，按侵权行为发生时当地市场价格予以赔偿；财产已拍卖的，给付拍卖所得的价款；财产已变卖的，按合法评估机构的估价赔偿；造成其他损害的，赔偿直接损失。

能够返还财产或者恢复原状的，予以返还财产或者恢复原状。包括：解除查封、扣押、冻结；返还财产、恢复原状；退还罚款、罚没财物。

第十二条 国家赔偿法第二十八条第（七）项规定的直接损失包括下列情形：

（一）保全、执行过程中造成财物灭失、毁损、霉变、腐烂等损坏的；

（二）违法使用保全、执行的财物造成损坏的；

（三）保全的财产系国家批准的金融机构贷款的，当事人应支付的该贷款借贷状态下的贷款利息。执行上述款项的，贷款本金及当事人应支付的该贷款借贷状态下的贷款利息；

（四）保全、执行造成停产停业的，停产停业期间的职工工资、税金、水电费等必要的经常性费用；

（五）法律规定的其他直接损失。

第十三条 违法采取司法拘留措施的，按国家赔偿法第二十六条规定予以赔偿。

造成受害人名誉权、荣誉权损害的，按照国家赔偿法第三十条规定，在侵权行为影响的范围内，为受害人消除影响、恢复名誉、赔礼道歉。

第十四条 人民法院赔偿委员会在审理侦查、检察、监狱管理机关及其工作人员违法行使职权侵犯公民财产权造成损害的赔偿案件时，可参照本解释的有关规定办理。

主要参考书目

1. 林准、马原主编:《国家赔偿问题研究》,人民法院出版社 1992 年版。
2. 周汉华、何峻著:《外国国家赔偿制度比较》,警官教育出版社 1992 年版。
3. 马怀德著:《国家赔偿法的理论与实务》,中国法制出版社 1994 年版。
4. 肖峋著:《中华人民共和国国家赔偿法的理论与实用指南》,中国民主法制出版社 1994 年版。
5. 江必新著:《国家赔偿法原理》,中国人民公安大学出版社 1994 年版。
6. 王盼主编:《国家赔偿法学》,中国政法大学出版社 1994 年版。
7. 张树义主编:《国家赔偿法适用手册》,法律出版社 1994 年版。
8. 应松年主编:《国家赔偿法研究》,法律出版社 1995 年版。
9. 张正钊主编:《国家赔偿制度研究》,中国人民大学出版社 1996 年版。
10. 薛刚凌主编:《国家赔偿法教程》,中国政法大学出版社 1997 年版。
11. 皮纯协、何寿生编著:《比较国家赔偿法》,中国法制出版社 1998 年版。
12. 房绍坤、丁乐超、苗生明著:《国家赔偿法原理与实务》,北京大学出版社 1998 年版。
13. 刘善春主编:《国家赔偿法条文释义与案例分析》,中国政法大学出版社 1995 年版。
14. 皮纯协、冯军主编:《国家赔偿法释论》,法制出版社 1996 年版。
15. 王德祥主编:《国家赔偿法概论》,海洋出版社 1991 年版。
16. 刘士国著:《现代侵权损害赔偿研究》,法律出版社 1998 年版。
17. 张步洪著:《国家赔偿法判解与应用》,中国法制出版社 2000 年版。
18. 高家伟著:《国家赔偿法》,工商出版社 2000 年版。
19. 马怀德主编:《国家赔偿法学》,中国政法大学出版社 2001 年版。
20. 刘静仑著:《比较国家赔偿法》,群众出版社 2001 年版。
21. 陈春龙著:《中国司法赔偿实务操作与理论探讨》,法律出版社 2002 年版。
22. 石均正主编:《国家赔偿法教程》,中国人民公安大学出版社 2003 年版。
23. 张雪林等著:《刑事赔偿的原理与执法实务》,北京大学出版社 2003 年版。
24. 房绍坤、毕可志编著:《国家赔偿法学》,北京大学出版社 2004 年版。
25. 高家伟著:《国家赔偿法》,商务印书馆 2004 年版。
26. 姜明安主编:《行政法与行政诉讼法》(第二版),北京大学出版社、高等教育出版社 2005 年版。
27. 杨小君著:《国家赔偿法律问题研究》,北京大学出版社 2005 年版。
28. 马怀德主编:《国家赔偿问题研究》,法律出版社 2006 年版。
29. 张红著:《司法赔偿研究》,北京大学出版社 2007 年版。
30. 中国法制出版社编:《国家赔偿法新解读》,中国法制出版社 2008 年版。
31. 周友军、马锦亮著:《国家赔偿法教程》,中国人民大学出版社 2008 年版。

32. 马怀德主编:《完善国家赔偿立法基本问题研究》,北京大学出版社 2008 年版。
33. 江必新主编:《〈中华人民共和国国家赔偿法〉条文理解与适用》,人民法院出版社 2010 年版。
34. 曹競辉著:《国家赔偿法之理论与实务》,台湾新文丰出版公司 1981 年版。
35. 曹竞辉著:《国家赔偿实用》,台湾五南图书出版公司 1984 年版。
36. 王名扬著:《美国行政法》,中国法制出版社 1995 年版。
37. 王名扬著:《法国行政法》,中国政法大学出版社 1989 年版。
38. 王名扬著:《英国行政法》,中国政法大学出版社 1987 年版。
39. 王利明著:《侵权行为法归责原则研究》,中国政法大学出版社 1997 年版。
40. 〔美〕施瓦茨著:《行政法》,徐炳译,群众出版社 1986 年版。
41. 〔日〕南博方著:《日本行政法》,杨建顺、周作彩译,中国人民大学出版社 1988 年版。

后 记

我们在总结自己在教学与研究中的一些心得与体会、借鉴国内外有关研究成果的基础上,于2005年编著了《国家赔偿法要论》,并被多次印刷,产生了良好的社会反响。2010年4月29日,第十一届全国人大常委会第十四次会议表决通过了《全国人民代表大会常务委员会关于修改〈中华人民共和国国家赔偿法〉的决定》,该决定自2010年12月1日起施行。结合修改后的《中华人民共和国国家赔偿法》的规定,我们对《国家赔偿法要论》作了修订。

全书对国家赔偿法的基本原理和主要制度作了较为系统、深入的阐述和分析,力求反映国家赔偿法理论研究和制度建设的最新成果,并对一些热点和前沿问题进行了探讨,以期为丰富国家赔偿理论、创新国家赔偿制度、指导国家赔偿实践作些贡献,为人们学习和研究国家赔偿法提供帮助。

全书共分为三编十五章,其中第一、七、八、九、十章由石佑启修订,第三、四、六、十二、十三、十四章由刘嗣元修订,第二、五、十一、十五章由朱最新修订。

由于水平所限,书中的错误和疏漏之处恳请读者批评指正,以便于我们今后对该书进行修改和完善。

作 者
2010年6月